CURRÍCULOS INTEGRADOS
no ensino médio e na educação profissional

DESAFIOS,
EXPERIÊNCIAS
E PROPOSTAS

Dados Internacionais de Catalogação na Publicação (CIP)
(Jeane Passos de Souza – CRB 8ª/6189)

Moraes, Francisco de
   Currículos integrados no ensino médio e na educação profissional: desafios, experiências e propostas / Francisco de Moraes, José Antonio Küller; Prefácio de Francisco Aparecido Cordão. – São Paulo: Editora Senac São Paulo, 2016.

   ISBN 978-85-396-1036-5

   1. Educação 2. Currículos I. Küller, José Antonio. II. Título.

                                    CDD-373.2
                                         375
                          BISAC EDU025000
   16-363s   EDU007000

Índice para catálogo sistemático:
   1. Educação : Currículos   375
   2. Educação : Ensino médio : Currículo   373.2

FRANCISCO DE MORAES
JOSÉ ANTONIO KÜLLER

CURRÍCULOS INTEGRADOS
no ensino médio e na educação profissional

DESAFIOS,
EXPERIÊNCIAS
E PROPOSTAS

Editora Senac São Paulo – SÃO PAULO – 2016

ADMINISTRAÇÃO REGIONAL DO SENAC NO ESTADO DE SÃO PAULO
Presidente do Conselho Regional: Abram Szajman
Diretor do Departamento Regional: Luiz Francisco de A. Salgado
Superintendente Universitário e de Desenvolvimento: Luiz Carlos Dourado

EDITORA SENAC SÃO PAULO
Conselho Editorial: Luiz Francisco de A. Salgado
Luiz Carlos Dourado
Darcio Sayad Maia
Lucila Mara Sbrana Sciotti
Jeane Passos de Souza

Gerente/Publisher: Jeane Passos de Souza (jpassos@sp.senac.br)
Coordenação Editorial: Márcia Cavalheiro Rodrigues de Almeida (mcavalhe@sp.senac.br)
Comercial: Marcelo Nogueira da Silva (marcelo.nsilva@sp.senac.br)
Administrativo: Luís Américo Tousi Botelho (luis.tbotelho@sp.senac.br)

Edição e Preparação de Texto: Vanessa Rodrigues
Revisão de Texto: Bianca Rocha, Gabriela L. Adami (coord.)
Projeto Gráfico, Capa e Editoração Eletrônica: Antonio Carlos De Angelis
Foto da Capa: ©Creative-idea | iStock.
Impressão e Acabamento: Intergraf Indústria Gráfica Eireli

Proibida a reprodução sem autorização expressa.
Todos os direitos reservados à
Editora Senac São Paulo
Rua 24 de Maio, 208 – 3º andar – Centro – CEP 01041-000
Caixa Postal 1120 – CEP 01032-970 – São Paulo – SP
Tel. (11) 2187-4450 – Fax (11) 2187-4486
E-mail: editora@sp.senac.br
Home page: http://www.editorasenacsp.com.br

© Editora Senac São Paulo, 2016

SUMÁRIO

Nota do editor, 7
Prefácio – *Francisco Aparecido Cordão*, 9
Agradecimentos, 17
Percepção e análise dos problemas, convergências e divergências, 19

PARTE I – AS TEORIAS DO CURRÍCULO, 24
    Sobre currículo e currículo integrado, 27
    Um panorama internacional da integração curricular, 65
    Integração curricular no Brasil, 89
    A fala dos alunos e professores, 147
    A voz da norma, 161

PARTE II – O QUE HÁ DE MELHOR E É VIÁVEL: EXPERIÊNCIAS INTERNACIONAIS E BRASILEIRAS DE CURRÍCULOS INTEGRADOS, 190
    Colômbia – Ministério da Educação Nacional (MEN), 193
    Uruguai – Conselho de Educação Técnico-profissional da Universidade do Trabalho do Uruguai (CETP-UTU), 205
    Pedagogia da alternância, 217
    São Paulo – Ginásios vocacionais (1962 a 1969): uma utopia que já foi realidade, 233
    Rio de Janeiro – Fundação Oswaldo Cruz (Fiocruz), 245
    São Paulo – Centro Paula Souza, 259
    Proeja técnico – Instituto Federal de Educação, Ciência e Tecnologia de Santa Catarina (IFSC), 269

Coreia do Sul e Finlândia: destaques no Pisa e na mídia brasileira, 281

PARTE III – PROTÓTIPOS CURRICULARES DA UNESCO E OUTRAS FORMAS INOVADORAS DE ORGANIZAÇÃO CURRICULAR, 292
    Objetivos do ensino médio, 297
    Trabalho e pesquisa como princípios, 309
    Formas alternativas de organização curricular, 319
    Integração do ensino médio com educação profissional, 333
    Metodologia de ensino-aprendizagem, 345
    Avaliação como mecanismo de integração curricular, 357
    Infraestrutura e pessoal docente e técnico-administrativo, 365

Conclusão, 373
Referências, 379

NOTA DO EDITOR

A fragmentação dos currículos de ensino médio e educação profissional é tema constante de discussões e estudos que visam modificar esse traço quase hegemônico nas escolas brasileiras. Tais esforços pela integração curricular nortearam o trabalho que Francisco de Moraes e José Antonio Küller coordenaram para a Representação da Unesco no Brasil e são a base deste livro.

Na primeira parte, os autores apresentam uma acurada síntese dos debates sobre currículo; na segunda, relatam experiências – nacionais e do exterior – que mostram a viabilidade de alternativas que superem a divisão entre educação geral e educação profissional; e a terceira parte, propositiva, constitui valioso apoio para a atuação dos professores e gestores educacionais que acreditam que toda educação geral é também educação profissional, e que toda educação profissional também conduz à formação integral do aluno.

Referência no mundo do trabalho e atento às demandas da sociedade, com a presente publicação o Senac São Paulo contribui para o estabelecimento de uma educação que realmente atenda aos anseios dos estudantes em relação ao futuro e auxilie no aprimoramento dos alunos nesse importante e desafiador período da vida escolar.

PREFÁCIO
Francisco Aparecido Cordão[*]

Nossa Constituição Federal, em seu art. 205, concebe a educação como "direito de todos e dever do Estado e da família", a qual "será promovida e incentivada com a colaboração da sociedade, visando ao pleno desenvolvimento da pessoa, seu preparo para o exercício da cidadania e sua qualificação para o trabalho". Esse preceito constitucional é retomado literalmente pelo art. 2º da Lei Federal nº 9.394, de 20 de dezembro de 1996 – a Lei de Diretrizes e Bases da Educação Nacional (LDBEN). O art. 214, por sua vez, ao estabelecer as prioridades do Plano Nacional de Educação, de duração decenal, inclui a "formação para o trabalho". Essa qualificação/formação para o trabalho é apresentada no art. 227 da Constituição Federal como um direito que deve ser garantido "com absoluta prioridade" em termos de direito "à profissionalização", o qual é situado, junto com o "direito à vida", na confluência de dois direitos fundamentais do cidadão, ou seja, o direito à educação e o direito ao trabalho. Aliás, o art. 6º da atual Carta Magna brasileira já registra, entre os direitos sociais do cidadão, o direito à educação e o direito ao trabalho.

O Parecer CNE/CEB nº 16/1999, que fundamentou a edição das primeiras diretrizes curriculares nacionais definidas pelo Conselho Nacional de Educação (CNE) para a educação profissional técnica pela Resolução CNE/CEB nº 4/1999, já pontuava que a educação para o trabalho, caracterizada como qualificação ou como formação,

---

[*] Francisco Aparecido Cordão é educador, sociólogo e filósofo. Especialista em educação profissional, administração educacional e sociologia da educação. Conselheiro da Câmara de Educação Básica (CEB) do Conselho Nacional de Educação (CNE), também representa o CNE no Mercosul Educacional.

não tem sido tradicionalmente colocada na pauta da sociedade brasileira como reivindicação de caráter universal. Esse não entendimento da abrangência da educação profissional na ótica do direito à educação e ao trabalho, como caracterizado pela nossa Constituição Federal, na prática a tem tradicionalmente associada à "formação de mão de obra", reproduzindo o dualismo existente na sociedade brasileira entre as "elites condutoras" e a grande maioria da população.

O Parecer CNE/CEB nº 11/2012, que serviu de base para a definição das atuais *Diretrizes curriculares nacionais para a educação profissional técnica de nível médio*, definidas pela Resolução CNE/CEB nº 6/2012, indica que o momento histórico vivido pela sociedade brasileira entre a definição das primeiras diretrizes e as atuais foi marcado por intensas transformações no mundo do trabalho. Essas transformações se consolidaram, promovendo uma verdadeira mudança de eixo nas relações entre trabalho e educação. Aliás, a própria natureza do trabalho está passando por profundas alterações, a partir do avanço científico e tecnológico, em especial com a mediação da microeletrônica. Foram abaladas profundamente as tradicionais formas tayloristas e fordistas de organização e gestão do trabalho, com reflexos diretos nas formas de organização da própria educação profissional e tecnológica. Essa nova realidade do mundo do trabalho decorre sobretudo da substituição da base eletromecânica pela base microeletrônica e passou a exigir da educação profissional que propicie ao trabalhador o desenvolvimento de conhecimentos, saberes e competências profissionais complexos.

A própria LDBEN, em sua versão original de 1996, já havia contemplado a educação profissional em capítulo específico de seu Título V, que trata "Dos níveis e das modalidades de educação e ensino". O Capítulo III da LDBEN mereceu nova redação por parte da Lei Federal nº 11.741, de 16 de julho de 2008, a mesma que incluiu ainda a seção IV-A, "Da educação profissional técnica de nível médio", em complementação à seção IV, específica "Do ensino médio". Essa etapa de consolidação da educação básica é objeto da Resolução CNE/CEB nº 2/2012, que *Define diretrizes curriculares nacionais para o ensino médio*, com fundamento no Parecer CNE/CEB nº 5/2011, articuladamente com as *Diretrizes curriculares nacionais gerais para a educação básica*, definidas pela Resolução CNE/CEB nº 4/2010, fundamentada no Parecer CNE/CEB nº 4/2010.

De um lado, o atual art. 39 da LDBEN define que "a educação profissional e tecnológica, no cumprimento dos objetivos da educação nacional, integra-se aos diferentes níveis e modalidades de educação e às dimensões do trabalho, da ciência e da tecnologia". Por outro lado, o art. 36-A da atual LDBEN pontua que "o ensino médio, atendida a formação geral do educando, poderá prepará-lo para o exercício das profissões técnicas". O parágrafo único do mesmo artigo define que "a preparação para o trabalho e, facultativamente, a habilitação profissional poderão ser desenvolvidas nos próprios estabelecimentos de ensino médio ou em cooperação com instituições especializadas em educação profissional". O art. 36-B, por seu turno, define que "a educação profissional técnica de nível médio será desenvolvida nas seguintes formas: I – articulada com o ensino médio; II – subsequente, em cursos destinados a quem já tenha concluído o ensino médio". A educação profissional técnica de nível médio, desenvolvida na forma articulada com o ensino médio, nos termos do art. 36-C, poderá ser ofertada na forma integrada, "somente a quem já tenha concluído o ensino fundamental, sendo curso planejado de modo a conduzir o aluno à habilitação profissional técnica de nível médio, na mesma instituição de ensino, efetuando-se matrícula única para cada aluno". A outra forma é a concomitante, "oferecida a quem ingresse no ensino médio ou já esteja cursando-o, efetuando-se matrículas distintas para cada curso e podendo ocorrer: na mesma instituição de ensino, aproveitando-se as oportunidades educacionais disponíveis, ou em instituições de ensino distintas". A norma legal também define que a oferta pode se dar "em instituições de ensino distintas, mediante convênios de intercomplementaridade, visando ao planejamento e ao desenvolvimento de projeto pedagógico unificado". Os diplomas expedidos a favor dos alunos que concluírem tais cursos, nos termos do art. 36-D, "quando registrados terão validade nacional e habilitarão ao prosseguimento de estudos na educação superior".

Os cursos de educação profissional e tecnológica, nos termos do § 1º do atual art. 39 da LDBEN, "poderão ser organizados por eixos tecnológicos, possibilitando a construção de diferentes itinerários formativos, observadas as normas do respectivo sistema e nível de ensino". O art. 40 da mesma LDBEN, por sua vez, define que "a educação profissional será desenvolvida em articulação com o ensino regular ou por diferentes estratégias de educação continuada, em instituições especializadas ou em ambiente de trabalho". O art. 41 da mesma lei vai além, definindo que "o conhecimento na educação profissional e tecnológica, inclusive no trabalho, poderá ser objeto de avaliação, reconhecimento e certificação, para prosseguimento ou conclusão de estudos".

Merecem destaques, ainda, outros dois dispositivos inseridos pela Lei Federal nº 11.741/08 na Lei Federal nº 9.394/96. O art. 42 define que "as instituições de educação profissional e tecnológica, além dos seus cursos regulares, oferecerão cursos especiais, abertos à comunidade, condicionada a matrícula à capacidade de aproveitamento e não necessariamente ao nível de escolaridade". Na Seção V do Capítulo II, que trata "Da educação de jovens e adultos", foi incluído o § 3º no art. 37, com a seguinte redação: "a educação de jovens e adultos deverá articular-se, preferencialmente, com a educação profissional, na forma do regulamento".

Para dar conta de toda a complexidade ditada pelo novo ordenamento constitucional, legal e normativo sobre a oferta da educação profissional articulada com o ensino médio, em boa hora os respeitados educadores e especialistas em educação profissional professor Francisco de Moraes e professor José Antonio Küller, oportunamente, oferecem aos educadores brasileiros esta preciosa análise crítica sobre a teoria e a prática da educação profissional desenvolvida integradamente com o ensino médio. Trata-se de uma obra destinada a se tornar referência e leitura obrigatória a todos aqueles que se dedicam à educação profissional no Brasil, bem como aos demais educadores e especialistas nesse assunto no Brasil e no exterior.

A primeira parte do estudo tem início com uma visão crítica e analítica da percepção geral sobre a temática a ser abordada, destacando convergências e divergências. Esse é o pano de fundo que os autores utilizam para o tratamento, com maior propriedade, do currículo e do currículo integrado, em uma linguagem clara e objetiva, pois se destina a orientar educadores e instituições de ensino, apresentando referências teóricas de distintas fontes e fazendo um adequado apanhado geral da legislação e das normas específicas sobre essa importante temática. Na sequência, os autores apresentam um oportuno panorama internacional da chamada "integração curricular", antes de tratar diretamente da integração curricular no Brasil. A abordagem tem início numa fundamentada análise dos objetivos do ensino médio, seguida de importantes considerações sobre o trabalho e a pesquisa como princípios educativos, as formas alternativas de organização curricular, a integração do ensino médio com a educação profissional, as metodologias de ensino-aprendizagem e a avaliação como mecanismos de integração curricular. Além disso, dá adequado tratamento à questão da infraestrutura e do pessoal docente e técnico-administrativo, sob diferentes prismas e concepções, concluindo com a apresentação das falas de alunos e professores sobre cada uma dessas oportunas abordagens. A novidade não para aqui. Na sequência, os autores apresentam sobre a mesma temática a voz da norma, dialogando, sobretudo, com o conjunto das diretrizes curriculares nacionais definidas pelo Conselho Nacional de Educação sobre a matéria.

O leitor, devidamente contextualizado em relação ao assunto, ainda terá, na segunda parte da obra, acesso a um amplo painel sobre o que há de melhor e viável a respeito da matéria. São apresentadas experiências internacionais e brasileiras de currículos integrados, com foco prioritário voltado para o ensino médio. Todas as experiências apresentadas, tanto no nível internacional quanto no nacional, referem-se a propostas de integração entre educação profissional e educação geral desenvolvidas no âmbito do ensino médio ou em outros níveis, as quais são analisadas à luz dos objetivos do ensino médio, do trabalho e da pesquisa como princípios educativos, das formas alternativas de integração curricular, da integração do ensino médio com a educação profissional, da metodologia de ensino-aprendizagem e da avaliação como mecanismo de integração curricular, bem como da infraestrutura e do pessoal docente e técnico-administrativo.

A primeira experiência internacional apresentada é a de um esforço institucional desenvolvido pelo Ministério da Educação Nacional da Colômbia para aprimorar a qualidade da educação secundária colombiana. A segunda experiência vem do Uruguai, coordenada pelo Conselho de Educação Técnico-profissional da Universidade do Trabalho, que é um órgão descentralizado da administração nacional da educação pública no Uruguai. Na sequência, é abordada a temática da pedagogia da alternância enquanto metodologia de organização de ensino escolar, na qual se alternam e se articulam tempos e espaços em que os jovens desenvolvem experiências educacionais na escola e na propriedade familiar. Essa pedagogia da alternância, que surgiu na França em 1935, chegou ao Brasil por volta de 1969, no Espírito Santo. Em 2007, já eram mais de 240 as experiências brasileiras.

Fiquei muito feliz com a inclusão, pelos autores, de uma experiência educacional altamente inovadora que foi implantada no Estado de São Paulo entre os anos de 1962 e 1969, coordenada pela educadora Maria Nilde Mascellani, com quem tive a honra de partilhar atividades no Conselho Estadual de Educação de São Paulo. Trata-se dos ginásios vocacionais, justamente apresentados pelos autores como "uma utopia que já foi realidade". A outra experiência brasileira é desenvolvida na área da educação profissional para a saúde, no Rio de Janeiro, pela Escola Politécnica de Saúde Joaquim Venâncio, unidade técnico-científica da Fundação Oswaldo Cruz (Fiocruz). Na sequência, é apresentado o trabalho desenvolvido pelo Centro Estadual de Educação Tecnológica "Paula Souza", autarquia de regime especial mantida pelo governo paulista na qual oferece cursos de ensino médio e de ensino superior no âmbito da educação profissional e tecnológica, atendendo, atualmente, mais de 160 municípios em todo o Estado de São Paulo. É apresentada, também, a experiência do Proeja Técnico – o Programa Nacional de Integração da Educação Profissional à Educação Básica na modalidade Educação de Jovens e Adultos – desenvolvida pelo Instituto Federal de Educação, Ciência e Tecnologia de Santa Catarina (IFSC).

Os autores trazem à baila, também, as experiências da Coreia do Sul e da Finlândia, as quais não são muito diferentes das que ocorrem em muitos outros países quanto à integração curricular, tanto no interior do ensino médio quanto entre a educação profissional e o ensino médio, principalmente, por conta dos destaques desses dois países na mídia brasileira e no Pisa – o Programa Internacional de Avaliação de Estudantes, coordenado pela Organização para a Cooperação e Desenvolvimento Econômico (OCDE).

A terceira parte do trabalho é especialmente dedicada à abordagem dos protótipos curriculares apresentados pela Representação da Organização das Nações Unidas para a Educação, a Ciência e a Cultura (Unesco) no Brasil e por outras formas inovadoras de organização curricular, a partir das quais se constata que é rara a integração curricular efetiva entre a educação profissional e o ensino médio, tanto em experiências brasileiras quanto internacionais. Merece destaque especial essa terceira parte pela relevância do trabalho desenvolvido pela Unesco em relação a essa importante temática, a qual orienta as conclusões e recomendações dos autores sobre a efetiva integração curricular entre educação profissional e ensino médio.

AGRADECIMENTOS

Aos nossos familiares diretos, que nos apoiaram com paciência, comentários e incentivos.

Às professoras Marilza Regattieri e Jane Margareth Castro e à equipe da Representação da Unesco no Brasil, que nos acolheu em 2009 para pesquisas preliminares do projeto "Currículos de ensino médio" e para coordenação do grupo de trabalho que entre 2010 e 2011 elaborou algumas sugestões curriculares viáveis para a realidade brasileira.

Aos professores e pesquisadores Francisco Platão Savioli (Escola de Comunicações e Artes da Universidade de São Paulo – ECA-USP), Iole de Freitas Druck (junto à equipe do Instituto de Matemática e Estatística da USP – IME-USP), Luís Carlos de Menezes (Instituto de Física da USP) e Paulo Miceli (Instituto de Filosofia e Ciências Humanas da Universidade Estadual de Campinas – IFCH-Unicamp), que muito contribuíram para a construção dos protótipos para a Unesco e para o vislumbre não só das possibilidades de integração entre as áreas de conhecimento como também das limitações práticas dos esforços para as mudanças curriculares.

Aos conselheiros do Conselho Nacional de Educação (CNE) professor Francisco Aparecido Cordão e professor José Fernandes de Lima, que relataram pareceres fundamentais para a organização curricular do ensino médio e da educação profissional e que muito nos honram com as palavras dispensadas a este livro.

PERCEPÇÃO E ANÁLISE DOS PROBLEMAS, CONVERGÊNCIAS E DIVERGÊNCIAS

A opinião de que o ensino médio precisa ser mais atraente para os estudantes e mais eficaz para a sociedade é muito próxima da unanimidade. Acadêmicos, professores, diretores de escolas, jornalistas, economistas, empresários, políticos, pais, estudantes e outros interessados, especialistas ou meros palpiteiros de plantão, frequentemente apresentam críticas veementes à inconsistência dos currículos, ao despreparo dos docentes, à inadequação da infraestrutura, aos baixos investimentos, à baixa qualidade geral da oferta e ao desempenho comparativo dos estudantes em testes internacionais que procuram avaliar a preparação dos jovens para a vida na moderna sociedade.

Os próprios estudantes raramente são ouvidos. Reagem como podem, principalmente com evasão e baixo envolvimento com os discursos enfadonhos sobre conteúdos que lhes parecem desinteressantes e que normalmente se apresentam fragmentados e sem utilidade perceptível para curto ou médio prazo, com exceção das provas bimestrais ou dos exames finais internos ou externos, como o Exame Nacional do Ensino Médio (Enem) ou os vestibulares.

Um ponto crítico e reiterado no diagnóstico dos problemas está na falta de professores e na baixa motivação para as carreiras docentes.

O investimento em infraestrutura nas redes públicas estaduais é muito baixo, em comparação com os padrões de excelência no âmbito internacional. Isso é grave porque essas redes respondem por cerca de 80% das matrículas. Embora o Governo Federal estabeleça as normas nacionais, sua participação efetiva na oferta pública de educação básica é pouco relevante.

Há muitos interessados em apresentar críticas e propostas pontuais para acréscimo de disciplinas ao currículo do ensino médio, já muito fragmentado.

Por outro lado, apesar das muitas dificuldades comuns a quase todos, há experiências de sucesso e alguns bons resultados. Participamos pessoalmente de algumas experiências e analisamos várias delas. Neste livro, compilamos aspectos conceituais e os combinamos analiticamente com boas experiências internacionais e brasileiras. Analisamos propostas integradoras que abordam as questões essenciais da organização curricular e as possibilidades de sua operacionalização nos contextos reais comuns à maioria das escolas públicas e à quase totalidade das escolas particulares de ensino médio.

Acreditamos na viabilidade da implementação de currículos mais integrados no ensino médio, que atendam efetivamente às finalidades estabelecidas na Lei Federal nº 9.394, de 20 de dezembro de 1996 – a Lei de Diretrizes e Bases da Educação Nacional (LDBEN) –, e possibilitem a organização de comunidades escolares de aprendizagem e trabalho nas quais estudantes, professores e gestores aprendam cada vez mais uns com os outros e com o enfrentamento conjunto das demandas coletivas que permitem classificar a educação como a política pública com maior potencial de acelerar o equacionamento de todas as demais políticas públicas fundamentais para o desenvolvimento do Brasil.

Neste livro apresentamos possibilidades, exemplos concretos, desafios e indicações para gestores, professores e outros atores sociais que acreditam na possibilidade de caminhos mais eficazes e efetivos para a educação básica e, em especial, para o ensino médio – que se mostra como o seu elo mais frágil –, bem como para a educação profissional técnica de nível médio, cuja valorização social é outro aspecto importante nas expectativas sociais e nas políticas públicas.

A base para este livro consiste no trabalho que coordenamos para a Representação da Organização das Nações Unidas para a Educação, a Ciência e a Cultura (Unesco) no Brasil entre 2009 e 2011, em projeto que foi denominado "Currículos de ensino médio" e teve seus resultados finais publicados pela entidade em 2013 com o título *Currículo integrado para o ensino médio: das normas à prática transformadora*. Assim, embora neste livro tenhamos reproduzido trechos da publicação de 2013, procedemos à atualização, à ampliação e à substituição das pesquisas originais, com leve ajuste de foco para a inclusão de prioridades e análise das mudanças ocorridas entre 2011 e 2015.

Na primeira parte do livro, apresentamos uma síntese dos debates conceituais sobre currículo e sobre integração curricular ou sua contrafação, que é a fragmentação curricular quase hegemônica. Assumimos e defendemos uma postura conceitual que julgamos viável na prática e mais compatível com princípios e valores filosóficos orientados para a cidadania democrática e responsável, além de atender às demandas sociais prevalentes na comunidade educacional brasileira e ao que já está validado pela legislação educacional e pelas normas e diretrizes nacionais.

No final dessa primeira parte, abordamos tópicos referentes ao roteiro analítico utilizado nas outras duas partes do livro para tratar os fatores que consideramos mais críticos na integração curricular intrínseca do ensino médio, assim como na integração deste com a educação profissional técnica de nível médio.

Na segunda parte, selecionamos algumas experiências internacionais e brasileiras que se destacam pelos resultados obtidos e divulgados. Todas as experiências escolhidas são analisadas com ênfase em detalhes que favoreçam a integração curricular, conforme estrutura formal dos tópicos mencionados no parágrafo anterior e detalhados no final da primeira parte do livro.

A terceira parte do livro é propositiva. Inicia com análise dos protótipos curriculares que foram elaborados para a Representação da Unesco por equipe de especialistas que coordenamos e apresenta outras possibilidades viáveis de organização prática de currículos de ensino médio ou de ensino médio integrado à educação profissional que sejam efetivamente integrados e que atendam aos anseios sociais e às demandas legais e normativas.

No final, retomamos os principais aspectos das proposições para viabilizar a integração curricular e o respeito às demandas e necessidades sociais de um ensino médio que realmente atenda aos anseios dos estudantes, das famílias e de toda a coletividade.

PARTE I

AS TEORIAS DO CURRÍCULO

> O currículo é lugar, espaço, território. O currículo é relação de poder. O currículo é trajetória, viagem, percurso. O currículo é autobiografia, nossa vida, *curriculum vitae*: no currículo se forja a nossa identidade. O currículo é texto, discurso, documento. O currículo é documento de identidade.
>
> Tomaz Tadeu da Silva, *Documentos de identidade: uma introdução às teorias do currículo*

Aqui são analisados os principais debates conceituais sobre currículo e sobre integração ou fragmentação curricular. Defendemos uma postura conceitual e prática que julgamos viável e que pode atender às demandas sociais mais relevantes na comunidade educacional brasileira e ao que já é proposto pelas normas e diretrizes nacionais.

No final desta primeira parte, detalhamos tópicos referentes ao roteiro analítico utilizado nas outras duas partes do livro para tratar os fatores que julgamos mais críticos na integração curricular intrínseca do ensino médio, bem como na integração deste com a educação profissional técnica de nível médio. Esse roteiro apresenta os tópicos a seguir:

1. Objetivos do ensino médio.
2. Trabalho e pesquisa como princípios.
3. Formas alternativas de organização curricular.
4. Integração do ensino médio com educação profissional.
5. Metodologia de ensino-aprendizagem.
6. Avaliação como mecanismo de integração curricular.
7. Infraestrutura e pessoal docente e técnico-administrativo.

SOBRE CURRÍCULO E CURRÍCULO INTEGRADO

O que deve ser ensinado ou aprendido é sempre a questão de fundo de um debate conceitual sobre currículos ou de um desenho curricular concreto. Essa questão gera ou deriva de outras, tais como: que tipo de homem objetivamos formar? Como ensinar o que deve ser ensinado? Por que ensinar isso ou aquilo? Quem define o currículo? Quais as relações de poder implicadas em sua definição? Ao tratarmos do currículo integrado do ensino médio, vamos transitar por todas essas questões.

Resumindo uma longa discussão sobre as teorias do currículo, Tomaz Tadeu da Silva (2007) afirma que, após as teorias críticas e pós-críticas de currículo, é impossível abordá-lo apenas pelos enfoques de conceitos técnicos de ensino e eficiência, categorias psicológicas como aprendizagem e desenvolvimento ou imagens estáticas como as de grade curricular e listas de conteúdo. Ele afirma que o currículo pode ser tudo isso, pois ele é também o que se faz com ele. Nossa imaginação está livre para tratar o currículo com outras metáforas, usar outras formas em sua concepção, utilizar outras perspectivas que superem as tradicionalmente legadas por estreitas categorias.

O alerta é interessante para adotarmos, já de início, uma perspectiva mais aberta ao formularmos as questões mais específicas de investigação, que serão explicitadas mais à frente. Essas questões orientarão a nossa busca de referências sobre currículo integrado e sobre o currículo de ensino médio integrado à educação profissional. Por sua vez, as respostas a essas questões serão decisivas para orientar a formulação de caminhos para o desenho de currículos integrados, a principal finalidade desta obra.

Os debates contemporâneos sobre o currículo incluem um conjunto de constatações decisivas para a discussão da integração curricular. Por isso, é importante fazermos inicialmente uma sinopse desses aspectos relevantes da teoria do currículo. Eles podem revelar rumos e cuidados a serem tomados nas propostas de currículos integrados e na indicação de mecanismos de integração curricular.

Como forma de forçar a desejada abertura, para efeito de formulação de questões específicas sobre o desenho de um currículo integrado, são importantes as constatações apresentadas a seguir.

O PROBLEMA DA INTEGRAÇÃO É POSTO PORQUE HISTORICAMENTE SE CONSTRUÍRAM UM CONHECIMENTO ESPECIALIZADO E UM CURRÍCULO FRAGMENTADO.

O modelo dominante de conhecimento do real fragmenta o mundo para melhor conhecê-lo. Tanto a geração do conhecimento como sua sistematização e acúmulo se fazem sob a égide das disciplinas científicas particulares ou campos especializados de conhecimento científico, tecnológico, artístico, filosófico ou cultural.

O método científico procura reduzir a complexidade do real para conhecê-lo. Faz isso por meio da divisão do todo em partes cada vez menores, para estudá-las em separado, de forma isolada. As especializações derivam desse procedimento. Nessa concepção, o conhecimento é tão mais rigoroso quanto mais restrito é o objeto sobre o qual incide. Esse modelo de pensamento, no qual se funda a especialização, orienta a maioria das áreas de conhecimento (Silva & Ferreira, 2008).

Algumas especializações se constituem em disciplinas científicas. A disciplina é uma forma histórica de produzir e organizar o conhecimento. É produto de um longo desenvolvimento histórico. Disciplina foi a forma como se organizou o conhecimento humano desde os gregos, com Platão. Espalhou-se nas universidades europeias a partir do século XI. Foi consagrada pela universidade moderna. A disciplina é a categoria organizacional do conhecimento científico ou a identidade social de diferentes corpos de saberes especializados. Possui, pelo menos, duas características básicas. A primeira é lógica: refere-se a um corpo teórico inteligível e unificado. A segunda é funcional: organiza a diversidade dos objetos do conhecimento (Nascimento; Amazonas; Vilhena, 2013).

A divisão e a fragmentação curricular não resultam apenas do método de produção e organização do conhecimento científico e especializado. Elas são também produzidas pela transposição didática. A transposição didática opera uma organização lógica e sequencial (linearidade) dos conhecimentos disciplinares, transformando-os em conteúdo a ser ensinado. Tal passagem do conhecimento científico para o da disciplina do currículo escolar não é apenas uma mudança de lugar. Uma transformação do saber científico é o que o faz saber escolar (Polidoro & Stigar, 2009).

A transposição didática reproduz a fragmentação que existe entre as diferentes disciplinas dentro de cada uma delas. Em cada disciplina, conjuntos de informação são subdivididos em pequenas doses e administrados de modo adequado. O planejamento rigoroso do tratamento indica que a mistura entre conteúdos de "cápsulas" diferentes pode trazer um risco para a saúde do "paciente" (Silva, 1999).

O livro didático consagra essa forma de transposição didática e de organização dos conteúdos disciplinares. Na biologia, por exemplo, a linearidade se apresenta de modo marcante, com uma sucessão de conteúdos em blocos distintos: citologia, zoologia, ecologia. Normalmente não há orientação para discutir com os alunos as interações entre esses blocos, para construir novas possibilidades de organização do conteúdo disciplinar que possam superar ou aperfeiçoar a sequência dos temas impostos pelos livros didáticos (Silva, 1999).

Assim, a forma como o conhecimento é organizado e transmitido no interior das disciplinas acentua a fragmentação.

Como o contato mais direto do aluno com o conhecimento consiste na disciplina isolada, ele é condicionado a ver e a esperar que esse conhecimento seja recebido de maneira fragmentada. Assim, para alunos e professores, o conhecimento que vale a pena aprender e ensinar passa a ser o conhecimento disciplinar fragmentado em tópicos de conteúdo.

A crítica a esse tipo de abordagem do conhecimento e a esse tipo de educação é antiga e assume múltipla coloração teórica e ideológica. No Brasil, a voz mais incisiva contra essa forma de definir e organizar o currículo e os conteúdos disciplinares e contra a forma de transmiti-los (método) é a de Paulo Freire. Ele critica o que denominou educação bancária, uma metáfora para designar a prática escolar de depositar nos alunos conteúdos sem sentido, resgatando-os depois em provas e exames.

> Há quase uma enfermidade da narração. A tônica da educação é preponderantemente esta – narrar, sempre narrar.
> Falar da realidade como algo parado, estático, compartimentado e bem-comportado, quando não falar ou dissertar sobre algo completamente alheio à experiência existencial dos educandos, vem sendo, realmente, a suprema inquietação dessa educação. A sua irrefreada ânsia. Nela, o educador aparece como seu indiscutível agente, como o seu real sujeito, cuja tarefa indeclinável é "encher" os educandos dos conteúdos de sua narração. Conteúdos que são retalhos da realidade desconectados da totalidade em que se engendram e em cuja visão ganhariam significação. A palavra, nessas dissertações, esvazia-se da dimensão concreta que deveria ter ou se transforma em palavra oca, em verbosidade alienada e alienante. Daí que seja mais som que significação, e, assim, melhor seria não a dizer. (Freire, 2015, pp. 79-80)

Para Freire, o objetivo da educação é tornar o homem consciente da dominação a que está submetido e criar as condições de superação dos meios e processos de dominação. A escola não deve transmitir o saber dominante, mas criar a condição de superação da dominação, inclusive pela transformação desse saber dominante e pela geração de um saber transformador em função dos interesses das classes populares.

> A QUESTÃO DAS DISCIPLINAS A SEREM INCLUÍDAS É TÃO PRESENTE NAS DISCUSSÕES CURRICULARES PORQUE O ÚNICO CONHECIMENTO RECONHECIDO COMO RELEVANTE É QUASE SEMPRE O ACADÊMICO E DISCIPLINARMENTE PRODUZIDO.

Diferentemente de Freire, a pedagogia histórico-crítica (Saviani, 2013) defende a transmissão de conhecimentos científicos, portanto disciplinares, como função específica da escola. Os seguidores dessa pedagogia autodenominada crítica muitas vezes defendem o currículo disciplinar, a transposição didática do conhecimento acumulado pelas ciências particulares e a transmissão dos conteúdos curriculares como formas de apropriação pelos trabalhadores do conhecimento produzido pela humanidade. Esse conhecimento é sempre o conhecimento científico ou aquele produto cultural que se tornou clássico. Saviani, já em seus primeiros escritos, toma como assegurada a seguinte razão de ser ou finalidade da escola:

> A escola existe, pois, para propiciar a aquisição dos instrumentos que possibilitam o acesso ao saber elaborado (ciência), bem como o próprio acesso aos rudimentos desse saber. As atividades da escola básica devem se organizar a partir dessa questão. Se chamarmos isso de currículo, poderemos então afirmar que é a partir do saber sistematizado que se estrutura o currículo da escola elementar. Ora, o saber sistematizado, a cultura erudita, é uma cultura letrada. Daí que a primeira exigência para o acesso a esse tipo de saber é aprender a ler e escrever. Além disso, é preciso também aprender a linguagem dos números, a linguagem da natureza e a linguagem da sociedade. Está aí o conteúdo fundamental da escola elementar: ler, escrever, contar, os rudimentos das ciências naturais e das ciências sociais (história e geografia humanas). (Saviani, 2013, p. 14)

Na citação anterior, a aprendizagem da linguagem da natureza e da sociedade, resultado aceitável para a escola fundamental, é transformada em conhecimentos a serem ensinados (rudimentos das ciências naturais e das ciências sociais) organizados em disciplinas escolares (história e geografia). Das capacidades humanas fundamentais necessárias para a vida em sociedade, a ênfase se desloca para o conteúdo organizado disciplinarmente. O texto a seguir resume a proposta.

> Vê-se, assim, que para existir a escola não basta a existência do saber sistematizado. É necessário viabilizar as condições de sua transmissão e assimilação, isso implica dosá-lo e sequenciá-lo de modo que a criança passe gradativamente do seu não domínio ao seu domínio. Ora, o saber dosado e sequenciado para efeitos de sua transmissão-assimilação no espaço escolar, ao longo de um tempo determinado, é o que nós convencionamos chamar de "saber escolar". (Saviani, 2013, p. 17)

A função da escola é transmitir o saber escolar. O saber escolar é o saber decorrente da transposição didática do conhecimento científico. Assim é feita a defesa da divisão disciplinar do currículo, da organização dos conteúdos dentro de cada disciplina e da transmissão desse conteúdo pelo professor. Além da defesa de uma visão tradicional do currículo da escola, os defensores dessa pedagogia também defendem a forma como o conteúdo é escolhido e organizado pela escola tradicional. Também defendem o modo como esse conhecimento deve ser transmitido. Apenas não defendem explicitamente que esse conhecimento deve ser transmitido de forma oral, outro alvo da crítica de Freire. Porém, raras vezes fazem a crítica da aula magistral, o que significa aceitá-la como forma de transmissão do conhecimento. Por vezes, a defesa da metodologia tradicional é explícita:

> Ora, esse fenômeno está presente também no processo de aprendizagem através do qual se dá a assimilação do saber sistematizado, como o ilustra, de modo eloquente, o exemplo da alfabetização. Também aqui é necessário dominar os mecanismos próprios da linguagem escrita. Também aqui é preciso fixar certos automatismos, incorporá-los, isto é, torná-los parte de nosso próprio corpo, de nosso organismo, integrá-los em nosso próprio ser. Dominadas as formas básicas, a leitura e a escrita podem fluir com segurança e desenvoltura. À medida que vai se libertando dos aspectos mecânicos,

o alfabetizando pode, progressivamente, ir concentrando cada vez mais sua atenção no conteúdo, isto é, no significado daquilo que é lido ou escrito. (Saviani, 2013, p. 18)

Na citação anterior, percebe-se uma oposição implícita à "pedagogia do oprimido" e ao método de alfabetização de Paulo Freire. Essa oposição não tem a roupagem de uma inovação pedagógica, mas sim a de defesa dos métodos clássicos de alfabetização. Tais métodos enfatizam o domínio (pela repetição e pela memorização) dos aspectos mecânicos da leitura e escrita. Não consideram importante a aprendizagem da capacidade de ler e escrever com sentido desde o início do processo de alfabetização.

A defesa da metodologia tradicional parece se limitar aos métodos de alfabetização. Apesar disso, em livro considerado por Saviani como uma proposta exemplar de didática da pedagogia histórico-crítica, Gasparin (2012) frequentemente faz a defesa dos métodos tradicionais. São comuns parágrafos como:

> Dessa forma, para que cada indivíduo possa construir seu próprio conhecimento, é necessário que se aproprie do conhecimento já introduzido pela humanidade e que este esteja socialmente à disposição. Essa apropriação o torna humano, uma vez que assimila a humanidade produzida historicamente. Nesta perspectiva, valorizam-se a transmissão de conhecimentos e a imitação. (Gasparin, 2012, pp. 79-80)

Deixando de lado esses aparentes desvios, durante todo o livro Gasparin (2012) procura desenvolver e exemplificar os passos metodológicos propostos por Saviani para a pedagogia histórico-crítica: prática social, problematização, instrumentalização, catarse e prática social (Saviani, 1999). Para tanto, recorre de maneira explícita e significativa às contribuições de Freire e Vigotski para teorizar e propor uma prática dos passos metodológicos de Saviani, que pretensamente se baseiam em um modelo de PRÁTICA – TEORIA – PRÁTICA ou AÇÃO – REFLEXÃO – AÇÃO.

O ponto de partida é o grande problema para dar vida e operacionalidade aos passos metodológicos de Saviani. Se o currículo é composto pelo saber escolar (conteúdo), pela transmissão do saber sistemático acumulado pela humanidade, o método ou a didática têm de partir daí. A transmissão do conteúdo deve ser a preocupação metodológica original e central, não a prática social.

Gasparin (2012) resolve o problema introduzindo uma "pequena" mudança no passo inicial. Ele o denomina PRÁTICA SOCIAL DO CONTEÚDO. Ele, assim, faz a articulação entre currículo e metodologia. A prática social não é aquela que se quer ou é importante transformar. É aquela que pode ser derivada dos conteúdos escolares. Segundo Saviani (2013), como vimos, tais conteúdos devem ser derivados, pela transposição didática, dos conhecimentos científicos sistematizados e acumulados pela humanidade e, supostamente, fontes de humanização e fundamentos de ação revolucionária.

Gasparin (2012) não se detém sobre nem questiona a origem dos conteúdos escolares. Falando da prática social do conteúdo, diz:

> O conteúdo é a seleção e a transposição didática, para a sala de aula, do conhecimento científico que deve ser apropriado pelos educandos. Apresenta-se, no currículo da escola e no programa de cada disciplina, como uma listagem de tópicos e subtópicos. (Gasparin, 2012, p. 25)

Além disso, ele não considera importante que os conteúdos derivem de uma prática social que se queira transformar. Afirma:

> Na ordem prática escolar, porém, de maneira geral, o conteúdo a ser trabalhado precede às questões sociais: frequentemente é definido apesar delas. As Secretarias Estaduais e Municipais de Educação, depois o professor ou o grupo de professores definem o que deve ser abordado em cada série ou grau de ensino, tendo como critério principal, e às vezes único, o conteúdo historicamente acumulado e já consagrado em programas anteriores ou em livros didáticos que são adotados. (Gasparin, 2012, p. 37)

Em nossa longa experiência educacional, temos suficientes evidências para afirmar que os programas anteriores e o livro didático são os fatores essenciais na definição do currículo. O próprio Gasparin (2012, p. 39) reconhece e incentiva a prática dizendo que os "programas e manuais didáticos utilizados pelos professores não devem ser descartados. É a partir desses instrumentos que se procede o levantamento das grandes questões sociais". Novamente observa-se a prevalência do conteúdo sobre a prática social. A partir daí a prática social que se reconhece e pode ser transformada é que pode ser extraída do conteúdo e serve ao fim de sua transmissão e assimilação.

Não é o exercício de uma prática social que se propõe ao aluno para que, depois, ele reflita sobre sua ação e a aprimore. A prática social inicial do conteúdo é a prática da qual o aluno tem alguma informação e é relacionada com conteúdo previsto no programa escolar a ser transmitido. No fundo, o que é proposto como o primeiro passo metodológico é uma contextualização do conteúdo a ser desenvolvido. Gasparin (2012, p. 21) mesmo o reconhece: "A Prática Social Inicial é sempre uma contextualização do conteúdo. É um momento de conscientização do que ocorre na sociedade em relação àquele tópico a ser trabalhado, [...]".

Essa prática, que quase sempre consiste em uma fala sobre a prática do outro, é a que vai ser problematizada, em geral pelo professor. Em seguida, as questões levantadas na problematização serão respondidas. Isso também, na prática e em geral, é feito pelo professor. Por fim, dá-se a catarse, "que é a síntese do cotidiano e do científico, do teórico e do prático a que o educando chegou [...] a conclusão, o resumo que ele faz do conteúdo aprendido recentemente" (Gasparin, 2012, p. 124). Na descrição e nos exemplos desse autor, é difícil diferenciar esse passo de uma avaliação escolar tradicional. Por fim, o aluno ou o professor propõe a prática social dos conteúdos.

É difícil supor que esse processo possa culminar em uma prática transformadora. O mais provável é que ele produza propostas teóricas de ação. Isso é aceito por Gasparin. Para ele, a prática social do conteúdo não é uma prática para valer: são intenções e compromissos ou propostas de ação. Os alunos não são protagonistas da prática inicial, nem da reflexão sobre essa prática, nem de uma efetiva prática final. As capacidades individual e coletiva de criticar a prática social dominante e de transformar a natureza ou a sociedade não são desenvolvidas.

A pobreza da perspectiva transformadora daí decorrente pode ser encontrada no próprio Gasparin. Em todo o seu livro, fazendo uma demonstração prática dos passos metodológicos de Saviani, ele usa como exemplo o ensino sobre o tópico de conteúdo ÁGUA. Ao exemplificar o último passo, apresenta em um quadro as seguintes possibilidades de prática social desse conteúdo (p. 145):

INTENÇÕES DO ALUNO E COMPROMISSO DE AÇÃO	
NOVA ATITUDE PRÁTICA: INTENÇÕES	PROPOSTA DE AÇÃO
1. Economizar água.	1. Fechar a torneira. Verificar o valor e o consumo mensal de água.
2. Aprender mais sobre água.	2. Fazer leituras sobre o tema. Assistir e debater um filme.
3. Manter a água limpa.	3. Não jogar detritos nos rios. Verificar o nível de poluição dos rios do município e encaminhar sugestões de saneamento para os órgãos competentes.
4. Conhecer a empresa de tratamento de água da cidade.	4. Visitar as instalações da empresa de tratamento de água.
5. Aprofundar conhecimento sobre águas sagradas.	5. Ler a Bíblia. Ler livros de história que tratem do assunto.

Vamos considerar inicialmente a quinta atitude prática, "aprofundar conhecimento sobre águas sagradas", e a proposta de ação decorrente, "ler a Bíblia". A primeira constatação é que não é uma atitude condizente com uma escola laica e multicultural. A segunda, é que não há uma prática social efetiva. Apenas compromissos e propostas de ação para assegurar que existe uma nova atitude prática. Essa e as demais constatações são também próprias para todas as demais "novas atitudes práticas – intenções".

A partir de intenções é discutível que a nova atitude se consolide ou que seja posta em ação. A terceira constatação é que a perspectiva de ação é sempre individual e não coletiva. Acredita-se que é possível transformar a realidade de partir de uma prática individual que não se articule com uma luta ou um movimento coletivo. Por fim, constata-se que as propostas resultantes são mais orientadas para a continuidade de estudos e muito pobres na sua possibilidade de transformação da sociedade, mesmo se postas em ação.

Gasparin (2012), dada a origem do currículo e por aceitar como premissa que a função da escola é a transmissão do saber escolar, não consegue ir além de justificar e tentar tornar significativo um conteúdo a ser transmitido e assimilado (educação bancária). Esse conteúdo, em sua origem, não se preocupa em engajar o educando em um movimento efetivo de transformação das práticas sociais nas quais está engajado ou pode vir a se engajar (no trabalho, por exemplo).

Prolongar-se na discussão da pedagogia histórico-crítica é importante na medida em que ela inaugura uma perspectiva curricular que se torna hegemônica no pensamento pedagógico brasileiro. O parágrafo a seguir resume a ideia central da pedagogia histórico-crítica.

> A pedagogia é o processo pelo qual o homem se torna plenamente humano. No discurso de formatura, distingui entre a pedagogia geral, que envolve essa noção de cultura como tudo o que o homem produz, tudo o que o homem constrói, e a pedagogia escolar, ligada à questão do saber sistematizado, do saber elaborado, do saber metódico. A escola tem o papel de possibilitar o acesso das novas gerações ao mundo do saber sistematizado, do saber metódico, científico. Ela necessita organizar processos, descobrir formas adequadas a essa finalidade. Essa é a questão central da pedagogia escolar. (Saviani, 2013, p. 66)

A grande justificativa – e, ao mesmo tempo, a falácia – dessa proposta é a afirmativa de que a apropriação do conhecimento sistematizado pelas ciências e pela humanidade (e mesmo a sua memorização, como é usual na escola tradicional) seja fundamental para o trabalhador sustentar sua luta pela mudança social, para sua emancipação, para sua autonomia e para se constituir como ser humano. Isso é dado como verdade, como exemplifica o parágrafo citado a seguir.

> Ora, considerando-se que o saber, que é o objeto específico do trabalho escolar, é um meio de produção, ele também é atravessado por essa contradição. Consequentemente, a expansão da oferta de escolas consistentes que atendam a toda a população significa que o saber deixa de ser propriedade privada para ser socializado. Tal fenômeno entra em contradição com os interesses atualmente dominantes. Daí a tendência a secundarizar a escola, esvaziando-a de sua função específica, que se liga à socialização do saber elaborado, convertendo-a numa agência de assistência social, destinada a atenuar as contradições da sociedade capitalista. (Saviani, 2013, p. 85)

É discutível que o saber possa ser considerado um meio de produção e que ele possa ser propriedade privada de uma classe da mesma forma que a fábrica ou os meios físicos de produção (maquinaria). O saber técnico e tecnológico, ao contrário dos meios de produção, não pode ser separado de cada um dos trabalhadores e do conjunto dos trabalhadores que os empregam no exercício de suas funções produtivas. Mesmo quando apropriados pelo corpo técnico-gerencial das organizações (Küller, 1996), é ainda de trabalhadores de que se fala e não dos proprietários do capital. Também é discutível que a escola consiga de fato socializar o saber que interessa à produção. Mesmo que o fizesse, é ainda mais discutível que esse saber, construído a partir dos interesses de uma classe, pudesse alterar as relações de produção que determinam a divisão do trabalho e a parcela de saber que cada trabalhador deve aplicar na produção.

Com a discutível promoção do saber escolar a meio de produção, a transmissão do saber escolar para todos, reivindicação antiga da escola nova, passa a se constituir em ato revolucionário que, ao mesmo tempo, poupa a educação básica e a universidade de qualquer transformação organizacional e curricular importante. A proposta tem um inegável fundo e uma consequência curricular certamente conservadores.

> O PROBLEMA DA INTEGRAÇÃO É POSTO PORQUE NÃO SE ADMITE QUE TODA EDUCAÇÃO GERAL É TAMBÉM PROFISSIONAL E QUE TODA EDUCAÇÃO PROFISSIONAL, INCLUSIVE A QUE É DESENVOLVIDA DENTRO DA EMPRESA (KUENZER, 2002), É TAMBÉM FORMAÇÃO HUMANA INTEGRAL.

Em uma visão tradicional do currículo, a separação entre educação geral e educação profissional se explica pela divisão do conjunto dos conhecimentos que constituem o saber escolar, entendido esse saber como o conteúdo resultante da transposição didática do conhecimento humano sistematizado. Na forma lógico-metafísica convencional do conhecimento científico (Prado Júnior, 1969), conhecimento sistematizado é sempre conhecimento especializado e, portanto, disciplinar.

Entendido o currículo como forma de produção, organização e registro do saber escolar (Saviani, 2013), ele não pode deixar de ser disciplinar. Também não tem como a educação geral não ser distinta da educação profissional. Essa visão do currículo impõe a divisão do currículo em disciplinas, o currículo fragmentado e a escola dual.

No currículo tradicional, a educação geral compreende o conjunto sistematizado e organizado didaticamente dos campos de conhecimento (ciências/disciplinas) que todos devem conhecer. A educação profissional diz respeito ao conhecimento sistematizado necessário ao exercício de uma profissão específica. Em um caso e outro estamos falando de conhecimentos especializados e distintos. As disciplinas são organizadas de forma distinta segundo a transposição didática dos conhecimentos que acumulam e transmitem. A educação geral se distingue da profissional pelos conteúdos distintos que ensinam. Usualmente, uma e outra organizam o conhecimento a ser transmitido em blocos de conteúdo desintegrados.

Não há formas de construir um currículo integrado em si ou entre educação geral e profissional se o organizamos a partir de conteúdos derivados da transposição didática de campos de conhecimentos sistematizados e especializados. Não é possível falarmos de currículo integrado se organizado em torno das disciplinas particulares. Não é possível falarmos de currículo integrado a partir de um "saber escolar" centrado em conteúdo.

Não é possível falarmos de currículo integrado se consideramos a transmissão e a assimilação do "saber escolar" como missão da educação, seja geral ou profissional. O conhecimento acumulado pelas disciplinas científicas não pode ser integrado ao se transformar em "saber escolar" ministrado por professores também formados em campos especializados do conhecimento e, portanto, incapazes de produzir a integração desejada.

No entanto, para além da educação bancária, da colcha de retalhos, dos recortes disciplinares, do múltiplo e do desconexo, existem outras metáforas a partir das quais o currículo pode ser pensado. Como metáforas, imagens de formas físicas de articulação podem ajudar: o centro, a árvore, o eixo, a rede, os caminhos, os atalhos, os escapes... Mas essas possibilidades ainda partem da união de fragmentos ou da transição entre eles. Outra hipótese é negar a distinção a partir da definição de outros fins para a educação que não sejam os de transmitir conhecimentos (conteúdos) prontos e segmentados pelas disciplinas e transformados em "saber escolar" pela sua transposição didática.

É preciso partir da negação de que o objetivo da escola é a transmissão de um saber que só serve para a escola e só tem sentido dentro do seu sistema de avaliação (provas e exames) e progressão (passar de ano). Se considerarmos, como fins da escola, a preparação do aluno para a vida, incluindo nela a preparação para o trabalho, o papel da educação escolar passa a ser o de desenvolvimento de capacidades fundamentais para o autodesenvolvimento, a relação interpessoal, a vida em sociedade e o trabalho produtivo. O que se busca são resultados para a vida do aluno, para seu desempenho no trabalho, sua atuação política, sua relação consigo mesmo, sua convivência amorosa com o outro...

Há muito já se percebia que, considerando a preparação para a vida, a formação geral é fundamental para a educação profissional.

O relatório da President's Commission on Higher Education (1947), comissão especial designada pelo então presidente norte-americano, Harry Truman, para estudar as demandas educacionais para o futuro, lista os principais objetivos básicos da educação geral, assim resumidos:

- » desenvolver um código de comportamento que tenha como base princípios éticos condizentes com os ideais democráticos;
- » participar ativamente da solução dos problemas sociais, econômicos e políticos da comunidade, do Estado e da nação;
- » reconhecer a interdependência dos diferentes povos do mundo e sua responsabilidade pessoal na promoção da paz e da compreensão internacional;
- » compreender os fenômenos comuns do ambiente físico e avaliar as implicações das descobertas científicas para o bem-estar humano;
- » compreender as ideias alheias e expressar as ideias próprias com clareza e adequação;
- » preservar e melhorar a saúde pessoal e cooperar ativa e inteligentemente na solução dos problemas de saúde da comunidade;
- » compreender e apreciar literatura, arte, música e outras atividades culturais como expressões da experiência pessoal e social;
- » participar de alguma atividade criativa;
- » escolher uma profissão socialmente útil e pessoalmente satisfatória;
- » desenvolver e usar habilidades e hábitos inerentes ao pensamento crítico e construtivo.

A educação profissional tem como objetivo a aquisição de competências, habilidades ou saberes específicos que possibilitem ao aluno o exercício de determinada função profissional. Há interdependência entre a formação integral do cidadão e a educação profissional. De um lado, o alcance dos objetivos da educação geral desenvolve habilidades e fornece conhecimentos que são úteis para sua formação profissional. Por outro lado, a educação profissional específica também concorre para a formação integral do cidadão.

Para além dessa interpenetração, uma educação profissional centrada na perspectiva do desenvolvimento permanente de capacidades profissionais complexas e criativas tem um potencial de formação humana mais geral. Exemplo histórico disso é o processo de formação do trabalhador no modo artesanal de produção (Küller, 1996).

No artesanato, todos os ocupantes dos papéis profissionais estruturais (aprendiz, oficial e mestre) estão num caminho de sabedoria que reúne o conhecimento e a preparação dos materiais, o domínio dos processos técnicos de trabalho, a aprendizagem e a prática do processo de concepção do produto e das formas de relacionamento com os usuários de seus produtos. Entretanto, na solidão da labuta com os materiais trava-se uma batalha de outra espécie: o desenvolvimento e o ajuste das potências físicas, psicológicas e espirituais aos requisitos do *opus* (obra).

A busca da excelência, o esforço de produzir um objeto que satisfaça ao seu destinatário e ao mesmo tempo seja expressão de uma potência criadora, suscita uma interiorização e um contínuo autodesenvolvimento da personalidade. Redunda daí uma dialética entre objeto material e pessoa que, ao mesmo tempo, produz aperfeiçoamento e embelezamento da forma e o aprimoramento do produtor. Ali, no interior da aprendizagem e da execução técnica, uma disciplina espiritual é concomitantemente desenvolvida.

O trabalho do aprendiz e do oficial na oficina artesanal já guarda a marca e insere-se na trajetória da mestria. O aprender e o fazer específico a que se dedicam são, ao mesmo tempo, uma atualização de si mesmos. Não são jornadas separadas e com fins definidos nem mesmo para o mestre, na medida em que nunca existe a obra perfeita e a realização de si mesmo é sempre um alvo a atingir. Aprendiz, oficial e mestre são etapas de um mesmo processo de desenvolvimento profissional e humano inerente ao trabalho compartilhado.

O trabalho artesanal respeita no homem o que é especificamente humano, o que diferencia o homem dos outros seres vivos. "O que distingue, de antemão, o pior arquiteto da melhor abelha é que ele construiu o favo em sua cabeça, antes de construí-lo em cera" (Marx, 1988, pp. 142-143). Essa é uma característica do trabalho artesanal: a integração entre pensar e agir. Um desafio permanente está implícito no esforço de aprimorar a ideia original e concretizá-la. É um desafio pessoalmente assumido e intransferível. Ao enfrentá-lo, o homem que trabalha defronta-se com suas dificuldades e deficiências pessoais. Cada produto acabado representa um marco da superação de suas próprias limitações e do início de uma nova batalha consigo mesmo.

Na soma das suas características, o trabalho artesanal foi contexto de humanização. Carregava a possibilidade inerente de manifestação e desenvolvimento de qualidades humanas fundamentais. A ampliação contínua do conhecimento; a existência em comunidade; a iniciativa e a liberdade; a realização do próprio projeto e a organização do próprio trabalho; e, por fim, a elaboração de um objeto único e original (criatividade) era facultada potencialmente aos aprendizes e oficiais e plenamente ao mestre artesão.

A aprendizagem no artesanato demonstra a possibilidade de a educação profissional ser também uma forma de educação integral, quer ela aconteça na escola ou na oficina.

> O CURRÍCULO ESCOLAR ASSUME TAMANHA IMPORTÂNCIA PORQUE NÃO SE RECONHECE QUE A ESCOLA NÃO É A ÚNICA INSTÂNCIA FORMADORA DO CIDADÃO, DO PROFISSIONAL OU DA PESSOA. TAMBÉM NÃO SE QUESTIONA SE ELA É OU DEVE SER A INSTÂNCIA FORMADORA MAIS IMPORTANTE (ILLICH, 1973).

Talvez a crítica mais exacerbada sobre a pretensa exclusividade ou a excessiva importância da escola na aprendizagem para a vida, para exercício da cidadania e para o trabalho ainda seja a de Illich (1973). Para ele, a escola é capaz de fornecer instrução, mas não garante a aprendizagem das competências necessárias à vida ou ao trabalho. Illich chega a afirmar que as investigações sobre o histórico da escolaridade de uma pessoa deveriam ser proibidas, como já são proibidas as investigações sobre o credo político, a frequência à igreja, a linhagem, os hábitos sexuais ou as etnias. Ele considera que as leis deveriam desencorajar a discriminação injustificada com base na escolaridade das pessoas.

Illich afirma que é uma grande ilusão afirmar que a maioria do que se aprende na escola é resultado do ensino. A maioria das pessoas adquire a maior parte de seus conhecimentos sobre a vida e o trabalho fora da escola. Para ele, a principal função da escola é ser um local de confinamento de crianças e jovens durante um período cada vez maior de suas vidas.

A maioria das aprendizagens significativas acontece fora da escola. As crianças aprendem sua primeira língua com seus pais e na convivência social. A aprendizagem de outra língua também acontece mais frequentemente ou com mais efetividade na convivência com adultos significativos ou viajando. A competência na leitura e na escrita é, também, quase sempre resultado de atividades extracurriculares. A maioria das pessoas que leem muito e com prazer crê que aprendeu isso na escola; quando conscientizadas, facilmente abandonam essa ilusão.

Para Illich, a educação pode ser o resultado de um tipo de instrução totalmente distinto de treino prático. Deve derivar das relações entre colegas que já possuem algumas das chaves que dão acesso à informação memorizada e acumulada na comunidade e pela comunidade, no esforço crítico de todos os que usam criativamente essas memórias. A surpresa da pergunta inesperada que abre novas portas para o pesquisador e para seu colega deve ser a base dessa educação.

Além de não ser importante nas aprendizagens fundamentais para a vida, a escola é fonte de desvios importantes na formação humana. O primeiro deles é o de difundir o mito de que só se aprende na escola e que apenas o que se aprende na escola é importante. Aprendemos erroneamente que quanto mais escolarizados mais sabemos e que toda aprendizagem deve ser comprovada por títulos e certificados.

O currículo oculto da escola, que legitima a instrução como se fosse aprendizagem, habitua-nos a não questionarmos outros currículos secretos que bitolam a visão humana: o da família, do serviço militar, da assistência médica, da corporação profissional e dos meios de comunicação de massa. Para Illich, no entanto, a escola escraviza mais profunda e sistematicamente, na medida em que tem a função primordial de formar a capacidade crítica. Em vez de exercer essa função, molda a aprendizagem dos alunos – sobre si mesmos, sobre os outros e sobre a natureza – a partir de conteúdos empacotados que são assumidos como verdades absolutas.

Illich não acredita em uma reforma da escola. Propõe a criação de um novo estilo de relacionamento educacional entre o homem e seu meio ambiente. Os aprendizes não devem ser forçados a seguir um currículo obrigatório ou comprovar seu saber por meio de exames e certificados. Nem deveria haver um imenso aparato profissional de educadores e prédios escolares. O sistema educacional deveria possibilitar acesso aos meios disponíveis a todos os que querem aprender, em qualquer momento da vida. Deve facilitar o encontro entre os que sabem e os que querem aprender algo. Por fim, deve aproveitar a tecnologia para facilitar a liberdade de expressão, de reunião e de imprensa. É importante notar que Illich faz essa proposta antes de termos os formidáveis meios para essa liberdade de expressão, de acesso ao saber e de reunião possibilitada pela tecnologia da informação, especialmente pela internet e pelas redes sociais.

Illich também imagina as estruturas e estratégias desse novo sistema educacional que descarta a escola e propõe alguns serviços substitutivos, assim resumidos:

» **SERVIÇO DE CONSULTAS A OBJETOS EDUCACIONAIS:** alguns objetos ou processos podem ser reservados para fins educativos em bibliotecas, locadoras, museus e teatros. Outros podem ser de uso diário em fábricas, aeroportos ou fazendas, à disposição dos estudantes durante o trabalho ou nas horas vagas;

» **INTERCÂMBIO DE HABILIDADES:** opção que permite às pessoas informar sobre suas aptidões, seus endereços e suas condições mediante as quais se disponham a ajudar outras que desejem aprender essas aptidões;

» **ENCONTRO DE COLEGAS:** pode ser uma rede de comunicações que possibilite às pessoas a indicação de atividades de aprendizagem em que desejam se engajar, com o objetivo de encontrar parceiros;

» **SERVIÇO DE CONSULTAS A EDUCADORES EM GERAL:** listagem descritiva de profissionais ou amadores com indicação das condições para acesso. Esses educadores podem ser escolhidos por votação ou por consultas a clientes.

Novamente é preciso considerar que os modernos meios de comunicação e a internet ampliam em muito as possibilidades imaginadas por Illich. Mas, sem dúvida, a possibilidade de uma sociedade sem escolas ou a utopia da cidade educativa devem ser consideradas na proposição de uma revolução curricular no ensino médio ou em qualquer nível de ensino.

==O DEBATE SOBRE A ESCOLA DUAL ESQUECE QUE AS DIVISÕES SÃO MUITO MAIS NUMEROSAS E QUE, AO FALAR DA ESCOLA UNITÁRIA, PODE-SE ESQUECER DE RESPEITAR AS DIFERENÇAS, AS MINORIAS E O DIREITO À SINGULARIDADE.==

Toda a literatura pedagógica brasileira que trata da história da educação profissional no país dá como certa a existência entre nós de uma escola dual. Para esse tipo de análise, a história da educação brasileira de nível médio pode ser dividida na história da educação geral, destinada aos filhos dos ricos e à formação da classe dominante, e na história da educação profissional, destinada aos pobres e à formação da classe trabalhadora.

Essa forma de pensar transpõe o resultado da análise de realidades em que essa divisão de fato existe e marca a educação de países como a França e a Alemanha, por exemplo. Seria demorado demonstrar com números que a principal divisão na história de todos os níveis da educação brasileira foi sempre entre a existência de escola para os filhos da elite dirigente e a ausência de escola para os filhos dos trabalhadores. A escola brasileira só recentemente começa a ter um papel relevante na formação para o trabalho. Até há pouco (e ainda hoje) a formação para o trabalho no Brasil sempre se fez no próprio trabalho. Em relação ao ensino médio, a divisão social mais marcante poderia ser enunciada assim: escola para os ricos e trabalho precoce para os pobres.

Apesar disso, ao longo da história, à medida que a educação profissional vai sendo implantada na estrutura formal, a divisão entre educação profissional e educação geral é constante e predominante no pensamento e na prática educacional da escola média brasileira. É uma divisão de propósitos, de conteúdos curriculares e de métodos. Mesmo as tentativas históricas de unir educação geral e educação profissional, como a dos militares com a Lei Federal nº 5.692, de 11 de agosto de 1971, só conseguiram justapor dois currículos intrinsecamente distintos em um mesmo curso, supostamente unitário ou integrado.

Pode-se também constatar essa divisão entre educação geral e educação profissional no interior do mesmo currículo e a manutenção dessa divisão, quase sem alteração nos últimos cinquenta anos, nos currículos dos cursos técnicos das escolas técnicas federais, hoje denominadas Institutos Federais de Educação Técnica e Tecnológica. A afirmação é baseada em breve pesquisa documental. Assim, temos poucas evidências empíricas para formular uma hipótese ousada: na prática e em geral, a rede federal mantém a mesma perspectiva curricular com que trabalhava na década de 1960.

Um texto (Ferretti, 2011) foi o inspirador dessa hipótese. Ele acompanha o impacto das mudanças normativas no ensino médio e na educação profissional de nível médio a partir da atual LDBEN. A investigação foi realizada entre 2007 e 2009 e teve por objetivo principal

> analisar os desdobramentos da implementação do Decreto nº 2.208/97 na organização, na dinâmica, no *ethos* institucional e nas práticas dos professores do ensino técnico do IFSP, bem como as implicações resultantes das possibilidades de reversão da referida legislação a partir do Decreto nº 5.154/04. (Ferretti, 2011, p. 791)

O estudo foi desenvolvido a partir de levantamento e análise de documentos institucionais e de dissertações produzidas por professores do Instituto Federal de Educação, Ciência e Tecnologia de São Paulo até 2007. Ferretti cita quatro dissertações de mestrado.[1] A análise documental foi complementada com 22 entrevistas envolvendo professores de dois *campi* do IFSP: o *campus* sede, localizado em São Paulo, e o de Sertãozinho, no interior do estado.

Ferretti analisa que não havia práticas da formação por competência nas escolas federais, apesar do discurso institucional que a formalizou. Isso decorreu do desinteresse dos professores em debater textos longos como os de projetos pedagógicos e também por conta da postura pouco submissa da gestão local em relação às determinações do Governo Federal. O modelo de competência deixou de ser adotado muito mais pela reafirmação de práticas anteriores consideradas exitosas do que por opção teórica ou ideológica (Ferretti, 2011).

Esta é a primeira conclusão a destacar. O modelo e as normas que estabeleciam o desenvolvimento e a avaliação de competências não foram aplicados no IFSP. Foram inseridos apenas nos documentos institucionais, como, por exemplo, nos planos de curso que tinham obrigatoriamente de ser orientados por competências, em função das determinações normativas. Mas a letra da norma e as previsões dos planos não afetaram a prática metodológica na sala de aula.

Isso não é estranho. Quem já participou de experiências de implantação de modelos de desenvolvimento e avaliação de competências sabe que são necessários um forte apoio institucional, um programa de desenvolvimento de docentes continuado e persistente, além de consenso técnico para mudar práticas pedagógicas que estão profundamente consolidadas e enraizadas no meio do professorado

---

[1] As dissertações de mestrado citadas por Ferretti são: FERNANDES, C. M. *As políticas curriculares na cotidianidade da escola: a análise dos professores sobre o impacto da reforma na educação profissional do CEFET – SP*, 2007; MATIAS, C. R. *Reforma da educação profissional: implicações da unidade – Sertãozinho do CEFET/SP*, 2012; MERGULHÃO, V. L. M. *O Centro Federal de Educação Tecnológica de São Paulo: ilha do saber ou mar de incertezas*, 2003; VILLELA, J. E. N. *Oportunidades e desafios dos Centros Federais de Educação Tecnológica: estudo de caso do CEFET/SP*, 2007.

brasileiro: a separação entre teoria e prática; a adoção da exposição do professor como meio de transmissão da teoria; e a demonstração de técnicas feita pelo professor e repetida pelo aluno como forma de ensinar a prática, como demonstram Barato (2004) e Küller (2011a e 2011b). Tais cuidados necessários à mudança metodológica não foram adotados no IFSP.

Como segunda conclusão a destacar, a proposta do ensino médio integrado tampouco foi adotada na prática do Instituto Federal de São Paulo. O estudo de Ferretti cita outros estudos em que fica claro que ocorreu algo similar nos seguintes estados: Goiás, Mato Grosso do Sul, Minas Gerais e Rio Grande do Norte. São estados representativos de três das cinco regiões brasileiras. É muito provável que em todos os demais estados tenha acontecido o mesmo.

Ferretti trata em seu texto de vacilações e procrastinações ocorridas no IFSP para implantar o ensino médio integrado definido pelo Decreto Federal nº 5.154, de 23 de julho de 2004. Da mesma forma, ele indica que parece ser clara a distância existente entre a disposição de desenvolver o ensino médio integrado, expressa formalmente nos projetos pedagógicos, e as práticas pedagógicas efetivas nos diversos Institutos Federais analisados.

Ao indagar sobre as possíveis razões, Ferretti (2011, p. 802) apresenta três hipóteses que julga fortes: a "feudalização" dos cursos, que dificulta mudanças; a matriz cultural e ideológica, que estimulou uma "espécie de retorno ao antigo ensino técnico que havia produzido bons resultados anteriormente"; e um terceiro aspecto, similar ao que ocorreu com o modelo de competência:

> a pouca familiaridade dos professores com os fundamentos político-ideológicos da proposta de integração entre formação geral e específica na linha da formação politécnica e omnilateral, tal como pensada a partir de Marx e Gramsci e, por extensão, com as possibilidades de sua operacionalização em termos pedagógicos. (Ferretti, 2011, p. 802)

Essa terceira hipótese, em especial, é destacada pelo autor em decorrência da demanda percebida em alguns dos estudos de caso, sobre "a necessidade de que os profissionais que atuam nos Institutos Federais entrem em contato com a literatura a respeito e recebam formação que os habilite a desenvolver a proposta" (Ferretti, 2011, p. 802).

Acrescentaríamos que a formação dos docentes é essencial, já que podemos afirmar, com base em estudo publicado pela Unesco, que o contato com a literatura não se mostra suficiente, pois as diretrizes oficiais e os documentos teóricos normalmente são prolixos e abstratos, o que dificulta sua compreensão e aplicação. Nesse estudo, o autor afirma que, mesmo quando os ditames legais ou normativos e as concepções teóricas são assumidos pelos órgãos centrais de uma secretaria estadual de educação, sua ressonância nas escolas é fraca e pouca ou nenhuma na atuação prática dos professores. Ele conclui que a pouca integração existente é extracurricular e apenas no âmbito dos componentes comuns do ensino médio e muito mais raramente entre o ensino médio e a educação profissional. Finaliza afirmando que "está para ser alcançada a apregoada e desejada interdisciplinaridade" (Aur, 2009, p. 83).

Outro estudo da Unesco, por nós realizado (Küller & Moraes, 2013), por coincidência sobre a mesma unidade de Sertãozinho do IFSP abrangida pela pesquisa de Ferretti, foi centrado na proposta de integração curricular do Proeja. Como se sabe, o Proeja é um programa de âmbito federal que atende aos jovens e adultos que não conseguiram completar a educação básica nem obter adequada inserção no mundo do trabalho. Na sua proposta, o Proeja segue os mesmos referenciais teóricos do programa de ensino médio integrado.

No entanto, o estudo constata que as propostas curriculares reais dos dois cursos que são oferecidos no *campus* Sertãozinho do IFSP apresentam apenas suas matrizes curriculares ainda organizadas em disciplinas, nas quais a única explicitação mais óbvia da integração, além da matrícula única, é que a apresentação dos quadros curriculares lista tais disciplinas em ordem alfabética, sem a antiga separação em duas tabelas distintas para a educação geral e a educação profissional.

Infelizmente, as práticas verificadas em visita *in loco* são mais indicativas das dificuldades para transpor os princípios para o cotidiano do que da efetivação das promissoras indicações formalmente registradas nos documentos. O peso da inércia histórica dos modelos reprodutores de conteúdos em aulas expositivas fragmentadas é muito difícil de ser superado. Textos bem construídos são insuficientes para superar essa inércia.

A percepção mais forte durante a visita *in loco* foi de que a implantação do Proeja representou uma imposição institucional mal assimilada pelas unidades locais. As equipes locais têm como prioridade o aprofundamento dos cursos superiores de tecnologia, que dão mais prestígio social e têm maior demanda pelas empresas locais e regionais. O Proeja, além de ser pouco prestigiado academicamente, dá muito mais trabalho para ser desenvolvido de forma adequada.

Somando-se as duas conclusões que podem ser tiradas do estudo de Ferretti e de outros similares, pode-se afirmar: o modelo de competências e o ensino médio integrado não foram implantados efetivamente.

Sabendo-se que a Lei Federal nº 5.692/71, que determinou a formação técnica obrigatória no ensino de segundo grau, não alterou substancialmente a prática pedagógica vigente nas então escolas técnicas federais, podemos chegar à formulação da hipótese feita inicialmente: a prática pedagógica na maior parte das instituições federais de educação profissional ainda é a mesma daquela que podia ser observada nos anos 1960. Em relação ao ensino médio integrado, essa prática pedagógica simplesmente justapõe o currículo de educação geral e o currículo de formação profissional em oferta educacional para alunos que realizam matrícula única.

O currículo não é apenas dual. Em tópico anterior tratamos da construção disciplinar do currículo e da transposição didática como forma de definição dos conteúdos disciplinares. A conjunção dos dois processos dá como resultado um currículo fragmentado. O currículo se fragmenta em disciplinas. As disciplinas se fragmentam em conjuntos de temas que são transmitidos um depois do outro sem conexão entre eles e sem conexão com as necessidades vitais dos alunos.

AS TEORIAS DO CURRÍCULO

> O QUE É ESPERADO DA ESCOLA, INCLUSIVE PELO CAPITAL, VAI ALÉM DO ENSINO PROFISSIONALIZANTE OU DO ENSINO MÉDIO.

Em artigo publicado no livro *Trabalho, formação e currículo*, Arroyo (1999, pp. 13-41) mostra que o papel da escola é coadjuvante na aprendizagem das relações sociais de produção e nos processos formadores-deformadores nele envolvidos. Ele afirma que o capital espera mais da escola do que meramente um ensino profissionalizante adequado à sua evolução. Afirma, ainda, que o mundo da produção "percebe o trabalhador em sua totalidade, na subjetividade, na atenção e sensibilidade, nos valores, na cultura e na diversidade" (p. 29).

A tarefa formadora da escola abrange dimensões de personalidade, valores, concepções, condutas, autoimagens, hábitos internalizados. Envolve a aprendizagem da cultura e o valor do trabalho, inclusive a aceitação de sua inevitabilidade.

Qualquer processo educativo, seja desenvolvido na família, no trabalho, na convivência social ou na escola tem a conformação do ser humano à lógica do capital como intenção e como prática. São totalizantes em seus fins e envolvem uma interação dos meios que são utilizados. Dessa forma, a escola (profissionalizante ou não), a família e a fábrica se reforçam mutuamente para a criação de hábitos, valores, internalização de padrões, condutas e representações sociais que são convenientes à reprodução do capital.

Essa constatação permite a ampliação do olhar crítico para a função da escola e torna estreita a visão que denuncia a interferência do capital apenas nos processos que separam educação profissional e educação geral e a submissão à lógica do capital apenas das propostas educativas da chamada pedagogia das competências. É pouco crível supor que essa lógica que perpassa todo o processo educativo possa ser superada pelo domínio de uma parcela dos conhecimentos humanos selecionados pela escola, como apregoa a pedagogia crítica dos conteúdos.

Ao constatar que as relações entre educação e trabalho são mais amplas e complexas que a formação profissional que acontece na escola, Arroyo (1999, p. 31) afirma que "a preocupação com a subjetividade, a cultura, a ética, as identidades e o imaginário sempre esteve posta nas análises sobre as relações sociais na escola e a formação do trabalhador". Para ele, essas análises reconhecem que há intencionalidade, há política cultural explícita e que é importante não esquecer essas dimensões, que estão presentes em todo ato educativo e em toda prática da escola ou da fábrica. Assim, esse enfoque significa considerar a educação como prática social e cultural, como relação entre sujeitos, que envolve aspirações, valores e pensamentos. Esses processos são extremamente complexos e exigem um olhar global.

Para isso é preciso abandonar a visão reducionista que propõe ou critica a função da escola como a de proporcionar o domínio de novas competências, tecnologias, saberes, subjetividades ou dimensões de personalidade requeridas por mudanças pontuais na produção. Os processos educativos enquanto processos de humanização não podem ser restritos ao atendimento ou ao questionamento de mudanças conjunturais nos processos de produção. É necessário um olhar mais abrangente, sensível aos tempos mais longos das mudanças culturais e educacionais de fundo.

Ao olhar as relações entre educação e trabalho, no ensino médio ou não, é preciso ir mais além do que o foco na qualificação do trabalhador. É necessário focar a internalização das relações de produção enquanto componente da inserção social e atentar para que trabalhador ou ser humano se pretende constituir para quais relações sociais, políticas, culturais, éticas.

Também é preciso deixar de ver o aluno e o trabalhador como uma massa informe e moldável segundo os desejos de educadores vinculados a essa ou aquela perspectiva educativa. É importante destacar a sua condição de sujeitos. "O reconhecimento dos sujeitos sociais e culturais como agentes da história, valores, cultura leva a outros paradigmas de análise. Permite-nos avançar para além das contribuições pontuais dessas análises" (Arroyo, 1999, p. 33).

Por fim, para propostas curriculares para o ensino médio ou qualquer outro nível escolar, é preciso alargar os tempos e espaços em que se modela a personalidade do ser humano ou, mais restritamente, do trabalhador.

A escola e a fábrica não são as únicas instâncias socializadoras e educativas. Os tempos e vivências na família, na cidade, na rua, nos espaços de lazer e cultura, nos movimentos sociais, nos partidos e sindicatos contribuem para a formação humana. O sentido educativo de outros tempos e dimensões da vida na infância, na adolescência e na juventude tem valor intrínseco e não depende de sua função preparatória para a vida adulta.

Além da pluralidade dos tempos e *locus* na formação humana, é preciso também atentar para a pluralidade de lógicas, de "pedagogias" e de dimensões do desenvolvimento social e cultural. Para além de afirmar a primazia da pedagogia da fábrica é importante também entender como a lógica da fábrica invade a vida cotidiana, como seu potencial de desumanização penetra na família, na cidade, no lazer e na escola. Mas também é fundamental olhar o inverso: como as múltiplas lógicas de outros espaços e lugares condicionam a formação para o trabalho e a condição dos trabalhadores. As questões de gênero e de raça, por exemplo, não são condicionadas pelas relações de produção e não são modificadas quando elas se modificam.

Um olhar ampliado permite entender melhor as consequências de mudanças nos setores sociais mais globais. Arroyo (1999, p. 38) exemplifica com mudanças cambiais ou em processos de recessão, "que alteram as condições materiais de produção da existência". Tais mudanças levam milhares de pessoas a sofrer consequências desastrosas. No Brasil, cada 1% de recuo do Produto Interno Bruto (PIB) leva um milhão de pessoas para o universo dos pobres, por exemplo.

O texto de Arroyo, de 1999, não capta as mudanças econômicas ocorridas mais recentemente. De lá para cá milhões de brasileiros ascenderam à classe média ou abandonaram a linha da pobreza. Mas ainda é pertinente sua pergunta: "Quais as consequências desses movimentos econômicos e sociais, desses fatos, na formação, humanização, desumanização dos milhões de brasileiros que padecem dessa condição de pobreza" (Arroyo, 1999, p. 38) ou deixam de padecê-la? Não há pesquisas a esse respeito, mas as manifestações de rua que surgem no Brasil a partir de 2013 nos alertam que existe um processo educativo nessas modificações de *status* social que afetam os valores, as autoimagens, inclusive a inserção dos indivíduos nas relações sociais de produção e até as possibilidades de permanecerem nos tempos socializadores da escola ou voltarem a eles, como mostra a expansão das matrículas na educação profissional, mesmo se desconsiderarmos a indução do Programa Nacional de Acesso ao Ensino Técnico e Emprego (Pronatec).

Finalizamos com esta reflexão de Arroyo (1999):

> A manipulação de prioridades econômicas e políticas, a inexistência de meios democráticos de controle e defesa condicionam brutalmente os modos de vida e as possibilidades de desenvolvimento humano de milhões de pessoas em todo o mundo. Possivelmente condicionam com maior eficiência "pedagógica" os valores, condutas horizontes, o pensamento, a autoimagem, a cultura, as identidades da infância e juventude do que as famílias, igrejas, escolas ou fábricas; as possibilidades educativas dessas instituições são marcadas, sem dúvida, por essas políticas globais e pela inexistência de meios democráticos de defesa. Condicionam radicalmente as bases materiais de produção da existência e consequentemente da formação; condicionam as formas de inserção social e fabril muito mais do que possam fazê-lo as relações sociais na escola. (Arroyo, 1999, p. 39)

*NEM TODO CURRÍCULO É EXPLÍCITO E INTENCIONAL. AS RELAÇÕES TRAVADAS NA ESCOLA, SEUS RITUAIS, REGRAS, REGULAMENTOS, NORMAS E FORMAS DE FUNCIONAMENTO EXERCEM UM PODEROSO EFEITO EDUCATIVO.

Como a base do saber escolar é produzida pelas ciências particulares ou pelos campos especializados de saber acadêmico, a questão curricular fundamental do ensino médio se reduz à definição do número de disciplinas que vão compor o currículo e, medido em horas/aula, o peso relativo de cada uma delas. A disputa política entre os campos especializados faz proliferar o número de disciplinas e de saberes escolares que devem ser dominados pelos alunos no presumível processo de socialização do saber elaborado, de construção de sua autonomia e de aumento das contradições da sociedade capitalista.

O currículo assim inchado é distribuído em um número crescente de aulas diárias e semanais, com conteúdo variado e pequena duração, pelas quais os alunos passam como objetos de uma produção industrial em série. Além da transposição didática, a organização em séries anuais, a grade curricular e o horário escolar contribuem para uma transmissão descontextualizada do saber escolar, que deixa de ter sentido existencial para os alunos. O sistema se mantém pela avaliação e pela progressão anual que premia os que se submetem pressionados pelo Estado, pelas famílias ou pela esperança de uma melhor inserção no mundo do trabalho.

Arroyo (1999) considera que a escola – mesmo aquela que transmite o saber humano acumulado – reproduz e prepara para o modo de produção dominante e para as relações sociais de produção. Para tanto, a escola e a oficina de trabalho têm em comum a organização do espaço, a administração do tempo, a organização dos movimentos, o controle disciplinar e a correta disciplina como a arte do bom adestramento. Nesse modelo de análise, o isomorfismo entre a organização interna da escola e a organização da fábrica tem o papel de ajustar o indivíduo à estrutura social da empresa. Escola e mundo da produção são semelhantes em suas estruturas, e o sistema escolar é um microcosmo do mundo do trabalho no qual se aprendem os papéis ocupacionais adultos.

Ou seja, a aprendizagem sem sentido (o "domínio de certos automatismos") em troca de boas notas na avaliação escolar prepara o futuro trabalhador para um trabalho repetitivo e sem sentido em troca de salários. Mesmo em uma escola que cumpre o seu papel de transmitir o saber escolar, o que se aprende e a forma de aprender podem, ao contrário do que anuncia a pedagogia histórico-crítica, ser instrumentos de subordinação e de manutenção das relações sociais de produção. Nesse sentido, Arroyo complementa que priorizar as relações sociais nos processos de educação escolar indica que o trabalho, as práticas e os rituais formam educandos e educadores, assim como já reconhecemos que o trabalho conforma o ser humano. Não é o resultado do trabalho que conforma o indivíduo.

É o processo de sua aquisição e as relações sociais e materiais envolvidas que constituem as fontes fundamentais da formação escolar. Isso permite fugir de uma relação mecânica na análise da escola e dos processos educativos e orientar o reconhecimento do trabalho como princípio educativo (Arroyo, 1999).

Assim considerado, para que o trabalho escolar desempenhe um papel transformador da sociedade é necessário mudar a escola e o papel que ela exerce na sociedade. Mudar o que deve ser o objeto do conhecimento escolar e o processo de aquisição dos conhecimentos. Isso significa mudar os fins, o conteúdo e a metodologia escolar. Essas são questões presentes no currículo oficial, mas afetam o trabalho escolar e sua função educativa (trabalho como princípio educativo).

É, também, preciso mudar o currículo oculto. Isso se faz transformando a organização do trabalho escolar na direção de uma organização democrática e libertária. Disso decorre modificar as relações sociais que se travam na escola, incluindo correções na relação de dominação/subordinação existente entre professor e aluno, e na gestão centralizada, burocratizada e autoritária da escola. Não basta, portanto, simplesmente transmitir o saber escolar. A tarefa é mais árdua e menos conservadora dos fins da escola. É preciso colocar a prática social, sua crítica (pesquisa como princípio pedagógico) e sua transformação (trabalho como princípio educativo) como centros do currículo.

Os tópicos anteriores resumem os alertas que foram extraídos da busca de referências conceituais. Nela, foi importante o encontro de uma série de artigos sobre currículo publicados pelo MEC, denominada *Indagações sobre o currículo: currículo, conhecimento e cultura*. Esses artigos influenciaram muito a elaboração do documento *Subsídios para diretrizes curriculares nacionais específicas da educação básica* (MEC/SEB, 2009), que será abordado posteriormente. As contribuições básicas desses artigos serão consideradas nesse momento.

No entanto, é preciso dar um destaque especial ao texto "Currículo, conhecimento e cultura" (Moreira & Candau, 2007). O artigo insiste na necessidade de elaboração de currículos culturalmente orientados. Para tanto, estabelece uma série de princípios que devem ser considerados. Em síntese, o currículo precisa ser um espaço em que:

> » **A COMUNIDADE ESCOLAR DEVE ASSUMIR UMA NOVA POSTURA:** elaborar currículos culturalmente orientados requer postura de abertura às distintas manifestações culturais;
>
> » **O CONHECIMENTO ESCOLAR É REESCRITO** levando em consideração as diferentes raízes étnicas e os diferentes pontos de vista envolvidos na produção do conhecimento;
>
> » **A ANCORAGEM SOCIAL DOS CONTEÚDOS É EXPLICITADA:** os alunos precisam compreender como e em que contexto social um dado conhecimento surge e se difunde.
>
> » **AS NOSSAS IDENTIDADES CULTURAIS SÃO RECONHECIDAS:** promover na escola ocasiões que favoreçam a tomada de consciência da construção da identidade cultural de cada um de nós, docentes e gestores, relacionando-a aos processos socioculturais do contexto em que vivemos e à história de nosso país.
>
> » **AS NOSSAS REPRESENTAÇÕES SOBRE OS "OUTROS" SÃO QUESTIONADAS**, especialmente daqueles que consideramos como diferentes;
>
> » **A CRÍTICA CULTURAL É FEITA**, incluindo abrir as portas, na escola, a diferentes manifestações da cultura popular, além das que compõem a chamada cultura erudita;
>
> » **O DESENVOLVIMENTO DE PESQUISAS É PROMOVIDO.** A escola precisa situar-se frente aos problemas econômicos, sociopolíticos, culturais e ambientais que hoje nos desafiam e que desconhecem as fronteiras entre as nações ou entre as classes sociais.

A busca sobre âmbitos mais específicos e mais relacionados ao desenho curricular e à construção de currículos de ensino médio integrados à educação geral será feita a partir dessas indicações mais gerais.

Também será considerado e melhor explorado em tópico específico que as transformações globais da sociedade, da economia e do trabalho pressionam as escolas secundárias do mundo inteiro para que busquem novas abordagens educativas. A preparação só para os vestibulares que dão acesso à educação superior não é um objetivo adequado para a maioria dos jovens, que não chega a esse nível de ensino. A maioria dos jovens passa diretamente do ensino médio ao trabalho, aos cursos técnicos, ao treinamento aligeirado ou ao desemprego. No Brasil, um número muito significativo de jovens abandona o ensino médio antes de sua conclusão, e o percentual daqueles acima da idade adequada ainda é muito alto no país.

Um encontro de educadores brasileiros em torno de um estudo desenvolvido pelo escritório da Unesco no Brasil tem suas principais conclusões documentadas no livro *Ensino médio e educação profissional: desafios da integração* (Regattieri & Castro, 2009). Esse estudo analisou algumas iniciativas de implantação do ensino médio integrado à educação profissional no Brasil. As conclusões finais do estudo são suficientes para justificar uma continuidade de iniciativas para tratar da integração no ensino médio no Brasil (Aur, 2009).

- » É opaco o entendimento da integração, em um só curso, do ensino médio e da educação profissional. Isso se deve à complexidade teórica e normativa das propostas de integração.
- » As normas e as concepções teóricas, mesmo quando assumidas por uma secretaria estadual de educação, têm fraca ressonância nas escolas e, até, pouca ou nenhuma na atuação dos professores.
- » Quando há alguma pouca integração, é só extracurricularmente e no âmbito dos componentes curriculares da base nacional comum do ensino médio, e não desses componentes com os da educação profissional.
- » Ainda está para ser alcançada a apregoada e desejada interdisciplinaridade.
- » Há o risco de apresentar como integrados o que seriam currículos de dois cursos justapostos. Isso resulta no alongamento da duração, em número excessivo de disciplinas e excessiva carga horária, gerando desmotivação e evasão.
- » A concepção convencional e estática dos currículos não corresponde aos ditames da LDBEN, do Decreto Federal

nº 5.154/04, e das respectivas Diretrizes Curriculares Nacionais. Espelha muito mais a tradição herdada da normatização anterior, regida pela já revogada Lei Federal nº 5.692/71.

» Os currículos do ensino médio comum ainda não resolveram sequer o desafio da obrigatória "preparação geral e básica para o trabalho".

» A concepção e a construção de currículo pertinente ao curso de ensino médio integrado com a educação profissional técnica ainda é uma questão aberta, mais ainda se for considerada na perspectiva da educação politécnica.

Antes do início da busca mais sistemática sobre posições teóricas e normativas a respeito do currículo integrado, sabíamos também que o ensino médio integrado à educação profissional é apenas uma das formas de oferta de formação técnica previstas em lei. Ela pode ser considerada pouco relevante quando vista pela perspectiva do número de matrículas. Os números mostram que apenas uma pequena fração das matrículas está concentrada nessa modalidade de oferta de educação profissional. Das 8.312.815 matrículas no ensino médio informadas ao Instituto Nacional de Estudos e Pesquisas Educacionais Anísio Teixeira (Inep) no Censo Escolar 2013 (Inep, 2014), apenas 338.390 matrículas – menos de 5% – foram na modalidade dita integrada. O número de matrículas tem crescido muito nos últimos anos. Em 2003, esse percentual era inferior a 1%! Entre 2011 e 2015 houve mais de dez milhões de matrículas no Pronatec – porém, menos de 5% dessas matrículas foram feitas na modalidade de ensino médio integrado à educação profissional.

Portanto, a questão da integração da educação profissional ao currículo do ensino médio seria menos importante se ela não estivesse relacionada com algumas demandas fundamentais da educação brasileira. A primeira delas é a necessidade inadiável de cumprimento da prescrição legal quanto à construção de uma educação básica efetivamente comum a todos os brasileiros. A segunda é a necessária superação da prática de currículos fragmentados que veiculam conteúdos muito distantes das vivências e carências da população estudantil, principalmente as da maioria oriunda das camadas mais pobres da população. Relacionada com a segunda, a terceira demanda é mais visível e dramática no ensino médio: a efetiva preparação do estudante para a vida pessoal, para a convivência social e para o mundo do trabalho.

Como expressão dessas demandas fundamentais, a discussão sobre a integração da educação profissional ao ensino secundário foi posta e se arrasta pelos últimos quarenta anos.

Ainda não foi encontrada uma solução geral e satisfatória. Mesmo as soluções mais tradicionais, como as das escolas técnicas federais (antes de 1998), e as mais radicais e equivocadas, como a proposta pela Lei Federal nº 5.692/71, só fizeram justapor os currículos de educação geral aos de educação profissional, mantendo uma dualidade que tem marcas de classe em sua origem. Mais que isso, exceto experimentos isolados, todas as reformas e propostas pedagógicas ainda não superaram a fragmentação disciplinar dos currículos e, dentro de cada disciplina, a fragmentação produzida pela transposição didática na tradução do conhecimento acumulado em saber escolar a ser transmitido.

As necessidades fundamentais antes referidas também explicam um desvio que se fez necessário na busca que orientou nossas propostas do último capítulo e que foi incorporada neste livro. A busca pelas contribuições práticas e teóricas para o desenho de um currículo que integre a educação profissional ao ensino médio não ficou restrita à produção teórica e prática sobre essa modalidade de oferta de ensino médio. Ela também considerou a contribuição da discussão sobre a educação básica e as tentativas de superação dos currículos fragmentados e orientados para a transmissão de conteúdos carentes de sentido, que são tão comuns no ensino médio e em outros níveis da educação brasileira.

Tal desvio não é apenas nosso. Ele foi notado em um olhar panorâmico inicial sobre a produção teórica e normativa recente. Essa visão panorâmica apontou um conjunto de temas que precisariam ser considerados na proposição de desenhos de currículos que integrem o ensino médio em sua própria essência e o ensino médio à educação profissional. São sete temas ou questões curriculares fundamentais, apresentados a seguir.

1. **OBJETIVOS DO ENSINO MÉDIO.** Quais devem ser os objetivos do ensino médio, considerando sua inclusão como parte da educação básica. Disso decorre a perspectiva de uma escola brasileira unitária. Implica a definição de objetivos comuns a todo o ensino médio, incluindo aquele que adiciona a educação profissional como finalidade.

2. **TRABALHO E PESQUISA COMO PRINCÍPIOS.** Como incluir o trabalho como princípio educativo e a pesquisa como princípio pedagógico? Isso implica enfatizar a preparação para o trabalho (educação profissional *lato sensu*) como objetivo do ensino médio unitário? Nesse item, é importante buscar e analisar as indicações existentes sobre um desenho curricular feito a partir desses princípios. Tal desenho curricular poderia ser a base para a construção de currículos que atendam as especificidades de cada escola ou sistema de ensino.

3. **FORMAS ALTERNATIVAS DE ORGANIZAÇÃO CURRICULAR.** Qual a viabilidade e quais as possibilidades de formas não disciplinares de organização do currículo ou, pelo menos, a organização do currículo com a inclusão de componentes curriculares distintos das disciplinas tradicionais.

4. **INTEGRAÇÃO DO ENSINO MÉDIO COM EDUCAÇÃO PROFISSIONAL.** Como fazer a integração entre o ensino médio e a formação técnica de nível médio, assim entendida a educação profissional em sentido estrito. Dadas as questões anteriores, é preciso olhar com mais atenção para as propostas que integrem o ensino médio à habilitação profissional a partir de uma base constituída pelo currículo do ensino médio unitário.

5. **METODOLOGIA DE ENSINO-APRENDIZAGEM.** Qual a importância e qual o papel da metodologia de ensino-aprendizagem nos processos de integração curricular e nas formas de atribuição de sentido aos conteúdos curriculares. A busca deverá procurar alternativas metodológicas que reforcem as estratégias de integração curricular, incluindo aquelas que podem funcionar como componentes curriculares integradores.

6. **AVALIAÇÃO COMO MECANISMO DE INTEGRAÇÃO CURRICULAR.** Qual o papel da avaliação, especialmente a interna, como meio de integração ou de fragmentação curricular. Outra dimensão de investigação é o papel que pode ser exercido pelas avaliações externas na prática das avaliações internas e pelo conjunto dessas avaliações como facilitador ou como obstáculo das propostas de integração curricular.

7. **INFRAESTRUTURA E PESSOAL DOCENTE E TÉCNICO-ADMINISTRATIVO.** Qual a infraestrutura e o pessoal docente e técnico-administrativo necessários para o desenvolvimento de uma proposta curricular que resulte em curso de ensino médio que seja integrado e de excelência. Nesta questão se inclui a discussão sobre a necessária capacitação dos atores envolvidos em processos de mudança curricular.

As questões curriculares antes apresentadas darão suporte ao olhar que vamos direcionar aos fundamentos teóricos e normativos para o desenho de currículos integrados de ensino médio e de currículos de ensino médio integrados com a educação profissional.

Em relação aos fundamentos teóricos, a busca será iniciada pelas perspectivas teóricas que têm animado o debate internacional sobre a integração da educação geral com a educação profissional nos currículos do ensino médio. A partir desse panorama internacional, serão identificadas as principais linhas e indicações de organização curricular em discussão no plano teórico nacional e nos debates que são travados nas cercanias dos processos de formulação e decisão das normas curriculares. Elas não estão, necessariamente, representadas nas normas. Mas, seguramente, delas se servem as forças políticas e normativas para dar sentido e forma ao movimento e às propostas de transformação do currículo do ensino médio. Ainda no âmbito da teorização, buscou-se dar voz aos mais próximos do palco da efetivação das normas curriculares. Foi sondada a opinião dos professores e dos alunos do ensino médio, atores fundamentais na concretização de qualquer desenho curricular.

Com base nessas referências teóricas distintas, fazemos um apanhado da legislação mais permanente e uma análise das normas mais recentes que regulam o desenho de currículos da educação básica, do ensino médio e da educação profissional de nível médio, focando a modalidade concomitante e integrada de ensino técnico de nível médio. Consideramos que a norma representa o resultado dos embates passados e do consenso que foi possível entre as distintas teorias e forças políticas em processos de disputa e concertação. As normas também delimitam o atual campo de ação possível para o desenho curricular. Como não há construção no vazio, ao restringir os espaços de liberdade, as normas fornecem o solo propício ao processo de criação.

UM PANORAMA INTERNACIONAL DA INTEGRAÇÃO CURRICULAR

O ensino destinado aos adolescentes e jovens na faixa etária entre 15 e 18-19 anos recebe denominações diversas nos diferentes países. Alguns exemplos são: ensino secundário, educação secundária ou educação secundária superior, ensino médio. Além da diversidade de nomenclaturas, há grande diversidade de ênfases em suas finalidades e estruturas curriculares.

A chamada escola secundária pode englobar, também, dois estágios de estudo: o que no Brasil já foi denominado ginasial e o antigo colegial. Alguns países organizam o ensino secundário tendo como referência as séries, a partir da primeira, do que atualmente é definido no Brasil como ensino fundamental. Assim, são consideradas como pertinentes à escola secundária as séries da quinta à oitava e da nona à décima segunda (*grades* 5-8 e 9-12), também chamadas de *junior high school* e *senior high school*. Nosso estudo será centrado na análise da fase final da educação secundária desses países, a etapa que no Brasil é denominada ensino médio.

OBJETIVOS DO ENSINO MÉDIO

Um aspecto comum ao ensino médio na maioria dos países é sua indefinição ou falta de consistência quanto a finalidades e enfoques. Na Europa, o ensino médio surgiu como etapa de escolarização que selecionava os estudantes que teriam oportunidades de continuar estudos de nível superior e compor as elites cultas. Hoje existe tendência à universalização do ensino médio. Ela ocorre seja para ocupar os adolescentes e jovens que não conseguem trabalhar, seja porque as novas demandas sociais exigem maior escolaridade de toda a população. O ensino secundário propedêutico tornou-se anacrônico com sua expansão para outros grupos sociais. Mas ainda não foi encontrada para o ensino médio uma finalidade que seja aceita universalmente.

Um olhar panorâmico revela que o contexto europeu é pródigo em alternativas no que tange às recentes reformas do ensino médio. Tais alternativas podem ser vistas como possibilidades de maior adequação aos objetivos educacionais e promessas de maior relevância do ensino médio na emancipação dos estudantes. Azevedo (2002, p. 90) as vê por esse enfoque. Ele afirma que a escola "pode ser coautora do cotidiano de cada adolescente e de cada jovem, de sua própria construção, de sua revelação de que cada um é aquilo que é e aquilo em que se converte num lugar e num tempo determinados".

Lembra que a educação pode contribuir para o acesso ao significado por meio da entrada num mundo simbólico, numa cultura de um lugar, inserida na história.

Azevedo (p. 76) usou a expressão "uma arca cheia de tensões" para denominar o movimento de reforma no ensino secundário europeu. Em síntese, ele afirma que a educação de nível secundário na Europa passa por uma crise que expressa conflitos e tensões internas que podem ser insuperáveis. Diz, ainda, que há predomínio da seletividade excludente e há enfrentamento das lógicas propedêutica e terminal no debate sobre as finalidades da educação secundária e nas opções decorrentes de organização curricular.

Um importante documento da Organização para a Cooperação e Desenvolvimento Econômico (OCDE), *Preparando-se para trabalhar*,[2] estabelece, como uma de suas recomendações prioritárias, que os sistemas educativos dos países membros da Organização reconsiderem a importância do desenvolvimento de competências básicas. Em um capítulo exclusivamente dedicado ao tema, o estudo

---

2   Título original: *Preparándose para trabajar*. Ver Referências.

afirma que os programas de educação geral e profissional devem equilibrar dois conjuntos de competências:
» competências ocupacionais práticas que os tornem produtivos e facilitem seu ingresso no mercado de trabalho;
» competências transferíveis e mais gerais, como aritmética, leitura, escrita, trabalho em equipe, flexibilidade e a própria capacidade para adquirir novas competências. Algumas dessas competências facilitam novas aprendizagens futuras (OCDE, 2011).

No Reino Unido, outro importante documento critica o sistema educativo estabelecido e questiona a generalização de uma formação técnica muito específica e exclusiva, pelo menos para a população mais jovem. Trata-se do Relatório Wolf (2011),[3] que critica a capacidade do sistema educacional inglês em possibilitar aos jovens de 14 a 18 anos as oportunidades de ingresso no trabalho ou de continuidade de estudos a que têm direito. A maioria desses jovens cursa programas que desenvolvem alguma espécie de educação profissional, exclusiva ou parcialmente. Apesar disso, o acesso ao primeiro emprego, nessa idade, é muito difícil e raro. O relatório aponta cinco razões fundamentais para esse cenário, apresentadas a seguir.

1. No sistema educacional inglês a educação em tempo integral até a idade de 18 anos é o padrão dominante, e o jovem que abandona a escola antes disso é desvalorizado em processos de seleção.
2. O mercado de trabalho para jovens trabalhadores mudou. Atualmente não existem muitos empregos disponíveis para jovens de 16 ou 17 anos.
3. Os empresários continuam valorizando a experiência profissional mais do que as qualificações formais.
4. As competências em inglês e matemática continuam a ser as mais valorizadas e mais úteis a desenvolver.
5. Os jovens mudam de emprego frequentemente, assim como o mercado de trabalho está em mudança contínua.

---

[3] Título original: *The Wolf Report*. Ver Referências.

O relatório encerra essa relação de constatações concluindo que os estudantes devem desenvolver competências gerais. Afirma que o sistema educacional precisa responder com rapidez e flexibilidade às mudanças no mundo do trabalho e que todas essas modificações precisam ser consideradas tanto pelo currículo acadêmico como pelo currículo da educação profissional.

Em relação à reforma da educação secundária espanhola, Ortega afirma que o objetivo da escola é contribuir para o conjunto do desenvolvimento da pessoa. Além da aprendizagem intelectual, os alunos devem aprender a ter equilíbrio emocional, empatia, solidariedade, responsabilidade ativa frente aos problemas de seu meio. Muitos currículos incluem essas capacitações. No caso do sistema educativo espanhol, focam-se cinco tipos de desenvolvimento de capacidades: cognitivas, motoras, afetivas, de relação interpessoal e de inserção e atuação social. "O desenvolvimento harmônico dessas diversas áreas não se pode alcançar unicamente mediante as disciplinas que se consideram habitualmente vinculadas ao raciocínio abstrato e formal" (Ortega, 2002, p. 101).

Segundo Ortega, o ensino secundário deveria incorporar elementos profissionalizantes no tronco curricular geral para superar a versão acadêmica. Um ingrediente básico da formação de qualquer cidadão é a compreensão do componente trabalhista da sociedade. Para ela, esse conhecimento difere da formação especializada para cargos concretos. Na reforma espanhola, esse foi um princípio que aborda dois conceitos distintos: formação profissional de base e formação profissional específica.

Há os que consideram que um dos objetivos fundamentais do ensino médio consiste em uma preparação básica para o trabalho e para as demais práticas sociais a todos os que o frequentam. Para essa perspectiva, toda escola básica deveria proporcionar a seus alunos o domínio de saberes ou competências básicas requeridas por todo tipo de trabalho e para a prática social comum a todos.

UM PANORAMA INTERNACIONAL DA INTEGRAÇÃO CURRICULAR

Um exemplo importante é o Relatório Scans (2000),[4] que foi finalizado em 1991 como demanda do Governo Federal norte-americano. A Comissão Ministerial sobre Habilidades Necessárias (para o trabalho), cujo nome em inglês – *The Secretary's Commission on Achieving Necessary Skills* – foi transformado no acrônimo Scans, pesquisou as demandas das empresas para o trabalho no século XXI e apresentou o documento *Scans: relatório final*, que acabou por motivar amplos debates e muitas propostas de reforma educacional nos Estados Unidos.

O relatório detalhou cinco competências, além de três habilidades ou qualidades necessárias ao desempenho adequado no trabalho e que devem ser desenvolvidas pelas escolas.

- » COMPETÊNCIAS – Trabalhadores eficazes são capazes de utilizar de maneira produtiva:
    - » RECURSOS: atribuir tempo, dinheiro, materiais, espaço e pessoal;
    - » CAPACIDADE DE RELACIONAMENTO INTERPESSOAL: trabalhar em equipes, ensinando os outros, servindo a clientes; liderar, negociar; trabalhar bem com pessoas de origens culturais diversas;
    - » INFORMAÇÃO: adquirir e avaliar dados; organizar e manter arquivos; dominar interpretação e comunicação; usar computadores para processar informações;
    - » SISTEMAS: compreender os sistemas sociais, organizacionais e tecnológicos; acompanhar e corrigir desempenho; projetar ou melhorar os sistemas;
    - » TECNOLOGIA: selecionar equipamentos e ferramentas, aplicando a tecnologia para tarefas específicas; identificar, prevenir e resolver problemas com aparatos tecnológicos.

O relatório considera que competências são diferentes do conhecimento técnico de uma pessoa. As competências exigem mais do que conhecimento. Os fundamentos que as sustentam são:

---

4 Título original: *Scans: Final Report*. Ver Referências.

» **HABILIDADES BÁSICAS:** leitura, escrita, aritmética e matemática, falar e ouvir;

» **HABILIDADES DE PENSAMENTO:** pensar criativamente, tomar decisões, resolver problemas, ver as coisas com os olhos da mente, aprender a aprender, raciocinar;

» **QUALIDADES PESSOAIS:** ter responsabilidade individual, autoestima, sociabilidade, autogestão e integridade.

O trabalho envolve interações complexas entre as cinco competências, as habilidades de pensamento de ordem superior e a aplicação diligente das qualidades pessoais.

De acordo com o relatório, a maior parte das demandas tem seus impactos mais importantes no ensino secundário, que lá corresponde às séries que vão da quinta à oitava (*junior high school*, equivalente ao antigo ginasial brasileiro) e ao ensino médio (*senior high school*, séries nona à décima segunda), no qual a ênfase se acentua.

As principais conclusões do Relatório Scans são apresentadas a seguir.

1. Todos os estudantes norte-americanos de ensino médio precisam desenvolver esse novo conjunto de competências e habilidades básicas se quiserem aproveitar uma vida plena, satisfatória e produtiva.

2. As qualidades que hoje definem as empresas norte-americanas mais competitivas passarão a ser o padrão na vasta maioria das empresas, grandes e pequenas, locais e globais.

3. As escolas norte-americanas precisam ser transformadas em organizações de alta performance, para seu próprio benefício.

A América Latina tem em comum com a Europa a diversidade de situações e de propostas de reformas do ensino secundário iniciadas no quartil final do século XX, ainda hoje em ebulição. Entretanto, a realidade econômica e a situação de exclusão social da maioria dos adolescentes e jovens latino-americanos apresentam outros problemas, que agravam as demandas e os riscos sociais decorrentes de não conseguir atendê-las.

A década de 1990 foi particularmente criativa em termos de inovações educativas e produção de reformas na América Latina. A Argentina começou suas reformas ainda na década de 1980, seguida por Chile e Uruguai. No final do século XX, quase todos os países da América Latina tinham iniciado suas reformas, ainda em diferentes estágios de evolução. Na introdução do livro *A educação secundária: mudança ou imutabilidade?*, Braslavsky (2002) afirma que já no início da década de 1990

> era insustentável o agravamento dos conflitos entre um mundo externo em processo acelerado de mudança, a imutabilidade da educação secundária e o que se poderia considerar sua invasão por adolescentes e jovens de setores sociais para os quais não havia sido criada. (Braslavsky, 2002, p. 188)

No mesmo documento organizado por Braslavsky, Caillods e Hutchinson (2002, p. 24) afirmam que o desafio da América Latina será o de oferecer educação básica de doze anos a todos os jovens nesse início do século XXI. Ou seja, ampliar a educação secundária para todos, para reduzir desigualdades. Aumentar a cobertura e melhorar a qualidade ao mesmo tempo demanda reformar profundamente essa educação secundária, segundo esses autores. Implica adaptar essa educação secundária às necessidades de uma população estudantil heterogênea e exigente, "com o objetivo de favorecer uma inserção positiva e criativa no mundo dos adultos", além de atender às necessidades dos países nos quais eles vivem.

O texto indica outra possibilidade de organização do ensino médio em relação aos seus objetivos. Em vez de uma escola única para todos, modalidades distintas de ensino médio, perseguindo objetivos específicos em função das necessidades e dos interesses de uma clientela nova e heterogênea que passa a demandar a educação secundária. O texto como um todo propõe diversificar o ensino médio por uma questão de equidade: dar tratamento distinto aos diferentes em função de suas demandas específicas.

Por fim, na discussão atual dos novos rumos do ensino médio e da educação em geral, é importante analisar o famoso relatório para a Unesco da Comissão Internacional sobre Educação para o Século XXI, coordenada por Jacques Delors, cujo título é expressivo: *Educação: um tesouro a descobrir* (Delors, 2010).

Em síntese, o Relatório Delors apresenta quatro pilares ou finalidades essenciais para a educação no século XXI: aprender a conhecer, aprender a fazer, aprender a viver juntos (conviver) e aprender a ser. Esses pilares são apresentados como integrados, praticamente indissociáveis. São, portanto, uma referência significativa para a estruturação curricular interdisciplinar ou, mais que isso, integrada e integradora.

Aprender a conhecer é muito mais do que a incorporação de novos saberes codificados, os chamados "conteúdos" de aprendizagem. É, especialmente, o domínio dos instrumentos do conhecimento, a capacidade de compreender o contexto no qual o aprendiz está inserido, ao menos na medida necessária para viver dignamente. Aprender a conhecer supõe, como premissa essencial, aprender a aprender, pelo exercício da atenção, da memória e do pensamento. A aprendizagem do conhecimento é um processo contínuo, que pode e deve ser sempre enriquecido com toda e qualquer experiência. Nesse enfoque, liga-se cada vez mais à experiência do trabalho, à medida que este se torna menos rotineiro. É parte fundamental da necessária educação permanente, que se estende ao longo da vida. O ensino médio pode e precisa ter um papel importante e determinante na eficácia desse aprender.

Aprender a fazer é o objetivo essencial de aprendizagem mais diretamente ligado à educação profissional. Aprender a fazer e aprender a conhecer são indissociáveis na maior parte das situações eficazes de aprendizagem. Delors assinala que cada vez mais aprender a fazer demanda a incorporação simultânea de componentes cognitivos, em função da evolução das ocupações, com automação crescente das tarefas rotineiras e ampliação da importância dos serviços na atividade econômica.

Aprender a conviver é o desafio educacional mais crítico, que se agrava com a crise da família, com o aumento da exclusão social e da violência. O conflito sempre esteve presente na história da humanidade, mas o século XX criou e exibiu um inédito e extraordinário potencial de autodestruição que a levou ao paroxismo. Até agora, a educação pouco fez para a consolidação de uma cultura da paz, a fim de preparar para o exercício da cidadania e para criação e manutenção de relacionamentos interpessoais saudáveis em todas as esferas de vida. A tarefa é especialmente difícil quando existe a tendência a supervalorizar as qualidades do próprio grupo social e alimentar preconceitos desfavoráveis em relação aos outros. Ademais, o clima de concorrência existente na atividade econômica desenvolve o espírito de competição e promove a busca do sucesso individual. Aprender a conviver na escola, mesmo que apenas como instrumento para lutar contra os preconceitos geradores de conflitos, é um caminho possível que pode ser aliado ao aprender a fazer e ao aprender a conhecer. Segundo o Relatório Delors, a educação pode incentivar a aprendizagem da boa convivência por duas vias complementares. Inicialmente, pela descoberta progressiva do outro. Num segundo nível, ao longo de toda a vida, pela participação em projetos comuns, que parece ser um método eficaz para evitar ou resolver conflitos latentes. O ensino médio é um momento dos mais importantes para essa aprendizagem. Os adolescentes e jovens na faixa dos 14-19 anos são naturalmente muito apegados aos grupos de referência. Isso pode ser um problema quando canalizado para a estruturação de gangues. Mas pode ser também um caminho rumo à boa educação para a cidadania. A prática educacional diária, com estudantes e professores engajados em projetos comuns, pode levar à aprendizagem de métodos para resolução de conflitos e constituir referências fundamentais para toda a vida.

APRENDER A SER é a síntese integradora e a busca essencial da educação. É o princípio que a comissão coordenada por Delors considerou fundamental desde sua primeira reunião. Esse pilar significa que a educação tem como papel essencial desenvolver nas pessoas a "capacidade de autonomia e de discernimento, acompanhada pela consolidação da responsabilidade pessoal na realização de um destino coletivo" (Delors, 2010, p. 14). A etapa do ensino médio é muito importante para a consolidação dessa aprendizagem essencial, que tem como centro a palavra "autonomia". Cabe aqui uma ênfase especial ao desenvolvimento da imaginação e da criatividade, com revalorização da cultura oral e dos conhecimentos decorrentes da experiência de vida dos estudantes, aspectos desse quarto pilar que são desdobrados como talentos que devem ser explorados como tesouros a descobrir.

Esses quatro pilares da educação não são restritos a uma fase escolar ou da vida. Para os propósitos deste trabalho podem indicar direções para o ensino médio que vale a pena serem consideradas nos desenhos curriculares a serem propostos.

TRABALHO E PESQUISA COMO PRINCÍPIOS

Os documentos internacionais consultados não explicitam os papéis do trabalho e da pesquisa como princípios educativos ou como componentes curriculares.

O trabalho é considerado uma das finalidades da educação básica, seja no sentido mais amplo de "mundo do trabalho", seja no âmbito mais direto do "mercado de trabalho". A pesquisa é vista como parte das estratégias ou técnicas didáticas, mas sem aparecer diretamente nos documentos que tratam das reformas educacionais ou das análises sobre a situação da educação básica em geral ou do ensino médio em particular.

FORMAS ALTERNATIVAS DE ORGANIZAÇÃO CURRICULAR

Os estudos que tratam do pensamento complexo consideram que alguns fenômenos ainda não podem ser explicados com os instrumentos analíticos da ciência moderna. Nosso enfoque objetivo da realidade tende a simplificar o que é naturalmente complexo, pela definição de uma epistemologia refratária à complexidade. Conferimos poder às simplificações por meio da construção de discursos de verdade, conforme expressão de Foucault (2005). Para isso, "ordenamos nossa tradição discursiva em direção a uma categorização que trata o conhecimento apenas como manifestação oriunda da informação" (Saldanha, 2009, p. 91).

As ideias de interdisciplinaridade e de transdisciplinaridade foram formuladas há mais de cinquenta anos, como tentativas para complementar, superar ou romper com a categoria disciplinar. A interdisciplinaridade propõe romper o vazio entre as diferentes disciplinas. A transdisciplinaridade busca romper e superar a organização disciplinar do conhecimento. A partir dos anos 1960 e 1970, o conhecimento científico passou a ser organizado e trabalhado de maneira não disciplinar com maior frequência e mais sistematização. Nas décadas seguintes, ampliaram-se as reflexões e as iniciativas orientadas para a organização não disciplinar do conhecimento. Como resultado, houve incremento de programas de pós-graduação, publicações científicas e laboratórios de pesquisa, além de uma mudança na prática docente (Nascimento; Amazonas; Vilhena, 2013).

O ambiente acadêmico apresentou quatro movimentos centrais, a partir desse período:

» crítica ao conhecimento disciplinar, considerado reducionista e limitado;
» novas práticas de pesquisa e ensino, inicialmente interdisciplinares, passando a ser transdisciplinares no período mais recente;
» inclusão curricular de temas transversais interdisciplinares ou transdisciplinares;
» formulação de um corpo teórico propositivo, a partir das reflexões sobre essas práticas (Nascimento; Amazonas; Vilhena, 2013).

Alguns países já realizaram ou iniciaram uma revisão profunda de seus currículos, mas na maioria dos casos o currículo privilegia o caráter essencialmente acadêmico e enciclopedista, orientado para uma elite de estudantes que continuarão na universidade. O currículo não está orientado para satisfazer os interesses ou as necessidades desses estudantes, que se aborrecem nas escolas (Caillods & Hutchinson, 2002).

INTEGRAÇÃO DO ENSINO MÉDIO COM EDUCAÇÃO PROFISSIONAL

Azevedo apresenta análise relevante sobre os modelos de ensino médio europeu, com as implicações para sua integração com a educação profissional. Ele afirma que na Europa há diversas configurações dos sistemas educacionais nacionais, todas muito ligadas aos respectivos tecidos sociais e opções políticas em cada país. No ensino médio, a Europa apresenta três modelos mais importantes: o escolar, o dual e o não formal. Esses modelos não são excludentes. Eles podem coexistir num mesmo sistema educativo nacional (Azevedo, 2002).

Os trajetos possíveis são geral (ou acadêmico), qualificação técnica de nível médio e qualificação profissional não formal. Raramente a oferta é integrada.

O modelo acadêmico ou propedêutico ainda é dominante. Sua integração curricular com a educação profissional é exceção rara.

O modelo dual é o que mais se aproxima de um conceito de integração curricular no ensino secundário europeu. Esse modelo alterna educação geral e profissional com vivência do trabalho. É mais conhecido pela experiência alemã. Sua aplicação é mais significativa na etapa inicial do ensino secundário – quinta a oitava séries. Na segunda etapa, nível mais diretamente equivalente ao ensino médio brasileiro, já há tendência mais forte à formação técnica especializada, embora mantidas as possibilidades de trânsito entre os trajetos.

O terceiro modelo é denominado não formal porque envolve a oferta de programas de educação profissional com cursos de duração variada, de alguns meses até mais do que um ano, associados ao ensino médio. Esses cursos são desenvolvidos com a intervenção do Estado e se apresentam como opção ou complemento para estudos escolares regulares e para o desemprego. Não podem ser chamados de informais porque seus currículos são organizados e sistemáticos, com caráter de capacitação específica para o trabalho.

Nota-se que, em geral, quando há atividades de educação técnica e profissional para jovens do ensino médio, o mais comum ainda é que os programas sejam concomitantes, posteriores ou, no máximo, em currículos justapostos, em moldes similares aos cursos que foram regidos no Brasil pela Lei Federal nº 5.692/71: núcleo comum e parte diversificada, em algumas situações com matrículas em instituições diferentes, para obtenção de um mesmo diploma ou certificado.

Há diferentes formas de compreensão da função social da educação e da formação profissional de nível secundário nos dois modelos europeus que traduzem alguma preocupação com a preparação para o trabalho. Essas formas decorrem, principalmente, de diferentes culturas nacionais, modos de organização social e trajetórias históricas do ensino secundário.

Um documento traduzido e publicado pela Unesco (2008) sintetiza a percepção das tendências mundiais quanto às relações entre educação geral e educação profissional e afirma que algumas mudanças em relação ao ensino médio tendem a ocorrer em todo o mundo. Uma dessas tendências é alterar os caminhos estanques da educação geral e da educação profissional. No futuro, como já pode ocorrer no Brasil, o trânsito entre os currículos de educação secundária geral e educação profissional tende a ser mais flexível e estimulado. Outra tendência é adiar a faixa etária de opção por uma carreira profissional técnica mais especializada.

Esse documento apresenta um modelo proposto para o futuro, que consiste em um aprendizado fundamental comum, com articulação entre educação secundária geral e educação técnico-profissional, incluindo opções de acesso ao ensino superior para todos os caminhos curriculares.

Um currículo de ensino médio que desenvolve competências genéricas essenciais para atuação no mundo do trabalho e para a prática social é o ponto de partida para a construção de outro tipo de currículo, que objetiva, complementarmente, a educação profissional de nível técnico. Ambas as modalidades de ensino médio possibilitam o acesso ao trabalho e à continuidade de estudos.

A síntese dos desafios curriculares para a educação secundária na América Latina é mais um estímulo para a discussão de modelos curriculares que estejam mais próximos das escolas e as auxiliem na transformação de seus projetos pedagógicos. As reformas estruturais e curriculares devem ter processos graduais e heterogêneos de mudança, "mais próximos da dinâmica de promoção da inovação permanente que da dinâmica da reforma global" (Braslavsky, 2002, p. 200).

Pelo menos três enfoques de projetos integradores contemplados nas reformas curriculares são reconhecidos na América Latina: investigação, intervenção comunitária e produção. Nos três casos, os objetivos educacionais subjacentes orientam-se para que os jovens aprendam a empreender, ao mesmo tempo que fortalecem a capacidade de cooperar e de conviver.

Há experiências que tratam de inovações orientadas para formas de vida juvenil e protagonismo dos jovens, além de outras que se concentram em promoção da aprendizagem em serviço, pela articulação das escolas com as comunidades e com microempreendimentos produtivos.

Assim como no Brasil, talvez não seja apropriado afirmar que haja, na experiência internacional, uma integração do ensino médio com a educação profissional, pois na maioria absoluta das realidades o que mais ocorre é uma justaposição de dois currículos distintos. Entretanto, é possível identificar movimentos internacionais que se aproximam ou distanciam de alguma integração entre ensino médio e educação profissional.

Um dos boletins da Unesco/Unevoc[5] (2005) aborda a questão com algumas conclusões importantes, resumidas a seguir.

» É comum que especialistas em educação prescrevam o ensino técnico e profissional como uma receita de emprego para os jovens. O dossiê indica que as experiências ao redor do mundo tendem a mostrar que isso nem sempre é verdadeiro. Há exemplos que reforçam essa tese, mas há outros que a refutam.

---

5   Centro Internacional da Unesco para Educação Profissional e Treinamento, que atende aos 193 países membros da Unesco e interliga uma rede internacional de instituições de educação técnica e profissional. A matéria analisada tem o título traduzido de "Educação profissional: a revalorização?" ("Vocational education: the come-back?". Em *Education Today*, nº 13, abr.-jun. de 2005. Disponível em http://www.unevoc.unesco.org/fileadmin/user_upload/pubs/VocEdSpecial_en.pdf. Acesso em 6-12-2014).

» A mudança dos empregos de "colarinho azul"[6] dos Estados Unidos e da Europa para a Índia e a China revela os altos retornos que o investimento para formar uma força de trabalho proficiente pode proporcionar. Na China, por exemplo, onde trabalhadores qualificados representam a espinha dorsal da atual expansão econômica, um terço do alunado do ensino médio está matriculado em escolas profissionais.

» A educação profissional deve ir além do domínio estreito do planejamento econômico. Deve ser parte de uma visão mais ampla de promover o desenvolvimento sustentável. A miopia que no passado levou alguns países a investir pesado em qualificações técnicas muito especializadas gerou expectativas frustradas, porque a infraestrutura econômica não viabilizou seu atendimento. Hoje, o objetivo é ensinar os estudantes a se adaptarem às constantes mudanças nas condições de trabalho, em vez de vinculá-los a competências e trabalhos específicos.

» Infelizmente, não existe um roteiro garantido para esses novos rumos da educação secundária e profissional. Há pouca variação internacional nos sistemas de ensino secundário, mas na educação profissional se veem muitas diferenças entre os diferentes países e constantes alterações nos programas e nas políticas governamentais. Para a educação profissional, a inovação constante é uma chave para o processo de reforma. Se feita corretamente, os resultados podem ser espetaculares.

» A Coreia do Sul é um exemplo brilhante de como a educação profissional e técnica (EPT) pode impulsionar o crescimento. O governo começou investindo fortemente no ensino fundamental e na educação básica geral, em paralelo com o investimento em infraestrutura para exportações. Só depois, quando passou a existir necessidade de profissionais qualificados, passou a investir mais pesado em EPT. Hoje, cerca de 40% dos estudantes secundaristas estão matriculados em programas de EPT, embora ainda persista, no imaginário popular, que

---

6 Expressão usada para se referir aos trabalhadores de atividades manuais, em oposição aos empregos de "colarinho branco", relativos a ocupações de cunho intelectual.

essa é uma educação de segunda classe. Assim, o governo está tentando abrir caminhos para o ensino superior. Primeiro, os estudantes de EPT recebem uma dose saudável de conteúdos acadêmicos, aplicáveis ao ensino superior. Em algumas escolas, cerca de 75% do currículo é comum. O governo também está canalizando investimentos públicos e privados em novos institutos de formação pós-secundária, para superar o mito de que a EPT é uma terminalidade estanque do ponto de vista acadêmico.

» No mundo, cerca de 50 milhões de estudantes estavam matriculados no ensino técnico e profissional em 2002. Nove em cada dez estavam matriculados no ensino médio, concebido para atender jovens de 15 até 20 anos. Em geral, 20% dos estudantes do ensino superior estão matriculados em programas técnicos e profissionalizantes. No entanto, as taxas de inscrição variam conforme as regiões. Na Europa e na Ásia oriental, incluindo a China, esses programas representam 50% e 33%, respectivamente, das matrículas do ensino secundário. Nas outras regiões, especialmente na Ásia oriental, essa inscrição é menos comum. Na África e na América do Sul, é inferior a 20%, e na América do Norte e no oeste da Ásia é de menos de 10% e 4%, respectivamente.

» Na última década, as matrículas no ensino médio subiram rapidamente em todo o mundo. Entre 1998 e 2002, o número de estudantes do ensino médio cresceu 15%. No entanto, esse crescimento se deu em grande parte por conta do aumento de estudantes do ensino médio comum. Como resultado, a participação relativa dos estudantes de ensino técnico e profissional diminuiu desde 1998 em 4 pontos percentuais, de 23% para 19%, na média mundial. Essa tendência é observada em todas as regiões, especialmente no leste asiático.

O estudo não indica propriamente quanto há de integração nos currículos de ensino médio ao redor do mundo. Indica, entretanto, que há um crescimento maior do ensino médio geral, seja como parte da tendência à sua universalização como direito social e como obrigação individual, seja como preparação para continuidade de estudos superiores ou profissionalização pós-secundária.

Algumas das principais tendências apresentadas sobre as reformas que ocorreram no ensino secundário europeu nos anos 1990 foram (Azevedo, 2002):

» maior concentração por áreas nas carreiras técnicas de educação profissional, com construção de novos troncos comuns nos anos iniciais e diminuição do número de especializações;

» maior integração curricular como tendência geral. Há caminhos diversos, conforme os contextos nacionais e o histórico educacional. Em alguns casos, como na Suécia, pretende-se levar a integração até chegar a um só tipo de escola secundária. O modelo mais comum é o de convergência, no qual há paralelismos e complementaridade entre as diversas carreiras e os tipos de instituições de educação geral e de educação profissional técnica;

» movimento "desespecializador" na educação profissional, que no ensino secundário europeu se alia à busca de maior integração entre a educação geral e a educação tecnológica.

O esforço de sistematização para garantir sucesso nesse movimento simultâneo de desespecialização e busca de integração seguiu, basicamente, dois tipos principais de estratégias, apresentadas a seguir.

1. Integração estrutural entre escolas de ensino geral e de educação profissional, possibilitando um currículo mais unificado, combinando formação teórica e prática com formação acadêmica e profissional.

2. Conjunto de medidas integradoras, mas sem envolver integração entre as instituições de ensino geral e de educação profissional, cujas histórias são muito diferentes. Essa segunda estratégia tem como núcleo a ruptura de barreiras e a aproximação entre si de vias que eram diferenciadas e estanques.

Cinco medidas integradoras mais importantes destacam-se. Três delas têm maior impacto curricular:

» **ESTABELECIMENTO DE ITINERÁRIOS FORMATIVOS**, com uma estrutura comum de componentes (formação geral, formação científica, formação prática, área optativa e formação em ateliê, entre outros) para as diversas carreiras existentes nos diferentes tipos de escolas e centros formadores, que ainda permanecem institucionalmente separados;

» **INTEGRAÇÃO CURRICULAR MAIS LIMITADA QUE A ANTERIOR, PORÉM IGUALMENTE SIGNIFICATIVA**, seja em decorrência da adoção de estrutura modular para todas as disciplinas, de todas as carreiras ou de uma parte delas, seja pela criação de uma gama de opções nos diferentes cursos e carreiras, tendendo, especialmente, a facilitar as pontes entre eles;

» **INCLUSÃO DE NOVOS CONTEÚDOS DISCIPLINARES E REVISÃO DO NÚMERO DE ANOS DE DURAÇÃO DOS CURSOS DE EPT**, de modo a ampliar seus objetivos e aproximar esses cursos aos das carreiras tradicionais de formação geral acadêmica.

Outras duas medidas são de caráter mais geral, porém também fundamentais para a integração curricular e a desespecialização eficaz:

» **NOVAS REGRAS PARA EQUIVALÊNCIA LEGAL** entre diplomas obtidos pelas diferentes vias e para acesso aos ensinos pós-secundário e superior;

» **MECANISMOS DE COOPERAÇÃO ENTRE DIFERENTES INSTITUIÇÕES**, flexibilizando carreiras individuais e aumentando as possibilidades de escolha. Os estudantes podem frequentar mais de um estabelecimento de ensino secundário e de educação profissional para realizar um mesmo curso.

Azevedo (2002) trata de dois conceitos aplicados no contexto europeu que indicam caminhos possíveis para a proposta de currículos de ensino médio integrado: o neoprofissionalismo e o metaprofissionalismo.

O neoprofissionalismo foi um movimento de políticas educativas europeias do final do século XX que apresentou algumas ênfases:

a) redução do número de especializações técnico-profissionais, evoluindo para planos de estudos mais nucleares e polivalentes;

b) troncos formativos comuns obrigatórios em todas as carreiras, com aumento expressivo da formação geral acadêmica;

c) novos sistemas de equivalências entre cursos e entre carreiras de educação geral e profissional, com mecanismos de passagem entre eles;

d) vasta gama de cursos e modalidades educativas na educação secundária, que criam novo e amplo mercado de opções formativas para o grupo etário de 16 a 18-19 anos.

O metaprofissionalismo pretende mostrar a superação de alguns dos dilemas debatidos. No metaprofissionalismo o estudante não é mais considerado "como o objeto central do jogo de inter-relações entre a economia e a produção das qualificações, porém como o sujeito que quer e também é capaz de construir seu lugar social e algum outro tipo de relação entre esses campos sociais" (Azevedo, 2002, p. 82). O metaprofissionalismo requer nova institucionalização educacional, capaz de permitir acesso à pluralidade de sentidos e a saberes de que estão feitas a natureza, a humanidade e as culturas.

Esse tipo de perspectiva leva a considerar possibilidades de protagonismo juvenil na criação de alternativas de engajamento em projetos coletivos de enfrentamento de problemas culturais, econômicos e sociais, na formulação de projetos de vida, de trabalho e de empreendedorismo individual e coletivo, na transformação da organização do trabalho já estabelecida e na geração de novos mecanismos de geração de trabalho e renda a partir da pesquisa e da criação de nichos de produção, comercialização e distribuição de bens e de serviços.

Tanto o neoprofissionalismo como o metaprofissionalismo apontam caminhos a serem considerados na proposta de modelos, protótipos ou propostas curriculares inovadoras que superem a distinção entre educação geral e educação profissional, e que possam se constituir em saídas para a crise do ensino médio e para a sua atual indefinição de objetivos.

METODOLOGIA DE ENSINO-APRENDIZAGEM

A integração curricular é recomendada pelo Relatório Scans, por exemplo, como aspecto fundamental para qualquer reforma do ensino que se proponha a resolver as demandas diagnosticadas. Segundo esse documento, a contextualização é a metodologia mais efetiva para ensinar as competências essenciais necessárias aos cidadãos. Perseguir objetivos de aprendizagem em ambientes reais é muito melhor do que insistir que os estudantes aprendam a teoria abstrata para depois aplicá-la.

Três princípios foram considerados fundamentais para guiar a contextualização curricular nas escolas norte-americanas:

a) as habilidades básicas e as habilidades para resolver problemas devem ser aprendidas conjuntamente. Não há lógica sequencial, mas reforço mútuo;

b) o foco da aprendizagem precisa ser reorientado para identificação, reconhecimento e solução de problemas;

c) a prática das habilidades básicas e das competências deve ser planejada e realizada de maneira integrada.

A leitura e a matemática tornam-se menos abstratas quando situadas no desenvolvimento de uma ou mais competências. Quando as habilidades básicas são aprendidas no contexto das competências, isso ocorre mais rapidamente e mais facilmente. Qualidades pessoais como autoestima e responsabilidade também são desenvolvidas com resultados melhores nos trabalhos em equipe. Em resumo, aprender a conhecer nunca deve ser separado do aprender a fazer.

Essas indicações metodológicas estão mais explícitas no Relatório Scans do que nos documentos que tratam do ensino secundário na Europa ou na América Latina, mas os exemplos concretos indicados nas diversas reformas têm muitas similaridades com essas recomendações. A contextualização e a interdisciplinaridade são os elementos mais frequentes pelos quais a metodologia pode ser considerada nas referências internacionais como um mecanismo que deve favorecer a integração curricular e a obtenção de maior motivação e melhores resultados de aprendizagem dos estudantes do ensino médio.

AVALIAÇÃO COMO MECANISMO DE INTEGRAÇÃO CURRICULAR

Os documentos que tratam da educação secundária em geral e do ensino médio em especial são omissos em relação às possibilidades da avaliação como mecanismo de integração curricular. Quando há alguma menção à avaliação de aprendizagem, normalmente é relativa aos desempenhos de aprendizagem frente a indicadores formais propostos, como índices de aprovação e reprovação, por exemplo. A avaliação das escolas e redes educativas também é normalmente referida como elemento de economia educacional: valores gastos em relação ao PIB ou por aluno, percentuais de estudantes matriculados em relação à população nas faixas etárias e outros aspectos estatísticos considerados relevantes pelos analistas.

Os Estados Unidos da América e alguns países europeus e da América Latina que adotam alguns elementos do chamado modelo de competências ou algumas referências práticas do Relatório Scans podem utilizar ou recomendam que sejam utilizados alguns elementos da avaliação de aprendizagem dos estudantes para validar os currículos. De alguma forma, esse processo também indica que a avaliação de aprendizagem e a avaliação dos processos educacionais poderão facilitar a integração curricular.

Nas situações em que isso ocorre, a lógica curricular global está associada a um conjunto de normas para avaliação e certificação de competências. Isso já é antigo e clássico na Inglaterra, por exemplo, mas lá o processo todo se mostra muito complexo e burocrático, fator que às vezes é mais prejudicial do que favorecedor de integração curricular efetiva. Atualmente há uma reforma do sistema de competências na Inglaterra que talvez amplie a integração entre o ensino médio inglês e seus projetos de educação profissional, com algum destaque para o papel da avaliação da aprendizagem no processo de integração curricular. O desenho de habilidades essenciais indica alguns rumos, mas pode ser que a situação lá também esteja pautada por promessas, tensões, avanços e recuos.

Em relação aos processos de transformação da educação secundária na América do Norte, o Relatório Scans apresenta algumas indicações sobre a possibilidade de que a avaliação do ensino médio seja também um fator de indução da integração curricular. Esse relatório estima que menos de 50% dos jovens adultos atingiram o mínimo exigido nas habilidades básicas de leitura e escrita; o desempenho em matemática é ainda pior. Ou seja, o desafio era e ainda é muito grande. O planejamento para superar esse desafio demanda acompanhamento avaliativo sistemático, e isso, em suma, pode também favorecer a integração curricular e outras variáveis relevantes para ampliar o sucesso educacional verificável pela melhor aprendizagem dos estudantes em relação ao que é validado como importante para o exercício da cidadania.

INFRAESTRUTURA E PESSOAL DOCENTE E TÉCNICO-ADMINISTRATIVO

Os documentos internacionais tratam das questões de infraestrutura e pessoal docente e técnico-administrativo também muito mais pelos aspectos econômicos envolvidos. Analisam os custos, os investimentos e as estatísticas comparativas entre países, algumas vezes comparando *rankings* dessas estatísticas com outros referentes a avaliações internacionais de estudantes, por exemplo. Não há indicações que associem mais diretamente a infraestrutura das escolas de ensino secundário com a integração curricular.

O que existe, nos documentos internacionais, são análises que associam os bons resultados em indicadores de desempenho das escolas (índices de aprovação, evasão e outros) e da aprendizagem dos estudantes (resultados em provas internacionais e outras avaliações comparativas) com os investimentos na qualificação docente e, especialmente, com a valorização social dos professores na sociedade. Há, também, alguma correlação com os valores de remuneração dos docentes e de outros profissionais das escolas.

No caso da América Latina, as referências sobre infraestrutura e pessoal docente das escolas são mais frequentemente associadas a carências, de um modo geral: falta de ambientes adequados (laboratórios, equipamentos, bibliotecas e similares), falta até de carteiras e salas convencionais para atendimento a todos os estudantes matriculados, levando a classes superlotadas, com péssimas condições de permanência com mínimo de conforto, por exemplo. Outro problema frequente, ainda mais importante, diz respeito ao professorado. Além da falta de professores para muitas disciplinas consideradas fundamentais, em muitos países esses profissionais são contratados por hora-aula. Para compensar os baixos salários, muitos ensinam em várias escolas, públicas e privadas, diurnas e noturnas. Uma vez terminada sua aula, o professor corre para a próxima, muitas vezes em outra escola. Assim, não pode ficar à disposição dos alunos nem do diretor da instituição. Entre os diretores de ensino secundário, são poucos os que conseguem reunir seu corpo docente para discutir e construir uma proposta pedagógica para o grupo. Isso também significa que os professores não estão disponíveis para receber capacitação adicional em seu local de trabalho (Caillods & Hutchinson, 2002).

As carências em infraestrutura e, principalmente, em pessoal docente certamente são fatores que dificultam a integração curricular. Na verdade, dificultam a aplicação plena de qualquer proposta curricular, mesmo as mais frequentes, fragmentadas e mal alinhavadas. Apesar disso, há algumas experiências de sucesso que conseguiram superar as carências e implantar currículos integrados em processos educacionais com aprendizagem eficaz e efetividade ao atingir as finalidades esperadas para o ensino médio, pela perspectiva dos estudantes que o frequentam.

INTEGRAÇÃO CURRICULAR NO BRASIL

Este capítulo reúne parte da produção teórica sobre a integração curricular que pesquisamos. Além de um apanhado do que foi publicado em livros, é feita uma sondagem nos documentos que circularam nas instâncias normativas (Ministério da Educação e Conselho Nacional de Educação) ou próximas a elas, antes e no momento da finalização das *Diretrizes curriculares nacionais para a educação básica*, em 2010, das *Diretrizes curriculares nacionais para o ensino médio* (DCNEM), em 2012, e das *Diretrizes curriculares nacionais para a educação profissional técnica de nível médio*, em 2012. Para registrar os resultados desse levantamento serão utilizados os mesmos tópicos referentes às questões que orientaram a pesquisa a respeito do panorama internacional sobre a integração curricular no ensino médio.

OBJETIVOS DO ENSINO MÉDIO

Já é quase lugar-comum a abordagem de uma suposta crise de identidade do ensino médio. Strehl e Fantin (1994), por exemplo, apresentaram algumas perguntas críticas sobre os objetivos do ensino médio:

» deve formar técnicos de nível médio? Em caso positivo, devem ser técnicos especializados ou politécnicos?
» deve preparar profissionais para suprir as carências do mercado de trabalho ou deve preparar cidadãos para enfrentar o mundo do trabalho?

» qual o equilíbrio desejável entre formação humanista e educação geral?
» o ensino médio deve ser unitário ou diferenciado?

No Brasil, a proposta de ensino médio integrado à educação profissional está relacionada a essas questões. Ela foi feita para restaurar a possibilidade de construção de uma escola única para todos, que se faria pela integração da educação profissional ao ensino médio, o que abriria uma senda em direção à formação integral do estudante. Gaudêncio Frigotto afirma que a possibilidade de integrar formação geral e formação técnica no ensino médio "é condição necessária para a travessia em direção ao ensino médio politécnico e à superação da dualidade educacional brasileira pela superação da dualidade de classes" (Frigotto; Ciavatta; Ramos, 2005, p. 45).

Essa visão de escola única é bastante comum na literatura sobre currículo integrado: a escola politécnica. Tal concepção de ensino médio politécnico ou tecnológico é a resposta possível para esse horizonte de formação humana:

> Trata-se de desenvolver os fundamentos das diferentes ciências que facultem aos jovens a capacidade analítica tanto dos processos técnicos que engendram o sistema produtivo quanto das relações sociais que regulam a quem e quantos se destina a riqueza produzida. Como lembrava Gramsci, na década de 1920: uma formação que permitia o domínio das técnicas, as leis científicas e a serviço de quem e de quantos está a ciência e a técnica. Trata-se de uma formação humana que rompe com as dicotomias do geral e do específico, político e técnico ou formação básica e técnica, heranças de uma concepção fragmentária e positivista da realidade humana.
> (Frigotto; Ciavatta; Ramos, 2005, p. 74)

Convém também considerar a definição de Saviani (1989), exaustivamente citada na literatura pertinente:

> A noção de politecnia diz respeito ao domínio dos fundamentos científicos das diferentes técnicas que caracterizam o processo de trabalho moderno. Diz respeito aos fundamentos das diferentes

modalidades de trabalho. Politecnia, nesse sentido, se baseia em determinados princípios, determinados fundamentos e a formação politécnica deve garantir o domínio desses princípios, desses fundamentos. (Saviani, 1989, p. 17)

Observe-se que, nessa perspectiva, a formação politécnica não é antônima à formação especializada. Porém, os textos que tratam da integração deixam certo que ela não deve ser confundida com a simples integração da educação geral com uma formação técnica específica. A escola politécnica tem como horizonte o domínio, pelos trabalhadores, dos fundamentos das técnicas diversificadas utilizadas no processo produtivo. Não objetiva formar técnicos especializados.

Nesse sentido, embora com perspectivas diferentes no que se refere à finalidade, a posição é similar à dos que, no panorama internacional, defendem a desespecialização e a ênfase nas competências gerais para o trabalho como objetivo do ensino médio.

Sobre os objetivos do ensino médio integrado à educação profissional, um documento do Ministério da Educação, publicado antes da edição das atuais diretrizes curriculares e denominado *Políticas públicas para a educação profissional e tecnológica* (MEC/Setec, 2004), é iniciado com a definição do conceito de educação:

> [...] entende-se por educação o referencial permanente de formação geral que encerra como objetivo fundamental o desenvolvimento integral do ser humano informado por valores éticos, sociais e políticos, de maneira a preservar a sua dignidade e a desenvolver ações junto à sociedade com base nos mesmos valores. (MEC/Setec, 2004, p. 11)

O documento afirma que a educação profissional e tecnológica deve ser construída sobre essa definição. Faz uma crítica aos instrumentos normativos que se seguiram à Lei de Diretrizes e Bases da Educação Nacional (de 1996) por separar o ensino médio da educação profissional, mantendo a tradicional dualidade desse nível de ensino. Apresenta um conjunto de pressupostos específicos da educação profissional e tecnológica, dos quais os três primeiros interessam diretamente ao nosso estudo.

O primeiro pressuposto é o de que A EDUCAÇÃO PROFISSIONAL E TECNOLÓGICA DEVE ARTICULAR-SE COM A EDUCAÇÃO BÁSICA: a organização da educação profissional e tecnológica no ensino médio deve "propiciar aos alunos o domínio dos fundamentos científicos das técnicas diversificadas e utilizadas na produção, e não o simples adestramento em técnicas produtivas". Para isso, deve ser mantido como foco "que a educação profissional e tecnológica deverá se concentrar em modalidades fundamentais que dão base à multiplicidade de processos e técnicas existentes de produção". O documento afirma que essa concepção "é radicalmente diferente da que propõe uma educação profissional modular, dissociada da educação básica".

É importante observar que a educação profissional que deve se articular com a básica não é aquela que conduz à habilitação profissional técnica de nível médio ou à educação profissional *stricto sensu*.

O segundo pressuposto diz que é preciso INTEGRAR A EDUCAÇÃO PROFISSIONAL E TECNOLÓGICA AO MUNDO DO TRABALHO: esse pressuposto indica novas dimensões que enfocam "o trabalho em sua relação mais profunda com o saber do trabalhador, resgatando a experiência acumulada ao longo de sua existência e transformando-o em ator e sujeito dos processos produtivos". O papel a ser desempenhado pela educação profissional deve ser realizado nesse "contexto do trabalho inteligente e pleno de interfaces com o mundo produtivo e com a própria sociedade".

Esse pressuposto coloca a educação profissional e tecnológica em uma função de articulação do saber científico-tecnológico com o saber do trabalho (Rose, 2007), o que demanda uma aprendizagem do trabalho que envolva reflexão e investigação simultânea sobre as alternativas e estratégias de ação para problemas identificados no transcurso da prática profissional simulada ou efetiva. Isso implica estabelecer a sequência AÇÃO – REFLEXÃO – AÇÃO como base metodológica e o trabalho e a pesquisa como princípios educativos articulados.

O terceiro pressuposto afirma que é preciso PROMOVER INTERAÇÃO DA EDUCAÇÃO PROFISSIONAL E TECNOLÓGICA COM OUTRAS POLÍTICAS PÚBLICAS: a educação profissional e tecnológica dever estar articulada com as políticas de desenvolvimento econômico locais, regionais e nacional, com políticas de geração de emprego, trabalho e renda, além daquelas que tratam da formação e da inserção econômica e social da juventude.

Uma forma de fazer essa articulação é entender o trabalho em uma acepção mais ampla: como forma de o homem transformar a natureza e o meio social em que vive. Uma educação para o trabalho com essa perspectiva incluiria a preparação para outras práticas sociais, especialmente para aquelas vinculadas à participação em processos de transformação social e ao exercício ativo da cidadania.

Um segundo documento, anterior às atuais diretrizes, denominado *Educação profissional técnica de nível médio integrada ao ensino médio – Documento base* (MEC/Setec, 2007), parte da análise do processo político que culminou na revogação do Decreto nº 2.208, de 17 de abril de 1997. Segundo o texto, tratou-se de uma luta contra a separação entre a educação profissional e a educação básica, e tal luta trazia para o debate a perspectiva da educação tecnológica/politécnica como base para uma escola comum a todos os brasileiros. O texto afirma que nessa proposta

> a política de ensino médio foi orientada pela construção de um projeto que supere a dualidade entre formação específica e formação geral e que desloque o foco dos seus objetivos do mercado de trabalho para a pessoa humana, tendo como dimensões indissociáveis o trabalho, a ciência, a cultura e a tecnologia. (MEC/Setec, 2007, p. 6)

O documento considera, também, que ainda não é possível construir uma educação politécnica em decorrência dos conflitos inerentes a uma sociedade de classes. Aceita, no entanto, que o ensino médio integrado à educação profissional, como é definido no Decreto Federal nº 5.154/04 e depois consagrado na Lei Federal nº 11.741, de 16 de julho de 2008, é um passo rumo à escola desejável. Para o documento, essa modalidade de ensino médio tem a vantagem adicional de propiciar aos jovens das classes populares um instrumento de acesso imediato ao mundo do trabalho. Mas insiste que formar profissionalmente não é preparar exclusivamente para o exercício do trabalho, mas é proporcionar a compreensão das dinâmicas socioprodutivas das sociedades modernas, com as suas conquistas e os seus revezes, e também habilitar as pessoas para o exercício autônomo e crítico de profissões, sem nunca se esgotar a elas. (MEC/Setec, 2007, p. 45)

Em relação aos objetivos do ensino médio, um terceiro documento é claro ao colocar a questão e reafirmar o desafio com o qual o presente trabalho também está envolvido. Trata-se do texto *Reestruturação e expansão do ensino médio no Brasil* (MEC/SAE, 2008). Uma de suas afirmações enfatiza que o ensino médio ainda não tem em sua representação social um significado de maior importância. O ensino médio não conseguiu atender aos objetivos mais relevantes do que os de ser "uma mera passagem para o ensino superior ou para a inserção na vida econômico-produtiva".

Mais dois destaques merecem ser feitos nesse terceiro documento:

a) A CONCEPÇÃO DO ENSINO MÉDIO UNITÁRIO. Se no fundo o entendimento teórico é o mesmo dos documentos anteriores, a concepção de escola unitária adotada nesse último documento difere um pouco. O texto diz que o projeto educativo deverá ser unitário em princípios e objetivos, mas poderá desenvolver possibilidades formativas que contemplem as múltiplas necessidades socioculturais e econômicas dos alunos que frequentam o ensino médio;

b) A INDICAÇÃO DA PROFISSIONALIZAÇÃO (*LATO SENSU*) COMO UMA DESSAS POSSIBILIDADES FORMATIVAS. O documento aponta para um currículo de ensino médio flexível que, sem perder seu caráter unitário, atenda às distintas necessidades de uma população estudantil muito heterogênea em termos de condições prévias e necessidades relacionadas ao ensino médio.

O quarto documento a ser destacado é denominado *Subsídios para diretrizes curriculares nacionais específicas da educação básica* (MEC/SEB, 2009). Ele seguramente foi uma fonte utilizada na definição das atuais diretrizes curriculares da educação básica, das diretrizes para o ensino médio e para a educação profissional de nível técnico. Nas considerações gerais sobre a educação básica, em uma primeira aproximação ao currículo do ensino médio, o texto diz que é necessário

> reconhecê-lo como parte de uma etapa da escolarização que tem por finalidade o desenvolvimento do indivíduo, assegurando-lhe a formação comum indispensável para o exercício da cidadania e fornecendo-lhe os meios para progredir no trabalho e em estudos posteriores. (MEC/SEB, 2009, p. 11)

O texto ainda relembra e reforça que "a identidade do ensino médio se define na superação do dualismo entre ensino propedêutico e ensino profissionalizante" (p. 11).

Nota-se que, em relação aos objetivos do ensino médio, o texto reafirma a opção pela escola unitária. Essa escola unitária é qualificada. Embora tendo os mesmos objetivos, permite "formas diversas e contextualizadas tendo em vista a realidade brasileira". Tais formas diversificadas não representam os diferentes meios de articulação entre educação geral e educação profissional, mas se referem à organização da própria escola comum de caráter geral.

Na discussão nacional que precedeu a edição da norma, a proposta de *Atualização das diretrizes curriculares nacionais para a educação profissional técnica de nível médio – Versão preliminar para debates* (MEC/CNE/CEB, 2010), apresentada pelo Conselho Nacional de Educação, ganhou uma versão alternativa que foi denominada *Diretrizes curriculares nacionais para a educação profissional técnica de nível médio em debate* (GT-MEC/Setec, 2010), proposta por um grupo de trabalho que envolveu universidades, institutos federais e associações representativas de variados segmentos de educadores brasileiros,[7] reunido pela Secretaria de Educação Profissional e

---

7 Para o grupo de trabalho foram convidadas quatro secretarias do MEC; o Ministério do Trabalho e Emprego (MTE); o Ministério da Saúde (MS), representado pela Escola Politécnica de Saúde Joaquim Venâncio (EPSJV – Fiocruz); os gestores estaduais de educação profissional vinculados ao Conselho Nacional dos Secretários de Educação (Consed); o Fórum dos Conselhos Estaduais de Educação; o Conselho Nacional das Instituições da

Tecnológica do MEC para a formulação de contribuições ao debate sobre as diretrizes. As duas propostas representam lados de uma discussão teórica apaixonada que já dura mais de quinze anos, que teve importantes consequências normativas, mas com menores efeitos práticos. O texto, com pequenas modificações, foi depois publicado como livro (Pacheco, 2012).

O texto inicial da versão alternativa à do CNE vai direto ao centro da controvérsia:

> As contribuições ao debate elaboradas por instituições públicas de ensino, representações de trabalhadores e associações de pesquisa científica colocam no centro de suas críticas a disposição, em nível nacional, de diretrizes que obriguem as instituições e redes de ensino a adotarem o modelo de organização curricular orientado para o desenvolvimento de competências profissionais. [...] O conceito de competências, a partir do Decreto 2.208/97 até a proposta das DCN em questão, adquiriu o sentido reduzido de competências para o mercado de trabalho e enfatizou a fragmentação do conhecimento. Aquilo que era entendido como o desenvolvimento de conhecimento e de habilidades para o exercício de atividades físicas e intelectuais, em todos os campos da vida humana, tornou-se uma noção eivada da ideologia mercantil. (Pacheco, 2012, p. 8)

No Brasil, o pensamento pedagógico hegemônico posiciona-se decisivamente contra o uso do conceito de competência na organização curricular e pedagógica da educação básica e da educação profissional e tecnológica. O uso do conceito na educação profissional e tecnológica é o alvo principal da crítica. As antigas *Diretrizes nacionais para o ensino médio* (Resolução CNE/CEB nº 3, de 26 de junho de 1998), que definem as competências a serem buscadas pelas três áreas do conhecimento (linguagens, códigos e suas tecnologias; ciências naturais, matemática e suas tecnologias; e ciências humanas

---

Rede Federal de Educação Profissional, Científica e Tecnológica (Conif); a Central Única dos Trabalhadores (CUT), representada pela Escola dos Trabalhadores; o Sindicato Nacional dos Servidores Federais da Educação Básica, Profissional e Tecnológica (Sinasefe), e a Associação Nacional de Pós-Graduação e Pesquisa em Educação (ANPEd).

e suas tecnologias) em torno das quais o currículo deveria ser organizado, foram menos criticadas que as antigas *Diretrizes curriculares nacionais da educação profissional de nível técnico* (Resolução CNE/CEB nº 4, de 8 de dezembro de 1999) e as *Diretrizes curriculares de nível tecnológico* (Resolução CNE/CP nº 3, de 18 de dezembro de 2002, que institui as diretrizes curriculares nacionais gerais para a organização e o funcionamento dos cursos superiores de tecnologia).

Um pequeno segmento do texto da Resolução CNE/CEB nº 4/1999 contém todos os focos de debate e críticas posteriores:

> Art. 2º Para os fins desta Resolução, entende-se por diretriz o conjunto articulado de princípios, critérios, definição de competências profissionais gerais do técnico por área profissional e procedimentos a serem observados pelos sistemas de ensino e pelas escolas na organização e no planejamento dos cursos de nível técnico.
> Art. 3º São princípios norteadores da educação profissional de nível técnico os enunciados no artigo 3º da LDB, mais os seguintes:
> I - independência e articulação com o ensino médio;
> II - respeito aos valores estéticos, políticos e éticos;
> III - desenvolvimento de competências para a laborabilidade;
> IV - flexibilidade, interdisciplinaridade e contextualização;
> V - identidade dos perfis profissionais de conclusão de curso; (MEC/CNE/CEB, 1999, p. 1)

Nesse pequeno excerto das diretrizes sobressaem quatro campos recentes de disputa: a utilização ou não do conceito de competência, a definição dos perfis profissionais por competências ou por conhecimentos científicos e tecnológicos, a divisão por áreas ocupacionais ou por eixos tecnológicos na definição das funções técnicas de nível médio, a separação da educação profissional de nível técnico (independência) do ensino médio ou o ensino médio integrado à educação profissional. Vamos tratar especificamente das duas primeiras.

A oposição ao uso do "modelo de competências" ou da "pedagogia das competências" é fundada em uma série de postulados. O principal deles é o de que o uso do termo "competência" em educação deriva da atual reestruturação dos processos produtivos, em que esse conceito substitui o de qualificação profissional. Resultam dessa substituição perdas para o trabalhador individual ao mesmo tempo que se enfraquecem as lutas coletivas dos trabalhadores e o movimento sindical. Como consequência, os que utilizam o termo competência em sua prática educativa são considerados aliados dos que exploram a classe trabalhadora e, em alguns textos, como intelectuais orgânicos do capitalismo internacional.

Em troca do uso do termo "competências", os membros da comissão propõem o uso do termo "saberes" ou das expressões "conhecimentos científicos e tecnológicos" ou "bases científicas e tecnológicas dos processos produtivos". Para tanto, esses educadores baseiam-se nas propostas de um conjunto de teóricos, que têm escrito sobre a educação e sobre a educação profissional e tecnológica brasileiras. A referência fundamental de muitos deles é o livro *Pedagogia histórico-crítica: primeiras aproximações* (Saviani, 2013), que em linhas gerais já consideramos quando tratamos das questões curriculares relevantes. Para ele, a função da escola é a transmissão do saber historicamente acumulado pela humanidade. No fundo, a polêmica pode ser resumida em um embate de CONTEÚDO (bases científicas e tecnológicas ou conhecimento científico sistematizado) VERSUS COMPETÊNCIA (conhecimentos, habilidades e atitudes mobilizados para a resolução de problemas).

A justificativa mais banal para a rejeição da orientação por competências é a de que ela serve a um propósito político de manutenção de sistema de dominação dos trabalhadores pelo capital. A defesa da apropriação dos conteúdos pelos trabalhadores garante que eles são alavancas de libertação da classe trabalhadora. Nas palavras de Frigotto,

> (...) o que tem sido pensado para o ensino médio para os trabalhadores: a materialidade de um tempo mais longo (quatro anos) e não a famosa tese de aceleração ou suplência e, como consequência, não tem a natureza profissionalizante estrito senso e sim uma vinculação mais imediata com a compreensão do sistema produtivo e suas múltiplas formas e as bases científicas, técnicas, sociais, políticas e culturais que permitam entender e operar em seu interior

e não como trabalhador adestrado, mas como sujeito humano emancipado. (Frigotto, 2008, p. 31)

Os textos de Marise Ramos também utilizam enfoque similar, como consta a seguir:

> Uma educação dessa natureza precisa ser politécnica; isto é, uma educação que, ao propiciar aos sujeitos o acesso aos conhecimentos e à cultura construídos pela humanidade, propicie a realização de escolhas e a construção de caminhos para a produção da vida. Esse caminho é o trabalho. O trabalho no seu sentido mais amplo, como realização e produção humana, mas também o trabalho como práxis econômica. Com isso apresentamos os dois pilares conceptuais de uma educação integrada: um tipo de escola que não seja dual, ao contrário, seja unitária, garantindo a todos o direito ao conhecimento; e uma educação politécnica, que possibilita o acesso à cultura, à ciência, ao trabalho, por meio de uma educação básica e profissional. É importante destacar que politecnia não significa o que poderia sugerir a sua etimologia, a saber, muitas técnicas. Politecnia significa uma educação que possibilita a compreensão dos princípios científico-tecnológicos e históricos da produção moderna, de modo a orientar os estudantes à realização de muitas escolhas. (Ramos, 2008, p. 62)

Ao contrapor essas propostas ao uso do termo "competência", muitos seguidores dessa perspectiva educacional têm restringido o sentido de uma palavra polissêmica, considerando a competência em apenas uma de suas acepções (Küller & Rodrigo, 2013). Para esses, a competência é quase sempre identificada com a competência técnico-profissional, e esta é sempre reduzida ao domínio de uma habilidade restrita e destituída de inteligência ou de conhecimentos científicos e tecnológicos.

No meio educacional, a competência profissional ou técnica nem sempre foi vista assim. Saviani (2013) mesmo a percebia como incluindo o conhecimento técnico e científico e a considerava fundamental ao compromisso político com as transformações sociais progressistas, pelo menos quando referida à competência técnica dos educadores e ao seu compromisso político. Vale a citação:

> Consequentemente, é também pela mediação da competência técnica que se chega ao compromisso político efetivo, concreto, prático, real. Na verdade, se a técnica, em termos simples, significa a maneira considerada correta de se executar uma tarefa, a competência técnica significa o conhecimento, o domínio das formas adequadas de agir: é, pois, o saber-fazer. Nesse sentido, ao nos defrontarmos com as camadas trabalhadoras nas escolas, não parece razoável supor que seria possível assumir o compromisso político que temos com elas sem sermos competentes em nossa prática educativa. O compromisso político assumido apenas no nível do discurso pode dispensar a competência técnica. Se se trata, porém, de assumi-lo na prática, então não é possível prescindir dela. Sua ausência não apenas neutraliza o compromisso político, mas também o converte em seu contrário, já que dessa forma caímos na armadilha da estratégia acionada pela classe dominante que, quando não consegue resistir às pressões das classes populares pelo acesso à escola, ao mesmo tempo em que admite tal acesso esvazia seu conteúdo, sonegando os conhecimentos também (embora não somente) pela mediação da incompetência dos professores. (Saviani, 2013, p. 32)

É importante observar que a organização contemporânea do trabalho não confunde competência com a "técnica ou a maneira considerada correta de se executar uma tarefa". A destreza, a velocidade na execução de tarefas simples e repetitivas vistas como uma forma de qualificação, a redução do trabalho ao fazer e do fazer à realização de gestos simples, repetitivos e mecânicos são próprias da organização taylorista/fordista do trabalho. Nela restam poucas funções em que uma qualificação profissional complexa é requerida e, mesmo assim, destituída do poder de conceber a organização e de interferir no processo de trabalho. Tais funções mais qualificadas são a contrapartida para uma grande massa de trabalhadores semiqualificados ou não especializados. Para esses trabalhadores, poucos anos de educação básica e cursos aligeirados ou treinamento em serviço são suficientes para prepará-los para o trabalho. Em geral, a capacitação era feita no próprio trabalho. O pensamento crítico, no apogeu do taylorismo no Brasil, chegava a afirmar que o papel de instituições de formação profissional como o Serviço Nacional de Aprendizagem Comercial (Senac) e, especialmente, o Serviço Nacional de Aprendizagem Industrial (Senai) era o de preparar o trabalhador para a disciplina do trabalho industrial, já que as habilidades a serem desenvolvidas eram tão simples que não requeriam nenhuma preparação formal.

O movimento da Qualidade Total, a reengenharia, o toyotismo, a organização sociotécnica, a gestão por competências e outros movimentos similares são respostas organizacionais que procuram fazer frente à crise do taylorismo/fordismo. Em geral, tentam recuperar parte do sentido do trabalho e implicam maior ou menor grau de enriquecimento do conteúdo dos cargos e de recuperação da capacidade de pensar e gerir o trabalho pelo trabalhador. Por isso, tendem a exigir maior escolaridade e mais qualificação profissional prévia.

É certo que, ao promover essas mudanças, a organização capitalista tenta recuperar a produtividade e o controle sobre o trabalho, procurando engajar os trabalhadores e alinhá-los aos objetivos organizacionais de produção e de geração de lucro (ou mais-valia). É certo, também, que esses modelos organizacionais não devolvem ao trabalhador toda a complexidade do trabalho e muito menos a verdadeira autonomia sobre o próprio trabalho. Muito menos são, nem poderiam ser, movimentos de ruptura com o sistema capitalista. Porém não são movimentos que induzem a um acréscimo na alienação do trabalho. Trata-se de consequências da reação individual e coletiva dos trabalhadores à desqualificação do trabalho (Küller, 1996) e podem ser vistas, inclusive, como conquistas dos trabalhadores e como formas organizacionais que aprofundam a contradição interna do sistema.

O uso do conceito de competências na gestão de pessoas sempre implica aumento da complexidade do trabalho, dos cargos e das ocupações e em acréscimo nas exigências de formação geral e de qualificação, incluindo a exigência de mais conhecimentos sobre a organização do trabalho, maior repertório de saberes culturais, mais conhecimento científico e tecnológico, domínio de habilidades mais variadas e complexas, constituição de valores relacionados ao trabalho coletivo, à sustentabilidade, de responsabilidade e compromisso com a qualidade do produto ou serviço oferecido ao consumidor final. No entanto, a competência implica que o trabalhador seja capaz de mobilizar esses conhecimentos, saberes, habilidades ou valores (atitudes) na resolução concreta de problemas usuais ou inéditos que surjam em seu contexto de trabalho. Ou seja, não basta saber O QUE ou POR QUE (conhecimentos científicos e tecnológicos). É fundamental saber o COMO. Não basta conhecer. É preciso saber fazer. Não basta saber fazer. É preciso fazer bem e com consciência das consequências sociais, econômicas, culturais ou ecológicas de determinada maneira de fazer.

As mesmas considerações podem ser feitas em relação à vida pessoal (relações familiares, de amizade, de companheirismo, consigo mesmo) e em relação à convivência e à participação social mais ampla. Para consolidar a formação nesses âmbitos, não basta a transmissão de informações, exortações sobre o comportamento solidário e ético ou críticas teóricas ao modelo econômico, às relações de classe e à injustiça social. Também não basta assimilar essas informações transformando-as em alicerces para a constatação da própria individualidade e para uma compreensão das circunstâncias que condicionam a participação social e a relação com o mundo. É preciso que esse conhecimento ajude a construir esquemas de orientação para a atuação objetiva dentro dessas circunstâncias e, se não valorizarmos o conservadorismo, em esquemas de orientação para a transformação dessa realidade tão injusta e desigual em um mundo mais humano e solidário. Isso requer aprender a agir de modo competente na relação com os outros e com o mundo.

O acirramento da disputa em torno do conceito de competência levou até à demonização do termo por um determinado segmento de educadores que, nos últimos tempos, tendeu à hegemonia, inclusive por ocupar postos de decisão no Governo Federal e em alguns estados da federação brasileira.

Nossa análise do cenário internacional mostrou – como grandes tendências da educação e da educação profissional – o aprofundamento e a generalização da orientação para desenvolvimento e avaliação de competências, tanto nos currículos da educação básica de caráter geral como nos de educação profissional, além da valorização das competências básicas como forma de preparação básica para o trabalho, para o exercício da cidadania e para a vida pessoal. Também são tendências internacionais a generalização de sistemas nacionais e internacionais de avaliação (o Pisa,[8] por exemplo) e de certificação de competências básicas ou profissionais como forma de medir e garantir a efetividade da educação ou da formação profissional, independentemente se as competências tenham sido desenvolvidas na escola, na vida ou no trabalho.

É importante afirmar que a origem da palavra "competência" é variada, que seu sentido é polissêmico e que na maioria das definições de competência – inclusive naquelas que constam dos antigos documentos normativos da educação brasileira – estão incluídos o conhecimento científico e tecnológico, o saber do trabalho, a atitude e a habilidade (o saber fazer), da mesma forma como o fazia Saviani na década de 1980. Dessa forma, o desenvolvimento de competências não é incompatível com "a compreensão do sistema produtivo e suas múltiplas formas e as bases científicas, técnicas, sociais, políticas e culturais que permitam entender e operar em seu interior e não como trabalhador adestrado, mas como sujeito humano emancipado" (Frigotto; Ciavatta; Ramos, 2005, p. 31).

Desenvolvimento e avaliação de competência só são incompatíveis com a transmissão de conteúdos disciplinares e com provas e exames que medem a memorização desses conteúdos. Estas últimas são as práticas pedagógicas mais comuns nas escolas brasileiras que, acreditamos, nenhum educador responsável queira conservar.

Ao demonizar o uso do termo "competência", esses analistas ignoram essas tendências e insistem em seu uso restrito, o que tira seu potencial crítico e transformador.

---

[8] Pisa (acrônimo de *Programme for International Student Assessment*) consiste em um programa internacional de avaliação comparada cuja principal finalidade é produzir indicadores sobre a efetividade dos sistemas educacionais, avaliando o desempenho de alunos na faixa dos 15 anos, idade em que se pressupõe o término da escolaridade básica obrigatória na maioria dos países. Informações disponíveis em http://portal.inep.gov.br/pisa-programa-internacional-de-avaliacao-de-alunos. Acesso em 13-10-2015.

O acirramento da crítica à perspectiva do desenvolvimento e da avaliação de competências vem ocorrendo desde a publicação do Decreto Federal nº 2.208/97 e foi potencializado pela crítica às *Diretrizes curriculares nacionais para a educação profissional de nível técnico*, definidas pela Resolução CNE/CEB nº 4/1999. O Decreto Federal nº 2.208/97 separava o ensino médio da formação técnica de nível médio e prescrevia uma organização curricular por competências. A Resolução CNE/CEB nº 4/1999 mantém essas posições. A luta para a integração da educação geral à educação profissional de nível médio, que interessava mais especificamente à rede federal de escolas técnicas, acabou envolvendo o conceito de competência, que já fora usado sem grandes celeumas nas já prescritas *Diretrizes curriculares nacionais para o ensino médio* definidas pela Resolução CNE/CEB nº 3/1998.

A noção de competência sofreu uma forte crítica articulada com a da separação formal entre a educação geral e a formação técnica no ensino médio. Mesmo depois da instituição formal do ensino médio integrado, o conceito continuou a ser questionado, ganhando em alguns círculos a característica de uma rejeição quase religiosa, especialmente quando aplicado à educação profissional.[9]

Em troca de desenvolvimento de competências, o texto alternativo elaborado pelo grupo de trabalho da Secretaria de Educação Profissional e Tecnológica (Pacheco, 2012, p. 125) prevê nova formulação: "apropriação de conhecimentos e técnicas necessários ao exercício profissional e da cidadania". Esse pode ser um dos entendimentos do desenvolvimento de competências. Assim como o desenvolvimento de conhecimentos e de habilidades para o exercício de atividades físicas e intelectuais é outra forma de expressar o processo de desenvolvimento de competências (Küller & Rodrigo, 2013). A divergência tem um forte fundo nominalista.

O texto prossegue deixando claro o esforço de redução do conceito para que ele possa conformar-se à crítica:

---

9 É importante notar que a crítica não tem a mesma intensidade quando o conceito é utilizado na educação básica (Enem, Prova Brasil, etc.).

Nas críticas aos documentos em discussão, há o entendimento de que a escola sempre desenvolveu competências. Porém, quando se coloca a questão do currículo baseado em <u>competências de natureza comportamental, a única formação possível é a do treinamento</u>,[10] o que supõe a seleção de conhecimentos orientada predominantemente para o desempenho funcional. Perde-se, assim, a referência das propriedades características da escola, que são a cultura e o saber científico sistematizado básico (técnico e tecnológico). (Pacheco, 2012, p. 9)

A partir daí, a generalização é fácil, assim como a tomada de posição. Ao colocar-se explicitamente em oposição à "lógica das competências" (agora generalizando), o texto assume que:

» a referência para a seleção dos conteúdos do ensino não pode tomar por base a adequação de comportamentos de forma restrita à produção, mas ter em vista a formação ampliada nos diversos campos do conhecimento (ciência, tecnologia, trabalho e cultura);

» a preparação para o trabalho não é preparação para o emprego, mas a formação omnilateral (em todos os aspectos) para compreensão do mundo do trabalho e inserção crítica e atuante na sociedade, inclusive nas atividades produtivas, em um mundo em rápida transformação científica e tecnológica.

Observe-se que, com outras palavras, as mesmas intenções e finalidades podem ser encontradas no texto da minuta original de parecer e resolução do CNE, que operava com outro conceito de competência, diferente daquele que foi utilizado para a crítica no documento alternativo. Nele, esse uso particular do conceito de competência facilita a seguinte conclusão:

> Uma visão adaptativa está na lógica de ensinar a fazer bem feito o que se prescreve ao trabalhador, isto é, ser eficiente e eficaz, sem questionar o que executa nem os fins e a apropriação do que se produz.

---

10 Grifo nosso.

> De outra parte, a empresa incorpora os saberes dos trabalhadores e os devolve como trabalho prescrito a outros trabalhadores.
>
> As diretrizes curriculares para a educação profissional técnica de nível médio devem retomar a educação profissional não adestradora, não fragmentada. Devem dar aos jovens e adultos trabalhadores, na interação com a sociedade, os elementos para discutir, além de entender a ciência que move os processos produtivos e as relações sociais geradas com o sistema produtivo. (Pacheco, 2012, pp. 9-10)

Novamente, o documento original do CNE não contém essa visão adaptativa. Ela só pode ser afirmada por meio da distorção do conceito de competência nele utilizado, o que é praticado no documento alternativo. O documento original também não propunha uma educação profissional adestradora e fragmentada, embora não tratasse e não indicasse uma educação profissional integral e concreta A QUE SE DEVESSE RETORNAR, como o documento alternativo parece propor e acreditar existir.

Para o desenho de currículos integrados de ensino médio é preciso operar no interior dessa divergência. Em casos similares a esse, como percebem bem os orientais, a alternativa mais sábia é adotar o caminho do meio. Enquanto a disputa não se resolve, a solução pode ser optar pela definição de objetivos de aprendizagem que possam ser vistos como competências a desenvolver, como previa a minuta original do CNE, ou como direções para "a apropriação de conhecimentos e técnicas necessários ao exercício profissional e da cidadania", como prefere o texto alternativo (Pacheco, 2012, p. 10).

TRABALHO E PESQUISA COMO PRINCÍPIOS

A primeira referência sobre o trabalho, ainda não considerado como princípio educativo, é feita no texto *Políticas públicas para a educação profissional e tecnológica*, já citado. Nele, é afirmado que a experiência de trabalho produz aprendizagem assim como o cotidiano dos cidadãos. Trabalho e educação promovem produção e acumulação do conhecimento teórico-prático, necessárias ao indivíduo no seu relacionamento com a natureza e indispensáveis à formação para o exercício da cidadania.

Considerações como essa vão desaguar na proposição do trabalho como princípio educativo. É o que faz o texto *Reestruturação e expansão do ensino médio no Brasil* (MEC/SAE, 2008). Nele se diz:

> [...] o trabalho é princípio educativo do ensino médio, posto ser por meio do trabalho que se pode compreender o processo histórico de produção científica e tecnológica. [...] É princípio educativo, ainda, porque leva os estudantes a compreenderem que todos nós somos seres de trabalho, de conhecimento e de cultura e que o exercício pleno dessas potencialidades exige superar a exploração de uns pelos outros. (MEC/SAE, 2008, p. 12)

O texto agora associa o trabalho ao conhecimento (ciência e tecnologia) e à cultura. Ciência e tecnologia são conhecimentos produzidos, sistematizados e legitimados socialmente ao longo da história. São frutos do trabalho. Resultam da compreensão necessária para a transformação dos fenômenos naturais e sociais. A cultura, entendida como as diferentes formas de criação da sociedade, seus valores, suas normas de conduta, suas obras, também é fruto do trabalho. Carrega "a marca das razões, dos problemas, das necessidades e das possibilidades que orientaram o desenvolvimento dos meios e das relações de produção em um determinado sentido" (MEC/SAE, 2008, p. 13).

O texto *Subsídios para diretrizes curriculares nacionais específicas da educação básica* (MEC/SEB, 2009) mantém as posições do texto anterior em relação ao trabalho como princípio educativo. Por exemplo, afirma que o trabalho, em sua dimensão ontológica e histórica,

> torna-se princípio educativo quando organiza a base unitária do ensino médio, como condição para superar um ensino enciclopédico que não favorece aos estudantes estabelecer relações concretas entre a ciência que aprende e a realidade em que vive. (MEC/SEB, 2009, pp. 113-114)

Enquanto princípio educativo, a pesquisa não é incluída na proposta de parecer do CNE para as diretrizes curriculares nacionais para a educação profissional de nível técnico. Ela volta a ser citada no documento *Diretrizes curriculares nacionais para a educação profissional técnica de nível médio em debate* (GT-MEC/Setec, 2010), elaborado pelo grupo de trabalho criado pela Setec. No texto se diz que a pesquisa está relacionada ao trabalho como princípio educativo. A pesquisa permite a compreensão do mundo possibilitando ao aluno, por meio do trabalho, transformar a natureza em função das necessidades coletivas da humanidade. A pesquisa "contribui para a construção da autonomia intelectual e deve ser intrínseca ao ensino, bem como estar orientada ao estudo e à busca de soluções para as questões teóricas e práticas da vida cotidiana dos sujeitos trabalhadores" (Pacheco, 2012, p. 70). Duas páginas depois, o texto afirma que a pesquisa, como princípio pedagógico, pode ser consolidada com sua vinculação à produção de tecnologias sociais necessárias para uma intervenção junto às comunidades existentes no território de atuação da unidade escolar.

O texto não explicita as distinções conceituais entre princípio educativo e princípio pedagógico.

No capítulo inicial de uma série de textos para fundamentar os temas que seriam debatidos na série *Ensino médio integrado à educação profissional*, que foi apresentada no programa *Salto para o futuro/TV Escola* de 29 de maio a 2 de junho de 2006, Gabriel Grabowski (2006, p. 9) afirma que Saviani considera o trabalho como princípio educativo em três diferentes sentidos. Em primeiro lugar, ele é princípio educativo "na medida em que determina, pelo grau de desenvolvimento social atingido na história, o modo de ser da educação na sua totalidade (conjunto)". Em um segundo sentido, é princípio educativo "quando coloca exigências próprias que o processo educativo deve preencher em vista da participação efetiva dos membros da sociedade no trabalho socialmente produtivo". Por fim, o trabalho é princípio educativo na medida em que o trabalho pedagógico "é uma modalidade específica e diferenciada de trabalho".

Frigotto (s/d.) apresenta uma análise mais específica do conceito de trabalho e de seu papel como fundamento geral de uma racionalidade educativa, do qual se poderiam, inclusive, derivar orientações curriculares mais diretas e operativas. Ele considera o trabalho como "práxis que possibilita criar e re-criar, não apenas os meios de vida imediatos e imperativos, mas o mundo da arte e da cultura, linguagem e símbolos, o mundo humano como resposta às suas múltiplas e históricas necessidades".

Faltou acrescentar ou destacar o conhecimento, incluindo a ciência e a tecnologia, como fruto da potência criativa do trabalho. Isso é feito em outros parágrafos do texto ou em outros textos do mesmo autor. O conhecimento, inclusive o que é sistematizado pelas várias ciências, é fruto da atividade transformadora e criativa do homem. Também faltou considerar a dimensão diretamente educativa do trabalho. Trabalhar educa para a autonomia ou para a subordinação em função de uma determinada forma de produzir e de organizar o trabalho coletivo.

A proposta do trabalho como princípio educativo é comum em outros autores que defendem a ideia de uma educação politécnica ou tecnológica. Essa concepção educativa extrai as seguintes decorrências do trabalho como princípio educativo (Rodrigues, s/d.).

- » educação pública, gratuita, obrigatória e única para todas as crianças e jovens, a fim de romper o monopólio do conhecimento por parte da burguesia da cultura;
- » combinação da educação, incluindo-se aí a educação intelectual, corporal e tecnológica, com a produção material, buscando superar o hiato historicamente produzido entre trabalho manual (execução, técnica) e trabalho intelectual (concepção, ciência) e com isso proporcionar a todos uma compreensão integral do processo produtivo;
- » formação multilateral e integral da personalidade, buscando tornar o ser humano capaz de produzir e fruir ciência, arte e técnica;
- » integração recíproca da escola à sociedade com o propósito de superar o estranhamento entre as práticas educativas e as demais práticas sociais.

Esses itens já fornecem indicações gerais para uma prática do desenho curricular. Antes de especificá-la, é preciso focar outro âmbito da relação educação e trabalho. Esse deslocamento vai provocar também a inclusão da pesquisa como princípio educativo.

Ao tratar das relações entre trabalho e educação, Frigotto (s/d.) alerta que o trabalho como princípio educativo não é "uma técnica didática ou metodológica no processo de aprendizagem, mas um princípio ético-político". Não é especialmente reduzir o trabalho como princípio educativo ao aprender fazendo. O que não impede a experiência concreta do trabalho dos jovens e adultos ou mesmo a atividade prática como método pedagógico.

Para ir além da prática operacional e subordinada do trabalho e para aproximar trabalho e educação é preciso considerar o trabalho em sua acepção ontológica, como a forma de o homem transformar o mundo e, ao fazê-lo, criar a si mesmo. Se trabalho é a transformação das condições de existência humana, o trabalho como princípio educativo exige o engajamento dos estudantes em ações criativas e transformadoras das condições naturais, sociais e culturais em que vivem, incluindo aí a transformação da escola que os abriga.

É aí que, aliada ao trabalho, pode entrar a pesquisa como princípio pedagógico. Existem poucas referências teóricas sobre a pesquisa como princípio pedagógico do ensino médio. Quando assim proposta, a pesquisa é geralmente considerada como princípio educativo do ensino superior (Silva & Grezzana, 2009). Neste caso, a pesquisa científica é privilegiada.

Existem, entretanto, outras formas de investigação que podem ser mais adequadas ao ensino médio e ao trabalho enquanto princípio educativo articulado à pesquisa. Destacam-se entre elas a pesquisa-ação e o estudo do meio.

A pesquisa-ação estabelece um nexo entre a realidade a ser conhecida (ciência) e aquela a ser transformada (trabalho). Tozoni-Reis (2007, p. 138) assim a define: "[...] conhecer a sua própria realidade, participando da construção de conhecimentos sobre ela, da produção de sua própria história, como forma de transformá-la, é o princípio dessa modalidade de pesquisa".

Ela considera que a metodologia de pesquisa-ação tem como ponto de partida a articulação entre a produção de conhecimento e a solução de problemas socialmente relevantes. Conclui que a articulação entre a pesquisa, a educação e a ação político-social é o eixo metodológico da pesquisa-ação.

Essa conclusão estabelece as conexões entre educação, trabalho e pesquisa que interessam aqui. Tomando o trabalho e a pesquisa como princípios (educativos ou pedagógicos) associados, é possível construir um currículo de ensino médio baseado na pesquisa (pesquisa-ação) sobre uma determinada realidade e na ação transformadora sobre ela. A realidade a ser pesquisada e transformada pode, por questões de facilidade metodológica, ser gradativamente ampliada. Por exemplo, tomar a escola e a moradia dos alunos como o objeto de pesquisa e intervenção no primeiro ano, a comunidade próxima à escola no segundo ano, a realidade regional, nacional e internacional no terceiro...

A realidade escolar tomada como primeira instância de investigação e intervenção já foi experimentada com a alternativa de pesquisa já citada: o estudo do meio, muito utilizado nos antigos ginásios vocacionais do Estado de São Paulo. Balzan (1970) relata, em boa síntese:

> A experiência que nos foi dada executar nos Ginásios Vocacionais revelou-nos ser perfeitamente possível a realização de Estudos do Meio na própria escola. A adoção de unidades do tipo "Por que existe o meu ginásio?", ou "Qual é o papel do Ginásio X em...?", ou ainda "Como é meu ginásio?", permite que se iniciem os Estudos do Meio nos primeiros dias de aula. Assim, o próprio estudo da organização do estabelecimento leva o aluno aos primeiros passos no Estudo do Meio. Ele vai levantar com os professores uma série de questões relativas a essa organização, planejando assim um conjunto de entrevistas com o diretor, com um ou mais professores, com o pessoal de secretaria e com os serventes. Executa assim o primeiro planejamento. Sai da classe e percorre o ginásio, faz as primeiras entrevistas. Executa o primeiro relatório, organizando-se já com relação às áreas: teóricas, técnicas e práticas educativas. Vai formando

seu vocabulário técnico: "planejamento", "estudo do meio", "entrevista", "discussão", "pesquisa de campo", "pesquisa bibliográfica". A síntese desse trabalho pode ser feita a partir de um organograma do próprio ginásio. Cabe ao professor levá-lo a perceber que o Ginásio se liga a vários tipos de instituições municipais, estaduais e federais. Desse trabalho, resultam dados sobre os locais de origem de alunos e professores, sobre as religiões ali representadas, etc. <u>Esses dados permitirão não apenas a retomada do conteúdo já visto, mas também o lançamento de outros</u>. (Balzan, 1970, p. 134)

Articulando pesquisa e trabalho, é possível outra frase para substituir aquela que grifamos e que conclui a citação anterior. Esses dados de pesquisa permitirão não apenas a identificação de problemas mas também a discussão, a proposição e a realização de alternativas de ação transformadora (trabalho).

FORMAS ALTERNATIVAS DE ORGANIZAÇÃO CURRICULAR

O texto *Reestruturação e expansão do ensino médio no Brasil* (MEC/SAE, 2008) considera o trabalho, a ciência, a cultura e a tecnologia como dimensões que devem integrar o currículo. Afirma que o trabalho se configura como princípio educativo, condensando em si as concepções de ciência e cultura, podendo ser contexto de formação específica para atividades diretamente produtivas. Também a ciência e a cultura podem ser contexto de formação no ensino médio, por exemplo, na definição de projetos de iniciação científica ou de produção cultural. O texto sintetiza:

> Na perspectiva de conferir especificidades a estas dimensões constitutivas da prática social que devem organizar o ensino médio de forma integrada – trabalho, ciência e cultura – que se entende a necessidade de o ensino médio ter uma base unitária sobre a qual podem se assentar possibilidades diversas de formações específicas: no trabalho, como formação profissional; na ciência, como iniciação

científica; na cultura, como ampliação da formação cultural. (MEC/SAE, 2008, p. 13)

Poderíamos acrescentar: na tecnologia, com projetos de inovação técnica, de mudanças nos modos de fazer, de aprimoramentos de processos produtivos, de mudança na organização do trabalho.

A citação anterior contém uma compreensão mais abrangente do que é o ensino médio integrado. O texto prossegue nessa linha propondo um ensino médio de qualidade, no qual a integração com a educação profissional técnica constitua uma das possibilidades de garantir o direito à educação e ao trabalho qualificado.

Assim, a integração com a educação profissional técnica de nível médio ou a habilitação técnica é considerada apenas como uma das possibilidades de ensino médio integrado, propondo um ensino médio que, ao mesmo tempo, eduque e qualifique (prepare) para o trabalho. O texto identifica três tipos de integração, todos considerando o trabalho como dimensão articuladora.

O PRIMEIRO SENTIDO DE INTEGRAÇÃO É DE CARÁTER FILOSÓFICO. Envolve a concepção de formação humana omnilateral, mediante um processo educacional que integra as dimensões fundamentais da vida: trabalho, conhecimento (ciência e tecnologia) e cultura. Visto como dimensão fundamental, o trabalho é considerado princípio educativo.

O SEGUNDO SENTIDO DE INTEGRAÇÃO É EPISTEMOLÓGICO, mediante o qual o currículo integra os conhecimentos gerais e específicos, bem como a relação entre parte e totalidade dos conhecimentos. Nessa dimensão, o trabalho, no seu sentido ontológico, como forma de transformação da natureza e da sociedade, leva à necessidade de apreender teorias e conceitos de diversas ciências, relacionando-as como mediações da práxis.

O TERCEIRO SENTIDO DA INTEGRAÇÃO É POLÍTICO. O trabalho é entendido na sua dimensão histórica e na forma hoje presente. O sentido político de integração é expresso pela oferta de formação técnica para o trabalho (ensino médio integrado à educação profissional) como forma de atender às necessidades imediatas da classe trabalhadora.

O texto resume a conexão entre esses três sentidos:

> [...] O ensino médio integrado ao ensino técnico, conquanto seja uma condição social e historicamente necessária para construção do ensino médio unitário e politécnico, não se confunde totalmente com ele, dados os limites das relações sociais de classe. Não obstante, como afirma Dermeval Saviani (1996), pode conter seus elementos, para o qual os sentidos filosófico e epistemológico são condicionais e estruturantes. (MEC/SAE, 2008, p. 11)

Em momento posterior, em relação ao sentido filosófico e epistemológico de integração, condicionais e estruturantes, o texto *Subsídios para diretrizes curriculares nacionais específicas da educação básica* (MEC/SEB, 2009) afirma que é preciso

> estimular a reorganização curricular da escola, de modo a superar a fragmentação do conhecimento, reforçando-se a flexibilização do currículo e desenvolvendo uma articulação interdisciplinar, por áreas de conhecimento, com atividades integradoras definidas com base nos quatro eixos constitutivos do ensino médio – trabalho, ciência, tecnologia e cultura. (MEC/SEB, 2009, p. 81)

A partir daí, propõe um currículo organizado para além das disciplinas. Organizado por meio de "ações, situações e tempos diversos, assim como de espaços intra e extraescolares, para realização de atividades que favoreçam a iniciativa, a autonomia e o protagonismo social dos jovens" (p. 81).

Na página 58, o texto apresenta experiências de integração que superam a referida fragmentação curricular:

» currículos organizados em torno de grandes eixos articuladores;
» projetos de interdisciplinaridade com base em temas geradores formulados a partir de problemas detectados na comunidade;
» currículos em rede, que procuram enredar esses temas às áreas de conhecimento;

- » integração do currículo por meio de conceitos-chave ou de conceitos nucleares que permitam trabalhar as áreas de conhecimento e as questões culturais numa perspectiva transversal;
- » concepções diversas de projetos de trabalho, geralmente tratadas como abordagens que enriquecem e complementam os enfoques disciplinares.

A divisão disciplinar do currículo é, em geral, o ponto de partida para a discussão das formas de integração curricular. A forma de integração mais comum na literatura especializada é a interdisciplinaridade. Essa forma de integração aceita a divisão disciplinar como princípio válido e talvez até desejável. Na base para toda intervenção interdisciplinar, Santomé (1998) constata que existem os passos seguintes:

- » definir o problema (interrogação, tópico, questão);
- » determinar os conhecimentos necessários, inclusive as disciplinas representativas e com necessidade de consulta, bem como modelos mais relevantes, tradições e bibliografia;
- » desenvolver um marco integrador e as questões a serem pesquisadas;
- » especificar os estudos ou pesquisas concretas que devem ser empreendidos;
- » reunir todos os conhecimentos atuais e buscar nova informação;
- » resolver os conflitos entre as diferentes disciplinas implicadas, tratando de trabalhar com um vocabulário comum e em equipe;
- » construir e manter a comunicação por meio de técnicas integradoras (encontros e intercâmbios, interações frequentes etc.);
- » comparar todas as contribuições e avaliar sua adequação, sua relevância e sua adaptabilidade;
- » integrar os dados obtidos individualmente para determinar um modelo coerente e relevante;

» ratificar ou não a solução ou resposta oferecida;
» decidir sobre o futuro da tarefa, bem como sobre a equipe de trabalho.

Observe-se que, embora considerada comum a todo estudo interdisciplinar, a sequência é mais adequada a uma proposta metodológica de integração por meio de projetos, que é muito apropriada a um currículo que toma o trabalho e a pesquisa como princípios educativos, como tratado no item anterior.

Na mesma publicação citada (pp. 193 e ss.), Santomé identifica duas estratégias fundamentais para promover a integração interdisciplinar: os centros de interesse decrolyanos e o método de projetos, estendendo-se bastante em como conduzir essas duas modalidades de integração.

O centro de interesse consiste no agrupamento de um conjunto de noções a aprender, mecanismos a montar e hábitos a adquirir em torno de um mesmo assunto que interessa ao estudante (Bassan, 1978).

O método de projetos parte de questões autênticas ou simuladas da vida para propor que os estudantes produzam conhecimento, desenvolvam atitudes ou resolvam problemas por meio do estudo e do envolvimento prático com o tema (Cortesão, 1993).

Reafirmamos que essas alternativas têm a divisão disciplinar como princípio. É preciso, também, considerar o próprio fim das disciplinas. É o que indica Veiga-Neto (2002) ao falar, na pós-modernidade, do fim da disciplinaridade dos corpos e dos saberes que constituiu uma marca da época moderna. Sugere que o fim previsível dessas disciplinaridades terá impactos similares no currículo e que os temas transversais e a flexibilização das grades disciplinares são anúncios do fim do currículo disciplinar.

Essa é a proposta, por exemplo, da Escola da Ponte. Nela, o currículo prescrito é apenas uma referência para caminhos individuais de aprendizagem ou construção do conhecimento. O texto de Rubem Alves (2001) descreve essa possibilidade.

> A primeira grande surpresa que espera o visitante da Ponte é a aparente subversão de um conjunto de mecanismos e rituais que fomos

> habituados a associar à organização e ao funcionamento de uma escola. Na Ponte, tudo ou quase tudo parece obedecer a outra lógica. Não há aulas. Não há turmas. Não há fichas ou testes elaborados para a avaliação dos alunos. Não há manuais escolares e, menos ainda, manuais únicos para todos os alunos. Em certos momentos, o observador mais distraído até poderá supor que, naquela escola, não há professores, de tal modo eles se confundem com os alunos ou são (ou parecem ser) desnecessários. (Alves, 2001, p. 17)

A subversão vivenciada na Escola da Ponte, tal como a descreve Rubem Alves, já envolve o abandono das formas tradicionais de compreender e de organizar o currículo e o cotidiano escolar. Em *Fazer a Ponte: projecto educativo* (Escola da Ponte, 2003), no entanto, é possível perceber que a subversão não é total.

> O conceito de currículo é entendido numa dupla asserção, conforme a sua exterioridade ou interioridade relativamente a cada aluno: o currículo exterior ou objectivo é um perfil, um horizonte de realização, uma meta; o currículo interior ou subjectivo é um percurso (único) de desenvolvimento pessoal, um caminho, um trajecto. Só o currículo subjectivo (o conjunto de aquisições de cada aluno) está em condições de validar a pertinência do currículo objectivo. (Escola da Ponte, 2003, p. 19)

A seguir, complementa:

> As propostas de trabalho a apresentar aos alunos tenderão a usar a metodologia de trabalho de projecto. Neste sentido, a definição do currículo objectivo reveste-se de um carácter dinâmico e carece de um permanente trabalho reflexivo por parte da equipa de orientadores educativos, de modo a que seja possível, em tempo útil, preparar recursos e materiais facilitadores da aquisição de saberes e o desenvolvimento das competências essenciais. (Escola da Ponte, cit., p. 21)

Observe-se que o currículo é construído pelos próprios alunos inclusive em função de seus interesses, em diálogo com o currículo prescrito. É uma proposta radical, coletiva e individual, centralizada e descentralizada, disciplinar e transdisciplinar de organização curricular por projetos. Assim, apesar de radical, a proposta não apresenta um mecanismo novo de integração curricular. É usado o método de projetos, uma das estratégias identificadas por Santomé.

Na literatura, constata-se outra possibilidade de integração curricular: o currículo em rede.

> [...] a rede de significados não tem centro, ou tem múltiplos centros... de interesse. Dependendo dos olhares e dos contextos, o centro pode estar em qualquer parte. Não são centros endógenos, mas centros de interesse. [...] é possível "entrar na rede" de significações que representa (e é representada) pelo conhecimento por múltiplas portas, com diferentes características. É o professor, juntamente com seus alunos, com suas circunstâncias, que elege ou reconhece o centro de interesses e o transforma em instrumento para enredar na teia maior de significações relevantes. (Machado, 2005, p. 48)

Na abordagem em rede, pode-se pensar nos componentes curriculares ou disciplinas como as linhas horizontais da rede, e as dimensões articuladoras (trabalho, cultura, ciência e tecnologia) ou os centros de interesse ou os focos de articulação, tratados metodologicamente como projetos de investigação (pesquisa) e de transformação do real (trabalho), compondo as colunas verticais.

Como vimos no início deste capítulo, na literatura brasileira sobre integração curricular há uma sugestão recorrente para organizar o currículo por meio das dimensões articuladoras do trabalho, da cultura, da ciência e da tecnologia. Em determinadas propostas, as citadas dimensões constituiriam caminhos opcionais para articulação e aprofundamento de estudos. Segundo Garcia e Kuenzer (2008, p. 54), existe certo consenso na definição dessas dimensões:

a) TRABALHO: mediação de primeira ordem no processo de produção da existência e objetivação da vida humana. A dimensão ontológica do trabalho é, assim, o ponto de partida para a produção de conhecimentos e de cultura pelos grupos sociais;

b) CIÊNCIA: a parte do conhecimento melhor sistematizado e deliberadamente expresso na forma de conceitos representativos das relações determinadas e apreendidas da realidade considerada;

c) TECNOLOGIA: mediação entre ciência (apreensão e desvelamento do real) e produção (intervenção no real);

d) CULTURA: deve ser compreendida como a articulação entre o conjunto de representações e de vida de uma população determinada.

Em relação a essas dimensões, porém, é quase ausente a discussão dos mecanismos pelos quais elas podem integrar o currículo. Transformá-las em centros de interesse pode ser uma alternativa possível.

Para além do centro de interesse, Barthes (1988) indica outra saída para a organização curricular. Ela é homeopática em seu caráter. Usa a disciplinaridade como forma de superar os males da divisão disciplinar do currículo. O texto a seguir é sugestivo.

> O interdisciplinar de que tanto se fala não está em confrontar disciplinas já constituídas das quais, na realidade, nenhuma consente em abandonar-se. Para se fazer interdisciplinaridade, não basta tomar um "assunto" (um tema) e convocar em torno duas ou três ciências. A interdisciplinaridade consiste em criar um objeto novo que não pertença a ninguém. (Barthes, 1988, p. 99)

A mesma ideia é expressa por Nilson Machado (2004), quando afirma que a intercomunicação entre as disciplinas almeja, por fim, a composição de um objeto comum por meio da união de objetos particulares oriundos de cada uma das disciplinas componentes.

Assim, os textos teóricos apontam para muitas possibilidades interdisciplinares e transdisciplinares de integração curricular. Tendo como referência essas possibilidades, os protótipos curriculares de ensino médio e ensino médio integrado propostos pela Unesco (Regattieri & Castro, 2013) apresentam uma estratégia que combinou múltiplos mecanismos de integração, descritos a seguir.

» **INTEGRAÇÃO DAS DISCIPLINAS EM QUATRO ÁREAS DE CONHECIMENTO.** A interdisciplinaridade é obtida integrando as disciplinas em quatro áreas do conhecimento (linguagens, matemática, ciências naturais, ciências humanas). Em todas as áreas, a integração das disciplinas se dá por meio da definição de objetivos de aprendizagem comuns para a área como um todo. Esses objetivos são definidos tendo como referência um conjunto de objetivos comuns a todas as áreas: os objetivos relacionados à preparação básica para o trabalho e demais práticas sociais ou à educação profissional de nível técnico. Cada área assume uma organização diferente. A área de ciências humanas distribui seus objetivos por focos temáticos (trabalho, tempo, espaço, ética etc.), que fazem a integração de todas as disciplinas da área. A área de matemática define seus objetivos como especificações dos objetivos de preparação básica para o trabalho e demais práticas sociais. A área de linguagens não faz divisão de seus objetivos por disciplinas, mas neles se reconhece sua origem disciplinar. Finalmente, a área de ciências da natureza define objetivos gerais para a área e objetivos específicos para cada uma de suas disciplinas constituintes: física, química e biologia. As distintas formas são exemplos de organização das áreas que podem ser adotadas no desenho curricular de cada escola.

» **INTEGRAÇÃO POR MEIO DE UM NÚCLEO DE ATIVIDADES CRIATIVAS OU TRANSFORMADORAS.** Em uma proposta transdisciplinar, as áreas (linguagens, matemática, ciências naturais e ciências humanas) giram em torno do núcleo de educação para o trabalho e outras práticas sociais. Esse núcleo é um componente curricular que constitui um objeto novo (Barthes) ou um objeto comum (Machado) a todas as áreas. É composto essencialmente por atividades de trabalho e pesquisa e, assim, concretiza, dá vida e visibilidade aos princípios educativos. O núcleo é desenvolvido de forma democrática e participativa pelo coletivo de professores e alunos, e condiciona o desenvolvimento integrado de cada área do conhecimento.

» INTEGRAÇÃO POR PROJETOS OU CENTROS DE INTERESSE. Como mais um mecanismo de integração curricular, uma mescla de projeto e centro de interesse atravessa o desenvolvimento do núcleo e das áreas em cada ano letivo. No primeiro ano letivo, o centro de interesse inclui a escola (como os ginásios vocacionais) e a moradia dos alunos. Como tal, a escola e a moradia são objetos de projeto de pesquisa e de intervenção (trabalho) que é desenvolvido no interior do núcleo. Os temas de pesquisa partem das áreas, e os seus resultados para elas convergem. O desenvolvimento do projeto é proposto em função dos objetivos do núcleo (educação básica para o trabalho e outras práticas sociais) em interlocução permanente com os objetivos das áreas. No segundo ano, a comunidade que cerca a escola é o centro de interesse do ano e objeto do projeto articulador de todas as atividades do ano letivo. Por fim, no terceiro ou quarto ano, as perspectivas de vida dos alunos e horizontes espaciais e temporais mais amplos são os focos de projetos de vida e de sociedade.

» INTEGRAÇÃO POR EIXOS TEMÁTICOS (TRABALHO, CULTURA, CIÊNCIA E TECNOLOGIA). Em cada período ou ano letivo as atividades de pesquisa e intervenção serão desenvolvidas por grupos de alunos e professores organizados por dimensão articuladora. Mantendo o trabalho e a pesquisa como princípios educativos e sem perder de vista a unidade intrínseca dessas dimensões, cada grupo tratará o objeto de estudo e desenvolverá o projeto do ano tendo em vista uma das dimensões articuladoras: trabalho (em sua acepção econômica), cultura, ciência ou tecnologia.

Essas quatro dimensões e os projetos anuais são as colunas verticais da rede curricular em que as áreas e o núcleo representam as linhas horizontais. O trabalho coletivo pode ser organizado de modo que este olhar e atuar mais especializados sejam objetos de sínteses periódicas para retorno recorrente à totalidade original.

INTEGRAÇÃO DO ENSINO MÉDIO COM EDUCAÇÃO PROFISSIONAL

Em geral, os teóricos da educação consideram os mesmos mecanismos de integração curricular na educação profissional de nível médio e na educação básica. Isso não muda nos textos mais especificamente ligados à educação profissional. Em todos, nota-se a preferência pela interdisciplinaridade e a contextualização como mecanismos de integração curricular.

O documento preliminar do CNE denominado *Atualização das diretrizes curriculares nacionais para a educação profissional técnica de nível médio – Versão preliminar para debates* (MEC/CNE/CEB, 2010), assim como a proposta alternativa do grupo de trabalho da Setec (Pacheco, 2012), introduz outros mecanismos de integração: a matriz tecnológica e o eixo tecnológico. Esses conceitos já constavam do *Catálogo nacional de cursos técnicos* (CNCT), que foi instituído pelo Parecer CNE/CEB nº 11/2008.

Sobre a matéria, a pesquisadora mineira professora Lucília Machado (2010), em artigo intitulado "Organização da educação profissional e tecnológica por eixos tecnológicos", define eixo tecnológico como a linha central de estruturação de um curso, definida por uma matriz tecnológica, que dá a direção para o seu projeto pedagógico e que perpassa transversalmente a organização curricular do curso, dando-lhe identidade e sustentáculo. Segundo a pesquisadora, o eixo tecnológico curricular orienta a definição dos componentes essenciais e complementares do currículo, expressa a trajetória do itinerário formativo, direciona a ação educativa e estabelece as exigências pedagógicas.

Mantendo as disposições e os conceitos do *Catálogo nacional de cursos técnicos*, o texto alternativo do grupo de trabalho da Setec propunha (Pacheco, 2012):

> Art. 7º A estruturação dos cursos da Educação Profissional Técnica de Nível Médio, orientada pela concepção de eixo tecnológico, implica considerar em seus conteúdos e métodos:

a) a matriz tecnológica, que inclui as tecnologias relativas aos cursos sobre as quais repousam suas finalidades e seus objetivos educacionais;

b) o núcleo politécnico comum relativo ao eixo tecnológico em que se situa o curso, que compreende os fundamentos científicos, sociais, organizacionais, econômicos, estéticos e éticos que informam e alicerçam as tecnologias (materiais, meios, métodos etc.) e a contextualização do referido eixo tecnológico no contexto do sistema da produção social;

c) os conhecimentos nas áreas de linguagem, ciências humanas, ciências da natureza e matemática vinculados à educação básica e à educação para o mundo do trabalho, necessários à formação e ao desenvolvimento profissional do cidadão. (Pacheco, 2012, p. 127)

O texto anterior se alinha com a Resolução CNE/CEB nº 7/2010, que fixa as diretrizes curriculares nacionais para o ensino fundamental de nove anos. Como a Resolução nº 7/2010, também propõe quatro áreas de conhecimento, incluindo a matemática no rol delas.

Observe-se que, à parte as distintas terminologias e perspectivas ideológicas e pedagógicas, o texto do grupo de trabalho veicula uma proposta de estruturação e de organização curricular que é similar à da proposta original do CNE. Esta prevê, em seu art. 6º:

> Parágrafo único. As competências requeridas pela Educação Profissional Técnica de Nível Médio, considerada a natureza do trabalho e a estrutura sócio-ocupacional e tecnológica, são as:
>
> I - competências básicas, constituídas no ensino fundamental e médio, em termos de preparação básica para o trabalho e para a vida em sociedade;
>
> II - competências profissionais gerais, comuns aos técnicos de nível médio no âmbito dos diferentes eixos tecnológicos e sintonizadas com o respectivo setor produtivo;
>
> III - competências profissionais específicas de cada qualificação para o trabalho ou habilitação profissional de técnico de nível médio, ou complementarmente, da especialização realizada após a conclusão da habilitação técnica de nível médio. (MEC/CNE/CEB, 2010, p. 35)

Do geral para o específico, a ordem dos conteúdos curriculares fundamentais do eixo profissionalizante está invertida nas duas propostas.

Os mesmos mecanismos de integração do currículo da educação básica vistos no capítulo anterior podem ser utilizados para integrar o ensino médio à educação profissional. Para além desses mecanismos, é raro encontrar nos textos mais teóricos estratégias específicas e próprias para a integração curricular entre ensino médio e educação profissional *stricto sensu*.

No entanto, a literatura pertinente considera que a matrícula unificada (no ensino médio e na educação profissional) é uma das condições para lograr a tão pretendida integração. Uma contraposição a essa tese afirmaria que a junção de dois currículos fragmentados não conduz necessariamente à integração curricular. Entretanto, alguns indícios[11] parecem mostrar que a simples junção do ensino médio à educação profissional tem facilitado a contextualização dos conteúdos de educação geral às questões oriundas da prática profissional. Nesse sentido, a simples junção dos dois currículos já encaminha a integração, pelo menos em relação à sua dimensão cognitiva, como referida por Marise Ramos.

> No currículo que integra formação geral, técnica e política, o estatuto de conhecimento geral de um conceito está no seu enraizamento nas ciências como "leis gerais" que explicam fenômenos. Um conceito específico, por sua vez, configura-se pela apropriação de um conceito geral com finalidades restritas a objetos, problemas ou situações de interesse produtivo. A tecnologia, nesses termos, pode ser compreendida como a ciência apropriada com fins produtivos. Em razão disto, no currículo integrado nenhum conhecimento é só geral, posto que estrutura objetivos de produção, nem é somente específico, pois nenhum conceito apropriado produtivamente pode ser formulado ou compreendido desarticuladamente da ciência básica. (Frigotto; Ciavatta; Ramos, 2005, p. 120)

---

11 O bom desempenho acadêmico de alunos oriundos do ensino médio integrado é um desses indícios.

Em outra parte do mesmo texto, Marise Ramos complementa:

> [...] podemos propor o seguinte movimento no desenho do currículo integrado:
> Problematizar fenômenos – fatos e situações significativas e relevantes para compreendermos o mundo em que vivemos, bem como processos tecnológicos da área profissional para a qual se pretende formar –, como objetos de conhecimento, buscando compreendê-los em múltiplas perspectivas: tecnológica, econômica, histórica, ambiental, social, cultural etc. [...]
> Explicitar teorias e conceitos fundamentais para a compreensão do(s) objeto(s) estudado(s) nas múltiplas perspectivas em que foi problematizada e localizá-los nos respectivos campos da ciência (áreas do conhecimento, disciplinas científicas e/ou profissionais), identificando suas relações com outros conceitos do mesmo campo (disciplinaridade) e de campos distintos do saber (interdisciplinaridade) [...]
> Situar os conceitos como conhecimentos de formação geral e específica, tendo como referência a base científica dos conceitos e sua apropriação tecnológica, social e cultural. [...]
> A partir dessa localização e das múltiplas relações, organizar os componentes curriculares e as práticas pedagógicas, visando corresponder, nas escolhas, nas relações e nas realizações, ao pressuposto da totalidade do real como síntese de múltiplas determinações.
> (Frigotto; Ciavatta; Ramos, cit., pp. 122-123)

A organização prática de um currículo assim concebido não é explicitada. Um entendimento possível é de que para reforçar a integração basta estreitar e tornar mais articuladas, na situação de ensino-aprendizagem, as relações entre a transmissão do conhecimento dos fundamentos científicos e tecnológicos dos processos produtivos e o conhecimento dos problemas e das soluções para os problemas técnicos específicos do exercício profissional. Mesmo em uma orientação educacional fortemente cognitivista, em que a prática profissional e o domínio dos afazeres do ofício não são priorizados, essa aproximação não pode ser feita sem uma mudança significativa na organização e na estrutura curricular. Uma organização disciplinar do currículo conectada com o mecanismo de transposição didática dos conhecimentos científicos tornaria impossível a operação da proposta de Marise Ramos.

Em tentativas concretas desse tipo de orientação, os referidos estreitamento e articulação são produzidos em processos de planejamento coletivo, que unem professores de educação geral com os de educação profissional. No entanto, a prática é complexa e os resultados obtidos em situações concretas nem de longe se parecem com a proposta teórica.

Existem algumas possibilidades alternativas para a integração entre o ensino médio e a educação profissional. Elas sempre unem atividades de diagnóstico (pesquisa), intervenção ou transformação (trabalho) diretamente relacionadas ao eixo tecnológico ou à habilitação profissional. Vale considerá-las separadamente.

PROTAGONISMO JUVENIL

A palavra protagonista vem do grego *protagonistés*, o principal lutador. O protagonista é o principal ator de uma ação dramática. No presente caso, consiste em considerar o jovem ou o aluno como principal ator do drama escolar. Na integração do currículo, consiste em integrar o currículo a partir de ações de investigação e transformação em que o jovem ou o aluno é o principal ator. No ensino médio integrado, o protagonismo juvenil é entendido como o mecanismo de integração curricular que coloca cada jovem ou o coletivo juvenil como o principal ator de uma ação transformadora que articula todo o currículo da habilitação profissional.

A proposta de integração curricular por meio de projetos de ação protagônica do jovem é justificada quando se considera que, em 2002, o Brasil contava com uma população de 35 milhões de pessoas com idade entre 15 e 24 anos e quase metade dos desempregados tinha então menos de 25 anos (Waiselfisz, 2004). Houve melhora significativa dos indicadores entre 2002 e 2012, último ano com dados consolidados e analisados. Entretanto, embora já houvesse 84,2% de jovens entre 15 e 17 anos frequentando escolas, na faixa de 18 a 24 anos o percentual caiu para 29,4% (mais de dois terços fora da escola!). Ainda é muito elevado o número de jovens que não estudam, não trabalham nem procuram trabalho ativamente. Muitos não estudam por puro desinteresse (IBGE, 2013).

Diante desse quadro dramático, não há como deixar de pensar em convocar os jovens para atuarem na promoção de mudanças na escola e nas possibilidades de ingresso no mundo do trabalho. A propriedade desse chamado é reforçada quando se sabe que

> a rebeldia contra o sistema instituído emerge historicamente como alternativa de resistência e liberdade para os jovens. A rebeldia se assenta em elementos intrínsecos à condição juvenil, tais como a contestação do mundo e do poder, a indignação ética, a vontade de inovar e de alargar as fronteiras da liberdade. (Ribas Jr., 2004, p. 2)

Se a escola precisa ser transformada para ser valorizada pelo jovem, nada mais próprio do que engajá-lo na tarefa de repensar e transformar a sua organização de trabalho e seu currículo. Essa participação pode ser preparatória para uma ação protagônica na comunidade mais imediata, promovendo ações de desenvolvimento local. Os dois movimentos podem se constituir em ensaios para o enfrentamento do desafio maior de promover mudanças nas condições de acesso ao emprego e ao trabalho.

Essas mudanças podem ser pensadas em três direções fundamentais. A primeira é a ação juvenil intervindo nas relações e na organização do trabalho, buscando torná-las mais justas, igualitárias e humanas, procurando atender os requisitos do desenvolvimento econômico, social e cultural sustentável. A segunda é a atuação juvenil na criação de alternativas individuais e coletivas de geração de trabalho e renda. A terceira é o empreendedorismo juvenil, em que o jovem cria seu próprio negócio ou participa da transformação de um empreendimento já existente.

INTEGRAÇÃO POR MEIO DE PROJETOS

As experiências nacionais e internacionais indicam que as várias ênfases de integração entre ensino médio e educação profissional se mesclam e por vezes se tornam pouco distinguíveis. A diferença entre a integração pelo protagonismo juvenil e a feita por meio de projetos é a mais sutil. No protagonismo, a iniciativa é do estudante e a intervenção é sempre real. O jovem é obrigatoriamente demandado a intervir efetivamente no mundo real, por meio de projeto por ele definido, planejado e executado. Na integração feita por projetos, as atividades dos alunos podem ser simuladas e já estão definidas e programadas.

Integrar o currículo por meio de projetos é diferente de adotar o projeto como alternativa metodológica para atingir objetivos de uma disciplina ou para realizar uma ação interdisciplinar localizada. Enquanto integrador do currículo, o projeto é o objeto novo citado por Barthes. É uma grande ação coletiva, como um novo componente curricular que entrelaça os demais, dando vida, sentido e concretude aos conteúdos específicos de cada disciplina ou área de conhecimento.

INTEGRAÇÃO POR MEIO DA FORMAÇÃO TECNOLÓGICA OU POLITÉCNICA

Existem pelo menos duas concepções de formação tecnológica ou politécnica. A primeira delas se refere ao domínio das bases científicas e tecnológicas dos processos produtivos. Segundo Gaudêncio Frigotto (Frigotto; Ciavatta; Ramos, 2005, p. 75), é preciso dominar os fundamentos das diferentes ciências para "desenvolver a capacidade analítica dos processos técnicos que engendram o sistema produtivo e das relações sociais que regulam a quem e quantos se destina a riqueza produzida". É uma educação que integra o geral e o específico, o político e o técnico ou a formação básica e a técnica.

Outra concepção, não necessariamente conflitante, é a que orienta o CNCT. Nela é proposta uma organização da oferta da educação profissional técnica de nível médio em torno de doze eixos, com núcleo politécnico comum. Nesse caso, o termo é aplicado ao conjunto de tecnologias ou de conhecimentos, atitudes, valores e capacidades comuns às habilitações previstas no eixo tecnológico. Essa segunda concepção está mais vinculada a uma perspectiva de formação polivalente e de organização de itinerários formativos.

De modo geral, a primeira perspectiva orienta o desenho de todas as variações dos protótipos curriculares propostos pela Unesco (Regattieri & Castro, 2013). A segunda perspectiva é utilizada na integração do ensino médio com a educação profissional. Usar a formação tecnológica ou politécnica como mecanismo de integração significa, essencialmente, priorizar e colocar a formação polivalente no centro do currículo do ensino médio integrado. A formação polivalente é origem e destino dos objetivos ou atividades de aprendizagem previstas pelos demais componentes curriculares.

METODOLOGIA DE ENSINO-APRENDIZAGEM

No texto *Educação profissional técnica de nível médio integrada ao ensino médio – Documento base* (MEC/Setec, 2007, p. 42) há uma referência que tem implicações para a metodologia de ensino enquanto mecanismo de integração curricular. O texto afirma que é preciso "compreender o conhecimento como uma produção do pensamento pela qual se apreende e se representam as relações que constituem e estruturam a realidade objetiva". Para apreender e determinar essas relações é preciso um método. Esse método deve partir da forma como a realidade se manifesta e, por meio da análise, chegar às relações gerais que são determinantes da realidade concreta.

Logo a seguir, até contraditoriamente com a afirmação anterior, o texto valida a aula magistral dizendo que

> o método de exposição deve restabelecer as relações dinâmicas e dialéticas entre os conceitos, reconstituindo as relações que configuram a totalidade concreta da qual se originaram, de modo que o objeto a ser conhecido revele-se gradativamente em suas peculiaridades próprias. (MEC/Setec, 2007, p. 42)

Também propõe que o conhecimento deve ser ensinado e aprendido como produto e não em seu processo de construção. No geral, o texto não disfarça a aderência à pedagogia histórico-crítica e sua valorização dos conteúdos na constituição do saber escolar.

Entretanto, mais adiante, citando Paulo Freire, afirma que o professor deve assumir uma atitude orientada pela e para a responsabilidade social. Deve deixar de ser um transmissor de conteúdos acríticos e definidos por especialistas externos para assumir uma atitude de problematizador e mediador no processo ensino-aprendizagem.

Além disso, o texto não faz uma defesa sistemática do método expositivo, das aulas e da divisão disciplinar do currículo, que, como já vimos, são ocorrências articuladas. Por exemplo, em outro momento diz que os processos de ensino-aprendizagem e os de elaboração do currículo devem promover a reflexão e a sistematização do conhecimento por meio das disciplinas básicas e do desenvolvimento de projetos que articulem o geral e o específico, a teoria e a prática dos conteúdos.

Em seu conjunto e em relação ao processo de ensino-aprendizagem, o texto flutua entre concepções metodológicas distintas e sugere a possibilidade de superação de outro conflito teórico que se arrasta desde a década de 1980: a sobrevalorização do conteúdo contraposta à sobrevalorização do método (Silva, 2009). Abre também a possibilidade de determinadas opções metodológicas serem estratégias de integração do currículo. Assim, por meio de projetos ou da organização curricular em torno de problemas relacionados ou não ao exercício profissional, a metodologia pode vir a ser uma estratégia de integração entre as disciplinas de educação geral e delas com a educação profissional.

Essa perspectiva se acentua em textos publicados posteriormente. A crítica às formas metodológicas discursivas aumenta e sobressai a valorização dos procedimentos de ensino-aprendizagem que demandem a atividade do aluno sobre o objeto de conhecimento. O documento *Subsídios para diretrizes curriculares nacionais específicas da educação básica* (MEC/SEB, 2009), muito aproveitado nas normas editadas posteriormente, propõe a utilização de metodologias de ensino renovadas, diferentes das que se encontram mais comumente nas salas de aula atuais e que ofereçam ao estudante a oportunidade de uma atuação ativa e comprometida no processo de aprender. Espera-se professor competente e capaz de estimular o aluno a colaborar e a interagir com seus colegas. Parte do princípio de que a aprendizagem depende de um diálogo produtivo com o outro, mediado pelo objeto do conhecimento.

O texto também aborda as conexões entre metodologia e integração curricular. Considera que a interdisciplinaridade supõe um eixo integrador, que pode ser o objeto do conhecimento, um projeto de investigação, um plano de intervenção.

Por fim, o Parecer CNE/CEB nº 15/1998 acentua que, a partir do problema gerador do projeto, que pode ser um experimento, um plano de ação para intervir na realidade, ou uma atividade, identificam-se os conceitos de cada disciplina, que podem contribuir para descrever, explicar e prever soluções. No entanto, alerta que, no caso de um projeto, a interdisciplinaridade não deve banalizar as disciplinas; ao contrário, deve manter suas individualidades. Integra-as, porém, com base na compreensão das causas ou dos fatores que intervêm sobre a realidade e trabalha as linguagens necessárias para a construção de conhecimentos, para a comunicação e a negociação de significados, assim como para o registro sistemático de resultados.

O texto do grupo de trabalho publicado por Eliezer Pacheco (2012) trata a interdisciplinaridade também como forma metodológica de obter a integração curricular. O texto considera a interdisciplinaridade como princípio organizador do currículo e como método de ensino-aprendizagem. Os conceitos das diversas disciplinas seriam relacionados à luz das questões concretas que se pretendem compreender. Isso deve ser feito sem comprometer a identidade epistemológica das diversas disciplinas, que são necessárias para o aprofundamento científico necessário à compreensão de um conceito sempre que isso exigir a relação com conceitos de um mesmo campo disciplinar.

É importante observar que essas indicações não rompem com a organização disciplinar do currículo nem com a visão que assume como missão da escola transmitir o saber escolar oriundo do conhecimento acumulado pelas ciências particulares. Em relação à citação anterior, é difícil imaginar a prática da indicação que ela contém. A aplicação prática da primeira frase do parágrafo parece contradizer a prática da segunda frase. O texto citado e outros similares fazem afirmações que não são acompanhadas pela demonstração ou por exemplos da prática de suas proposições.

A proposta original do Conselho Nacional de Educação para as *Diretrizes curriculares nacionais para a educação profissional técnica de nível médio* (MEC/CNE/CEB, 2012), formulada pelo conselheiro Francisco Aparecido Cordão, também destacava a metodologia de ensino-aprendizagem e o papel que ela poderia exercer na integração curricular. Em uma referência entre as articulações curriculares e a indicação de uma metodologia de ensino-aprendizagem baseada na prática e na atividade do aluno, afirmava que a prática profissional deve constituir e organizar o currículo da educação profissional e tecnológica. Essa prática profissional supõe procedimentos pedagógicos como estudos de caso, conhecimento direto do mercado e das empresas, pesquisas individuais e em equipe, projetos de exercício profissional efetivo e estágios profissionais supervisionados assumidos como atos educativos. Propõe novas formas de organização curricular, novos conteúdos e metodologias. O aluno deve ser colocado como sujeito ativo do processo de aprendizagem por meio dessas inovações. Os docentes, por sua vez, devem ser orientadores de seus alunos nas trilhas da aprendizagem.

Em relação aos conteúdos, afirma que são meios e não finalidade do processo de ensino e aprendizagem. Isso não significa limitar a prática profissional ao desempenho específico de tarefas, à aplicação instrumental dos conteúdos, reduzindo a educação profissional ao treinamento. Considera necessário adotar metodologias que permitam a simulação ou realização de situações concretas de trabalho, propiciando a integração dos conhecimentos e requerendo níveis de raciocínio mais complexos.

Observa-se no texto a expressão de outra vertente do pensamento pedagógico brasileiro. Nessa vertente, os conteúdos são meios, e a função da escola não é a transmissão do saber escolar. Uma divergência sobre os fins da educação separa essas duas vertentes.

Fora dos textos escritos especificamente para subsidiar a elaboração das normas curriculares, são raras as contribuições teóricas que tratam direta e especificamente sobre o papel da metodologia na integração curricular. As que existem, em geral, são mais antigas.

São propostas relacionadas às alternativas de integração curricular no ensino médio e distantes da problemática da integração entre a educação geral e a educação profissional. O texto de 1970 incluído a seguir é um exemplo.

> Todas as modalidades de trabalho em grupos podem ser utilizadas para atividades integradoras. Por sua própria característica de tarefa na qual cooperam personalidades diversas, com contribuições variadas visando fins comuns, é altamente integradora no setor das relações humanas. E sendo assim poderá facilitar a integração de disciplinas, quando apela a aptidões e interesses diversos dos membros do grupo. Desde os mais simples "trabalhos dirigidos" aos mais elaborados "painéis" ou simpósios – todos podem ser úteis aos fins propostos.
> As técnicas didáticas que utilizam pesquisas, projetos e problemas como trabalhos que se desenvolvem fora dos limites escritos dos programas, embora colaborando para a melhor consecução de seus fins, prestam-se também à coordenação interdisciplinar. (Castro, 1970, p. 71)

Nas discussões sobre o ensino médio integrado, a metodologia é geralmente tratada como complemento da discussão sobre seus princípios e fundamentos ou sobre a estrutura e a organização curricular. Na discussão teórica, as questões sobre o que ensinar sobrepõem-se às que versam sobre como ensinar. Um exemplo é o texto de Ramos.

> Além da redefinição do marco curricular, as opções pedagógicas implicam também a redefinição dos processos de ensino. Esses devem se identificar com ações ou processos de trabalho do sujeito que aprende, pela proposição de desafios, problemas e/ou projetos, desencadeando, por parte do aluno, ações resolutivas, incluídas as de pesquisa e estudo de situações, a elaboração de projetos de intervenção, entre outros. Isto não se confunde com conferir preeminência às atividades práticas em detrimento da construção de conceitos. Mas os conceitos não existem independentemente da realidade objetiva. O trabalho do pensamento pela mediação dos conceitos

possibilita a superação do senso comum pelo conhecimento científico, permitindo a apreensão dos fenômenos na sua forma pensada.
(Frigotto; Ciavatta; Ramos, 2005, pp. 122-123)

Percebe-se pelo texto a corrente pedagógica à qual a autora se filia. Para além dessa vertente, que considera a transmissão da compreensão científica do real, o domínio do conhecimento acumulado e a construção de conceitos como pontos de partida para a atuação na realidade, Piaget utilizava três princípios metodológicos: ativo; de autonomia ou autogoverno; e de trabalho em equipe ou de cooperação. O construtivismo de Piaget não é um método, mas refere-se, justamente, a esses três princípios metodológicos. Muitos métodos diferentes adotam princípios construtivistas (Macedo, 2005).

Como síntese de outra vertente pedagógica que julgamos mais adequada à integração do ensino médio com a educação profissional, incluímos conclusões e sugestões do professor Jarbas Novelino Barato (2002) sobre aspectos da didática para a educação profissional.

» A organização do ensino baseada na escola acadêmica é incapaz de gerar uma didática adequada à elaboração do saber técnico.

» Eleger, consciente ou inconscientemente, a teoria como senhora da prática é uma solução que desvaloriza o saber técnico.

» O uso de pares antitéticos como teoria/prática ou conhecimento/habilidade para classificar conteúdos de ensino está fundado em epistemologias que desconsideram a dinâmica das atividades humanas.

» Técnicas e habilidades exigem tratamento metodológico que garanta bons resultados do aprender a trabalhar. Essa circunstância coloca o desafio de construir uma pedagogia voltada para o saber técnico.

» Os modos hegemônicos de ver o conhecimento em educação estão marcados por ideias transmissivistas e reificadoras do saber. Essa tendência consagra uma educação palavrista e bancária. É preciso superar essa visão com uma pedagogia voltada para a construção compartilhada do saber.

» Insistir na teoria pode ser uma forma ideológica de "demonstrar" a inferioridade do trabalho técnico. Insistir na prática pode ser uma forma de instrumentar o trabalhador em sua luta por condições mais dignas de trabalho. Contraditoriamente, certo criticismo esquerdizante, que insiste na transmissão de conteúdos teóricos, é uma forma sutil de esvaziar a técnica de significado, justificando a divisão entre trabalho manual e trabalho intelectual.

AVALIAÇÃO COMO MECANISMO DE INTEGRAÇÃO CURRICULAR

O projeto de resolução que integra o Parecer CNE/CEB nº 5/2011 considera que em seu projeto pedagógico as escolas devem considerar o "acompanhamento da vida escolar dos estudantes, promovendo o diagnóstico preliminar, o seguimento do desempenho, análise de resultados e comunicação com a família", e a avaliação da aprendizagem deve ser "entendida como processo formativo e permanente de identificação de conhecimentos e saberes construídos pelos estudantes" (MEC/CNE/CEB, 2011, p. 62). Nada é dito sobre o papel da avaliação como mecanismo de integração curricular.

A versão preliminar para debates do texto *Atualização das diretrizes curriculares nacionais para a educação profissional técnica de nível médio* (MEC/CNE/CEB, 2010) considera dois outros tipos de avaliação: a diagnóstica, como forma de constatar as competências já constituídas pelo estudante, e a avaliação dos egressos dos cursos. A avaliação diagnóstica pode apoiar o aproveitamento de estudos, otimizando o currículo. A avaliação de egressos é essencial na atualização curricular.

Sem discussões relacionadas ao papel da avaliação na integração curricular, na indicação mais completa sobre a avaliação de aprendizagem o texto considera que o desempenho no trabalho deve ser utilizado para aferir e avaliar as competências profissionais, entendidas como um saber operativo, dinâmico e flexível, capaz de guiar desempenhos num mundo do trabalho em constante mutação e permanente desenvolvimento. Similarmente, a avaliação em situações de ensino e aprendizagem deve ser feita a partir de evidências de desenvolvimento dessas competências profissionais, identificadas a partir de indicadores e amostras de desempenho.

Resta considerar o que prevê o texto *Diretrizes curriculares nacionais para a educação profissional técnica de nível médio em debate* (GT-MEC/Setec, 2010). Tratando de certificação profissional, existe um parágrafo na direção do uso da avaliação como mecanismo adicional de integração curricular. O texto tem a evidente intenção de se contrapor ao texto do CNE anteriormente citado.

> Da mesma forma, o desenvolvimento de metodologias de reconhecimento de saberes requer o entendimento (de) que a ação produtiva não se limita à habilidade de realização de uma tarefa ou à flexibilidade de adaptar-se às mudanças no mundo do trabalho. Exige a compreensão do trabalhador como sujeito ativo integral. **O desenvolvimento social e produtivo construído a partir e por meio do trabalho** é o elo integrador e de sustentação da capacidade humana de criar sua própria história de vida.
> [...] Para as instituições de educação profissional significa elaborar instrumentos metodológicos de avaliação e validação de conhecimentos, experiências e saberes a partir da concepção do trabalho como princípio educativo. (Pacheco, 2012, p. 122)

Se o trabalho é o princípio educativo que embasa todo o currículo, a avaliação que o toma como ponto de partida pode auxiliar na integração curricular. O texto, entretanto, não contém orientações sobre como fazer tal avaliação da aprendizagem que toma o trabalho como princípio educativo.

Outra vertente de integração curricular por meio da avaliação é a avaliação externa dos níveis de escolaridade ou certificação de competências básicas. No Brasil, em âmbito federal, três importantes e complexas iniciativas de certificação de competências básicas para a vida, o trabalho e o exercício da cidadania foram concretizadas a partir de 1990 (Küller, 2013). Elas estão relacionadas ao ensino fundamental e ao ensino médio. São elas, em ordem de implantação: o Sistema de Avaliação da Educação Básica (Saeb), em 1990, o Enem, em 1998, e o Exame Nacional para Certificação de Competências de Jovens e Adultos (Encceja), em 2002.

O Saeb foi criado em 1990 e institucionalizado como política nacional de avaliação educacional em 27 de dezembro de 1994, pela Portaria nº 1.795 do Ministério da Educação. Teve uma longa evolução até se apresentar na forma atual.

Em 1997, foram desenvolvidas as matrizes de referência com a descrição das competências e habilidades que os alunos deveriam dominar em cada série avaliada, permitindo uma maior precisão técnica tanto na construção dos itens do teste como na análise dos resultados da avaliação. Para tanto realizou-se consulta nacional sobre os conteúdos praticados nas escolas de ensinos fundamental e médio. O conteúdo levantado foi analisado por professores, pesquisadores e especialistas sobre a produção científica em cada área que seria objeto de avaliação. Essas áreas foram levantadas a partir do currículo adotado pelas secretarias de educação estaduais e das capitais que apresentaram ao Inep os currículos que estavam sendo praticados em suas escolas (MEC/SEB/Inep, 2008, p. 9).

As matrizes de referência foram atualizadas em 2001, depois da edição dos Parâmetros Curriculares Nacionais (PCN) pelo Ministério da Educação. A atualização foi feita a partir de uma consulta a cerca de 500 professores de 12 estados da Federação, representando todas as regiões do país. Observe-se que o sistema de avaliação parte de uma síntese dos currículos então praticados. Uma vez estabelecido, ele passa a influenciar a definição dos currículos.

Depois dessas informações mais genéricas, o texto faz uma apresentação detalhada e técnica do sistema de avaliação, começando pelos conceitos fundamentais. O primeiro deles é o conceito de competência. Ela é definida como a capacidade de agir eficazmente em determinado tipo de situação, apoiando-se em conhecimentos, mas sem se limitar a eles.

Assim, as competências cognitivas podem ser entendidas como as diferentes modalidades estruturais da inteligência que compreendem determinadas operações que o sujeito utiliza para estabelecer relações com e entre os objetos físicos, conceitos, situações, fenômenos e pessoas. (MEC/SEB/Inep, 2008, p. 18)

Apesar de parecer uma longa digressão do objetivo deste texto, é interessante considerar os demais conceitos que fundam os procedimentos de avaliação de competências básicas do Saeb. Esses mesmos conceitos podem ser e são utilizados, com pequenas variações, na maioria das experiências concretas de certificação e avaliação externa, especialmente na do ensino médio (Enem), que serão analisadas mais à frente. O texto (MEC/SEB/Inep, 2008) afirma que as habilidades referem-se, especificamente, ao plano objetivo e prático do saber fazer e decorrem, diretamente, das competências já adquiridas e que se transformam em habilidades. Dada essa definição, cada matriz de referência apresenta tópicos ou temas com descritores que indicam as habilidades de língua portuguesa e matemática a serem avaliadas. O descritor é definido como uma associação entre conteúdos curriculares e operações mentais desenvolvidas pelo aluno, que traduzem certas competências e habilidades. Os descritores indicam habilidades gerais que se esperam dos alunos e constituem a referência para seleção dos itens que devem compor uma prova de avaliação.

A partir dessa apresentação mais detalhada do Saeb – mais especificamente, da Prova Brasil –, percebe-se que o Enem e o Encceja dele derivam ou estão diretamente a ele relacionados do ponto de vista da sua concepção básica e de sua metodologia.

O *Documento básico do Enem* (MEC, 2002) informa que o exame é estruturado por cinco competências que, embora correspondam a domínios específicos da estrutura mental, funcionam de forma orgânica e integrada. Esclarece, também, que essas competências expressam-se em 21 habilidades. As definições de competências e de habilidades do Enem são praticamente as mesmas das utilizadas pelo Saeb. As competências da versão original do Enem são as seguintes:

I. Dominar a norma culta da Língua Portuguesa e fazer uso das linguagens matemática, artística e científica.

II. Construir e aplicar conceitos das várias áreas do conhecimento para a compreensão de fenômenos naturais, de processos histórico-geográficos, da produção tecnológica e das manifestações artísticas.

III. Selecionar, organizar, relacionar, interpretar dados e informações representados de diferentes formas, para tomar decisões e enfrentar situações-problema.

IV. Relacionar informações, representadas em diferentes formas, e conhecimentos disponíveis em situações concretas, para construir argumentação consistente.

V. Recorrer aos conhecimentos desenvolvidos na escola para elaboração de propostas de intervenção solidária na realidade, respeitando os valores humanos e considerando a diversidade sociocultural.

(MEC, 2002, p. 11)

O Ministério da Educação fez uma proposta de reformulação do Enem para vigorar a partir de 2009. Essa revisão visava à sua utilização mais institucionalizada nos processos seletivos das universidades públicas federais, com as seguintes possibilidades: como procedimento único de seleção; como primeira fase ou combinado com o vestibular da instituição; ou como fase única para as vagas remanescentes do vestibular.

O "Novo Enem" substituiu as cinco competências fundamentais por cinco "eixos cognitivos". A mudança foi apenas nominal, como demonstra a repetição daquelas competências, agora denominadas "eixos cognitivos (comuns a todas as áreas de conhecimento)" (MEC/Inep, 2009, p. 1).

Como forma de acesso ao ensino superior, o Enem mais e mais orienta as definições curriculares adotadas no ensino médio. É importante considerar que, como o exame está estruturado a partir de uma decomposição das cinco competências fundamentais em competências e habilidades para as áreas de conhecimento e disciplinas curriculares, o currículo baseado no Enem pode ser considerado um currículo integrado por competências.

Para além dos textos mais próximos das instâncias normativas, existe muita produção teórica sobre avaliação da aprendizagem e avaliação do currículo. É menos abundante a literatura que relaciona a avaliação da aprendizagem com a avaliação do currículo. É quase inexistente a que trata especificamente do papel da avaliação na integração curricular. As publicações que fazem alguma referência a isso quase sempre se referem à avaliação de aprendizagem no interior de um componente curricular que faz o papel de articulador do currículo. É o caso, por exemplo, do curso de Arquitetura e Urbanismo da Pontifícia Universidade Católica do Rio de Janeiro (PUC-Rio), em que a "disciplina" projeto arquitetônico IV articula um dos segmentos do curso. A realização e a avaliação do projeto incentivam a integração das disciplinas que concorrem para seu desenvolvimento e para seus resultados (Kother, 2006).

Em todas as experiências similares, como no caso do ensino em bloco e do jornal-laboratório no curso de Jornalismo da Universidade de Brasília (Lopes, 1989), a avaliação sempre acompanha a atividade de aprendizagem, sendo intrínseca a ela, participando do momento reflexivo do ciclo AÇÃO – REFLEXÃO – AÇÃO tão comum às metodologias ativas.

Exemplo dessa integração entre avaliação e metodologia e que pode estar associada a estruturas curriculares integradas e processos de integração curricular é o uso de portfólios na avaliação da aprendizagem (Depresbiteris & Tavares, 2009). O portfólio documenta os resultados dos projetos ou das atividades de aprendizagem desenvolvidas e acompanha o processo de desenvolvimento do aluno ao longo do tempo. Se essas atividades forem promotoras da integração do currículo, os portfólios constituirão procedimentos e instrumentos de avaliação de aprendizagem que reforçam a integração curricular.

No caso de um currículo integrado por objetivos, a avaliação de aprendizagem feita em torno desses objetivos pode ser um mecanismo auxiliar na integração curricular. Isso é reforçado quando são usados procedimentos e instrumentos comuns de avaliação como os portfólios, por exemplo. A utilização de instrumentos comuns exige um consenso mínimo nas decisões de atribuições de valor (nota) ou de progressão (passar de ano). Não é possível que um professor faça uma avaliação muito diferente do outro quando os procedimentos e os instrumentos são comuns a todos. Esse tipo de avaliação permite constatar as diferenças de critérios de avaliação, obriga a um diálogo sobre o desempenho individual e coletivo dos estudantes e aponta para necessidades de aperfeiçoamento dos mecanismos de integração e dos procedimentos de avaliação.

Toda a proposta teórica recente sobre avaliação de aprendizagem é unânime quanto à necessidade de superar uma avaliação com objetivos puramente relacionados à promoção de série ou à progressão dos estudantes. Para acompanhar uma proposta pedagógica orientada para uma formação integral do jovem, é necessária uma avaliação que acompanhe o processo de aprendizagem e seja intrínseca a ele. A avaliação deve permitir que os educadores possam verificar e ajustar permanentemente a adequação de seus procedimentos didáticos e que os estudantes também possam aferir e ajustar constantemente seu processo de aprendizagem.

Em uma proposta de currículo integrado, essa avaliação que acompanhe o processo de aprendizagem terá um caráter coletivo. Deve ser colegiada, como é o processo de planejamento e execução do currículo. Terá também um caráter formativo. Tanto quanto as atividades de aprendizagem que são acompanhadas por ela, a avaliação tem um papel educativo. Ela permite constatar os avanços na direção dos objetivos, mostra as carências a suprir e indica direções para o ensino e para a aprendizagem. Tudo isso deve ser feito no interior de um processo de desenvolvimento humano, formação cidadã e profissional que engloba o trabalho coletivo de gestores, professores e estudantes.

A avaliação deve integrar o processo educativo, no qual todos aprendem e ensinam, avaliam e são constantemente avaliados pela sua participação no processo e pelos resultados obtidos. Essa avaliação orienta a aprendizagem e apoia a organização dos processos escolares, sem focar mecanismos de recompensa ou punição.

No caso do desenho de currículos integrados, é preciso enfatizar a função integradora e indicar mecanismos por meio dos quais ela pode ser exercida. Nesse sentido, a avaliação do componente curricular que exerce a função de integração é crítica. Quando esse componente é a principal estratégia de integração do currículo, precisa contar com formas de avaliação que reforcem esse papel integrador. De início, é preciso propor que essa avaliação seja fundamentalmente formativa e feita por todos os envolvidos. É fundamental que dela participem, em colegiado, todos os estudantes e professores envolvidos.

Essa avaliação deve estar diretamente relacionada aos objetivos do componente curricular integrador, que desde o planejamento conjunto devem ser assumidos por todos os professores e alunos. Tais objetivos devem dar origem a critérios de avaliação diretamente relacionados com as atividades de investigação e transformação e com os projetos previstos no componente integrador.

Como estão diretamente relacionados com a prática, os indicadores só podem ser verificados em ato. Isso significa, em consonância com as propostas teóricas, que a mesma atividade que serve à aprendizagem também deve ser a referência para a avaliação. A observação e o diálogo sobre o desempenho serão os procedimentos mais eficazes, no caso. É preciso prever instrumentos que qualifiquem essa observação e esse diálogo. O portfólio antes discutido pode se constituir em uma opção a ser considerada. No entanto, nessa e em alternativas diferentes de registro e documentação do desempenho, é fundamental pensar em instrumentos que incentivem a ação, a produção e a avaliação coletivas, ensejando a autoavaliação.

Novamente fazendo coro com a teoria, a autoavaliação da aprendizagem deve ser adotada como prática avaliativa emancipadora, combinada com avaliação pelos colegas e pelos docentes. Além de apoiar a integração curricular, essa combinação planejada de autoavaliação com avaliação pelos colegas e pelos docentes amplia o potencial de desenvolvimento da autonomia dos estudantes, um dos objetivos fundamentais do ensino médio.

INFRAESTRUTURA E PESSOAL DOCENTE E TÉCNICO-ADMINISTRATIVO

Nas vésperas das eleições presidenciais de 2010, 27 importantes instituições relacionadas ao trabalho, à educação e à cultura no Brasil assinaram um documento destinado aos futuros dirigentes brasileiros.

Desse documento, denominado *Uma convocação aos futuros governantes e parlamentares do Brasil* (Vários autores, 2010),[12] foram selecionados os tópicos que mais se relacionam com as condições necessárias para a implantação de um currículo integrado em todas as modalidades de ensino médio, articuladas ou não com a educação profissional. Essas condições são apresentadas a seguir.

1. AMPLIAÇÃO ADEQUADA DO FINANCIAMENTO DA EDUCAÇÃO PÚBLICA. Elevar progressivamente o percentual do PIB investido em educação pública até 10% do Produto Interno Bruto. Destinar os recursos adicionais à ampliação de matrículas e à garantia da oferta dos insumos básicos necessários para o alcance dos padrões mínimos de qualidade determinados pela Constituição Federal e pela LDBEN.

2. IMPLEMENTAÇÃO DE AÇÕES CONCRETAS PARA A VALORIZAÇÃO DOS PROFISSIONAIS DA EDUCAÇÃO. Implementar a Lei nº 11.738, de 16 de julho de 2008, que determina o piso salarial profissional nacional para os profissionais do magistério público da educação básica. Produzir políticas públicas para valorizar e tornar mais atrativas as carreiras profissionais da área educacional.

3. PROMOÇÃO DA GESTÃO DEMOCRÁTICA. A gestão democrática nas escolas brasileiras é condição fundamental para melhorar a qualidade da educação.

---

12 Entre as instituições que assinaram o documento estão a Central Única dos Trabalhadores (CUT), a Confederação Nacional dos Trabalhadores em Educação (CNTE), a Confederação Nacional dos Trabalhadores na Agricultura (Contag), o Conselho Nacional de Educação (CNE), o Conselho Nacional dos Secretários de Educação (Consed), o Fórum Nacional dos Conselhos Estaduais de Educação, a Ordem dos Advogados do Brasil (OAB), a Unesco e a União Nacional dos Estudantes (UNE).

Em relação ao pessoal docente e técnico-administrativo, uma questão importante é a formação inicial para os professores de educação profissional e tecnológica. Uma referência sobre essa questão encontra-se em um texto que já citamos, *Políticas públicas para a educação profissional e tecnológica*.

> A formação de professores para a educação profissional e tecnológica necessita ser discutida em termos de legislação a ser aplicada e de seu efetivo controle na prática das instituições públicas e privadas. (MEC/Setec, 2004, p. 25) [...] Quanto à formação de novos docentes, é oportuno destacar que: os cursos de graduação nas universidades não qualificam professores para a educação profissional; os cursos de pedagogia não trabalham com questões relativas ao trabalho e à educação profissional; a diversidade de cursos e habilitações não permite a oferta de cursos específicos por área. (MEC/Setec, 2004, p. 36)

O texto em foco destinava-se à discussão e à proposição de políticas públicas. Considera a questão da formação docente tão importante que dedica um tópico específico a ela e propõe um grande número de ações. Destacam-se como as mais importantes, para efeito deste trabalho (MEC/Setec, 2004, pp. 50-51):

» planos de carreira para o magistério dos ensinos fundamental, médio e superior; melhor remuneração e valorização dos professores de educação profissional; abertura de concursos públicos para professores. Estabelecimento de uma política de formação de professores para a educação profissional e tecnológica;

» programa nacional de capacitação de professores em serviço, coordenado pelo Ministério da Educação e em parceria com os estados;

» regulamentação mais adequada dos programas especiais de formação pedagógica para docentes, aumentando a carga horária e propondo que sejam por áreas de formação.

O texto afirma que foi enviada ao CNE uma proposta com cinco alternativas para a formação de professores para a educação profissional: curso de licenciatura para graduados; curso de licenciatura integrado com curso de graduação em tecnologia; curso de licenciatura para técnicos de nível médio ou equivalente; curso de licenciatura para concluintes do ensino médio; cursos de especialização, pós-graduação *lato sensu*, em programas especiais para profissionais já graduados em nível superior.

Na implantação de um currículo de ensino médio integrado à educação profissional, é também necessário pensar na formação continuada de todos os professores, como afirma o texto alternativo de proposta de diretrizes para a educação profissional técnica de nível médio:

> Também é necessário levar em consideração que mesmo os professores licenciados carecem de formação com vistas à atuação em uma proposta de educação integrada, posto que tiveram sua formação voltada para a atuação no ensino fundamental e no ensino médio de caráter propedêutico, uma vez que as licenciaturas brasileiras, em geral, não contemplam em seus currículos estudos sobre as relações entre trabalho e educação ou, mais especificamente, sobre a educação profissional e suas relações com a educação básica.
> (Pacheco, 2012, p. 83)

No caso da educação profissional, a formação pedagógica não é a única necessidade. Para professores de educação profissional, especialmente os dedicados integralmente à docência, é preciso também resolver o problema da ausência ou o do distanciamento progressivo do exercício de sua profissão técnica. Dessa maneira, a questão da formação inicial e continuada articula-se com a forma de contratação dos professores. Na maioria dos sistemas estaduais, os professores de educação profissional são contratados de forma provisória e em tempo parcial. A Resolução CNE/CEB nº 2, de 28 de maio de 2009, baseada no Parecer CNE/CEB nº 9/2009, prevê contratação dos professores da educação básica pública por concurso e preferencialmente em tempo integral. Isso fixa um quadro de professores e, com ele, uma oferta fixa e continuada de habilitações profissionais. Isso é muito bom para o desenvolvimento do currículo. Mas o que fazer com professores estáveis de habilitações profissionais cuja demanda já foi atendida?

Uma resposta para a questão da contratação e da formação continuada dos professores pode ser dada em várias direções. A contratação pode ser feita por concurso e em tempo integral se os currículos previrem formações mais genéricas, de demanda menos restrita ou localizada, centradas mais nas capacidades requeridas pelos eixos tecnológicos do que em habilitações muito específicas. Pode-se prever uma formação continuada comum para docentes das áreas de conhecimento e de educação profissional. Pode-se criar uma dinâmica curricular que articule exercício da docência e desenvolvimento do papel profissional. Pode ser concebido um movimento recorrente de AÇÃO – REFLEXÃO – AÇÃO que envolva tanto os estudantes como os professores. Nos componentes curriculares específicos de educação profissional, os docentes de educação geral podem trabalhar em parceria com os de formação técnica.

Uma segunda exigência do currículo integrado é um trabalho coletivo que demanda uma gestão democrática ou participativa da escola. Pelo menos no que tange à gestão do conhecimento, sem a participação de todos os envolvidos é muito difícil lograr a integração curricular.

A FALA DOS ALUNOS E PROFESSORES

A maior parte das reformas educacionais e a elaboração de currículos para redes e sistemas de ensino raramente levam em conta a opinião, os interesses e as necessidades dos estudantes, professores e demais atores (técnicos e gestores das escolas e dos sistemas de ensino) que vivem e podem tornar efetivas as reformas e a implantação dos currículos propostos.

Talvez por esses mesmos motivos sejam também raros os estudos que apresentam as opiniões e as reais demandas desses atores. Porém, no caso do ensino médio, há alguns estudos que abordam o tema. Neste livro, serão destacados cinco documentos:

1. *Ensino médio: múltiplas vozes*, pesquisa de amplitude nacional, patrocinada pelo MEC e pela Unesco no Brasil, coordenada por Miriam Abramovay e Mary Garcia Castro e publicada em 2003.

2. *O perfil dos professores brasileiros: o que fazem, o que pensam, o que almejam*, pesquisa nacional coordenada pela Representação da Unesco no Brasil e publicada em 2004.

3. *Estar no papel: cartas dos jovens do ensino médio*, estudo complementar sobre documentos escritos produzidos por 1.777 estudantes que participaram da pesquisa descrita no item anterior e que escreveram uma carta a um amigo ou parente hipotético na qual relataram como é e como gostariam que fosse a escola onde estudam. Esse documento foi elaborado por Luiz Carlos Gil Esteves, Maria Fernanda Rezende Nunes e Miguel Farah Neto, coordenado por Miriam Abramovay.

4. *Que ensino médio queremos? Pesquisa quantitativa e grupos de diálogo sobre ensino médio – Relatório final.* A pesquisa teve coordenação de Ana Paula Corti e Raquel Souza, e o relatório final foi publicado em 2009 pela Ação Educativa.
5. *Professores do Brasil: impasses e desafios*, estudo sobre as condições de vida e trabalho, a formação e o aperfeiçoamento dos professores no Brasil, coordenado por Bernardete Angelina Gatti e Elba Siqueira de Sá Barreto, patrocinado pela Unesco e publicado no final de 2009.

As análises e considerações serão baseadas principalmente nesses cinco documentos e tratadas sobre as mesmas questões ou os focos de investigação que orientaram o delineamento do panorama internacional e a visão teórica e normativa nacional. Outros documentos e textos poderão ser incluídos na informação e na análise, para ampliar as referências em aspectos específicos.

OBJETIVOS DO ENSINO MÉDIO

As visões explicitadas por alunos, professores e demais membros do corpo técnico-pedagógico das escolas na pesquisa *Múltiplas vozes* têm em comum a percepção de que o ensino médio é um momento de transição entre o ensino fundamental e o mercado de trabalho e o ingresso no ensino superior. Serve para fazer o jovem ingressar em uma boa profissão, ter um bom senso crítico, aprofundar o conhecimento já assimilado e enfrentar os problemas do dia a dia com mais facilidade (Abramovay & Castro, 2003).

Entretanto, esse consenso logo termina. Dependendo do entrevistado, as finalidades são complementares ou não. Para alguns, o ensino médio deve privilegiar apenas uma finalidade, em detrimento das outras. Para outros, o ensino deveria perseguir concomitantemente todas elas. Os que julgam que essas diferentes finalidades devem ser concomitantes demonstram preocupação com a formação ampla e geral do aluno do ensino médio.

Os que atribuem múltipla função a esse nível de ensino estão de acordo com as normas legais, que prevê que a educação média deve proporcionar uma formação que possibilite aos alunos o exercício da cidadania, o acesso ao trabalho ou a uma profissão e encarar os problemas que são impostos pela vida.

Nota-se que os professores, técnicos e gestores têm maior tendência a considerar que a principal finalidade do ensino médio é a preparação para prosseguir estudos em nível superior.

Os alunos, por seu lado, distribuem suas percepções entre três finalidades hierarquizadas, apresentadas a seguir.

1. Preparar-se para o curso superior (vestibular).
2. Conseguir um futuro melhor.
3. Conseguir trabalho.

A primeira opção é quase hegemônica como finalidade prioritária também entre os estudantes. Ela é mais indicada nas escolas privadas (mais de 70% na maioria das escolas pesquisadas nas capitais), mas também prevalece nas escolas públicas, com média de indicações superior a 55%.

A segunda opção, com essa formulação bem genérica e um tanto abstrata, também é apresentada por cerca da metade dos estudantes, com um pouco mais de concentração nos que frequentam escolas públicas.

Conseguir trabalho é a opção menos votada pelos estudantes como finalidade do ensino médio, em todas as capitais e tanto nas escolas privadas como públicas, embora nestas últimas chegue à média de um quarto das indicações, contra aproximadamente 15% no caso dos alunos de escolas privadas.

A finalidade do ensino médio percebida pelos que o fazem incide principalmente nas duas vertentes mais fortes que caracterizam a perspectiva dualista: continuidade de estudos superiores ou ampliação das chances de ingresso no mundo do trabalho. Entretanto, a análise dos autores do estudo ressalta que a dualidade da perspectiva não é interessante para tais atores. Eles não excluem as alternativas. A partir das demandas de professores, gestores locais e estudantes, o ideal seria a combinação adequada das duas finalidades.

A orientação para a cidadania é percebida como um dos objetivos, embora haja avaliação negativa sobre o atendimento a tal objetivo. Os professores e outros membros da comunidade administrativa das escolas de ensino médio são os que mais enfatizam esse objetivo. Defendem o desenvolvimento de uma perspectiva crítica e de uma preocupação em contribuir positivamente para a vida em sociedade.

No entanto, para parte dos membros do corpo técnico-pedagógico a escola está distante de atingir os objetivos de educar, preparar para a vida e desenvolver um senso crítico. "Ressaltam ainda a necessidade de oportunizar ao aluno: mais maturidade, mais compreensão da vida, para prepará-lo realmente para a vida, para o mundo" (Abramovay & Castro, 2003, pp. 204-205).

A expectativa mais comum nas falas dos diversos atores locais é de que o ensino médio favoreça a mobilidade social, embora haja consciência de que tal mobilidade depende cada vez mais da continuidade de estudos em nível superior. Isso pode ser um dos caminhos para um movimento integrador das duas perspectivas prioritárias: educação geral orientada para a continuidade de estudos e preparação geral para o trabalho. Essa integração curricular pode atender à expectativa de que o ensino médio amplie as chances de ingresso no mundo do trabalho e que esse ingresso, por sua vez, viabilize a continuidade de estudos e o progresso profissional e social almejado.

A pesquisa *Ensino médio: múltiplas vozes* é riquíssima por suas informações quantitativas e qualitativas. Sua análise mais detalhada é importante para orientar escolhas possíveis na elaboração de currículos integrados.

A seguir são destacadas e sintetizadas algumas das "Recomendações" do texto, que foram compiladas por Cândido Alberto Gomes, consultor da Unesco (Abramovay & Castro, 2003, pp. 566-572).

» O Brasil ampliou o acesso ao ensino fundamental e aumentou a demanda pelo ensino médio, em processo de universalização progressiva.

» A reforma do ensino médio no Brasil tem objetivos ousados, com proposta de mudança de paradigma. Esse gigantesco avanço normativo precisa ser correspondido pela formação continuada dos educadores. É necessário um projeto de investimento em pessoal e recursos materiais que seja amplo, duradouro e persistente, com atenção para as disparidades regionais.

» A questão da qualidade remete à democratização. Os dados da pesquisa apontaram para grandes diferenças de qualidade entre as escolas, sobretudo públicas e particulares. Cabe ao refletir se interessa a uma sociedade democrática manter a minoria de alunos que aprende mais e a maioria que aprende menos. Nesse caso, a expansão do ensino médio seria iníqua para os alunos socialmente menos privilegiados, que teriam de permanecer mais tempo na escola para alcançar requisitos educacionais crescentes para o trabalho. Em outros termos, o aumento da educação serviria para uma inflação educacional, em que mais escolaridade seria exigida para obter as mesmas conquistas ocupacionais.

» Ao se constituir um ensino de massa, com alunado altamente heterogêneo, o sistema educacional precisa ter a plasticidade necessária para atender a diferentes expectativas. Quando as trajetórias educacionais são uniformizadas, corre-se o risco de esconder as diferenças sociais sem contribuir adequadamente para reduzi-las.

» A situação da juventude brasileira indica uma situação de perplexidade e de dúvidas em relação ao futuro. Há uma crise de perspectivas, com certo desalento em relação às instituições políticas e à própria democracia. O desinteresse e o desencanto pelos estudos de muitos jovens são ressaltados na pesquisa.

» **É OPORTUNO PENSAR ESTRATÉGIAS DE MAIOR ENVOLVIMENTO DOS JOVENS NO PROCESSO DE TRANSFORMAÇÃO DA SOCIEDADE BRASILEIRA.**[13] Os mais de 8 milhões de jovens matriculados no ensino médio merecem atenção especial, com oportunidades para maior participação como sujeitos de uma revisão crítica dessa etapa educacional.

---

13 Grifo nosso.

A pesquisa *Que ensino médio queremos?* (Corti & Souza, 2009), feita pela Ação Educativa com 880 jovens de cinco escolas públicas da zona leste do município de São Paulo, apresentou para debate entre os atores locais os três caminhos considerados prioritários para o ensino médio:

- » formar para o trabalho;
- » formar para o ingresso no ensino superior;
- » formar para a vida e a cidadania.

Num primeiro momento, com escolhas individuais, as opções escolhidas como mais importantes no momento de ingresso no ensino médio tinham sido:

- » preparar-me para o mercado de trabalho: 43%;
- » preparar-me para prestar o vestibular: 25%;
- » preparar-me para ser cidadão: 8%;
- » conseguir o diploma: 7%;
- » outras cinco respostas (menos de 6% cada): 17%.

Após trabalhos em grupo com debates sobre as opções, houve forte tendência a um consenso sobre a importância dos três caminhos, com sugestões conciliadoras que remetem à ideia de integração curricular com foco na conciliação entre preparação para o trabalho, preparação para o ensino superior e preparação para a cidadania. Nessa conciliação, a preparação para a cidadania foi destacada como um objetivo mais amplo, que poderia ser a resultante desejada de um percurso adequado, integrado e integrador dos outros dois caminhos prioritários.

Os próprios estudantes levantaram propostas para a junção dos três caminhos:

- » prever os três caminhos no currículo, dividindo-os pelos três anos do ensino médio. No primeiro ano, foco na cidadania; no segundo, foco no mercado de trabalho; no terceiro ano, foco na universidade;
- » incluir transversalmente uma abordagem dos três caminhos em todos os componentes curriculares;

» incluir uma disciplina para cada um dos caminhos: cidadania, trabalho e universidade;
» prever no currículo uma base comum e uma parte optativa: formação para o trabalho ou formação para ingresso no ensino superior.

Não foi encontrada manifestação inicial significativa dos atores locais sobre a conveniência de uma escola unitária para o ensino médio. Aliás, com exceção do trabalho da Ação Educativa, em que um caminho conciliador foi obtido dos atores locais após atividades coletivas orientadas, os resultados apontam mais para interesses múltiplos diferenciados e pouco conectados como foco consciente perceptível. O ponto mais comum é o desejo de que o ensino médio seja mais contextualizado. Há interesse na adequação entre os estudos e as características regionais ou locais, com a cultura e as demandas sociais das comunidades onde as escolas se situam, mantidas as prioridades já citadas quanto à continuidade de estudos e ao ingresso no mundo do trabalho.

TRABALHO E PESQUISA COMO PRINCÍPIOS

As referências ao trabalho nos documentos referentes às falas dos atores locais do ensino médio são poucas e todas relacionadas com a preparação para o mercado de trabalho como uma das expectativas de estudantes e de professores. Há raríssimas menções ao conceito mais amplo de mundo do trabalho.

A pesquisa tampouco tem presença relevante nas referências de estudantes e outros atores nas escolas. As menções são genéricas, como nos exemplos a seguir.

> Alguns alunos identificam como bom estudante aquele que tem vontade de estudar, de aprender, de entender a matéria, consegue ultrapassar dificuldades, realizar pesquisas e se interessar em obter conhecimentos de forma independente e não somente esperar algo do professor. Vale observar que muitos dos entrevistados não associam tais qualidades à inteligência do aluno.

[...] Para os estudantes, a participação, o envolvimento com a escola e com a aula são também indicadores de bom aluno: [...] *participa de tudo aquilo que a escola propõe para o aluno: jogos, brincadeiras, pesquisas.* (Abramovay & Castro, 2003, pp. 394-395)

Não foram encontradas referências diretas sobre o trabalho e a pesquisa como princípios educativos ou como dimensões articuladoras da aprendizagem. Isso leva à indicação de que tais aspectos ainda precisam ser tratados no processo de desenvolvimento e capacitação das equipes gestoras e dos docentes das escolas.

FORMAS ALTERNATIVAS DE ORGANIZAÇÃO CURRICULAR

O tema não aparece diretamente nos documentos que tratam das falas dos atores locais. Isso deve ser decorrente de um fato inconteste. Na prática, é hegemônica a organização disciplinar dos currículos, com uma grade fixa de disciplinas em cada ano letivo. Eventuais inovações aparecem como "projetos" ou atividades normalmente caracterizadas como "extracurriculares".

A manifestação dos estudantes sobre o tema denota uma insatisfação com essa organização curricular. Mas não há referências importantes sobre o que imaginam como alternativa ao que vem sendo feito.

INTEGRAÇÃO DO ENSINO MÉDIO COM EDUCAÇÃO PROFISSIONAL

Nos documentos analisados, as opiniões de alunos, professores e demais atores diretamente envolvidos com o ensino médio não chega a entrar diretamente na questão da integração curricular do ensino médio com a educação profissional em si. As menções encontradas referem-se mais à possibilidade de concomitância de busca de resultados. Os excertos a seguir escolhidos permitem visualizar algumas percepções.

A escola dos meus sonhos é uma escola em que o aluno pudesse procurar aprender, conhecer o que está no dia a dia da nossa vida, tivesse também cursos, que o aluno procurasse, como é que se diz, se formar profissionalmente. Que tivesse curso profissionalizante na escola [...] (Grupo focal com alunos, escola pública, diurno, Teresina).

[...] Para alguns alunos, a profissionalização na escola é a única possibilidade de tornar realidade o sonho de ter a profissão desejada, principalmente quando se leva em consideração a falta de recursos financeiros: *Se essa escola voltasse a ter aquele curso de Enfermagem, isso era um sonho. Mas eu acho que eu não vou poder nunca realizar o meu sonho.*

[...] *Na minha opinião, esse negócio de não ter mais ensino técnico no 2º grau só serve para piorar as coisas. Agora o aluno, além de fazer o 2º grau, ainda tem que arranjar tempo para fazer um outro curso. E quem tem que trabalhar vai fazer o quê? Que horas é que vai fazer esse curso? A única chance é fazer depois de concluir o 2º grau. Aí, são mais dois anos. Ficou difícil para quem não é filho de papai.* (Grupo focal com alunos, escola pública, diurno, Goiânia.) (Abramovay & Castro, 2003, pp. 196-197)

Parece que o modelo mental presente ainda é o decorrente de algumas boas experiências passadas da realização curricular baseada na Lei Federal nº 5.692/71. Essas percepções indicam a possibilidade de avanços curriculares que superem a justaposição curricular e acrescentem maior sinergia de processos e de resultados de aprendizagem.

METODOLOGIA DE ENSINO-APRENDIZAGEM

Em geral, os estudantes manifestam-se muito mais motivados com ações comunitárias, atividades práticas e projetos que apresentam alguma utilidade imediata. Entretanto, até por falta de parâmetros, não conseguem sair facilmente das limitações da experiência que mais conhecem e mais vivenciaram, especialmente no ensino médio: disciplinas estanques, aulas expositivas e monótonas, falta de professores em disciplinas críticas para aprovação em vestibulares (física, química, matemática) e absenteísmo de muitos professores das escolas públicas.

Os alunos querem ter uma melhor perspectiva de vida. Querem construir o seu futuro. Para isso, precisam de um ensino de excelência, com boa estrutura e metodologia que garanta sua participação no processo de ensino-aprendizagem. Nas palavras de um estudante: "Uma escola onde eu possa esclarecer minha cabeça para um futuro próspero para mim" (Abramovay & Castro, 2003, p. 186).

O documento da Ação Educativa, embora com abrangência limitada geograficamente pela própria pesquisa, apresenta sugestões sobre currículo que podem ser, ao menos parcialmente, generalizadas para a maior parte do contexto nacional e aproveitadas para os objetivos deste trabalho (Corti & Souza, 2009, p. 97).

» Apresentação e discussão dos objetivos do ensino médio com os estudantes devem compor o currículo, bem como a explicitação das intencionalidades educativas presentes nas atividades de aprendizagem.

» Utilização de metodologias ativas e participativas: aulas práticas, vivências, saídas a campo, pesquisas, uso de novas tecnologias e linguagens artísticas.

» Experimentações práticas em laboratórios de física, química, biologia e informática.

» Melhor distribuição do tempo escolar, com superação do modelo atual de horários muito fracionados, inadequado para realização de pesquisas, aulas dialogadas e vivências.

AVALIAÇÃO COMO MECANISMO DE INTEGRAÇÃO CURRICULAR

Sobre a avaliação da aprendizagem, o que pode ser destacado do conjunto de documentos analisados é que os estudantes criticam os baixos níveis de exigências, mais do que as cobranças rigorosas. A avaliação externa que mais os preocupa é a dos vestibulares, vista como um desafio para a maioria deles. Os professores, por sua vez, criticam as demandas por resultados de aprendizagem que medem o desempenho das escolas por meio de indicadores estatísticos de aprovados ou reprovados. Esses resultados são utilizados para estímulos de carreira ou de verbas para as escolas, e são interpretados quase sempre como demandas para aprovação da maioria dos alunos, com rebaixamento dos critérios avaliativos.

Um destaque positivo sobre a percepção e a valorização que estudantes e professores fazem do papel da avaliação da aprendizagem pode ser ilustrado no trecho a seguir.

> Chama a atenção que, ao defenderem a combinação de instrumentos de avaliação que contemplem as características individuais e as situações em que possam ser desenvolvidas habilidades passíveis de serem aplicadas na vida profissional, os alunos apresentam uma visão de avaliação que favorece e complementa o processo de ensino-aprendizagem, semelhante à defendida na literatura como sendo mais adequada. (Abramovay & Castro, 2003, p. 482)

Na opinião dos professores e dos estudantes, a avaliação de aprendizagem é vista essencialmente em sua relação direta com os impactos na continuidade dos estudos: aprovação, reprovação, evasão. Seu papel na integração curricular nem chega a ser percebido pelos atores do cenário local na educação básica de modo geral e no ensino médio em particular. O que ocorre é quase o oposto da integração, nas preocupações ligadas à avaliação: com o foco em processos seletivos para cursos superiores, os enfoques são segmentados e tendem a reforçar ainda mais o isolamento disciplinar.

Apenas na educação profissional há elementos avaliativos relacionados com o perfil profissional que tratam das competências ou dos desempenhos esperados dos egressos. Nessas competências ou desempenhos esperados há exigências de atividades integradoras nas quais o papel da avaliação merece algum destaque.

Tampouco foram encontrados indicadores relevantes do impacto de avaliações externas mais amplas, como as que são realizadas pelo Enem e pelo Pisa, na percepção de alunos e professores.

INFRAESTRUTURA E PESSOAL DOCENTE E TÉCNICO-ADMINISTRATIVO

As demandas de estudantes e docentes são principalmente orientadas para infraestrutura e para as condições de trabalho das equipes. Esse é o ponto central das críticas e também de eventuais elogios quando as avaliações são positivas.

A opinião dos próprios professores sobre as suas condições de trabalho é um item relevante a ser considerado na definição e na implantação de currículos integrados. De um modo geral, os professores concordam em "aumentar o tempo e as possibilidades de trabalho em equipe com outros colegas (87,6%)" e em "favorecer a concentração da carga horária dos docentes em apenas um estabelecimento (86,7%)". Em contraponto, é muito elevada a discordância em "prolongar o calendário escolar anual para melhorar a qualidade do ensino (90,2%)" e em "prolongar a jornada escolar (80,4%)" (Unesco, 2004, p. 135).

Um dos pontos mais relevantes das pesquisas com professores refere-se à formação em serviço e continuada, que poderá ser ao mesmo tempo um desafio essencial e uma oportunidade excelente para a implantação adequada de currículos inovadores de ensino médio. Para implantar e manter novas propostas é fundamental cuidar da formação continuada dos professores em serviço, com equipes relativamente estáveis e acompanhadas ao longo do tempo.

> As constatações sobre a manutenção dos efeitos de processos de formação continuada parecem indicar que um dos fatores relevantes para que isso aconteça está na continuidade das trocas, das discussões, dos ensaios de alternativas que se definem na dimensão coletiva do trabalho da escola. (Gatti & Barreto, 2009, p. 212)

Para isso, uma das condições necessárias é garantir processos de engajamento dos professores para que possam compor equipes locais com algum tempo para debates, planejamento conjunto e articulações com outras escolas que atuem com implantação das mesmas inovações curriculares.

A partir dos desafios locais da implantação de inovações curriculares, o desenvolvimento das equipes docentes tem muito mais potencial de sucesso.

> Ainda no contexto das considerações sobre a necessidade de maior aderência da formação continuada à realidade das escolas, pode-se afirmar que ênfase nos problemas concretos que emergem do trabalho cotidiano é um fator de valorização pessoal e profissional, pois traz implícita a necessidade de uma ação integrada do coletivo dos educadores na construção de novas alternativas de ação pedagógica.
> (Gatti & Barreto, cit., p. 227)

Ao tratar da infraestrutura, há bom consenso entre estudantes, professores e gestores locais. Alguns estudantes associam o espaço e a infraestrutura às oportunidades que a escola oferece. Os professores também valorizam uma escola espaçosa, que permita maior variedade de atividades e sensação prazerosa na permanência. Diretores e supervisores ressaltam a importância de escolas com bom espaço físico, por seus possíveis sentidos pedagógicos, mas consideram que o espaço é bom quando o projeto da escola é bem feito, quando o espaço está bem dividido, bem selecionado, ou quando, além de amplo, é ajardinado, "é assim, perfeito" (Abramovay & Castro, 2003, p. 282).

Um cuidado a tomar na implantação de novos projetos diz respeito ao planejamento adequado da ampliação de demanda que o sucesso das inovações poderá acarretar. Vários professores se queixam de que o crescimento da demanda não é acompanhado pela ampliação do espaço, o que leva a improvisações em decorrência da pressão para atender a todos os que procuram vagas.

Ainda segundo as autoras, a manutenção da infraestrutura é outro aspecto essencial que não pode ser esquecido. Tanto alunos quanto professores de escolas públicas afirmam que as estruturas malcuidadas podem trazer até riscos para a integridade física dos usuários (Abramovay & Castro, 2003).

Um aspecto interessante ressaltado pela pesquisa *Múltiplas vozes* indica que os currículos podem estimular que a responsabilidade pela manutenção da infraestrutura das escolas seja compartilhada. Os depoimentos indicam percepções ambíguas sobre a responsabilidade pela manutenção do espaço escolar. Enquanto muitos alunos consideram que os ambientes malcuidados decorrem de desleixo da administração da escola, para outros a limpeza e a manutenção também são responsabilidades de âmbito individual. Em síntese, há abertura para um consenso sobre a ideia de que "a manutenção adequada depende do empenho do diretor e da colaboração do aluno, de um projeto comum de cuidar e querer a escola" (Abramovay & Castro, 2003, p. 283).

A análise de *Estar no papel: cartas dos jovens do ensino médio* (Esteves; Nunes; Farah Neto, 2005) denota que, apesar de forte crítica dos estudantes à situação atual, na maioria absoluta dos casos ter chegado ao ensino médio já foi um avanço social para a maioria deles. Isso decorre, especialmente, de um fato concreto: essa maioria já superou a escolaridade obtida por seus pais e por familiares das gerações anteriores. Mais que isso, a própria crítica pode e deve ser lida como um desejo sincero de superação das dificuldades.

A VOZ DA NORMA

Parece inadequado incluir a lei ou outras formas de regulamentação dentro de perspectivas teóricas. Isso é verdade quando a regulamentação é posterior ao processo de transformação social, sedimentando os avanços produzidos pelos atores sociais na defesa de seus interesses e do bem comum. No entanto, no caso das normas educacionais brasileiras, parece existir também um movimento diverso: as normas buscam estimular a inovação e a transformação social. Guardam, assim, uma feição de indicação que as aproxima da produção teórica, principalmente daquela que é produzida com o objetivo de influenciar a prática social.

OBJETIVOS DO ENSINO MÉDIO

A Lei de Diretrizes e Bases da Educação Nacional será nossa referência normativa fundamental. Em sua versão original, a LDBEN define o ensino médio como etapa final da educação básica. Ao fazê-lo, estabelece seu objetivo:

> Art. 22. A educação básica tem por finalidades desenvolver o educando, assegurar-lhe a formação comum indispensável para o exercício da cidadania e fornecer-lhe meios para progredir no trabalho e em estudos posteriores. (Lei Federal nº 9.394/96)

Ao referir-se aos objetivos do ensino médio, a LDBEN determina:

Art. 35. O ensino médio, etapa final da educação básica, com duração mínima de três anos, terá como finalidades:

I - a consolidação e o aprofundamento dos conhecimentos adquiridos no ensino fundamental, possibilitando o prosseguimento de estudos;

II - a preparação básica para o trabalho e a cidadania do educando, para continuar aprendendo, de modo a ser capaz de se adaptar com flexibilidade a novas condições de ocupação ou aperfeiçoamento posteriores;

III - o aprimoramento do educando como pessoa humana, incluindo a formação ética e o desenvolvimento da autonomia intelectual e do pensamento crítico;

IV - a compreensão dos fundamentos científico-tecnológicos dos processos produtivos, relacionando a teoria com a prática, no ensino de cada disciplina. (Lei Federal nº 9.394/96)

As normas curriculares brasileiras concluíram em 2012 um ciclo de renovação total. Todas as diretrizes curriculares nacionais para a educação básica, para o ensino fundamental, para o ensino médio e para a educação profissional técnica de nível médio foram reformuladas.

Desconsiderando as normas curriculares para o ensino fundamental, iniciaremos com as *Diretrizes curriculares nacionais gerais para a educação básica* (MEC/CNE/CEB, 2010). Até a edição dessa norma, não existiam diretrizes comuns a toda a educação básica.

Em relação aos fundamentos da educação nacional, esse parecer afirma:

> [...] Nessas bases, assentam-se os objetivos nacionais e, por consequência, o projeto educacional brasileiro: construir uma sociedade livre, justa e solidária; garantir o desenvolvimento nacional; erradicar a pobreza e a marginalização e reduzir as desigualdades sociais e regionais; promover o bem de todos sem preconceitos de origem, raça, sexo, cor, idade e quaisquer outras formas de discriminação. Esse conjunto de compromissos prevê também a defesa da paz; a autodeterminação dos povos; a prevalência dos direitos humanos;

o repúdio ao preconceito, à violência e ao terrorismo; e o equilíbrio do meio ambiente, bem de uso comum do povo e essencial qualidade de vida, impondo-se ao poder público e à coletividade o dever de defendê-lo e preservá-lo para as presentes e as futuras gerações. (MEC/CNE/CEB, 2010, p. 11)

Conclui:

Em resumo, o conjunto da Educação Básica deve se constituir em um processo orgânico, sequencial e articulado, que assegure à criança, ao adolescente, ao jovem e ao adulto de qualquer condição e região do País a formação comum para o pleno exercício da cidadania, oferecendo as condições necessárias para o seu desenvolvimento integral. (MEC/CNE/CEB, 2010, p. 15)

Em relação ao ensino médio, preconiza:

Nesse sentido, o Ensino Médio, como etapa responsável pela terminalidade do processo formativo da Educação Básica, deve se organizar para proporcionar ao estudante uma formação com base unitária, no sentido de um método de pensar e compreender as determinações da vida social e produtiva; que articule trabalho, ciência, tecnologia e cultura na perspectiva da emancipação humana. [...]
Na perspectiva de reduzir a distância entre as atividades escolares e as práticas sociais, o Ensino Médio deve ter uma base unitária sobre a qual podem se assentar possibilidades diversas: no trabalho, como preparação geral ou, facultativamente, para profissões técnicas; na ciência e na tecnologia, como iniciação científica e tecnológica; nas artes e na cultura, como ampliação da formação cultural. Assim, o currículo do Ensino Médio deve organizar-se de modo a assegurar a integração entre os seus sujeitos, o trabalho, a ciência, a tecnologia e a cultura, tendo o trabalho como princípio educativo, processualmente conduzido desde a Educação Infantil. (MEC/CNE/CEB, 2010, p. 35)

Os parágrafos anteriores resumem o que é dito de mais relevante a respeito dos objetivos da educação básica e, como parte dela, do ensino médio. O Parecer CNE/CEB nº 7/2010 reafirma os objetivos previstos no art. 35 da LDBEN, que definem o ensino médio unitário que se quer. Sem chamá-la assim, no inciso II, a forma prescrita de inserção da educação profissional (*lato sensu*) no ensino médio comum a todos os brasileiros é a preparação básica para o trabalho.

As diretrizes curriculares nacionais específicas para o ensino médio, como era de se esperar, reafirmam os objetivos do ensino médio conforme previsto na LDBEN. O parecer que acompanha a resolução sobre os objetivos resume o tema:

> Estas finalidades legais do Ensino Médio definem a identidade da escola no âmbito de quatro indissociáveis funções, a saber:
> I – consolidação dos conhecimentos anteriormente adquiridos;
> II – preparação do cidadão para o trabalho;
> III – implementação da autonomia intelectual e da formação ética; e
> IV – compreensão da relação teoria e prática. (MEC/CNE/CEB, 2011, p. 28)
> [...]
> Estas Diretrizes orientam-se no sentido do oferecimento de uma formação humana integral, evitando a orientação limitada da preparação para o vestibular e patrocinando um sonho de futuro para todos os estudantes do Ensino Médio. Esta orientação visa à construção de um Ensino Médio que apresente uma unidade e que possa atender a diversidade mediante o oferecimento de diferentes formas de organização curricular, o fortalecimento do projeto político pedagógico e a criação das condições para a necessária discussão sobre a organização do trabalho pedagógico. (MEC/CNE/CEB, 2011, p. 12)

Parte dessa diversificação pode ser destinada para a formação de técnicos de nível médio. Isso deve ocorrer especialmente no ensino médio integrado à educação profissional, tratado no parecer sobre *Diretrizes curriculares nacionais para a educação profissional técnica de nível médio* e na resolução que o complementa (MEC/CNE/CEB,

2012). Ambos reafirmam os objetivos do ensino médio definidos na legislação anterior e a função da educação profissional de nível técnico de proporcionar a habilitação técnica, garantindo o atendimento aos objetivos de formação geral.

Assim, a preparação para o trabalho que é própria a todo ensino médio é a formação básica para o trabalho. Constata-se, porém, que tal preparação não acontece na prática escolar. Sabe-se também que os demais objetivos previstos na lei não estão sendo perseguidos ou atingidos. O ensino médio continua basicamente orientado para a preparação para os exames vestibulares que dão acesso ao ensino superior. Tais constatações indicam a urgência do desenho e da prática de currículos que efetivamente atendam a todos os objetivos previstos em lei. Currículos que propiciem uma educação para o mundo do trabalho e para a prática social, formando sujeitos, trabalhadores e cidadãos críticos e participativos na construção de uma sociedade brasileira mais justa e solidária.

TRABALHO E PESQUISA COMO PRINCÍPIOS

No que tange à educação escolar, a primeira referência sobre o trabalho já acontece no § 2º do art. 1º da LDBEN: "A educação escolar deverá vincular-se ao mundo do trabalho e à prática social".

No art. 2º existe uma nova referência:

> A educação, dever da família e do Estado, inspirada nos princípios de liberdade e nos ideais de solidariedade humana, tem por finalidade o pleno desenvolvimento do educando, seu preparo para o exercício da cidadania e sua qualificação para o trabalho. (Lei Federal nº 9.394/96)

Existe outra referência no art. 3º: "O ensino será ministrado com base nos seguintes princípios: [...]; XI - vinculação entre a educação escolar, o trabalho e as práticas sociais".

Há mais uma referência no art. 22: "A educação básica tem por finalidades desenvolver o educando, assegurar-lhe a formação comum indispensável para o exercício da cidadania e fornecer-lhe meios para progredir no trabalho e em estudos posteriores".

Depois de referir-se à composição entre a parte comum e a parte diversificada do currículo da educação básica, a LDBEN afirma:

> Art. 27. Os conteúdos curriculares da educação básica observarão, ainda, as seguintes diretrizes:
> [...]
> III - orientação para o trabalho; (Lei Federal nº 9.394/96)

Assim, toda educação básica deve ter como objetivo apoiar o progresso do aluno no trabalho e deve estar orientada para o trabalho.

Como já vimos, todo ensino médio tem como objetivo a preparação básica para o trabalho (art. 35, inciso II). Na forma original e atual da lei, é previsto que o ensino médio, depois de atender a formação geral do educando (que inclui a educação básica para o trabalho), poderia também prepará-lo para o exercício de profissões técnicas.

Na sondagem normativa feita no item anterior, o trabalho foi colocado alternativamente como princípio educativo, objetivo (preparação básica para o trabalho), dimensão articuladora do currículo do ensino médio ou ocupação específica e objeto de educação profissional.

Apenas as normas mais recentes referem-se ao trabalho como princípio educativo. Nas atuais *Diretrizes curriculares nacionais gerais para a educação básica*, por exemplo, apenas o trabalho é citado como princípio:

> Art. 26 O Ensino Médio, etapa final do processo formativo da Educação Básica, e orientado por princípios e finalidades que preveem:
> [...]
> II – a preparação básica para a cidadania e o trabalho, tomado este como princípio educativo, para continuar aprendendo, de modo a ser capaz de enfrentar novas condições de ocupação e aperfeiçoamento posteriores; (MEC/CNE/CEB, 2010, p. 69)

O trabalho como princípio educativo e a pesquisa como princípio pedagógico são tratados mais minuciosamente no Parecer CNE/CEB nº 5/2011, ao tratar das diretrizes curriculares para o ensino médio.

Esse parecer considera que a concepção do trabalho como princípio educativo É A BASE PARA A ORGANIZAÇÃO E O DESENVOLVIMENTO CURRICULAR EM SEUS OBJETIVOS, CONTEÚDOS E MÉTODOS. As consequências potenciais dessa afirmação para o desenho de currículos de ensino médio obrigam um estudo mais detalhado da proposição.

O parecer afirma:

> Considerar o trabalho como princípio educativo equivale a dizer que o ser humano é produtor de sua realidade e, por isto, dela se apropria e pode transformá-la. Equivale a dizer, ainda, que é sujeito de sua história e de sua realidade. Em síntese, o trabalho é a primeira mediação entre o homem e a realidade material e social. (MEC/CNE/CEB, 2011, p. 21)

Esse é o primeiro sentido do trabalho: o ontológico. O trabalho está na base da constituição do homem enquanto homem e na base do seu conhecimento e da sua cultura. O homem se constitui enquanto transforma a realidade e a natureza.

No sentido histórico, o trabalho também se constitui como prática econômica porque garante a existência humana, produzindo riquezas e satisfazendo necessidades.

O parecer considera que o trabalho, no sentido ontológico, é princípio educativo e organiza a base unitária do ensino médio. Faz isso na medida em que

> proporciona a compreensão do processo histórico de produção científica e tecnológica, como conhecimentos desenvolvidos e apropriados socialmente para a transformação das condições naturais da vida e a ampliação das capacidades, das potencialidades e dos sentidos humanos. (MEC/CNE/CEB, 2011, p. 21)

Observe-se que essa é a forma cognitivista de entender o trabalho como princípio educativo. Nesse entendimento há ecos da pedagogia histórico-crítica dos conteúdos. Outra possibilidade seria derivar do sentido ontológico de trabalho a colocação da atividade transformadora dos alunos como centro da dinâmica curricular. Já que o trabalho constitui o homem, enquanto atividade transformadora da natureza e da sociedade, ele deveria ser também o centro do processo educativo.

O parecer também considera o segundo sentido de trabalho como princípio educativo, na medida em que coloca para os fins, métodos e conteúdo do currículo do ensino médio a exigência de preparação para a participação dos alunos no trabalho socialmente produtivo. Isso também justifica a formação específica para o exercício de profissões nesse nível de ensino.

A pesquisa como princípio pedagógico também é proposta nas diretrizes. Ela é justificada pela produção acelerada de conhecimentos, pelo desafio de fazer com que esses novos conhecimentos sejam socializados, pelo impacto das novas tecnologias sobre as escolas e seus efeitos sobre as instituições educativas, como a transformação das infraestruturas; a modificação dos papéis do professor e do aluno; a influência sobre os modelos de organização e gestão; o surgimento de novas figuras e instituições no contexto educativo; e a influência sobre as metodologias, as estratégias e os instrumentos de avaliação.

A produção acelerada de conhecimentos requer o aprendizado contínuo ao longo de toda a vida. O aluno deve aprender a aprender, para continuar aprendendo. Os professores deixam de ser transmissores de conhecimentos para se tornarem mediadores, facilitadores da aquisição de conhecimentos. Para tanto, devem estimular a realização de pesquisas, a produção de conhecimentos e o trabalho em grupo. Essa transformação requer a proposição da pesquisa como princípio pedagógico.

> A pesquisa escolar, motivada e orientada pelos professores, implica na identificação de uma dúvida ou problema, na seleção de informações de fontes confiáveis, na interpretação e elaboração

> dessas informações e na organização e relato sobre o conhecimento adquirido.
> Muito além do conhecimento e da utilização de equipamentos e materiais, a prática de pesquisa propicia o desenvolvimento da atitude científica, o que significa contribuir, entre outros aspectos, para o desenvolvimento de condições de, ao longo da vida, interpretar, analisar, criticar, refletir, rejeitar ideias fechadas, aprender, buscar soluções e propor alternativas, potencializadas pela investigação e pela responsabilidade ética assumida diante das questões políticas, sociais, culturais e econômicas. [...]
> A pesquisa, como princípio pedagógico, pode, assim, propiciar a participação do estudante tanto na prática pedagógica quanto colaborar para o relacionamento entre a escola e a comunidade. (MEC/CNE/CEB, 2011, p. 22)

A perspectiva aqui não é exclusivamente cognitivista. O alvo não é exclusivamente a apreensão ou a transmissão do conhecimento acumulado pela humanidade. Para além do que diz o parecer, mas sugerido por ele, podemos pensar o trabalho e a pesquisa como princípios articulados. Se o trabalho, entendido como a atividade transformadora do aluno, for colocado como centro dinâmico do currículo, a pesquisa a ele articulada poderá ser entendida em dois sentidos. No primeiro, a pesquisa pode ser entendida como diagnóstico do real. Utiliza os conhecimentos disciplinares ou das áreas de conhecimento como facilitadores da análise do real e da identificação dos problemas naturais e sociais que nele se apresentam. No segundo, a pesquisa é instrumento de busca de soluções para os problemas identificados. Busca no repertório dos saberes acumulados pela humanidade indicações para a formulação de estratégias de ação para enfrentar os problemas constatados no diagnóstico.

O Parecer CNE/CEB nº 11/2012, que trata das diretrizes da educação profissional técnica de nível médio, em relação ao trabalho como princípio educativo repete o que consta das diretrizes para o ensino médio. Não trata da pesquisa como princípio pedagógico. No entanto, pelo menos na modalidade de ensino médio integrado com a educação profissional, está implícita a validade dos dois princípios na concepção de um currículo integrado.

FORMAS ALTERNATIVAS DE ORGANIZAÇÃO CURRICULAR

Em relação à organização do currículo, o art. 23 da LDBEN afirma:

> A educação básica poderá organizar-se em séries anuais, períodos semestrais, ciclos, alternância regular de períodos de estudos, grupos não seriados, com base na idade, na competência e em outros critérios, ou por forma diversa de organização, sempre que o interesse do processo de aprendizagem assim o recomendar. (Lei Federal nº 9.394/96)

Esse artigo demonstra que a LDBEN não se compromete com um currículo estritamente dividido entre as disciplinas ou com qualquer outra forma de organização curricular. A lei fala indistintamente de disciplina, estudo, conhecimento, ensino, matéria, conteúdo curricular, componente curricular. Isso motivou o Conselho Nacional da Educação, no Parecer CNE/CP nº 11/2009, a afirmar, em nota de rodapé:

> Quanto ao entendimento do termo "disciplina", este Conselho, pelo Parecer CNE/CEB nº 38/2006, que tratou da inclusão obrigatória da Filosofia e da Sociologia no currículo do Ensino Médio, já havia assinalado a diversidade de termos correlatos utilizados pela LDB. São empregados, concorrentemente e sem rigor conceitual, os termos disciplina, estudo, conhecimento, ensino, matéria, conteúdo curricular, componente curricular. O referido Parecer havia retomado outro, o CNE/CEB nº 5/97 (que tratou de Proposta de Regulamentação da Lei 9.394/96), o qual, indiretamente, unificou aqueles termos, adotando a expressão **componente curricular**. Considerando outros (Pareceres CNE/CEB nº 16/2001 e CNE/CEB nº 22/2003), o Parecer CNE/CEB nº 38/2006 assinalou que não há, na LDB, relação direta entre obrigatoriedade e formato ou modalidade do componente curricular (seja chamado de estudo, conhecimento, ensino, matéria, conteúdo, componente ou disciplina).

> Ademais, indicou que, quanto ao formato de disciplina, não há sua obrigatoriedade para nenhum componente curricular, seja da Base Nacional Comum, seja da Parte Diversificada. As escolas têm garantida a autonomia quanto à sua concepção pedagógica e para a formulação de sua correspondente proposta curricular, sempre que o interesse do processo de aprendizagem assim o recomendar, dando-lhe o formato que julgarem compatível com a sua proposta de trabalho. (MEC/CNE/CP, 2009, p. 12)

O parecer do CNE, aderente ao espírito da LDBEN, garante a autonomia da escola na definição de sua proposta curricular e a possibilidade de outra organização que não a organização disciplinar do currículo. Inclusive estimula essa possibilidade ao afirmar que é preciso romper a estruturação tradicional do currículo por disciplinas, que ignoram possibilidades de composição interdisciplinar, como as áreas de conhecimento e outras possibilidades não disciplinares de organização do currículo, tais como: formação de agrupamentos por necessidades e/ou interesses de alunos de classes e anos diversos; realização de pesquisas e projetos, e atividades inter e transdisciplinares que possibilitem iniciativa, autonomia e protagonismo social.

Dentro do movimento de revisão já referido, a partir de uma ampla discussão que vai articulando consensos e confluindo para uma direção cada vez mais homogênea das propostas de mudanças, as *Diretrizes curriculares nacionais gerais para a educação básica* preveem que a organização do tempo curricular deve ser feita em função das peculiaridades da escola e das características dos seus estudantes, não se restringindo às aulas das várias disciplinas:

> O percurso formativo deve, nesse sentido, ser aberto e contextualizado, incluindo não só os componentes curriculares centrais obrigatórios, previstos na legislação e nas normas educacionais, mas, também, conforme cada projeto escolar, estabelecer outros componentes flexíveis e variáveis que possibilitem percursos formativos que atendam aos inúmeros interesses, necessidades e características dos educandos. (MEC/CNE/CEB, 2010, p. 22)

As novas diretrizes introduzem o conceito de transversalidade, que é entendida como uma forma de organizar o trabalho didático-pedagógico em que temas ou eixos temáticos são integrados às disciplinas, às áreas ditas convencionais de forma a estarem presentes em todas elas. Com isso incluem e transcendem a interdisciplinaridade antes proposta. O Parecer CNE/CEB nº 7/2010 complementa:

> A transversalidade orienta para a necessidade de se instituir, na prática educativa, uma analogia entre aprender conhecimentos teoricamente sistematizados (aprender sobre a realidade) e as questões da vida real (aprender na realidade e da realidade). [...] Assim, nessa abordagem, a gestão do conhecimento parte do pressuposto de que os sujeitos são agentes da arte de problematizar e interrogar, e buscam procedimentos interdisciplinares capazes de acender a chama do diálogo entre diferentes sujeitos, ciências, saberes e temas. (MEC/CNE/CEB, 2010, p. 24)

A definição de eixos temáticos é forma que o Parecer CNE/CEB nº 7/2010 preconiza para operacionalizar a transversalidade. Ele recomenda que os eixos temáticos sejam definidos a partir de investigações e pesquisas que aglutinem diferentes enfoques. O eixo temático organiza a estrutura do trabalho pedagógico, limita a dispersão temática e fornece o cenário no qual são construídos os objetos de estudo.

Por fim, o Parecer CNE/CEB nº 7/2010 define uma série de critérios para a organização da matriz curricular, dos quais destacamos os seguintes:

» ORGANIZAÇÃO E PROGRAMAÇÃO DE TODOS OS TEMPOS (CARGA HORÁRIA) E ESPAÇOS CURRICULARES (COMPONENTES), em forma de eixos, módulos ou projetos;

» INTERDISCIPLINARIDADE E CONTEXTUALIZAÇÃO, que devem ser constantes de todo o currículo, propiciando a interlocução entre os diferentes campos do conhecimento e a transversalidade do conhecimento de diferentes disciplinas, bem como o estudo e o desenvolvimento de projetos referidos a temas concretos da realidade dos estudantes;

> » **DESTINAÇÃO DE, PELO MENOS, 20% DO TOTAL DA CARGA HORÁRIA ANUAL AO CONJUNTO DE PROGRAMAS E PROJETOS INTERDISCIPLINARES ELETIVOS** criados pela escola, previstos no projeto pedagógico;
> » **ABORDAGEM INTERDISCIPLINAR NA ORGANIZAÇÃO E GESTÃO DO CURRÍCULO**, viabilizada pelo trabalho desenvolvido coletivamente, planejado previamente, de modo integrado e pactuado com a comunidade educativa; [...]

Nas *Diretrizes curriculares nacionais para o ensino médio*, o tema é retomado, e a interdisciplinaridade, entendida como abordagem teórico-metodológica com ênfase no trabalho de integração das diferentes áreas do conhecimento. Recomenda que a abordagem interdisciplinar seja enriquecida por meio de proposta temática trabalhada transversalmente organizando o trabalho pedagógico por temas ou eixos temáticos integrados às disciplinas ou às áreas de conhecimento. A interdisciplinaridade e a transversalidade complementam-se, ambas rejeitando a concepção de conhecimento que toma a realidade como algo estável, pronto e acabado.

Sem definir um mecanismo específico de integração curricular, o parecer recomenda que as atividades integradoras sejam concebidas a partir do trabalho como primeira mediação entre o homem e a natureza e de suas relações com a sociedade e com cada uma das outras dimensões curriculares: cultura, ciência e tecnologia. Considera que esse modo de organizar o currículo contribui para incorporar o trabalho como princípio educativo no processo formativo, além de fortalecer as demais dimensões estruturantes do ensino médio.

Quanto à integração curricular, a Resolução CNE/CEB nº 2, de 30 de janeiro de 2012, estabelece em seu art. 8º:

> O currículo é organizado em áreas de conhecimento, a saber:
> I - Linguagens;
> II - Matemática;
> III - Ciências da Natureza;
> IV - Ciências Humanas.
> § 1º O currículo deve contemplar as quatro áreas do conhecimento, com tratamento metodológico que evidencie a contextualização e

a interdisciplinaridade ou outras formas de interação e articulação entre diferentes campos de saberes específicos.

§ 2º A organização por áreas de conhecimento não dilui nem exclui componentes curriculares com especificidades e saberes próprios construídos e sistematizados, mas implica no fortalecimento das relações entre eles e a sua contextualização para apreensão e intervenção na realidade, requerendo planejamento e execução conjugados e cooperativos dos seus professores. (MEC/CNE/CEB, 2012, pp. 2-3)

Mais referências sobre a integração curricular estão presentes no art. 13:

> Art. 13 As unidades escolares devem orientar a definição de toda proposição curricular, fundamentada na seleção dos conhecimentos, componentes, metodologias, tempos, espaços, arranjos alternativos e formas de avaliação, tendo presente:
> I – as dimensões do trabalho, da ciência, da tecnologia e da cultura como eixo integrador entre os conhecimentos de distintas naturezas, contextualizando-os em sua dimensão histórica e em relação ao contexto social contemporâneo;
> II – o trabalho como princípio educativo, para a compreensão do processo histórico de produção científica e tecnológica, desenvolvida e apropriada socialmente para a transformação das condições naturais da vida e a ampliação das capacidades, das potencialidades e dos sentidos humanos;
> III – a pesquisa como princípio pedagógico, possibilitando que o estudante possa ser protagonista na investigação e na busca de respostas em um processo autônomo de (re)construção de conhecimentos. (MEC/CNE/CEB, 2012, pp. 4-5)

Por fim, a Resolução CNE/CEB nº 2/2012 conclui as suas indicações sobre o currículo integrado em alguns incisos do art. 14, resumidos a seguir:

» os componentes curriculares podem ser tratados como disciplinas ou como unidades de estudos, módulos, atividades, práticas e projetos contextualizados e interdisciplinares

» ou diversamente articuladores de saberes, desenvolvimento transversal de temas ou outras formas de organização;
» os componentes curriculares devem propiciar a apropriação de conceitos e categorias básicas, e não o acúmulo de informações e conhecimentos, estabelecendo um conjunto necessário de saberes integrados e significativos;
» podem ser organizadas formas diversificadas de itinerários, desde que garantida a simultaneidade entre as dimensões do trabalho, da ciência, da tecnologia e da cultura, e definidas pelo projeto político-pedagógico, atendendo necessidades, anseios e aspirações dos sujeitos e a realidade da escola e do seu meio;
» a interdisciplinaridade e a contextualização devem assegurar a transversalidade do conhecimento de diferentes componentes curriculares, propiciando a interlocução entre os saberes e os diferentes campos do conhecimento.

Praticamente todos os mecanismos de integração curricular referidos nos textos anteriores já estão incorporados nas normas antes discutidas. Para orientação no desenho de currículos integrados, os textos considerados nesse item permitem tornar mais claros os principais mecanismos de integração previstos nas normas: objetivos de aprendizagem comuns aos diferentes componentes curriculares; reunião das disciplinas por áreas de conhecimento; outras formas de interdisciplinaridade; contextualização; dimensões, temas geradores ou projetos que funcionem como eixos integradores do currículo.

Entre os eixos integradores do currículo, observe-se a ênfase crescente nas dimensões do trabalho, da ciência, da tecnologia e da cultura. Esses termos são alternativamente denominados dimensões indissociáveis, dimensões constitutivas da prática social, dimensões fundamentais da vida, eixos constitutivos do ensino médio, eixos articuladores do currículo... Independentemente da denominação, quanto mais aumenta a ênfase normativa ou teórica menos se discute sobre as formas práticas de organização curricular que levem em consideração essas dimensões articuladoras e que as transformem em eixos efetivos de articulação curricular.

A revisão normativa a respeito da organização do currículo aponta outras direções para o desenho de currículos. Entre elas, desenhar um currículo integrado que seja efetivamente capaz de atingir todos os objetivos do ensino médio previstos na LDBEN. Não cair na armadilha de manter a clássica e conservadora divisão disciplinar do currículo ou pelo menos torná-la menos importante. Para integrar o currículo, adotar a organização por áreas do conhecimento, privilegiando a interdisciplinaridade, a contextualização e a transversalidade. Promover a transversalidade por meio de eixos temáticos e do desenvolvimento de projetos. Tornar a educação para o trabalho e para a prática social um centro articulador de variações curriculares para um ensino médio que possa atender as necessidades educacionais de todos os jovens brasileiros.

INTEGRAÇÃO DO ENSINO MÉDIO COM EDUCAÇÃO PROFISSIONAL

A LDBEN original nada prescrevia em relação ao ensino médio integrado à educação profissional. Tal perspectiva de organização curricular do ensino médio foi recentemente incluída pela Lei Federal nº 11.741/08, que inseriu a Seção IV-A, "Da educação profissional técnica de nível médio", no texto original da LDBEN, na qual define:

> Art. 36-C A educação profissional técnica de nível médio articulada, prevista no inciso I do caput do art. 36-B desta Lei, será desenvolvida de forma:
> I - integrada, oferecida somente a quem já tenha concluído o ensino fundamental, sendo o curso planejado de modo a conduzir o aluno à habilitação profissional técnica de nível médio, na mesma instituição de ensino, efetuando-se matrícula única para cada aluno;

Observe-se que, tanto na versão original da LDBEN como na versão atualizada pela Lei Federal nº 11.741/08, a educação profissional técnica de nível médio (educação profissional *stricto sensu*) é uma alternativa a ser oferecida no ensino médio somente quando for atendida a necessária formação geral do educando. Dentre as formas de oferta da educação profissional técnica, a forma integrada é prevista como uma alternativa à forma concomitante (dois currículos separados) de oferta de educação profissional articulada com o ensino médio. A forma subsequente, em curso de educação profissional destinado a quem já tenha concluído o ensino médio, pode ser alternativamente ofertada a todo estudante que tenha interesse nessa modalidade de ensino.

Coerentemente com a LDBEN, na Resolução CNE/CEB nº 4/2010, que define as *Diretrizes curriculares nacionais gerais para a educação básica*, está previsto:

> Art. 30. A Educação Profissional e Tecnológica, no cumprimento dos objetivos da educação nacional, integra-se aos diferentes níveis e modalidades de educação e às dimensões do trabalho, da ciência e da tecnologia, e articula-se com o ensino regular e com outras modalidades educacionais: Educação de Jovens e Adultos, Educação Especial e Educação a Distância. (MEC/CNE/CEB, 2010, p. 11)

Logo a seguir, no inciso II do art. 32:

> § 1º Os cursos articulados com o Ensino Médio, organizados na forma integrada, são cursos de matrícula única, que conduzem os educandos à habilitação profissional técnica de nível médio ao mesmo tempo em que concluem a última etapa da Educação Básica. (MEC/CNE/CEB, 2010, p. 11)

Posição similar é adotada nas *Diretrizes curriculares nacionais para o ensino médio*. Resta considerar o que sobre integração curricular entre ensino médio e educação profissional é dito pelas *Diretrizes curriculares nacionais para a educação profissional técnica de nível médio*. Como não poderia deixar de ser, são mantidas as definições das diretrizes curriculares para o ensino médio. As indicações mais específicas estão em alguns incisos do art. 6º da Resolução CNE/CEB nº 6, de 20 de dezembro de 2012, em que por várias vezes as palavras "articulação" e "indissociabilidade" substituem o termo "integração".

Art. 6º São princípios da Educação Profissional Técnica de Nível Médio:

I - relação e articulação entre a formação desenvolvida no Ensino Médio e a preparação para o exercício das profissões técnicas, visando à formação integral do estudante;

II - respeito aos valores estéticos, políticos e éticos da educação nacional, na perspectiva do desenvolvimento para a vida social e profissional;

III - trabalho assumido como princípio educativo, tendo sua integração com a ciência, a tecnologia e a cultura como base da proposta político-pedagógica e do desenvolvimento curricular;

IV - articulação da Educação Básica com a Educação Profissional e Tecnológica, na perspectiva da integração entre saberes específicos para a produção do conhecimento e a intervenção social, assumindo a pesquisa como princípio pedagógico;

V - indissociabilidade entre educação e prática social, considerando-se a historicidade dos conhecimentos e dos sujeitos da aprendizagem;

VI - indissociabilidade entre teoria e prática no processo de ensino-aprendizagem;

VII - interdisciplinaridade assegurada no currículo e na prática pedagógica, visando à superação da fragmentação de conhecimentos e de segmentação da organização curricular;

VIII - contextualização, flexibilidade e interdisciplinaridade na utilização de estratégias educacionais favoráveis à compreensão de significados e à integração entre a teoria e a vivência da prática profissional, envolvendo as múltiplas dimensões do eixo tecnológico do curso e das ciências e tecnologias a ele vinculadas;

IX - articulação com o desenvolvimento socioeconômico-ambiental dos territórios onde os cursos ocorrem, devendo observar os arranjos socioprodutivos e suas demandas locais, tanto no meio urbano quanto no campo; (MEC/CNE/CEB, 2012, pp. 2-3)

Observe-se que a educação profissional técnica é vista de uma forma distinta do trabalho como princípio educativo, mesmo se considerarmos o seu sentido econômico. Se a parte profissionalizante for considerada como tal (trabalho), ela pode ser o núcleo dinâmico do currículo em torno do qual a pesquisa pode vir a ser o instrumento pedagógico de articulação das áreas de conhecimento.

METODOLOGIA DE ENSINO-APRENDIZAGEM

Geralmente, as diferentes propostas de integração curricular – interdisciplinaridade, contextualização, transversalidade ou outras – estão imbricadas com alternativas metodológicas centradas na aprendizagem e na ação do estudante, mas distintas e em oposição à forma didática predominante no ensino brasileiro: a exposição magistral.

Na prática do ensino médio, há afinidade íntima entre a divisão disciplinar do currículo, a fragmentação curricular e as "aulas", estas quase sempre entendidas como um processo de transmissão (predominantemente oral) de conteúdos curriculares do professor para o aluno, do qual se espera um comportamento de ouvinte atento e disciplinado. A necessidade de superar essa situação de fato está presente em todas as normas recentes.

Em sua versão original, a LDBEN faz apenas uma menção sobre a metodologia de ensino. É o que pode ser visto no artigo especificamente referente ao currículo do ensino médio:

> Art. 36. O currículo do ensino médio observará [...] as seguintes diretrizes:
> [...]
> II - adotará metodologias de ensino e de avaliação que estimulem a iniciativa dos estudantes; (Lei Federal nº 9.394/96)

As *Diretrizes curriculares nacionais gerais para a educação básica* insistem sobre a necessidade de mudanças metodológicas. O texto critica a escola atual que se prende às características de metodologias tradicionais, nas quais ensino e aprendizagem são concebidos separadamente. Propõe processos e procedimentos nos quais aprender, ensinar, pesquisar, investigar e avaliar ocorrem de modo indissociável.

AS TEORIAS DO CURRÍCULO

O texto dessas diretrizes discute o problema metodológico, relacionando-o com as formas de integração curricular. O texto é explícito ao evidenciar essa relação. O parecer (MEC/CNE/CEB, 2010, p. 45) ressalta "a necessidade de se estimularem novas formas de organização dos componentes curriculares, dispondo-os em eixos temáticos" e que "a comunidade educacional deve engendrar o entrelaçamento entre trabalho, ciência, tecnologia, cultura e arte, por meio de atividades próprias às características da etapa de desenvolvimento humano" dos estudantes a que se destina. Escolhemos e resumimos a seguir algumas indicações do parecer sobre itens que são recomendados para as escolas e que estão mais diretamente relacionados com a metodologia como mecanismo integrador do currículo:

» atividades de iniciação científica e no campo artístico-cultural, desde a educação infantil;

» princípios norteadores da educação nacional, a metodologia da problematização como instrumento de incentivo à pesquisa, à curiosidade pelo inusitado e ao desenvolvimento do espírito inventivo nas práticas didáticas;

» articulação entre teoria e prática, vinculando o trabalho intelectual com atividades práticas experimentais;

» promoção da integração das atividades educativas com o mundo do trabalho, por meio de atividades práticas e de estágios para os estudantes do ensino médio e da educação profissional e tecnológica;

» utilização de novas mídias e tecnologias educacionais, como processo de dinamização dos ambientes de aprendizagem;

» oferta de atividades de estudo com utilização de novas tecnologias de comunicação;

» promoção de atividades sociais que estimulem o convívio humano e interativo do mundo dos jovens;

» promoção da aprendizagem criativa como processo de sistematização dos conhecimentos elaborados, como caminho pedagógico de superação da mera memorização;

» estímulo da capacidade de aprender do estudante, desenvolvendo o autodidatismo e a autonomia dos estudantes.

Em relação à metodologia, as *Diretrizes curriculares nacionais para o ensino médio* indicam a adoção de metodologias de ensino e de avaliação de aprendizagem que estimulem a iniciativa dos estudantes. Em seu art. 16, as diretrizes propõem algumas soluções e encaminhamentos metodológicos (a seguir, também escolhidos e resumidos):

» atividades integradoras artístico-culturais, tecnológicas e de iniciação científica, vinculadas ao trabalho, ao meio ambiente e à prática social;

» problematização como instrumento de incentivo à pesquisa, à curiosidade pelo inusitado e ao desenvolvimento do espírito inventivo;

» aprendizagem como processo de apropriação significativa dos conhecimentos, superando a aprendizagem limitada à memorização;

» articulação entre teoria e prática, vinculando o trabalho intelectual às atividades práticas ou experimentais;

» produção de mídias nas escolas a partir da promoção de atividades que favoreçam as habilidades de leitura e análise do papel cultural, político e econômico dos meios de comunicação na sociedade;

» participação social e protagonismo dos estudantes, como agentes de transformação de suas unidades de ensino e de suas comunidades.

O conjunto de indicações metodológicas é composto de possibilidades de uso da metodologia como mecanismo de integração. Há posição similar nas *Diretrizes curriculares nacionais para a educação profissional técnica de nível médio* em relação ao que foi definido para o ensino médio. Essas diretrizes tratam de questões metodológicas supostamente específicas da educação profissional. O parecer afirma que

a melhor maneira para desenvolver os saberes profissionais dos trabalhadores está na sua inserção nas várias dimensões da cultura, da ciência, da tecnologia e do trabalho, bem como de sua contextualização, situando os objetivos de aprendizagem em ambiente real de trabalho. (MEC/CNE/CEB, 2012, p. 11)

Isso implica abandonar velhas práticas em que supõem ser necessária, para os futuros trabalhadores, a aprendizagem prévia da teoria do que terão de colocar em prática em seus trabalhos. Ao contrário, o que se exige é o desenvolvimento de metodologias de ensino diferenciadas que relacionem permanentemente "a teoria com a prática, no ensino de cada disciplina", como afirma o inciso IV do art. 35 da LDB (Lei Federal nº 9.394/96).

O parecer faz a afirmação pautada pela pedagogia histórico-crítica, que estipula que a escolha por um determinado fazer deve ser intencionalmente orientada pelo conhecimento científico e tecnológico, mas ressalta que esse saber não deve ser ensinado de forma desconectada da realidade do mundo do trabalho. Segundo o parecer, a integração entre teoria e prática é a melhor ferramenta a ser colocada à disposição dos trabalhadores para enfrentar os desafios cada vez mais complexos do trabalho moderno.

Portanto, a prática não deve acontecer em situações ou momentos de um curso, mas como inerente a uma metodologia de ensino que contextualiza e põe em ação todo o aprendizado. Poderíamos complementar dizendo que não se põe em prática o que se aprendeu, mas que se pratica para aprender. O exercício da competência profissional é fundamental em sua aprendizagem. A teoria sobre o fazer não desenvolve a capacidade de fazer algo. A partir daí o parecer indica um conjunto de formas metodológicas que podem também ser utilizadas ao se propor a metodologia como um mecanismo de integração curricular:

> experimentos e atividades específicas em ambientes especiais – laboratório, oficina, ateliê e outros; visitas técnicas; investigação sobre atividades profissionais; estudos de caso, conhecimento direto do mercado e das empresas, projetos de pesquisa e/ou intervenção – individuais e em equipe; simulações; projetos de exercício profissional efetivo, e estágios profissionais supervisionados como atos

educativos de responsabilidade da instituição educacional. (MEC/CNE/CEB, 2012, p. 49)

Como já foi observado anteriormente, as referências normativas sobre metodologia vão gradativamente destacando a pesquisa ou a problematização como procedimento didático fundamental. A pesquisa vai ganhando importância a ponto de ser colocada, ao lado do trabalho, como princípio educativo ou pedagógico. As normas têm em comum uma proposição metodológica que valoriza a atividade do aluno em contraposição à prática metodológica predominante no ensino médio, que é centrada no discurso do professor. Os procedimentos didáticos propostos exigem a atividade e o protagonismo do aluno. Dentre eles, destacam-se os que são centrados na problematização da realidade (pesquisa) e na intervenção do estudante sobre ela (trabalho). Nas normas, esses procedimentos são também colocados como fundamentais na integração do currículo. Juntamente com o trabalho, para além de alternativa metodológica, a pesquisa também é proposta como princípio pedagógico.

AVALIAÇÃO COMO MECANISMO DE INTEGRAÇÃO CURRICULAR

A definição fundamental da LDBEN sobre a avaliação está no inciso V do art. 24, sobre a organização da educação básica, e no qual são indicados os critérios para a verificação do rendimento escolar. O primeiro critério é "a) avaliação contínua e cumulativa do desempenho do aluno, com prevalência dos aspectos qualitativos sobre os quantitativos e dos resultados ao longo do período sobre os de eventuais provas finais" (Lei Federal nº 9.394/96).

No art. 36, que trata de currículo, afirma-se que o ensino médio "adotará metodologias de ensino e de avaliação que estimulem a iniciativa dos estudantes" (Lei Federal nº 9.394/96). Nada de muito específico é dito sobre o papel da avaliação na integração do currículo.

Tampouco o Parecer CNE/CEB nº 7/2010 é explícito em relação às conexões entre avaliação e integração curricular. O parágrafo a seguir é o mais próximo disso que foi encontrado:

> Esse avanço materializa-se quando a concepção de conhecimento e a proposta curricular estão fundamentadas numa epistemologia que considera o conhecimento uma construção sociointerativa que ocorre na escola e em outras instituições e espaços sociais. Nesse caso, percebe-se já existirem múltiplas iniciativas entre professores no sentido de articularem os diferentes campos de saber entre si e, também, com temas contemporâneos, baseados no princípio da interdisciplinaridade, o que normalmente resulta em mudanças nas práticas avaliativas. (MEC/CNE/CEB, 2010, p. 50)

O Parecer CNE/CEB nº 7/2010 deu origem à Resolução nº 4, de 13 de julho de 2010. É o documento normativo mais recente que trata explicitamente da avaliação na educação básica. As normas posteriores não vão além do que esta prescreve. A Resolução nº 4/2010 diz:

> Art. 47. A avaliação da aprendizagem baseia-se na concepção de educação que norteia a relação professor-estudante-conhecimento--vida em movimento, devendo ser um ato reflexo de reconstrução da prática pedagógica avaliativa, premissa básica e fundamental para se questionar o educar, transformando a mudança em ato, acima de tudo, político.
> § 1º A validade da avaliação, na sua função diagnóstica, liga-se à aprendizagem, possibilitando o aprendiz a recriar, refazer o que aprendeu, criar, propor e, nesse contexto, aponta para uma avaliação global, que vai além do aspecto quantitativo, porque identifica o desenvolvimento da autonomia do estudante, que é indissociavelmente ético, social, intelectual.
> § 2º Em nível operacional, a avaliação da aprendizagem tem, como referência, o conjunto de conhecimentos, habilidades, atitudes, valores e emoções que os sujeitos do processo educativo projetam para si de modo integrado e articulado com aqueles princípios definidos para a Educação Básica, redimensionados para cada uma de suas etapas, bem assim no projeto político-pedagógico da escola. (MEC/CNE/CEB, 2010, p. 15)

Evidentemente, o texto não tinha intenção de tratar das relações entre avaliação e integração curricular. Talvez pela forma do enunciado, ele também não facilita imaginar uma forma prática de usar a avaliação para esse fim. Mas, devidamente entendido, ele insinua algumas perspectivas na direção desejada. A avaliação exercerá papel integrador se:

» tiver por base a mesma concepção de educação que orienta a aprendizagem;
» for abrangente, envolvendo inclusive os mecanismos de integração curricular;
» tiver como referência os objetivos de aprendizagem e estes forem definidos pelo coletivo escolar de modo integrado e articulado com os princípios e objetivos definidos para o ensino médio;
» acompanhar a aprendizagem e os componentes curriculares estiverem integrados.

INFRAESTRUTURA E PESSOAL DOCENTE E TÉCNICO-ADMINISTRATIVO

Já no seu art. 3º, a LDBEN faz referências às condições para o bom desenvolvimento da educação:

> O ensino será ministrado com base nos seguintes princípios: [...] valorização do profissional da educação escolar; gestão democrática do ensino público, na forma desta Lei e da legislação dos sistemas de ensino; garantia de padrão de qualidade; (Lei Federal nº 9.394/96)

O inciso IX do art. 4º define com mais precisão o que entende por padrão de qualidade, ao dizer que o

> dever do Estado com a educação escolar pública será efetivado mediante a garantia de padrões mínimos de qualidade de ensino, definidos como a variedade e quantidade mínimas, por aluno, de

insumos indispensáveis ao desenvolvimento do processo de ensino-
-aprendizagem. (Lei Federal nº 9.394/96)

A valorização do profissional de educação (inciso VII do art. 3º) é melhor definida no art. 67.

> Art. 67 Os sistemas de ensino promoverão a valorização dos profissionais da educação, assegurando-lhes, inclusive nos termos dos estatutos e dos planos de carreira do magistério público:
> I - ingresso exclusivamente por concurso público de provas e títulos;
> II - aperfeiçoamento profissional continuado, inclusive com licenciamento periódico remunerado para esse fim;
> III - piso salarial profissional;
> IV - progressão funcional baseada na titulação ou habilitação, e na avaliação do desempenho;
> V - período reservado a estudos, planejamento e avaliação, incluído na carga de trabalho;
> VI - condições adequadas de trabalho. (Lei Federal nº 9.394/96)

Os demais instrumentos normativos não têm feito mais do que reafirmar e especificar o que foi previsto na lei maior. Para os fins deste trabalho, basta reproduzir o que prevê a Resolução CNE/CEB nº 4/2010, que fixa as diretrizes curriculares para a educação básica. Nos artigos adiante inseridos foram mantidos apenas os incisos que se referem ao atual tema de estudo.

> Art. 9º A escola de qualidade social adota como centralidade o estudante e a aprendizagem, o que pressupõe atendimento aos seguintes requisitos:
> [...]
> IV – inter-relação entre organização do currículo, do trabalho pedagógico e da jornada de trabalho do professor, tendo como objetivo a aprendizagem do estudante;
> V - preparação dos profissionais da educação, gestores, professores, especialistas, técnicos, monitores e outros;

VI - compatibilidade entre a proposta curricular e a infraestrutura entendida como espaço formativo dotado de efetiva disponibilidade de tempos para a sua utilização e acessibilidade;

[...]

VIII - valorização dos profissionais da educação, com programa de formação continuada, critérios de acesso, permanência, remuneração compatível com a jornada de trabalho definida no projeto político-pedagógico;

[...]

Art. 10, inciso IV:

[...]

§ 2º Para que se concretize a educação escolar, exige-se um padrão mínimo de insumos, que tem como base um investimento com valor calculado a partir das despesas essenciais ao desenvolvimento dos processos e procedimentos formativos, que levem, gradualmente, a uma educação integral, dotada de qualidade social:

I - creches e escolas que possuam condições de infraestrutura e adequados equipamentos;

II - professores qualificados com remuneração adequada e compatível com a de outros profissionais com igual nível de formação, em regime de trabalho de 40 (quarenta) horas em tempo integral em uma mesma escola;

III - definição de uma relação adequada entre o número de alunos por turma e por professor, que assegure aprendizagens relevantes;

IV - pessoal de apoio técnico e administrativo que responda às exigências do que se estabelece no projeto político-pedagógico. (MEC/CNE/CEB, 2010, p. 3)

A seguir citamos um excerto do parecer das *Diretrizes curriculares nacionais gerais para a educação básica*, que reconhece a importância da gestão participativa na integração curricular:

Conceber a gestão do conhecimento escolar enriquecida pela adoção de temas a serem tratados sob a perspectiva transversal exige da comunidade educativa clareza quanto aos princípios e às finalidades da educação, além de conhecimento da realidade contextual, em que as escolas, representadas por todos os seus sujeitos e a sociedade, se acham inseridas. Para isso, o planejamento das ações pedagógicas pactuadas de modo sistemático e integrado é pré-requisito indispensável à organicidade, sequencialidade e articulação do conjunto das aprendizagens perspectivadas, o que requer a participação de todos.[14] Parte-se, pois, do pressuposto de que, para ser tratada transversalmente, a temática atravessa, estabelece elos, enriquece, complementa temas e/ou atividades tratadas por disciplinas, eixos ou áreas do conhecimento. (MEC/CNE/CEB, 2010, p. 24)

As normas posteriores, no que tange às condições para a definição e o desenvolvimento de um currículo integrado, apenas repetem ou pouco acrescentam ao que prevê o Parecer CNE/CEB nº 7/2010.

Como última referência normativa, vale apontar as metas referentes à elevação das condições de funcionamento de todos os níveis educacionais do Plano Nacional de Educação (PNE), aprovado pela Lei Federal nº 13.005, de 25 de junho de 2014.

> META 15: garantir, em regime de colaboração entre a União, os Estados, o Distrito Federal e os Municípios, no prazo de 1 (um) ano de vigência deste PNE, política nacional de formação dos profissionais da educação de que tratam os incisos I, II e III do caput do art. 61 da Lei nº 9.394, de 20 de dezembro de 1996, assegurado que todos os professores e as professoras da educação básica possuam formação específica de nível superior, obtida em curso de licenciatura na área de conhecimento em que atuam.
>
> META 16: formar, em nível de pós-graduação, 50% (cinquenta por cento) dos professores da educação básica, até o último ano de vigência deste PNE, e garantir a todos(as) os(as) profissionais da educação básica formação continuada em sua área de atuação, considerando as necessidades, demandas e contextualizações dos sistemas de ensino.
>
> META 17: valorizar os(as) profissionais do magistério das redes públicas de educação básica, de forma a equiparar seu rendimento

---

14   Grifo nosso.

médio ao dos(as) demais profissionais com escolaridade equivalente, até o final do sexto ano de vigência deste PNE.

META 18: assegurar, no prazo de 2 (dois) anos, a existência de planos de carreira para os(as) profissionais da educação básica e superior pública de todos os sistemas de ensino e, para o plano de carreira dos(as) profissionais da educação básica pública, tomar como referência o piso salarial nacional profissional, definido em lei federal, nos termos do inciso VIII do art. 206 da Constituição Federal. (MEC/Sase, 2014, p. 12)

[...]

META 19: assegurar condições, no prazo de 2 (dois) anos, para a efetivação da gestão democrática da educação, associada a critérios técnicos de mérito e desempenho e à consulta pública à comunidade escolar, no âmbito das escolas públicas, prevendo recursos e apoio técnico da União para tanto. (MEC/Sase, 2014, p. 59)

[...]

META 20: ampliar o investimento público em educação pública de forma a atingir, no mínimo, o patamar de 7% (sete por cento) do Produto Interno Bruto (PIB) do País no 5º (quinto) ano de vigência desta Lei e, no mínimo, o equivalente a 10% (dez por cento) do PIB ao final do decênio. (MEC/Sase, 2014, p. 61)

PARTE II

O QUE HÁ DE MELHOR E É VIÁVEL: EXPERIÊNCIAS INTERNACIONAIS E BRASILEIRAS DE CURRÍCULOS INTEGRADOS

O que precisa nascer
tem sua raiz em chão de casa velha.
À sua necessidade o piso cede,
estalam rachaduras nas paredes,
os caixões de janela se desprendem.
    Adélia Prado, "Alvará de demolição"

A maioria das propostas inovadoras precisa partir de experiências já viabilizadas. As construções humanas normalmente organizam-se sobre práticas anteriores com bons resultados ou corrigem aspectos que foram percebidos como insuficientes ou apenas parcialmente adequados. A partir das melhores práticas que já se mostraram viáveis é sempre mais seguro propor, organizar e realizar novas estruturas curriculares que possam superar as carências já sobejamente diagnosticadas na maioria das ofertas educacionais de ensino médio e de currículos de ensino médio que pretendem ser considerados como integrados à educação profissional.

Nesta segunda parte do livro, apresentamos algumas experiências internacionais e brasileiras que se destacam pelos resultados obtidos e divulgados. Analisamos as experiências pelos mesmos sete tópicos com os quais já focamos o olhar internacional, a visão de estudantes e professores, e as normas brasileiras que tratam da educação básica em geral ou do ensino médio e da educação profissional. Nossa análise se dirige aos aspectos desses tópicos que podem favorecer ou dificultar a melhor integração curricular.

É importante ressaltar que foram localizadas pouquíssimas experiências curriculares de ensino médio integrado com educação profissional. A esmagadora maioria das iniciativas denominadas de ensino médio integrado é constituída por práticas restritas à promoção da matrícula única e à justaposição dos currículos de educação profissional e educação geral, sem que haja integração planejada e efetiva. Essa carência nos levou a procurar experiências em outros níveis de ensino. A mais importante delas focou uma experiência antiga e infelizmente extinta no período de governo militar: os ginásios vocacionais, criados e extintos no Estado de São Paulo na década de 1960. Atualmente, essa experiência seria classificada no ensino fundamental.

Ressalvada essa dificuldade, registramos algumas experiências internacionais e brasileiras de currículos que se propõem a integrar educação profissional e educação geral no ensino médio ou em outros níveis educacionais. Na análise e na apresentação dessas experiências, seguimos o mesmo roteiro utilizado para analisar as contribuições conceituais ao estudo do tema.

1. Objetivos do ensino médio.
2. Trabalho e pesquisa como princípios.
3. Formas alternativas de organização curricular.
4. Integração do ensino médio com educação profissional.
5. Metodologia de ensino-aprendizagem.
6. Avaliação como mecanismo de integração curricular.
7. Infraestrutura e pessoal docente e técnico-administrativo.

COLÔMBIA – MINISTÉRIO DA EDUCAÇÃO NACIONAL (MEN)

Essa experiência internacional trata do esforço institucional para aprimorar a qualidade da educação secundária colombiana. A experiência colombiana, portanto, integra todo o esforço no aperfeiçoamento do ensino secundário ou médio, como parte da oferta de educação básica. O país tem cerca de 45 milhões de habitantes e caminha para a universalização do atendimento educacional básico e médio.

O *site* do Ministério da Educação Nacional (MEN) informa que em 2011 houve mais de 11 milhões de estudantes colombianos na educação básica e na média, dos quais 84,1% em escolas públicas e 15,9% em estabelecimentos privados.

O ensino médio colombiano tem duas séries e corresponde à faixa etária dos 15-16 anos. Em 2012 havia mais de 1,3 milhão de estudantes matriculados.

A experiência analisada trata de um plano nacional para reformar a educação secundária colombiana, viabilizando simultaneamente a continuidade de estudos e uma terminalidade profissionalizante, com perspectivas de ingresso no mundo do trabalho. Esse é um modelo curricular mais fortemente centrado no desenvolvimento de competências, e como tal é reconhecido como exemplo relevante na América Latina, ao lado do modelo mexicano.

OBJETIVOS DO ENSINO MÉDIO

Antes de discutir os objetivos do ensino médio, a versão de 2006 a 2016 do Plano Nacional de Educação da Colômbia postula que a educação é um processo formativo integral, pertinente e articulado como os contextos local, regional, nacional e internacional. Partindo da cultura, dos saberes, da investigação, da ciência, da tecnologia e da produção, contribui para o justo desenvolvimento humano, sustentável e solidário, com o fim de melhorar a qualidade de vida dos colombianos e alcançar a paz e a superação da pobreza e da exclusão.

Comparada com as reformas educacionais brasileiras, a proposta colombiana prima por uma visão de integração horizontal do currículo. Enquanto, no Brasil, a integração do currículo dos diferentes níveis de ensino ganha destaque e é discutida em si mesma, a proposta educacional colombiana foca o que deve ser constante dos diferentes níveis de ensino. Assim, não temos propriamente uma experiência colombiana de ensino médio; temos uma proposta colombiana de educação básica, em que objetivos e temas prioritários produzem uma integração horizontal do currículo dos vários níveis de ensino.

Dessa forma, para todos os níveis de educação básica, em uma visão unitária de escola, o estado garante ou deve garantir o pleno cumprimento do direito à educação, em condições de equidade para toda a população, e a permanência no sistema educativo desde a educação inicial até a educação superior.

Em todos os níveis da educação básica, os estudantes são reconhecidos como seres humanos e sujeitos ativos de direito que devem contribuir para a transformação da realidade social, política e econômica do país, com a busca da paz, da superação da pobreza e da exclusão, com a reconstrução do tecido social e com o fomento dos valores democráticos e a formação de cidadão livres, solidários e autônomos.

TRABALHO E PESQUISA COMO PRINCÍPIOS

Todo o planejamento didático colombiano é baseado no trabalho e nas competências necessárias para sua realização. No entanto, o trabalho é visto apenas na sua acepção econômica e, nesta, apenas dentro dos marcos do modo capitalista de produção. Não se propõe uma crítica à alienação do trabalho nesse modo de produção e não se considera o trabalho na sua acepção ontológica.

Embora não tenham sido encontradas referências explícitas que indiquem a pesquisa como princípio pedagógico, tampouco como tal princípio pode facilitar ou aprofundar a integração curricular, o Plano Nacional de Educação da Colômbia considera que a história humana mostra que o motor fundamental para a sobrevivência tem sido a formulação de problemas, a busca de respostas sobre e no meio social e natural e o registro da experiências bem-sucedidas para, por meio do ensaio e da ressignificação do erro – ou aprendizagem –, gerar conhecimentos que contribuam para a superação de obstáculos cotidianos, vencendo as dificuldades que se apresentam para viver e conviver.

Essa vivência cotidiana exige complexos processos cognitivos, valorativos, atitudinais e comportamentais de todos os estudantes que frequentam a escola e demonstram as capacidades para aprender e ter um bom desempenho. A partir dessa constatação, o plano observa que é inadmissível considerar que os alunos não aprendem porque são maus, falta-lhes capacidade de aprender ou não lhes interessa estudar ou aprender.

A partir daí, questionam-se o conteúdo do que é ensinado e o método com que se ensina nas escolas colombianas. No plano, pergunta-se: por que sujeitos que aprendem uma infinidade de coisas fora da escola não o fazem dentro dela? São pertinentes o saber, os temas e os conceitos que circulam na sala de aula? Como os alunos demonstram amplas habilidades para aprender em espaços distintos dos que lhes oferecem os muros educativos e já que não lhes faltam condições, é preciso perguntar: não são inadequados os ambientes e estratégias de aprendizagem proporcionadas pela escola?

Como respostas a essas perguntas e para ser coerente com a forma como os alunos aprendem fora da escola, poderia ser feita a indicação da pesquisa como princípio pedagógico. Mas o plano não o faz explicitamente.

FORMAS ALTERNATIVAS DE ORGANIZAÇÃO CURRICULAR

Um dos aspectos essenciais da integração curricular na Colômbia e em todos os modelos curriculares baseados em competências está no fato de que o desenvolvimento das competências profissionais depende do desenvolvimento prévio ou concomitante das competências básicas correlatas.

As competências específicas, desenvolvidas integradamente nas diversas matérias, nos módulos ou nas unidades temáticas em que aparecem, devem ser constantemente referenciadas nos conteúdos de aprendizagem e avaliadas por meio das evidências de seu alcance. Esse é o conjunto dos principais mecanismos de integração curricular no currículo colombiano organizado com base em competências.

Segundo registros do MEN colombiano, os antecedentes da organização curricular baseada em competências decorrem das novas formas de trabalho e da necessidade de muitas pessoas mudarem várias vezes de ocupação e se adaptarem a situações inesperadas que exigem capacidades que ultrapassam as competências proporcionadas pela formação específica ou pelas disciplinas.

O Plano Nacional de Educação colombiano 2006-2016 prevê as metas em relação ao currículo detalhadas a seguir.

» Desenhar currículos que garantam o desenvolvimento de competências, orientados para a formação dos estudantes quanto ao ser, saber, fazer e conhecer e que possibilite o seu desempenho como pessoa, profissional e cidadão.

» Fortalecer e integrar os currículos desde a educação inicial até a superior, orientados para as dimensões do ser, a construção da identidade nacional, a democracia e o acesso ao conhecimento e à cultura, mediante processos inovadores e de qualidade que incentivem a aprendizagem, a investigação e a permanência do aluno no sistema educativo.

» Ter um sistema educativo articulado e coerente em seus diferentes níveis, incluída a educação para o trabalho e o desenvolvimento humano, e a resposta às exigências socioeconômicas, políticas, culturais e legais da sociedade colombiana.

» Ter o desenvolvimento humano como eixo fundamental dos processos educativos, permitindo potencializar as dimensões do ser, a autonomia, as competências, a valorização da arte e da cultura, a satisfação das necessidades básicas, no marco de uma convivência pacífica e do reconhecimento da diversidade étnica, cultural e ambiental.

» Contar com um sistema integral de acompanhamento e avaliação do setor educativo para todos os níveis e entes responsáveis pela prestação e pela qualidade dos serviços, constatando os avanços, dificuldades e desvios, e permitindo posicionar a educação como ferramenta de transformação social.

» Formar cidadãos em pleno desenvolvimento da personalidade, respeitosos dos direitos, dos deveres e da diversidade social, que vivam em harmonia com seus semelhantes e com a natureza, com capacidade de ter acesso ao conhecimento científico, técnico, cultural e artístico, e competente em seu desempenho como pessoa, trabalhador e cidadão.

O conceito de competências adotado é fundamentado em publicação conjunta do Centro Interamericano para o Desenvolvimento do Conhecimento em Formação Profissional (Cinterfor) da Organização Internacional do Trabalho (OIT) e do Banco Interamericano de Desenvolvimento (BID) (Catalano; Cols; Sladogna, 2004, p. 39). As afirmações mais relevantes desse conceito são tratadas nos principais documentos e apresentações para desenvolvimento de docentes e gestores educacionais colombianos. Em tradução livre, afirmam que "competência profissional é um conjunto identificável e verificável de capacidades que permitem desempenhos satisfatórios em situações reais de trabalho, de acordo com padrões históricos e tecnológicos vigentes".

O conhecimento e a ação estão imbricados nesse conceito. As capacidades que permitem desempenhos satisfatórios são formadas a partir do desenvolvimento de um pensamento técnico-reflexivo, da possibilidade de construir marcos referenciais de ação aplicáveis à tomada de decisões exigidas pelos contextos profissionais, de desenvolver e assumir atitudes, habilidades e valores compatíveis com as decisões que devem ser tomadas e com os processos sobre os quais se deve atuar responsavelmente.

INTEGRAÇÃO DO ENSINO MÉDIO COM EDUCAÇÃO PROFISSIONAL

O eixo de integração do ensino médio com a educação profissional nessa experiência é essencialmente baseado em competências.

No currículo orientado por competências, a dualidade entre formação geral e educação profissional é dissolvida na própria configuração modular, a partir de blocos de competências que podem ser agrupadas conforme critérios acordados e negociados com as instâncias envolvidas (docentes, profissionais, empregadores, órgãos governamentais, sindicatos), além de detalhados no planejamento educacional.

O risco maior não deve ser o da dualidade entre formação geral e educação profissional, mas o de uma pulverização de competências estruturadas em módulos que não confluam para desempenhos profissionais necessários nem proporcionem preparação adequada para uma cidadania autônoma. Esse risco é que amplia a necessidade de revisões constantes da normalização das competências básicas necessárias a todos os cidadãos, das competências gerais para o trabalho e das competências específicas para as profissões, com seus diferentes níveis de aprofundamento e complexidade.

A fim de que seja adequado ao modelo baseado em competências, o desenho curricular deve partir dos desempenhos esperados de uma pessoa numa área ocupacional para resolver os problemas típicos do exercício de seu papel profissional. Em resumo, esse desenho curricular apresenta os seguintes componentes (Catalano; Cols; Sladogna, 2004, p. 95):

> » INTRODUÇÃO OU MARCO DE REFERÊNCIA: descrição sintética das características do contexto produtivo e do papel profissional, além das concepções teóricas que sustentam a proposta curricular;
> » OBJETIVOS GERAIS: capacidades integradoras que serão desenvolvidas durante o processo formativo. Expressam a intenção formativa de quem elabora o desenho curricular e constituem os critérios para a avaliação e a certificação das aprendizagens obtidas;
> » ESTRUTURA CURRICULAR MODULAR: o conjunto ordenado e integrado de módulos que conformam o desenho curricular;
> » CARGA HORÁRIA: relativa ao conjunto da estrutura curricular e a cada um dos módulos que a compõem.

Com essas características, a integração curricular decorre do desdobramento da análise do trabalho nas ocupações que são objeto da educação profissional. A partir dessa análise é que se determina a organização das atividades didáticas, as quais buscarão os conteúdos de aprendizagem nos conhecimentos disciplinares e nas experiências vivenciadas em oficinas.

METODOLOGIA DE ENSINO-APRENDIZAGEM

No Plano Nacional de Educação da Colômbia, a discussão sobre metodologia de ensino está menos focada em seu papel na integração curricular do que nos efeitos das novas tecnologias de informação e comunicação nas estratégias de ensino e na integração curricular. Por isso, o plano propõe dotar todas as instituições e centros educativos com uma infraestrutura de informática e de conectividade para apoiar e fortalecer os processos pedagógicos que reconheçam a transversalidade curricular do uso das tecnologias de informação e comunicação, fundamentando-se na investigação pedagógica.

Transversalmente às divisões curriculares e com apoio da tecnologia da informação, reconhece a necessidade de fortalecer as competências de leitura e escrita como condições para desenvolvimento humano, erradicação do analfabetismo, participação social e exercício da cidadania, além do manejo da tecnologia presente no entorno social.

O plano também enfatiza a importância da implementação de estratégias didáticas ativas, que facilitem a aprendizagem autônoma e colaborativa, bem como o pensamento crítico e criativo mediante o uso das tecnologias da informação. Nesse sentido, em 2006, estabelecia como meta que, até 2010, todas as instituições educativas desenvolvessem modelos e inovações educativas que promovessem a aprendizagem ativa, a interação entre os atores educativos e a participação dos estudantes.

O ensino baseado em competências também depende de abordagens metodológicas adequadas ao modelo. Os materiais disponíveis sugerem que a experiência colombiana segue essencialmente as indicações da OIT e do Cinterfor.

Os planos de cursos e de ensino são organizados por módulos, com base na estrutura de competências previamente configurada e negociada. Essa negociação envolve principalmente os profissionais que atuam no segmento e os educadores envolvidos com o planejamento didático correspondente. No desenho de cada módulo, os docentes optam por:

- » decisões concernentes aos resultados educativos, às metas e aos objetivos da experiência formativa;
- » decisões referentes ao conteúdo dos estudos, o que se ensina;
- » decisões referentes à forma de ensinar, aos procedimentos e às atividades estruturadas no processo de ensino.

O ponto essencial em que a metodologia garante a integração curricular é exatamente esse terceiro grupo de decisões, que determinam as estratégias didáticas distintas, cuja finalidade será promover o desenvolvimento das capacidades. É por meio dessas estratégias que serão trabalhadas a problemática do módulo e as situações pelas quais os conteúdos confluirão, evitando a fragmentação curricular.

AVALIAÇÃO COMO MECANISMO DE INTEGRAÇÃO CURRICULAR

A avaliação de competências é o ponto fundamental para garantir o sucesso do modelo curricular baseado em competências. O desempenho é seu foco. Isso torna até mais simples o processo de avaliação de aprendizagem e, também, a formulação de indicações para aperfeiçoar o processo educacional a partir dos resultados alcançados.

O conceito de **EVIDÊNCIAS** é essencial no processo de avaliação. Em síntese, **EVIDÊNCIAS** são as indicações objetivas do desenvolvimento das competências a desenvolver. Obviamente, para avaliar adequadamente a partir dessas evidências de desenvolvimento das competências, é essencial que haja planejamento muito bem estruturado, com referências objetivas e consistentes ao mundo do trabalho em geral e às especificidades tecnológicas e ocupacionais nos casos de educação técnica específica. Isso demanda negociações prévias e frequentes renegociações com sindicatos de trabalhadores, organizações dos empregadores e instâncias governamentais ou da sociedade civil organizada.

O Plano Nacional de Educação da Colômbia prevê dois espaços que permitem diferentes níveis e diferentes maneiras de descrever, valorizar e obter informações sobre a aprendizagem. O primeiro espaço é fora da sala de aula: a avaliação externa. O segundo espaço – ou institucional – acontece dentro da sala de aula.

Na sala de aula, a avaliação é essencialmente formativa. Entendida como um processo em que todos aprendem, a avaliação formativa constitui uma oportunidade única para que os docentes e estudantes participem e reajam em decisões que os afetam de maneira ética e responsável. Segundo o plano, essas avaliações permitem que os estudantes ponham em prática seus conhecimentos, defendam suas ideias, exponham suas razões, saberes, dúvidas, ignorâncias e inseguranças com a intenção de superá-las.

É aqui que a relação entre avaliação e integração curricular fica mais forte. Esse exercício de avaliação facilita a participação de todos os que estão envolvidos nela. Conta com a atribuição de valor do docente (que avalia seus alunos, mas que também deve ser avaliado por eles); admite a avaliação dos companheiros de estudo, que observam o desempenho; educa para a autoavaliação toda vez que o aluno tem como referência não só o seu olhar mas o de todos que observaram o seu desempenho. Essas atividades contribuem para a formação ética e responsável dos sujeitos.

Um documento oficial (Ministerio de Educación Nacional, 2009) regulamentador da avaliação da aprendizagem e da promoção dos estudantes da educação básica e média colombiana apresenta as principais características recomendadas para a avaliação:

- » deve ser formativa, motivadora, orientadora, nunca sancionadora;
- » deve utilizar diferentes técnicas avaliativas e triangular a informação para emitir juízos e valorizações contextualizadas;
- » deve focar o modo como o estudante aprende sem descuidar da qualidade do que aprende;
- » deve ser transparente, contínua e processual;
- » deve convocar responsavelmente todas as partes envolvidas de modo democrático, estimulando a autoavaliação.

Para completar, o documento estipula que o sistema institucional de avaliação seja:

- » completo, com possiblidade de que todos os seus elementos sejam encontrados;
- » coerente, com articulação entre o horizonte institucional, o modelo pedagógico e o enfoque que aborda as avaliações de aprendizagem;
- » inclusivo, possibilitando que as aprendizagens dos estudantes sejam valorizadas e que eles tenham oportunidade de obter informações que lhes permitam desenvolver suas competências;
- » válido, valorizando de maneira adequada o que deve ser avaliado. O foco deve ser o desenvolvimento de competências, não a transmissão de conhecimentos;
- » legítimo, de acordo com as normas legais colombianas e decorrente de debate e aprovação com participação da comunidade educativa.

INFRAESTRUTURA E PESSOAL DOCENTE E TÉCNICO-ADMINISTRATIVO

Toda a estrutura de gestão do Ministério da Educação Nacional da Colômbia e das secretarias de educação dos Departamentos (equivalentes dos Estados no Brasil) está orientada para o modelo de ensino baseado em competências. Isso deve garantir que os mecanismos de seleção, contratação de docentes e distribuição de aulas sejam facilitadores da integração, sempre que ela for o foco.

O *site* do MEN apresenta diversos materiais – apresentações, textos, documentos técnicos – que indicam ser frequente a capacitação dos docentes para atuar integradamente nesse modelo curricular. Ademais, é fundamental que haja muito envolvimento de todos os docentes no planejamento das atividades, e isso demanda competências docentes bem desenvolvidas.

Há congruência nos materiais e na própria avaliação de desempenho dos docentes, que também é baseada em competências.

Em síntese, os materiais disponíveis indicam que os docentes devem ser selecionados entre os que sejam conscientes e atuantes no processo de mudança educacional e num contexto intercultural; além disso, ser preparados para desenvolver suas competências em quatro aspectos essenciais:

- » saberes de sua disciplina ou área acadêmica;
- » facilitador e guia de um processo de aprendizagem focado no desenvolvimento integral dos estudantes;
- » avaliador do processo de aprendizagem dos estudantes e responsável pelo aperfeiçoamento contínuo de seu curso;
- » planejador de ambientes, processos e experiências significativas de aprendizagem.

Essas competências dos docentes também precisam ser desenvolvidas de maneira integral e integrada.

Um ambiente para o programa de evolução funcional e salarial apresentado no *site* do MEN colombiano indica a congruência entre o ensino baseado em competências e a gestão das carreiras docentes pelos mesmos critérios e fundamentos. Ao conclamar os docentes e gestores da educação para acesso ao ambiente da *internet* denominado "Evaluación de competencias 2014", o governo colombiano destaca que a avaliação de competências dos educadores colombianos busca reconhecer o desempenho e a formação no marco de um processo meritocrático que avalia a formação acadêmica, estimula o desenvolvimento e o crescimento profissional e valoriza o saber e a competência desses agentes (docentes e dirigentes).

A experiência colombiana integra aspectos recomendados pela OIT e pela Unesco para a educação geral e para a educação profissional, especialmente em relação aos aspectos da congruência entre a preparação integral para o exercício da cidadania e a orientação adequada para o exercício das competências que são atualmente demandadas no mundo do trabalho e nas práticas sociais em geral.

URUGUAI — CONSELHO DE EDUCAÇÃO TÉCNICO-PROFISSIONAL DA UNIVERSIDADE DO TRABALHO DO URUGUAI (CETP-UTU)

No Uruguai, uma experiência de currículo integrado de ensino médio é coordenada pelo Conselho de Educação Técnico-profissional da Universidade do Trabalho do Uruguai (CETP-UTU). O CETP é um órgão descentralizado da Administração Nacional de Educação Pública (Anep) que tem como missão propor e formular políticas e estratégias sobre educação e capacitação técnico-profissional, com ênfase nos níveis médio técnico e tecnológico.

A publicação *Formação profissional básica: plano 2007* (Universidad del Trabajo del Uruguay, 2009)[15] apresenta os fundamentos e a estrutura curricular da experiência uruguaia. O Plano 2007 está organizado em dois volumes. O volume 1 (132 páginas) é mais conceitual. Apresenta os pressupostos teóricos, as diretrizes gerais e as indicações mais relevantes para a implantação do plano.

O volume 2 é mais detalhado (631 páginas). Especifica indicações para as ações didáticas em todos os trajetos e módulos previstos, por componente curricular. A apresentação está organizada para cada trajeto, em seus respectivos módulos, a partir de cada disciplina, iniciando pelas que se referem à educação geral – espanhol, inglês, matemática, informática, ciências experimentais. O componente curricular de ciências experimentais é tratado em

---

15 Título original: *Formación profesional básica: plan 2007*. Ver Referências.

conjunto e, depois, subdividido em três disciplinas: biologia, química e física. Em seguida, são apresentados os componentes curriculares de educação profissional, começando por desenho, que é subdividido por roteiros específicos para as diversas áreas ocupacionais. Há, ainda, a apresentação detalhada dos componentes curriculares das carreiras ocupacionais, além de componentes curriculares que funcionam como mecanismos de integração: espaço de ciências sociais e artes; espaços de integração/oficinas; espaço de representação técnica (RT); unidades de alfabetização laboral (AL).

Para cada módulo, o volume 2 apresenta sua fundamentação, objetivos gerais, conteúdos ou temas, eixos conceituais, objetivos específicos de aprendizagem, metodologia (indicações) e avaliação (indicações).

O público-alvo dessa experiência inclui os jovens com mais de 15 anos e os adultos que já concluíram o ensino primário (1º ao 6º ano, equivalente à 6ª série no Brasil), mas ainda não completaram a educação básica obrigatória (dois anos do ciclo básico do ensino médio) e querem realizar a educação secundária associada a uma profissionalização. A experiência tem similaridade com o Proeja brasileiro, com possibilidade de incluir estudantes que tenham interrompido os estudos no ciclo básico do ensino secundário (correspondente às duas últimas séries do ensino fundamental brasileiro).

OBJETIVOS DO ENSINO MÉDIO

Os objetivos do ensino médio funcionam como facilitadores da integração curricular no Uruguai. Existe um resultado esperado da formação secundária para todos os estudantes, que inclui uma série de capacidades comuns a todas as carreiras ocupacionais. Essas capacidades lhe permitem:

» participar como cidadão na sociedade democrática, com competências e habilidades para a vida, exercendo um papel proativo, criativo e responsável;

» compreender a importância da ciência, da tecnologia e da técnica na nossa sociedade atual e futura, bem como sua relação com o mundo do trabalho;

- » optar pela continuidade de estudos em níveis superiores, escolhendo uma profissão a partir de visão e experiência pessoais, contingenciada às condições do contexto em que vive;
- » realizar as operações básicas de seu campo profissional com eficiência e responsabilidade;
- » seguir as rotinas recomendadas para a execução de procedimentos e operações;
- » observar, detectar e comunicar situações anômalas cujas possibilidades de resolução não estão ao alcance;
- » registrar e interpretar informação básica nos sistemas de registro usuais em sua área profissional.

TRABALHO E PESQUISA COMO PRINCÍPIOS

O trabalho é um princípio educativo descrito nos objetivos do ensino médio uruguaio e nas diversas indicações práticas incluídas no Plano 2007. Na experiência uruguaia, o trabalho é o principal eixo articulador da integração entre a educação geral e a educação profissional. A integração se dá especialmente pelo planejamento conjunto, com envolvimento dos docentes e dos estudantes, por projetos integradores e por atividades nas oficinas nas quais a resolução de problemas é parte fundamental.

A seguir, os principais conceitos e ideias orientadoras:

- » a educação é um processo de circulação da herança cultural de uma sociedade;
- » é necessário romper com a falsa oposição entre cultura geral e cultura técnica;
- » o trabalho é visto como uma forma de resolução de problemas, uma dimensão humana irrenunciável e como princípio educativo válido como processo de acesso à cultura e ao conhecimento;
- » o trabalho é a fonte geradora da cultura e do conhecimento.

Toda a organização curricular nas oficinas é baseada no trabalho. Dos problemas propostos pelo trabalho nas oficinas surgem as demandas de aprendizagens cognitivas, psicomotoras e atitudinais.

A pesquisa não aparece tão claramente como princípio pedagógico, entretanto ela é inerente ao processo de resolução de problemas, outro dos enfoques centrais da experiência uruguaia, como se verá a seguir.

FORMAS ALTERNATIVAS DE ORGANIZAÇÃO CURRICULAR

O currículo da Formação Profissional Básica (FPB) da Universidade do Trabalho do Uruguai se funda sobre os princípios da integralidade e da interdisciplinaridade, com predomínio da integralidade, e é construído sobre os princípios da modularidade, da complexidade e da flexibilidade.

Segundo o Plano 2007, esses princípios são conforme a seguir.

- » INTEGRALIDADE: unidade em que as partes se transformam ao constituí-la.

- » INTERDISCIPLINARIDADE: inter-relação dos diferentes campos do conhecimento com a finalidade de investigação e solução de problemas.

- » MODULARIDADE: conjuntos integrados de conteúdos, metodologia, aplicações etc., com características específicas e relativamente independentes do restante do currículo.

- » COMPLEXIDADE: atenção às diferentes dimensões dos sujeitos da aprendizagem; acadêmicas, sociais, sanitárias, entre outras.

- » FLEXIBILIDADE: suscetível a mudanças ou variações segundo circunstâncias ou necessidades.

O que caracteriza a essência da mudança de paradigma curricular é a inversão de direção dos fluxos da centralidade, que muda das disciplinas em direção ao objeto de aprendizagem. O currículo parte do objeto de aprendizagem para buscar nas disciplinas as respostas para seus problemas e projetos. Isso significa um avanço conceitual significativo, uma mudança do paradigma da interdisciplinaridade para o da integralidade.

O princípio da integralidade tem duplo enfoque. O primeiro é relacionado ao conceito de pessoa como ser integral que supera a visão dicotômica entre educar para a cidadania e educar para o trabalho. Educar para a cidadania é o mesmo que educar para o trabalho e vice-versa, segundo essa perspectiva da integralidade. O programa formativo concebe o trabalhador como um sujeito com possibilidades reais de intervir como ser social com autonomia intelectual e ética.

O segundo enfoque de integralidade está relacionado com o desenvolvimento do processo de pensamento e com a apreensão da realidade em sua complexidade. Os componentes da realidade devem ser relacionados de forma dialética e apreendidos de modo inter-relacionado com o todo de que fazem parte. A perspectiva da integralidade requer uma abordagem globalizadora, pela qual o objeto da realidade escolhido como objeto de aprendizagem deve ser construído como um todo e não a partir da mera junção de suas partes. Essa construção implica pensar a relação disciplinar no currículo numa nova perspectiva.

Nesse sentido, as disciplinas são úteis apenas se oferecem instrumentos para o conhecimento, entendido como o resultado da resolução dos problemas que a realidade coloca. Mas, em geral, a resolução dos problemas propostos pela vivência da realidade exige recursos intelectuais e atitudinais distintos, provenientes de múltiplas disciplinas, o que demanda um trabalho integrado e multidisciplinar.

"A integralidade se resolve na atividade", sintetiza o documento (Universidad Del Trabajo Del Uruguay, 2009, p. 52). Ou seja, a integralidade se constrói a partir de uma interdisciplinaridade ou transdisciplinaridade bem entendida, na medida em que se justifica na instância da **RESOLUÇÃO DE PROBLEMAS**.

As oficinas de trabalho e os projetos incluídos nos módulos curriculares caracterizam-se como solução central para essa busca da integração, apesar de a organização estrutural do currículo ser ainda muito fundada nas disciplinas, especialmente na parte de educação geral.

Há três itinerários (TRAJETOS) possíveis para os alunos ingressantes no que é denominado formação profissional básica, conforme a série em que tenham interrompido os estudos.

O TRAJETO I é destinado aos egressos do ensino primário (equivalente a seis anos do ensino fundamental brasileiro) ou com primeiro ano do ciclo básico do ensino médio incompleto. Esse TRAJETO tem seis módulos. Todos os seis módulos são estruturados a partir de oficinas. Nos dois módulos iniciais, os insumos para os trabalhos nas oficinas são temas e conteúdos de espanhol, inglês, matemática, informática e ciências experimentais, além do que é chamado por eles de espaço de ciências sociais e artes. Nos quatro módulos finais são acrescentados insumos de tecnologia e representação técnica. Uma unidade de alfabetização laboral é transversal em todos os seis módulos. O já citado Plano 2007 apresenta vários quadros que detalham bem as representações dessa forma de organização curricular, bem pensada para viabilizar e garantir a integração entre os diversos componentes e também a integração da educação geral com a educação profissional.

O TRAJETO II é destinado a estudantes aprovados no primeiro ano do ciclo básico do ensino médio e trabalha com quatro módulos. Os módulos 1 e 2 correspondem aos módulos 3 e 4 do trajeto I. Os módulos 3 e 4 correspondem aos módulos 1 e 2 do trajeto I, embora seu detalhamento implique em formas diferentes de abordagem nas oficinas.

O TRAJETO III é destinado a estudantes já aprovados no segundo ano do ciclo básico do ensino médio e também tem quatro módulos, com características similares às do trajeto II, mas com mais ênfase nos aspectos de educação profissional.

Esses diferentes trajetos contemplam tempos e percursos curriculares próprios, que se adaptam aos antecedentes curriculares dos alunos.

INTEGRAÇÃO DO ENSINO MÉDIO COM EDUCAÇÃO PROFISSIONAL

O conceito de oficina (*taller* em espanhol) é a chave mais importante da integração do ensino médio com a educação profissional na experiência uruguaia. O texto do Plano 2007 define OFICINA como "a figura pedagógica" do currículo. É um espaço em que as disciplinas se integram. As disciplinas compartilham aproximadamente um terço de sua carga horária com a oficina e na oficina, no que se denominam espaços integrados, em que a informática (IF) utiliza toda a sua carga horária.

Deste modo, a integração entre a educação geral e a educação profissional, e mesmo entre as diferentes perspectivas disciplinares, só pode ser realizada concretamente pela ação conjunta e congruente dos docentes. O núcleo do currículo, a oficina, trata de PROBLEMAS AMPLOS, UNIDADES DE TRABALHO, TEMAS GERADORES OU UNIFICADORES, selecionados pela comunidade educativa porque proporcionam os meios para aprendizagem dos conteúdos das disciplinas com os quais se conseguirá o desenvolvimento do sujeito. A identidade das disciplinas é conservada, mas o conteúdo é selecionado e ensinado com especial referência à unidade ou ao tema do problema.

Nas oficinas, os docentes trabalham a partir de unidades didáticas integradas (UDIs). A UDI pode ser entendida de duas formas. Numa primeira acepção, é considerada uma proposta de trabalho destinada a cobrir um tempo relativamente curto, da qual participa um conjunto de áreas de conhecimento ou disciplinas. A outra forma de compreender a UDI é vê-la como um conjunto de ideias em forma de hipótese de trabalho. Está relacionada com a maneira de pensar de um conjunto de professores que busca uma forma de organizar coletivamente o ensino e é dificilmente transferível de uma equipe de professores para outra.

A partir desses dois entendimentos, o Plano 2007 considera uma UDI como um conjunto de ideias resultante de uma instância de reflexão do coletivo docente, transformada em proposta de trabalho contextualizada e para um período de tempo determinado, que será posto à prova. O seu objetivo é didático. Destina-se a organizar a prática do ensino integrado e a aprendizagem de certos conteúdos, em função de resultados esperados e do perfil dos alunos envolvidos.

Outros mecanismos específicos de integração entre educação geral e educação profissional são a unidade de alfabetização laboral, algo similar a um módulo interativo de educação para o trabalho; espaços de integração/oficinas; o espaço de representação técnica; e o espaço de ciências sociais e artes, cada um deles com perfil próprio e também orientado para formação profissional e para a cidadania, de maneira integrada e integradora. O volume 2 do documento apresenta detalhamento desses mecanismos, com diversas sugestões metodológicas para ampliar o potencial de integração curricular.

A unidade de alfabetização laboral consiste em um mecanismo específico de integração com bom potencial de aproveitamento em propostas curriculares de ensino médio, pois visa a uma integração da educação geral com o contexto do trabalho, num enfoque de orientação profissional *lato sensu*, algo como uma preparação geral para melhor compreensão do mundo do trabalho.

METODOLOGIA DE ENSINO-APRENDIZAGEM

A descrição dos mecanismos específicos já indica que a metodologia tem papel muito importante, pois é uma das chaves para a superação da estrutura curricular apresentada como lista de disciplinas, porém centrada nos princípios da integralidade e da flexibilidade.

O Plano 2007 analisa as contribuições do educador uruguaio Pedro Figari e veicula uma citação em que ele afirma que para educar não basta dar as noções teóricas, por mais completas que sejam. Elas deixam o aluno incapaz de fazer, de agir. A noção teórica não é um conhecimento cabal. É uma imagem que se desvanece sem sua aplicação. Apenas o que se aprende experimentalmente é uma noção indelével. Assim, para ter efeitos positivos e transcendentes, a escola deve ser um laboratório em plena atividade que permita a exteriorização da imaginação criadora dos seus alunos.

Na experiência da UTU, essa perspectiva pedagógica valoriza a oficina como espaço privilegiado de aprendizagem, como centro da proposta curricular e motor fundamental da integração do currículo. Assim, unidade curricular diferenciada e proposta metodológica se fundem em concepção coerente de currículo.

AVALIAÇÃO COMO MECANISMO DE INTEGRAÇÃO CURRICULAR

A avaliação também é tratada no Plano 2007 como elemento importante para aperfeiçoamento do processo educacional e das experiências de aprendizagem dos estudantes. Isso implica apoiar a integração curricular, posto que essa avaliação é parte essencial do processo educacional.

A própria proposta de avaliação da FPB foi elaborada integradamente por todos os docentes envolvidos no Plano 2007. Para tanto, partiram de diferentes paradigmas e modelos para definir a avaliação como o ponto de partida para a melhoria dos processos de ensino e aprendizagem. Na avaliação da FPB, docentes e alunos se unem em torno de um único objetivo: construção e melhoria dos processos de aprendizagem a partir de perspectiva integral e integradora.

Nessa perspectiva, a avaliação assume as seguintes características:

» interpretação dos processos de ensino-aprendizagem por meio da utilização de uma variedade de técnicas que os abordam de forma mais ampla;

» diálogo entre os atores, que implica uma devolução formativa e uma melhoria fundada na compreensão do problema. A conscientização das dificuldades permite realizar um trabalho focalizado em propostas de melhoria tanto no processo de ensino como no de aprendizagem;

» conhecimento dos pontos fortes que permita ao aluno e ao professor apoiar-se neles para trabalhar as dificuldades;

» busca de melhorias constantes em uma perspectiva proativa e ajustada às diferenças individuais e contextuais.

O anexo 2 inserido no volume 2 do Plano 2007 (pp. 623-631) apresenta roteiros propostos com a intenção de garantir que a avaliação de aprendizagem seja integradora dos currículos. Para tanto, prevê dois espaços de avaliação:

1. Avaliação integral: tem como objetivo dar conta dos processos e saberes apropriados pelos alunos nos espaços integrados.
2. Avaliação própria de cada disciplina: tem como objetivo analisar os processos e saberes apropriados pelos alunos em cada disciplina.

Os dois espaços são vistos como complementares.

O texto também prevê as características, o desenho e a gestão da avaliação integral. Ela diz respeito às unidades didáticas integradas e considera a UDI e a avaliação integrada como processos concomitantes. A saber:

» não se concebe que a avaliação integrada seja apartada da UDI;
» o espaço privilegiado para ao desenho das avaliações integradas é o mesmo que o da concepção da UDI, ou seja, o espaço docente integrado (EDI), que trataremos a seguir.

INFRAESTRUTURA E PESSOAL DOCENTE E TÉCNICO-ADMINISTRATIVO

O volume 2 do Plano 2007 apresenta indicações específicas para o EDI, duas horas semanais por grupo e por docente, propostas inicialmente em caráter experimental, para avaliar e ajustar sua melhor extensão horária. Os compromissos essenciais das atividades do EDI destinam-se a:

» desenho de unidades didáticas integradas (UDIs), avaliação e acompanhamento do planejamento;
» análise do desenvolvimento do currículo;
» sistematização do trabalho de cada unidade.

Outra menção encontrada diz respeito à previsão de que todos os centros que adotariam a experiência deveriam contar com infraestrutura mínima, ao menos para garantir as OFICINAS, espaços centrais de integração.

Entretanto, num capítulo final de avaliação parcial da experiência (volume 1, pp. 130-131), no segundo semestre de 2009, observou-se que essa precondição não foi cumprida em todos os casos, o que se mostrou prejudicial para os resultados concretos da integração.

Esse mesmo capítulo indica outras demandas referentes a mecanismos administrativos, percebidos como necessários, principalmente porque foram causadores de dificuldades e limitações da experiência: logística de insumos e recursos materiais; sistema de distribuição das aulas e dos horários escolares.

Não há menção à capacitação dos docentes para a experiência, mas está implícito que o processo participativo na elaboração do Plano 2007 e no planejamento das atividades concretas com cada grupo de estudantes já é um processo relevante de capacitação em serviço.

O próprio conceito de ESPAÇO DOCENTE INTEGRADO é uma forma de capacitação em serviço e pela prática no processo, com muita riqueza potencial, que merece ser considerado no planejamento e na implantação de currículos integrados.

Uma análise crítica feita pelos próprios gestores uruguaios do Plano 2007 no final de 2009 indica que os principais pontos fortes da experiência são:

- » a aprendizagem realizada pelos docentes;
- » a garantia do trabalho em equipe;
- » o compromisso docente, dos que aceitaram o desafio de abordar um plano que propõe uma profunda revisão do fazer docente;
- » a conformidade manifestada pelos alunos, que têm expressado satisfação ao perceber uma oportunidade para concluir sua educação básica e adquirir uma formação que os habilita a continuar estudando e a ingressar no mundo do trabalho.

Em contraponto, as dificuldades encontradas levaram os gestores a mencionar demandas importantes para garantir o sucesso da experiência em sua continuidade e ampliação:

- » contar com os orientadores educacionais[16] desde o início, pois essas figuras contribuem para introduzir e consolidar nos docentes e no processo os aspectos que fazem a "filosofia" do Plano 2007;
- » começar os módulos com os insumos e materiais necessários para as OFICINAS (*taller*);
- » ampliar a autonomia da gestão local para suprir tais insumos e materiais, o que amplia os debates sobre prioridades na busca de consenso e potencializa a qualidade das compras;
- » aprofundar e, em alguns casos, iniciar o trabalho cooperativo em rede;
- » contar com um quadro (*nómina*) de docentes integrantes das unidades de alfabetização laboral que seja suficiente e com mecanismos adequados de seleção.

---

16 Chamados de educadores, profissionais formados na área de educação com experiência de acompanhamento educacional e comunitário, conforme descrito no volume 1 do Plano 2007 (Universidad del Trabajo del Uruguay, 2009, pp. 91-93).

PEDAGOGIA DA ALTERNÂNCIA

A pedagogia da alternância consiste numa metodologia de organização do ensino escolar na qual se alternam e se articulam tempos em que os jovens ficam na escola com tempos em que trabalham na propriedade familiar. Na pedagogia da alternância são conjugadas e integradas diferentes experiências formativas distribuídas ao longo de tempos e espaços distintos, tendo como finalidade uma formação profissional. No tempo de escola, o ensino é coordenado pelos educadores. No tempo da propriedade agrícola, a família é responsável pelo acompanhamento das atividades dos alunos.

A pedagogia da alternância surgiu em 1935, na França, a partir das insatisfações de um pequeno grupo de agricultores com o sistema educacional, o qual não atendia às especificidades da educação para o meio rural. Esse grupo queria uma educação agrícola que atendesse às características dos jovens do campo e que também propiciasse a profissionalização em atividades agrícolas e os instrumentos para o desenvolvimento social e econômico da sua região.

No Brasil, a pedagogia da alternância começou a ser implantada em 1969, no Espírito Santo, por meio da ação do Movimento de Educação Promocional do Espírito Santo (Mepes) com as três primeiras Escolas Família Agrícola (EFAs). Atualmente existem muitas escolas e instituições que utilizam a pedagogia da alternância como método. As experiências mais conhecidas são as desenvolvidas pelas já citadas EFAs e pelas Casas Familiares Rurais (CFRs).

Utiliza-se uma terminologia genérica para se referir a essas instituições que praticam a alternância educativa no meio rural: Centros Familiares de Formação por Alternância (Ceffas). O Brasil contava, em 2007, com 243 Ceffas em atividade em todas as regiões e em quase a totalidade dos estados (Teixeira; Bernardi; Trindade, 2008). A rede dos Ceffas reunia, até 2004, seis diferentes experiências de formação em alternância: as EFAs, as CFRs, as Escolas Comunitárias Rurais (Ecors), as Escolas Populares de Assentamentos (EPAs), o Programa de Formação de Jovens Empresários Rurais (Projovem)[17] e as Escolas Técnicas Agrícolas (ETAs).

A pedagogia da alternância também foi recriada na proposta pedagógica do Movimento dos Trabalhadores Sem Terra (MST), que está na origem da criação da Fundação de Desenvolvimento da Educação e Pesquisa da Região Celeiro (Fundep) e do Instituto Técnico de Capacitação e Pesquisa da Reforma Agrária (Iterra) (Ribeiro, 2008). Tanto os cursos da Fundep quanto os do Iterra alternam tempos/espaços de estudo e trabalho, e formam alunos encaminhados pelos movimentos sociais populares vinculados à Via Campesina-Brasil e ao Movimento dos Trabalhadores Desempregados (MTD) em cursos de níveis médio e superior (Ribeiro, 2008).

A pedagogia da alternância tem embasado experiências educativas desenvolvidas em sistemas públicos de ensino e em universidades, por meio de programas educacionais implementados pelo poder público nas várias esferas de governo, envolvendo a formação de educadores ou a escolarização dos jovens e adultos do campo nos vários níveis e modalidades de ensino. É utilizada por várias escolas agrícolas mantidas por Secretarias Estaduais de Educação ou governos estaduais. É o caso, por exemplo, da Secretaria de Educação do Paraná e, em São Paulo, do Centro Estadual de Educação Tecnológica "Paula Souza", que mantém dez núcleos do Projovem e três escolas com o curso técnico em Agropecuária em regime de alternância (Azevedo, 2005).

O uso da pedagogia da alternância por instituições tão diversas seguramente sofre variações. Neste trabalho, vamos ignorar essas variações e considerar apenas as aplicações que caminham no sentido da superação da fragmentação curricular e da integração

---

17 A mesma sigla Projovem é utilizada para esse programa e também para o Programa Nacional de Inclusão de Jovens, mais conhecido.

entre a educação geral e a educação profissional. Desta forma vamos nos referir especialmente às experiências de alternância integrativa real, que articula o trabalho e a vida escolar num mesmo processo educativo.

OBJETIVOS DO ENSINO MÉDIO

Originalmente, as instituições que implantaram a pedagogia da alternância não objetivavam proporcionar uma educação formal aos jovens do campo. Enfatizava a necessidade de uma educação escolar que fosse adequada às particularidades psicossociais desses jovens e que propiciasse, além da profissionalização em atividades agrícolas, elementos para o desenvolvimento social e econômico das famílias e comunidades envolvidas em sua implantação. Valorizavam e priorizavam a experiência e o trabalho como contextos formativos e a educação integral e personalizada dos alunos, numa perspectiva de formação para o exercício da cidadania, a inclusão social e o desenvolvimento rural em bases sustentáveis.

De início, as EFAs tinham como objetivo uma formação técnica com aprendizagens práticas, muitas observações no "livro" da natureza, formação da personalidade e formação para compreender as técnicas por meio de uma educação geral evolvendo história, matemática e linguagem para expressão oral e por escrito (Begnami, 2003).

Também objetivavam o engajamento sociopolítico nas comunidades e nos movimentos sociais e sindicais. Para tanto, os alunos eram engajados em ações comunitárias quando estavam com a família. Tais ações tinham como intuito a promoção social das famílias camponesas, bem como tornar os alunos líderes em suas comunidades (Begnami, 2003). Para exemplificar, reproduzimos alguns objetivos retirados do regimento das escolas mantidas pelo Movimento de Educação Promocional do Espírito Santo:

> VIII. Reconhecer o educando como sujeito do processo de desenvolvimento, integrado à família, à comunidade e ao meio

socioprofissional, no resgate dos direitos e deveres do cidadão camponês, considerando o acesso e permanência à escolarização como direito garantido constitucionalmente;

X. Reconhecer o educando como sujeito do processo de desenvolvimento integrado à família, à comunidade e ao meio socioprofissional, promovendo a cidadania e realizando atividades econômicas respeitando os princípios da sustentabilidade;

XII. Proporcionar meios para que o educando adote um posicionamento crítico construtivo e responsável diante da realidade, questionando com respeito e usando o diálogo como meio de resolver problemas e conflitos;

XIII. Favorecer condições para que haja aprofundamento sobre a problemática do meio, da manutenção dos hábitos culturais e da preservação ambiental;

XVIII. Preparar profissionais para atuarem em empresas e instituições prestadoras de serviços para os setores diversos da economia;

XIX. Estimular o processo de formação permanente para estar continuamente atualizado frente aos desafios e perspectivas do mundo moderno/contemporâneo;

XX. Estimular, no educando, a interpretação da realidade em nível local, estadual e nacional, relacionando-a com o mundo, visando questionar as ideologias de dominação e marginalização deste meio, fortalecendo a sua cultura, respeitando as demais;

XXI. Desenvolver métodos de apropriação do conhecimento a partir da realidade e inseri-los aos conhecimentos científicos já acumulados ao longo da história, em vista de encontrar soluções para as dificuldades do meio em que vive;

XXII. Estimular a integração do educando no desenvolvimento socioeconômico político e cultural da região, do Estado e do País;
(Mepes, 2008, pp. 9-10)

As organizações mantenedoras das escolas que operam com a pedagogia da alternância estão optando por criar cursos regulares de ensino fundamental ou de ensino médio em substituição àqueles até então por elas mantidos, que se preocupavam apenas com o aprimoramento profissional e cultural sem a responsabilidade de certificar oficialmente o nível de conhecimento e a capacitação profissional adquirida pelos alunos. Esse é o caso do Movimento de Educação Promocional do Espírito Santo (Mepes), que mantém doze escolas com o ciclo I do ensino fundamental e quatro escolas com o curso técnico em Agropecuária (Azevedo, 2005). Se em termos de objetivos esse ajuste não foi complicado, o plano formativo enfrentou problemas com as exigências legais que asfixiam alguns dos instrumentos pedagógicos específicos da alternância.

Mais recentemente, a educação no campo veio a ser considerada estratégica para o desenvolvimento socioeconômico do meio rural, e a pedagogia da alternância passou a ser vista como alternativa adequada à educação básica, especialmente para o ensino médio e a educação profissional técnica de nível médio, por conta da relação que promove entre três agências educativas importantes: família, comunidade e escola. Nesse movimento, o CNE aprovou o Parecer CNE/CEB nº 1/2006, que reconhece os dias letivos trabalhados no campo com a aplicação da pedagogia da alternância nesses centros (Cordeiro; Reis; Hage, 2011).

TRABALHO E PESQUISA COMO PRINCÍPIOS

A pedagogia da alternância tem como princípio educativo a alternância de tempos de estudo do aluno na escola e de tempos de trabalho na sua residência ou comunidade de origem. Esses tempos e espaços distintos são unidos em um processo integrado de ensino-aprendizagem. No tempo de estudo, os educandos permanecem de duas semanas a dois meses, dependendo do curso, no espaço da escola em regime de internato. No tempo de trabalho, os educandos retornam às suas propriedades familiares ou às suas comunidades para colocarem em prática, a partir de problemas anteriormente levantados no trabalho, os conhecimentos que foram objetos de estudo na escola. Desta forma, os problemas levantados e enfrentados no trabalho articulam e integram os conteúdos curriculares abordados nos tempos de escola. Pesquisa e trabalho articulam-se na definição, na orientação, na organização e na integração do currículo.

A pedagogia da alternância tem o trabalho produtivo como princípio de uma formação humana que articula dialeticamente ensino formal e trabalho produtivo. Ela também articula prática e teoria em uma só práxis. Nessa pedagogia, o conhecimento é construído a partir do trabalho, visto em suas dimensões ontológica e econômica.

No Brasil, ainda está em curso um processo intenso de migração do campo para a zona urbana. Ele é, muitas vezes, decorrente das dificuldades de subsistir com base na agricultura familiar numa economia competitiva e globalizada. Dos que permanecem no campo, em geral, os filhos dos agricultores moram com suas famílias e trabalham na pequena propriedade rural. A alternância permite a continuidade do trabalho do jovem no campo. Além disso, cria condições para que esse jovem e sua família tenham a possibilidade de transformar a propriedade rural familiar como um empreendimento econômico viável. Isso é possível quando a escola percebe o desenvolvimento rural sustentável como uma atividade que transcende a produção, dando ênfase à administração do ambiente externo, aos financiamentos, ao mercado, às políticas públicas de apoio à agricultura familiar, à preservação ambiental e à sustentabilidade dos sistemas produtivos (Centro Paula Souza, 2011).

No entendimento de Cordeiro,

> a pedagogia da alternância oferece aos jovens do campo a possibilidade de estudar, de ter acesso ao conhecimento não como algo dado por outrem, mas como um conhecimento, conquistado, construído a partir da problematização de sua realidade, problematização essa que passa pela pesquisa, pelo olhar distanciado do pesquisador sobre o seu cotidiano. (Cordeiro, 2009, p. 60)

Nascimento (s/d.) afirma que a pedagogia da alternância baseia-se no método científico. O aluno observa, descreve, reflete, analisa, julga ou experimenta, age ou questiona a partir de planos de estudo desenvolvidos na família, comunidade ou escola. Procura responder às questões formuladas na observação ou ação e experimentar as alternativas encontradas.

O princípio é que a vida ensina mais que a escola, por isso, o centro do processo ensino-aprendizagem é o aluno e a sua realidade. A experiência socioprofissional se torna ponto de partida no processo de ensinar e, também, ponto de chegada, pois o método da alternância constitui-se no tripé ação – reflexão – ação ou prática – teoria – prática. A teoria está sempre em função de melhorar a qualidade de vida. (Nascimento, s/d., p. 7)

Assim a pedagogia da alternância efetivamente concretiza o trabalho como princípio educativo e a pesquisa como princípio pedagógico. O trabalho constitui-se como essência básica da existência humana, e a pesquisa é o instrumento pedagógico para problematização da realidade e contribuir para sua transformação (Costa & Monteiro, 2014).

FORMAS ALTERNATIVAS DE ORGANIZAÇÃO CURRICULAR

Gnoatto *et al.* (2006) focalizam o currículo dos últimos três anos do ensino fundamental em artigo que foi base de uma palestra proferida em Fortaleza, no XLIV Congresso da Sociedade Brasileira de Economia e Sociologia Rural (Sober), realizado de 23 a 27 de julho de 2006, com o objetivo de discutir a proposta de educação no campo adotada pelas CFRs na região sudoeste do Paraná. Utilizaremos essa apresentação para exemplificar as possibilidades de organização alternativa e integrada do currículo propiciadas pela pedagogia da alternância.

Gnoatto *et al.* (2006) informam que na pedagogia da alternância o conhecimento teórico é vinculado e integrado ao conhecimento prático obtido e vivido na propriedade familiar ou coletiva. Como de praxe, isso é feito por meio da alternância dos tempos de estudo e trabalho, a saber:

a) **UMA SEMANA NA CASA FAMILIAR RURAL:** nesta semana os jovens apresentam e discutem sua realidade, buscam novos conhecimentos para resolução dos problemas identificados, constroem conhecimentos de uma formação geral integrada na formação técnica, recebem uma formação humana e social e desenvolvem o espírito de grupo. Passado o período na escola, o aluno volta para sua propriedade ou comunidade;

b) **DUAS SEMANAS NA PROPRIEDADE OU COMUNIDADE:** o aluno reflete com a família ou comunidade sobre a realidade da propriedade familiar ou coletiva; com ela diagnostica os problemas e planeja as ações; realiza experiências na propriedade (realidade); e irradia novas técnicas para outros agricultores da comunidade. Quando os jovens estão em suas comunidades, a equipe de monitores realiza visitas para verificar o seu desempenho e ajudar nas suas dificuldades para identificar os problemas, planejar a intervenção ou intervir na realidade.

O currículo dos três últimos anos do ensino fundamental integra a formação geral e a educação profissional. A educação geral envolve estas disciplinas: português, matemática, geografia, história, organização social e política do Brasil (OSPB) e ciências. A educação profissional é composta pelas disciplinas de zootecnia, agricultura, economia rural, horticultura e trabalhos. Ambas são desenvolvidas de forma interdisciplinar, a partir de temas geradores.

Por exemplo, o currículo do primeiro ano de um Plano de Formação prevê os seguintes objetivos:

» estabelecer relações sociais baseadas no espírito de cooperação, de solidariedade e de participação nos processos do cotidiano escolar, familiar e comunitário;

» relacionar os conhecimentos do meio rural, a manutenção dos hábitos culturais e a preservação ambiental;

» reconhecer-se como parte integrante da família, assumindo suas características sociais, econômicas e culturais;

» desenvolver a linguagem oral e escrita, considerando sua importância na comunicação interpessoal e coletiva;

» reconhecer as características do meio em que vive, relacionando-as a dimensões mais amplas para atingir aqueles objetivos estabelecidos.

Para atingir esses objetivos são previstos três temas geradores centrais:

a) FAMÍLIA:
- » resgatar a origem e os valores culturais da família rural, assumindo-os e integrando-os à sua vida;
- » reconhecer a importância da participação na família e nas atividades desenvolvidas no meio rural.

b) TERRA:
- » valorização da terra como fonte de vida, reconhecendo a necessidade de sua preservação.

c) ALIMENTAÇÃO:
- » considerar a alimentação como um fator indispensável à sobrevivência dos seres vivos, usando-a adequadamente em prol da qualidade de vida.

Os conteúdos são trabalhados de modo interdisciplinar dentro dos TEMAS GERADORES, eliminando a fragmentação curricular. Para tanto é necessário que haja um planejamento coletivo de alunos, professores, famílias e comunidades envolvidas.

A interdisciplinaridade promove uma síntese dos conhecimentos, por meio dos temas geradores, não apenas pela interação dos conhecimentos disciplinares mas também pela associação dialética entre dimensões polares, como, por exemplo, teoria e prática, ação e reflexão, generalização e especialização, ensino e avaliação, meios e fins, conteúdos e processos, indivíduo e sociedade...

Gnoatto *et al.* (2006) afirmam que a pedagogia da alternância adotada nas CFRs deve estar integrada também na dinâmica de desenvolvimento local. Para tanto, a integração escola-comunidade é fundamental. Para ele, a concretização dessa relação orgânica entre a escola e a comunidade depende da definição do currículo escolar e da escolha dos temas geradores. Eles devem ser definidos pelos monitores da escola com participação efetiva da comunidade, representada pelas entidades organizadas (associação de pais, sindicatos, igrejas etc.), de acordo com a necessidade da comunidade e do perfil dos jovens a serem atendidos.

INTEGRAÇÃO ENTRE EDUCAÇÃO GERAL E EDUCAÇÃO PROFISSIONAL

Como vimos no tópico anterior, a organização curricular da pedagogia da alternância, ao promover a integração curricular por meio de temas geradores, além de garantir a integração das disciplinas de educação geral, já inclui a integração entre a educação geral e a educação profissional.

METODOLOGIA DE ENSINO-APRENDIZAGEM

Existe um conjunto bem estabelecido de procedimentos metodológicos próprios da pedagogia da alternância que são coadjuvantes na integração curricular promovida por essa perspectiva pedagógica. Azevedo (2005) descreve resumidamente os principais procedimentos didáticos utilizados na alternância entre escola e trabalho:

» o plano de estudo (PE);
» as folhas de observação;
» o caderno da realidade;
» o internato;
» os serões;
» as visitas de estudo;
» as visitas dos professores às famílias.

O plano de estudo consiste em um instrumento didático por meio do qual o tema de estudo é introduzido e desenvolvido. Ele é motivado usando vídeo, música, cartazes, dinâmica ou outro recurso escolhido pelo monitor quando planeja a atividade. Após a motivação, os estudantes se reúnem em grupos definidos de acordo com a região onde vivem, para que as realidades por eles vivenciadas sejam parecidas. O PE constitui um meio para o diálogo entre aluno, escola e família/comunidade. É feito de questões elaboradas a partir de um diálogo entre alunos e monitores, tendo por base a realidade objetiva dos jovens. As questões são respondidas com a participação de familiares ou dos coletivos, no retorno às suas casas ou comunidades. Retornando à escola, os alunos apresentam as respostas que conseguiram obter para as questões formuladas, sob a coordenação de um ou mais monitores. As respostas são discutidas pelo grupo de alunos que as organizam, dando origem a um ou mais temas geradores. Esses temas serão relacionados com os conteúdos curriculares de educação geral e educação profissional, e as respostas anteriormente dadas dialogam com o conhecimento humano disponível a partir de pesquisas realizadas pelos próprios alunos.

A folha de observação é um instrumento muito importante para a alternância. Nele, o estudante registra aquilo que realizou no tempo/escola e no tempo/trabalho. Trata-se de um elo entre esses dois tempos e que mantém a comunicação entre a escola e a família ou comunidade. O estudante faz um relatório de todas as atividades realizadas fora da escola, com a participação da família ou comunidade. Garante, assim, que toda a turma saiba das suas ocupações extraescolares. Da mesma forma, ele relata as atividades que realizou na escola, permitindo à família se manter informada de tudo o que lá acontece (Colatto, 2013). A folha de observação complementa e amplia os temas geradores. Ela promove a ligação daquilo que foi aprendido na escola com o trabalho que o aluno realiza junto à família. É um instrumento que desenvolve a capacidade do aluno de encontrar soluções para seus problemas e para trabalhar individualmente, adquirindo hábitos pessoais de estudo, de leitura, de pesquisa e de efetuar sínteses entre o conhecimento adquirido no estudo e no trabalho.

O caderno da realidade consiste em instrumento de registro de tudo o que foi trabalhado no plano de estudo: o roteiro de perguntas, as respostas, as ilustrações e os relatórios dos conteúdos abordados durante o tema de estudo ficam ali registrados. O caderno da realidade é o documento no qual o aluno coleciona diuturnamente os registros de suas reflexões, dos estudos e aprofundamentos relativos aos temas geradores trabalhados em suas atividades de aprendizagem dentro e fora da escola. "É a sistematização racional das reflexões e ações provocadas pelo plano de estudo e a folha de observação, no qual o aluno retrata boa parte das experiências cotidianas educativas e formativas" (Azevedo, 2005, p. 5). Por retratar a história da família do aluno, o seu contexto social, a compreensão do meio onde ele vive e as suas iniciativas de intervenção sobre ele, o caderno da realidade contribui para a formação para a cidadania e a formação cultural do jovem do campo.

O internato também funciona como meio de integração:

> O internato assume características próprias que o diferenciam dos demais tipos de internatos existentes atualmente. Há uma convivência harmoniosa entre os internos, que comungam conscientemente dos mesmos objetivos, tornando aquele ambiente como se fosse sua própria casa. Ali eles moram, trabalham, estudam, convivem, brincam, divertem-se, zelam pelo patrimônio da escola, fazem a vigilância, executam a manutenção e limpeza, à semelhança do que ocorre em seus lares. Além do mais o internato é aberto à visita dos líderes comunitários e dos pais dos alunos, que observam, sugerem, criticam, participam e colaboram na gestão do mesmo. A cada dia da semana um determinado professor permanece vinte e quatro horas dentro da escola, prestando todo tipo de assistência aos internos. (Azevedo, 2005, p. 6)

Os serões são reuniões dos alunos coordenadas pelos professores. Acontecem no período noturno e duram no mínimo uma hora e meia. Nos serões se realizam diferentes tipos de atividades, como, por exemplo, debates, discussões, palestras, projeções de filmes e apresentações musicais e de teatro. Neles são tratados os mais diferentes assuntos, conforme a necessidade, o interesse ou a oportunidade (Azevedo, 2005).

As viagens e as visitas de estudo são realizadas pelos alunos em instituições de pesquisa, empresas do ramo agropecuário e fazendas onde se empregam tecnologias inovadoras, modernas ou alternativas de pesquisa ou produção. As observações feitas nas visitas são registradas, e os alunos organizam debates sobre elas. Ao final, elaboram uma síntese que é incluída no caderno da realidade (Azevedo, 2005).

As visitas dos professores às famílias dos alunos consistem em uma estratégia com o intuito de promover o desenvolvimento sociocultural e tecnológico delas, a fim de comprometê-las com a gestão da escola e para que contribuam para o aperfeiçoamento e a aplicação do plano de estudo. É um instrumento que objetiva ampliar ou consolidar o compromisso com a escola.

> Para que a escola responda parcialmente às necessidades do meio onde se situa, ela deve desenvolver ações que alimentem e provoquem a participação direta dos pais. Estes devem sentir que o compromisso que têm na escola é uma complementação, uma certa ajuda ao seu trabalho, a sua profissão e não um peso para carregar. (Azevedo, 2005, p. 7)

AVALIAÇÃO COMO MECANISMO DE INTEGRAÇÃO CURRICULAR

É fácil constatar que todas as formas de facilitação e registro da aprendizagem apresentadas no item anterior podem ser utilizadas para uma avaliação contínua, que objetive diagnosticar dificuldades e avanços dos alunos para reorientar o processo de ensino-aprendizagem. Como são centradas nos temas geradores, são, ao mesmo tempo, procedimentos metodológicos e procedimentos ou instrumentos de avaliação. Ambos são coadjuvantes na integração do currículo.

Alguns outros procedimentos de avaliação não disciplinares reforçam o papel da avaliação na integração do currículo. O Projeto Profissional Jovem (PPJ) leva o estudante a projetar a realização prática de uma atividade escolhida por ele e que pode ou não ser realmente colocada em prática. Outros instrumentos de avaliação, como a avaliação coletiva, também funcionam na mesma direção. A avaliação coletiva é uma avaliação interdisciplinar trabalhada em grupos predeterminados (Colatto, 2013).

A avaliação final também é procedimento que reforça a integração curricular. A avaliação final consiste em uma pesquisa aprofundada, realizada em sessões próximas ao término do ano letivo. Nela, os jovens desenvolvem trabalhos sobre qualquer tema gerador trabalhado durante o ano. Nesse trabalho, definem um problema dentro do tema, pesquisam suas causas, consequências e alternativas de resolução. Ao final, fazem uma apresentação do seu trabalho para sua turma (Colatto, 2013).

INFRAESTRUTURA E PESSOAL DOCENTE E TÉCNICO-ADMINISTRATIVO

Não é difícil perceber que a articulação escola-família-comunidade é fundamental para dar suporte à prática da alternância. Isso implica criar mecanismos para suportar tal integração. Para oferecer esse apoio, a CFR ou equivalente deve possuir uma estrutura administrativa que garanta o seu bom funcionamento. Em geral, essa estrutura é composta pela Associação das Famílias da região onde a escola está situada. A associação gestora deve assumir o poder da educação, tendo as famílias como protagonistas. Também é fundamental a composição de uma equipe de monitores capacitados para operar com a pedagogia da alternância e com seus instrumentos pedagógicos.

Na preparação dos monitores, as instituições envolvidas com essa pedagogia têm produzido uma prática incomum nas demais licenciaturas oferecidas pelas universidades: utilizam a pedagogia da alternância com o objetivo de preparar os monitores para o uso da metodologia. Observam e são coerentes com o princípio de simetria invertida, como foi chamado no Parecer CNE/CP nº 9/2001:

> A preparação do professor tem duas peculiaridades muito especiais. Ele aprende a profissão no lugar similar àquele em que vai atuar, porém numa situação invertida. Isso implica que deve haver coerência entre o que se faz na formação e o que dele se espera como profissional. Além disso, com a exceção possível da educação infantil,

ele certamente já viveu como aluno a etapa de escolaridade na qual irá atuar como professor. [...] A compreensão desse fato evidencia a necessidade de que o futuro professor experiencie, como aluno, durante todo o processo de formação, as atitudes, modelos didáticos, capacidades e modos de organização que se pretende venham a ser concretizados nas suas práticas pedagógicas (MEC/CNE/CP, 2001, pp. 30-31)

Um exemplo dessa perspectiva de formação de monitores encontra-se no curso de Pedagogia da Universidade Federal do Pará (UFPA), que trabalha com a pedagogia da alternância, exercitando um diálogo permanente entre a universidade e o movimento social. Como afirmam Cordeiro, Reis e Hage (2011):

> Esse diálogo era o ponto crucial no cotidiano do curso, uma vez que o grupo de professores, em sua maioria, não havia ainda experienciado atividades de tal natureza. As intencionalidades de formação tanto da universidade como do MST visavam à formação de um professor crítico-reflexivo e de uma proposta de curso de formação de professores pautado na pedagogia libertadora, tendo como princípios curriculares o trabalho pedagógico como eixo da formação, uma sólida formação teórica, a pesquisa como forma de conhecimento e intervenção na realidade social, o trabalho partilhado/coletivo, o trabalho interdisciplinar, a articulação teoria e prática e a flexibilidade curricular, conforme consta no documento de reestruturação curricular do curso. (Cordeiro; Reis; Hage, 2011, p. 122)

Também Costa e Monteiro (2014) relatam uma experiência similar na licenciatura plena em educação do campo (LPEC) em Portel, no Pará. O curso da UFPA forma professores para atuar nas séries finais do ensino fundamental, no ensino médio e na educação de jovens e adultos nas áreas de ciências da natureza, matemática e ciências humanas das escolas do campo.

O curso tem duração de oito semestres. Cada semestre desenvolve um eixo temático. Quatro deles correspondem à formação geral, e quatro, à formação específica. A formação geral abrange todas as áreas do conhecimento: ciências da natureza, matemática, ciências humanas e sociais, ciências agrárias, e linguagens e códigos. A formação específica aprofunda o conhecimento em uma dessas áreas.

Os semestres e eixos compreendem um conjunto de disciplinas que se alternam entre a escola e a comunidade. Na etapa escolar, os educandos têm acesso ao conhecimento científico por meio de livros, textos e diálogos com o professor formador. Na comunidade, os educandos realizam dois tipos de atividade: a pesquisa socioeducacional e o estágio-docência. Essas atividades são orientadas por um plano de pesquisa interdisciplinar, que resulta em um único trabalho acadêmico, chamado portfólio, um instrumento que registra e reflete a trajetória de saberes construídos.

Como mais um exemplo, mas não esgotando todas as possibilidades, Begnami (2003) relata o processo de formação inicial e continuado de cinco monitores de Escolas Famílias Agrícolas. Constata uma formação inicial baseada em uma estratégia de alternância integrativa que valoriza as experiências adquiridas e coloca os monitores como sujeitos.

> Um dispositivo de formação de monitores por e para a alternância será mais ou menos eficiente no propósito de uma alternância integrativa, na medida em que os monitores, individualmente, se envolvem de forma consciente e reflexiva, sendo eles mesmos sujeitos e objetos de sua própria formação. Nesta hipótese podemos afirmar ainda que os processos de formação formal terão cumprido o seu papel quando as pessoas assumirem, conscientemente, no percurso profissional, uma atitude de formação permanente nesta perspectiva da autoformação. (Begnami, 2003, p. 5)

SÃO PAULO – GINÁSIOS VOCACIONAIS (1962 A 1969): UMA UTOPIA QUE JÁ FOI REALIDADE

Os ginásios vocacionais do Estado de São Paulo constituem seguramente uma experiência de currículo integrado, embora não possam propriamente ser considerados uma experiência de ensino médio integrado à educação profissional. Foram implantados em época, circunstâncias e legislação educacional distintas das atuais. Tinham como foco o curso ginasial, que era o primeiro ciclo do ensino secundário, correspondente à atual segunda parte do ensino fundamental (da quinta à oitava série ou do sexto ao nono ano escolar). Entretanto, como foi uma experiência precursora, ousada e revolucionária de integração curricular, merece ser analisada pelo seu potencial para inspirar propostas curriculares que objetivem a integração da educação geral com a educação profissional, especialmente as que tenham a educação básica para o trabalho como eixo de integração.

A experiência com os ginásios vocacionais foi de apenas oito anos (1962 a 1969). Entretanto, suas realizações repercutem até hoje e influenciaram muitas experiências e métodos educacionais. Foram implantadas seis unidades: na capital (São Paulo) e em cinco diferentes cidades do interior (Americana, Barretos, Batatais, Rio Claro e São Caetano do Sul).

Antes de serem extintos, em 1969, havia muitas solicitações para criação de novos ginásios vocacionais, demandados por grande parte das cidades paulistas. Embora postos como alternativa ao ginásio comum e de educação geral daquela época, não chegaram a ser pensados ou propostos como um modelo de escola única para o então primeiro ciclo da educação secundária.

O impacto social da experiência foi muito relevante. Diversas pesquisas acadêmicas se debruçaram sobre o tema. Produziram-se várias dissertações de mestrado e teses de doutorado sobre os ginásios vocacionais. Uma delas (Chiozzini, 2003) diz, em síntese muito frequente:

> Ao tomar contato com a experiência desenvolvida pelo Serviço de Ensino Vocacional, é possível dizer que, sem exagero nenhum, foi tão inovadora em termos de ensino ginasial (hoje ensino fundamental) como o método Paulo Freire foi em termos de alfabetização de adultos. (Chiozzini, 2003, p. 3)

Em 2011, foi lançado o documentário *Vocacional – uma aventura humana* (Venturi, 2011), com depoimentos de ex-alunos, professores e outros atores dessa experiência que já alcançou até um certo *status* mítico, por sua relevância histórica para a educação brasileira.

As sínteses e as análises deste relato de experiência estão baseadas na produção acadêmica sobre os ginásios vocacionais, na rica abordagem do documentário citado anteriormente e também em nossas lembranças pessoais, pois os ginásios vocacionais foram contemporâneos de nossa época de estudantes no curso de Pedagogia em Rio Claro, onde havia uma das unidades de ginásio vocacional – a qual chegamos a visitar.

OBJETIVOS DO ENSINO MÉDIO

Nascidos no contexto de democratização da então escola secundária paulista, os ginásios vocacionais poderiam ter sido um modelo para o desenvolvimento da educação básica brasileira se não tivessem sido tão abruptamente extintos pela ditadura militar.

O ensino vocacional foi criado pela Lei Estadual paulista nº 6.052, de 3 de fevereiro de 1961, que previa como objetivos:

> Art. 21 Os Cursos Vocacionais, de 2 ou 4 anos de duração, de 1º ciclo do ensino de grau médio, terão o caráter de curso básico, destinado a proporcionar cultura geral, explorar as aptidões dos educandos e desenvolver suas capacidades, dando-lhes iniciação técnica e orientando-os em face das oportunidades de trabalho e para estudos posteriores. (Lei Estadual nº 6.052/61)

Dentro dessa concepção, o ginásio vocacional procurava responder às necessidades de uma realidade local considerando o homem como um ser que vive e aprende em um determinado contexto social, condicionado pela cultura, mas capaz de criticá-la e transcender seus próprios condicionamentos. A proposta educativa parte do homem concreto e procura educá-lo como agente de transformação do contexto em que se situa.

Além da organização curricular comum ao então primeiro ciclo do ensino secundário, o currículo dos ginásios vocacionais incluía matérias de iniciação técnica com

> atividades de experimentação profissional de várias modalidades e práticas de oficina ou de laboratório, sem preocupação imediata de formar artífices, com o fim de proporcionar orientação profissional e despertar interesse para profissões técnicas e científicas. (Lei Estadual nº 6.052/61)

Essa inclusão e os caminhos efetivos da implantação tinham implícitos, como princípios e objetivos dessa etapa educacional, elementos que se tornaram facilitadores da integração curricular.

TRABALHO E PESQUISA COMO PRINCÍPIOS

Nas práticas das escolas vocacionais, tanto o trabalho como a pesquisa eram princípios educativos essenciais.

O trabalho como princípio educativo fica claro na seguinte citação dos *Planos pedagógicos e administrativos dos ginásios vocacionais do estado de São Paulo*:

> O conteúdo material da História é a Transformação da natureza – o trabalho, que situa o Homem (...) O Homem é livre em cada uma das suas opções, para superar os determinismos da Natureza e criar novas formas existenciais. Ele é capaz e deve encontrar sua forma original de ser e fazer e, em fazendo, ele se faz. (...) o Ato humano de transformação da Natureza é o trabalho, que torna o Homem pessoa à medida que cria novas realidades, situando-o no momento histórico. Vimos então progressivamente afirmando a necessidade fundamental de uma Educação que parta do homem concreto situado num contexto social. Essa Educação tem como conteúdo a realidade social, como método a dialética sobre os dados da realidade através do diálogo e da crítica e como objetivo primordial a participação do Homem no processo de transformação da natureza. (Equipe de educadores..., 1968, pp. 7-9)

Desta forma, para os ginásios vocacionais, o homem é sujeito e agente de transformação da natureza. Ao transformar a natureza, cria um ambiente humano. Transforma a natureza em cultura e humaniza a natureza. Nesse processo se constitui como homem. O trabalho é o motor dessa ação transformadora que muda a realidade natural e social.

Dois âmbitos de utilização da pesquisa permitem situá-la como princípio pedagógico. O primeiro era o estudo da comunidade (bairros ou cidades) onde seriam instaladas as unidades do ginásio vocacional. Esse estudo era base para a elaboração do currículo pelo coletivo da escola.

Em um segundo âmbito, a pesquisa dava vida ao currículo. Isso se dava pelo estudo do meio, método didático fundado na pesquisa da realidade local como fonte da aprendizagem e mecanismo de integração do currículo. Tendo os estudos sociais como núcleo do currículo, o estudo do meio constituía o instrumento para o estudo da comunidade e do meio imediato e mediato onde a escola era situada.

Esse estudo do meio era configurado como pesquisa, com metodologia adequada e enfoque científico.

Tendo como enfoque metodológico central o estudo do meio, a partir do diagnóstico da realidade imediata e mediata eram formuladas propostas de transformação da realidade local. Assim, pesquisa (estudo do meio) e propostas de intervenção social (trabalho) eram o cerne e os principais instrumentos de integração curricular. O currículo efetivamente se organizava em torno do trabalho (como princípio educativo) e da pesquisa (como princípio pedagógico) nos ginásios vocacionais.

FORMAS ALTERNATIVAS DE ORGANIZAÇÃO CURRICULAR

A estrutura curricular dos ginásios vocacionais era disciplinar, fato comum naquela época e ainda hoje preponderante. O currículo era composto pelas seguintes disciplinas: português, matemática, ciências, estudos sociais (geografia e história), língua estrangeira, artes industriais, artes plásticas, práticas comerciais, práticas agrícolas, educação doméstica, educação musical, educação física. Observe-se que, excetuando-se as disciplinas mais "técnicas", o currículo não era muito distinto daquele do curso ginasial convencional da época.

O currículo era nucleado nos estudos sociais e elaborado a partir de um levantamento dos dados socioculturais e socioeconômicos das famílias da cidade onde uma unidade seria implantada. Assim, independentemente de uma concepção comum de organização do currículo, diferenças curriculares podiam ser observadas em função das realidades socioeconômicas distintas das cidades em que os ginásios vocacionais (GV) foram criados. O comum e o diversificado não estavam relacionados à divisão disciplinar do currículo. A proposta curricular comum previa a adaptação às realidades distintas.

Os objetivos de estudos sociais já revelam essa função integradora. Segundo Balzan (1970), os objetivos de estudos sociais eram:

1. Pôr o adolescente em contato com o mundo que o cerca.
2. Contribuir para integrar o indivíduo na sociedade em que vive (desde a comunidade em que vive, até o país e o mundo dos quais participa como cidadão).
3. Desenvolver a consciência da necessidade de estabelecer contato com os diferentes meios de comunicação.
4. Desenvolver a capacidade para discussão e elaboração do trabalho em equipe.
5. Formar o sentimento de nacionalidade.
6. Promover a valorização do ser humano.
7. Valorizar a cultura e consequentemente a hierarquia de valores.
8. Acentuar e elevar, na formação espiritual dos adolescentes, a consciência humanística.
9. Desenvolver o raciocínio do educando: a) levando-o à observação, b) familiarizando-o com os processos de análise, comparação e síntese dos fenômenos estudados, levando-o à formação de conceitos, c) desenvolvendo sua capacidade de compreensão das diferentes organizações culturais em relação aos diferentes meios físicos.
10. Desenvolver atitudes científicas, proporcionando situações que desenvolvam o gosto pela pesquisa, tanto no que se refere aos meios físicos como aos agrupamentos humanos.
11. Desenvolver a capacidade de pensamento simbólico, conforme ele seja representado nas suas convenções ou termos técnicos.
12. Desenvolver no estudante a capacidade de estudar, interpretando com senso crítico o que viu, leu ou ouviu.
13. Dar conhecimentos essenciais sobre os vários campos da Geografia Física e Humana e dos relacionamentos entre o homem e o meio.
14. Localizar no espaço os fatos estudados nas demais áreas, dando sentido de integração a esses fatos.
15. Desenvolver no educando a consciência histórica (consciência da união com o passado numa continuidade que prende e ilumina o futuro...) (Balzan, 1970, pp. 22-23)

"União com o passado numa continuidade que prende e ilumina o futuro..." A formulação do objetivo está longe de ser operacional, como pregará uma corrente pedagógica posterior. No entanto, é preciso destacar que o currículo já era orientado por objetivos e não por uma relação de conteúdos derivados por transposição didática da história e da geografia. A maioria dos objetivos tinha um caráter integrador. Apenas um deles (o de número 13, por ironia) previa a transmissão de conhecimentos.

A proposta pedagógica dos ginásios vocacionais utilizava outras estratégias de integração curricular, como estudos do meio, projetos de intervenção na comunidade (ação comunitária) e planejamento curricular por meio da pesquisa junto à comunidade. Na construção do currículo, procurava-se trazer a realidade social para o interior da escola. Os GVs foram definidos como escolas comunitárias instaladas a partir de sondagens das características culturais e socioeconômicas da localidade (Chiozzini, 2003, p. 3).

A integração vivenciada pelos participantes dos ginásios vocacionais superou a dimensão das propostas de interdisciplinaridade ofertadas atualmente para a educação. A integração nos moldes do ensino vocacional privilegiava a colaboração entre as disciplinas no desenvolvimento de um tema. Além disso, aprofundava as perspectivas do núcleo curricular associadas aos temas problematizados escolhidos por professores e alunos. O núcleo curricular era vinculado à realidade social, o eixo temático capaz de integrar disciplinas e atividades. Os estudos do meio eram especialmente importantes por revelarem aspectos diretos da realidade, e os trabalhos de grupo também eram essenciais por propiciarem troca de conhecimentos entre diferentes pontos de vista (Albergaria, 2004).

INTEGRAÇÃO DA EDUCAÇÃO GERAL COM EDUCAÇÃO PROFISSIONAL

Os educadores do GV consideravam os objetivos de natureza técnica e comportamental como equivalentes aos de cultura geral. Objetivava-se uma formação integral unindo os saberes de cultura humanística e técnica.

A integração das disciplinas de educação geral e educação profissional se realizava por um conjunto de mecanismos internos e de ação externa. Os principais mecanismos internos eram a cantina escolar, a cooperativa, o banco escolar, o escritório contábil e o governo estudantil. Todos eram operados pelos próprios estudantes. Essa constituía a forma efetiva e muito eficaz de valorizar e utilizar didaticamente o trabalho como princípio educativo.

As ações externas compreendiam o acampamento, o estudo do meio e a ação comunitária. O estudo do meio era sem dúvida o principal mecanismo de integração curricular do GV. Sobre ele Rovai (2005) afirma que o estudo do homem no tempo e no espaço constituía o núcleo do currículo dos ginásios vocacionais.

Analisando o depoimento de um professor de artes industriais, Albergaria (2004) mostra como a educação profissional se integra com as outras áreas do currículo, tendo como instrumento o estudo do meio. Ele percebe que o aluno primeiro utiliza a máquina em artes industriais. Depois, no estudo do meio, ele visita uma fábrica e entende a tecnologia. Ao discutir a visita, no momento de reflexão sobre a atividade desenvolvida, o aluno analisa e compreende as relações sociais de produção.

Conhecer o homem e sua cultura começava pelo estudo do meio em que vive. O meio estudado era compreendido como lugar onde se vive e trabalha, incluindo em sua abrangência até o espaço cósmico, mas compreendido também como o aqui e agora, resultado de um processo histórico que se projeta para o futuro. Como esse meio era visto como um todo, geográfica e historicamente integrado, sua abordagem tinha de ser integrada, globalizada, envolvendo a cultura humanística e técnica. Esse constituía um pressuposto central, orientador da organização do currículo do vocacional (Rovai, 2005).

METODOLOGIA DE ENSINO-APRENDIZAGEM

O estudo do meio estava no centro da integração curricular dos ginásios vocacionais. Existem reportagens, uma farta documentação e estudos específicos sobre como o método foi praticado pelo vocacional.

Num universo que se ampliava em círculos concêntricos, os alunos começavam estudando a própria comunidade. O país e o mundo vinham depois, permitindo a descoberta gradual da realidade. O estudo do meio constituía a ligação entre as disciplinas e a realidade exterior e o mundo acadêmico. Os estudos do meio não cabiam num gabarito único pela simples razão de que o meio varia a cada região, a cada bairro. Em Americana, os alunos do primeiro ano estudaram a industrialização rápida da cidade. Os estudantes de Batatais concentraram-se nos problemas de um município agrícola. Quanto aos de São Paulo, no Brooklin, analisaram as múltiplas faces de um bairro metropolitano de classe média. No segundo ano, o objeto de estudo foi o Estado. No terceiro, foi o Brasil como país. Grupos de estudantes viajaram para o Rio de Janeiro, num percurso que incluía a pesquisa do Vale do Paraíba e a siderúrgica de Volta Redonda. Outros foram para as cidades históricas de Minas. O cenário do quarto ano era o mundo, ou as fronteiras mais próximas dos vizinhos sul-americanos. Apenas uma turma chegou a ir até a Bolívia. Os projetos de contato com outros países foram impedidos ou dificultados pelos militares (Biancarelli, 2002).

Além dessa ampliação gradativa do limite espacial da investigação, a organização dos estudos do meio previa que as pesquisas fossem ganhando complexidade, à medida que os estudantes fossem adquirindo experiência com a metodologia.

O estudo do meio envolvia visitas a indústrias, empresas comerciais, instituições de saúde e outras. Eles eram ampliados em seus objetivos e organização a partir da integração na realidade mais simples. Paulatinamente, iam abraçando realidades mais complexas envolvendo a zona industrial, a comercial e a agrícola. Eram realizados treinos de alguns trabalhos (ocupação ou profissão) pelo período de uma semana, visando, além da integração das disciplinas teóricas e práticas, sobretudo, que o educando fosse compreendendo a complexidade das relações sociais e de trabalho. Havia atenção especial para a vivência fora da escola, em contato com a realidade social mais ampla. Os problemas observados nos estudos do meio eram estudados e discutidos na escola e acabavam por desencadear outras unidades de estudo (Tamberlini, 2001).

O planejamento pedagógico de um estudo do meio acontecia em várias etapas (Albergaria, 2004):

> » discussões em reuniões (Conselho Pedagógico) para determinar um primeiro plano (planejavam, discutiam, avaliavam, propunham, decidiam);
> » surgimento de planejamentos específicos que eram organizados por alguns professores que não eram da área de estudos sociais;
> » adequação do planejamento específico de cada área ao planejamento global (feito pela área de estudos sociais, responsável por tarefas mais amplas) formando um planejamento único que continha as avaliações de cada disciplina e uma avaliação global.

Depois de realizado o estudo do meio, o processo de integração curricular continuava. Após o retorno (das atividades externas) à escola, os estudantes tinham lá dois ou três dias para apresentar os relatórios parciais, o relatório de cada grupo, de cada equipe. Cada equipe apresentava seu relatório com orientação dos professores e depois era feita uma assembleia onde se discutiam os principais assuntos e eram tiradas conclusões. Frequentemente, surgiam novas questões que deveriam ser resolvidas, estudadas e pesquisadas durante o bimestre (Albergaria, 2004).

AVALIAÇÃO COMO MECANISMO DE INTEGRAÇÃO CURRICULAR

Os relatórios dos estudos do meio eram também fundamentais no processo de avaliação da aprendizagem. Surgindo de uma abordagem integrada do currículo, os relatórios reforçavam essa integração e eram pontos de articulação que geravam novos elos entre as disciplinas.

A elaboração dos relatórios das equipes já era uma forma de avaliar a participação dos estudantes e os debates realizados. Para cada um da equipe que chegava e lia o seu relatório, os professores faziam perguntas e apresentavam questões. Os estudantes tinham que se valer dos conhecimentos desenvolvidos para propor soluções para aquelas questões levantadas pelos professores, e isso constituía uma parte da avaliação. Era feita desse jeito, e depois em cada disciplina isso também era retomado. As diversas disciplinas participavam e avaliavam o trabalho de cada estudante enfocando o que era próprio de cada uma delas.

INFRAESTRUTURA E PESSOAL DOCENTE E TÉCNICO-ADMINISTRATIVO

Podemos destacar dois mecanismos administrativos fundamentais à integração curricular praticada nos ginásios vocacionais: o Serviço de Ensino Vocacional (SEV) e o Conselho Pedagógico. O papel do Conselho Pedagógico na integração curricular já foi abordado em itens anteriores. O SEV foi responsável por manter a unidade da experiência, especialmente quanto à opção curricular e enquanto ela durou.

O mesmo decreto criou os ginásios vocacionais e o Serviço do Ensino Vocacional, órgão destinado a planejar, orientar e avaliar essa nova modalidade de ensino, bem como desenvolver programas de capacitação e estágio para o magistério e estudantes universitários.

Ao longo de sua existência, além de planejar, supervisionar e avaliar o trabalho dos ginásios vocacionais diurnos e noturnos, o curso colegial e os cursos complementares, o SEV desenvolveu cursos de capacitação pedagógica para professores da rede estadual. Essa atividade significou a extensão dos métodos de trabalho desenvolvidos nas unidades de ensino vocacional ao conjunto da rede pública de ensino do Estado de São Paulo (Mascellani, 1999).

A capacitação dos docentes foi um dos pontos essenciais para garantir os bons resultados dos ginásios vocacionais. Havia cursos de capacitação e reuniões frequentes com o pessoal administrativo, técnico e docente das unidades.

Outro aspecto decisivo na capacitação dos docentes foi o regime de trabalho dos professores e orientadores dos ginásios vocacionais. Inicialmente, esse regime de trabalho foi de 36 horas semanais, passando depois para 40 e 44 horas semanais, quando a nova legislação assim permitiu. As funções dos professores incluíam preparação de aulas e atividades; seleção de bibliografia e textos de estudo; orientação do estudo dirigido; observação de alunos e elaboração de suas fichas; organização do estudo do meio; planejamento do trabalho de avaliação e cuidado com a documentação dos alunos em sua área (Mascellani, 1999).

O trabalho individual e coletivo na preparação das atividades integradas e a capacitação no interior das próprias unidades foram decisivos na preparação dos docentes do vocacional.

O ginásio vocacional é uma experiência de integração curricular perdida no passado, mas é impressionante como se mostra atual em relação às questões de integração curricular que busca responder.

Um aspecto muito importante dessa experiência é que ela não briga com a organização disciplinar do currículo. Assume-a como um dado e cria sobre ela uma estratégia de integração que vai além da resolução dos problemas restritos à fragmentação curricular.

RIO DE JANEIRO – FUNDAÇÃO OSWALDO CRUZ (FIOCRUZ)

A Escola Politécnica de Saúde Joaquim Venâncio (EPSJV), criada em 1985 no Rio de Janeiro, é uma unidade técnico-científica da Fundação Oswaldo Cruz (Fiocruz). É responsável pela coordenação e pela execução das atividades de ensino, pesquisa e cooperação técnica na área de educação profissional para a saúde. Em relação ao ensino, a EPSJV oferece cursos de formação inicial e continuada e técnicos de nível médio nas áreas de Vigilância, Atenção, Informações e Registros, Gestão, Técnicas Laboratoriais e Manutenção de Equipamentos. Os cursos técnicos são desenvolvidos na modalidade integrada ao ensino médio (Fiocruz, s/d.).

Em relação ao ensino médio integrado, a experiência da EPSJV poderia ser considerada restrita, uma vez que sua responsabilidade direta é limitada aos dois cursos técnicos que abrigava em 2012: Análises Clínicas e Gerência de Saúde. No entanto, como Secretaria Técnica da rede de Escolas Técnicas do SUS (ETSUS), a Escola Politécnica de Saúde Joaquim Venâncio tem a função de facilitar a articulação, a mobilização e a cooperação técnica entre todas as ETSUS espalhadas pelo território nacional. A rede ETSUS é composta por 36 escolas públicas, a maioria vinculada diretamente à gestão do Sistema Único de Saúde (SUS) – em nível estadual, municipal ou federal. Sua coordenação geral é responsabilidade da Secretaria de Gestão do Trabalho e da Educação na Saúde do Ministério da Saúde (SGTES/MS).

Essa e outras atividades que abrangem o território nacional mais acordos e mecanismos de cooperação internacional tornam a EPSJV uma referência nacional na área de educação profissional em saúde no Brasil.

Quanto à oferta direta de educação profissional de nível técnico, a EPSJV oferece todas as possibilidades permitidas pelas normas vigentes:

a) integrada, em matrícula única, para alunos que vêm do ensino fundamental e lá cursam o ensino médio e a habilitação profissional;

b) concomitante, para alunos que cursam a habilitação profissional na ESPJV e o ensino médio em outra escola;

c) subsequente, para alunos que já concluíram o ensino médio.

OBJETIVOS DO ENSINO MÉDIO

O *site* da Escola Politécnica de Saúde Joaquim Venâncio afirma que a educação profissional técnica de nível médio tem por finalidade formar técnicos de nível médio para atuarem nos diferentes processos de trabalho em saúde, ciência e tecnologia nas habilitações técnicas reconhecidas pelos órgãos oficiais e profissionais. Ao se referir aos cursos técnicos integrados ao ensino médio, prevê, como objetivo dessa modalidade, consolidar a educação básica, possibilitando o prosseguimento dos estudos e a preparação básica para o trabalho em saúde e para o exercício da cidadania, nos termos das normas vigentes, na forma integrada à educação profissional técnica de nível médio.

A especificidade da proposta da EPSJV começa no detalhamento desses objetivos mais gerais. Por exemplo, ao tratar especificamente dos objetivos da educação profissional, o Projeto Político Pedagógico (PPP) estabelece, como objetivo, "formar trabalhadores para serem dirigentes comprometidos com um projeto de saúde pública ampliado, com o processo de humanização dos serviços de saúde e com a construção de sociedade justa e igualitária" (Fiocruz/EPSJV, 2005, p. 145). Postula a formação de um trabalhador que promova a reunião das capacidades de pensar e executar o trabalho, superando a divisão promovida pela organização clássica do trabalho. Almeja formar profissionais não apenas teoricamente mas também praticamente, num processo em que se aprende praticando; e, pela prática, compreendem-se os princípios científicos que estão direta e indiretamente na base dessa forma de organizar o trabalho na sociedade (Fiocruz/EPSJV, 2005).

Sendo ainda mais específico, o PPP formula como objetivos da educação profissional integrada ao ensino médio:

- » fazer a crítica do capitalismo no trabalho, na ciência e tecnologia, na saúde, na cultura, na vida social em geral;
- » relacionar o particular e o universal;
- » compreender as formas do capitalismo desigual e combinado hoje, e sua tradução na educação;
- » dominar o processo de trabalho como um todo, inserido e articulado ao exercício da cidadania;
- » assumir a condição de sujeito como indivíduo singular e com consciência geral;
- » educar os sentimentos, a sensibilidade e os sentidos.

O PPP também define objetivos gerais para a parte de educação geral do currículo que podem servir como mecanismos de integração. O ensino médio deve proporcionar ao aluno o listado a seguir.

- » O domínio da estrutura da língua, para que ele adquira desenvoltura e autonomia de pensamento e expressão oral e escrita, por meio de leitura, interpretação e produção de textos a partir do acesso a produções artísticas, jornalísticas, literárias, científicas e culturais em geral.
- » A apropriação de uma língua falada por uma comunidade de outra cultura, a fim de que possa se familiarizar com produções linguísticas científicas e culturais, ampliando a troca e a aquisição de novos conhecimentos.
- » O acesso a diferentes códigos e linguagens que vêm sendo desenvolvidos pela informática, identificando seus recursos como meios facilitadores na aquisição, divulgação e produção de conhecimento.

» O acesso a métodos básicos de experimentação consagrados historicamente, estimulando a sua sensibilidade e a familiaridade por meio do permanente contato com a pesquisa, o que favorecerá o exercício do pensamento e da produção técnica e científica para elaboração de projetos e de monografias que relacionem o pensar ao fazer.

» Identificar e analisar as informações referentes ao pensamento social e econômico brasileiro nos diferentes tempos históricos e espaços físico-culturais de maneira que possa contextualizá-los, percebendo suas relações, causas e consequências conjunturais e estruturais para a própria sociedade brasileira, a América Latina e o mundo.

» Perceber seu corpo, suas transformações biológicas e emocionais, por meio de expressões artísticas, corporais e esportivas, levando-o à atenção com a saúde física, a afetiva e a mental e com a saúde do outro.

» Adquirir outros valores, além daqueles que já trazem, por meio do desenvolvimento de uma formação ética, de uma autonomia intelectual e de um pensamento crítico.

Da mesma forma, o PPP define objetivos para o segmento de formação geral do currículo do curso técnico de Gerência de Saúde, apresentados a seguir.

» Formar técnicos de nível médio em gestão de serviços de saúde.

» Explorar a capacidade crítica e o diálogo, preparando o aluno para as novas exigências do mundo do trabalho, aumentando as condições de empregabilidade. Conduzir o aprendizado no sentido da reflexão e da criação de sujeitos coletivos, atores corresponsáveis pelas ações envolvidas no interior das organizações de saúde.

» Detalhar na prática as várias faces do processo de trabalho em saúde, interagindo com o usuário dos serviços.

» Sistematizar a integração da área meio com as ações finalísticas, por meio da ação prática da gestão.

» Operar mudanças na prática gerencial entre as áreas meio e fim dos serviços de saúde.

» Atender a demanda que se origina da própria transformação do mundo do trabalho, no qual novas profissões estão sendo geradas.

Os objetivos do ensino médio e os objetivos da educação profissional são definidos separadamente, mas estão coerentes com os objetivos mais gerais. A definição de objetivos poderia ser mais usada e destacada no PPP como elemento importante para a integração curricular.

TRABALHO E PESQUISA COMO PRINCÍPIOS

O trabalho é um dos eixos do PPP da Fiocruz para a integração curricular, como será melhor apresentado no próximo item deste texto. Defende que a todo trabalhador deve ser garantida a educação básica como essência para um processo formativo dos profissionais que os possibilite se tornarem dirigentes. Coerentemente, a educação profissional é integrada ao ensino médio a partir da concepção da escola politécnica, que declaradamente está na base da proposta curricular.

A ideia de politecnia implica uma formação que desenvolva a compreensão das bases de organização do trabalho a partir do próprio trabalho social (Fiocruz/EPSJV, 2005).

O projeto pedagógico considera que uma educação transformadora não pode se contentar com a compreensão da realidade. É preciso também engajar os alunos em processos de transformação. Para tanto, a compreensão e o conhecimento dos "princípios científicos que estão na base desta forma de organizar o trabalho" (Fiocruz/EPSJV, 2005, p. 64) são necessários, porém não suficientes para a transformação de uma realidade de trabalho prevalente no campo da saúde.

O PPP diagnostica que no campo da saúde há convívio contraditório entre processos de trabalho que exigem do trabalhador resolução de problemas ou necessidade de pensamento reflexivo, criação e autonomia com a permanência de forte traço taylorista/fordista na organização de trabalho, com tarefas simples e rotineiras, prescritas, além de intensa divisão técnica do trabalho entre concepção e execução. Como não poderia deixar de ser, a educação profissional é chamada para responder às questões advindas desse quadro.

Para tanto, é preciso pensar, criar e dominar formas de participação e de indução de processos de mudança. É preciso formar trabalhadores críticos capazes de criar e concretizar novas e mais justas formas de organização e de distribuição dos serviços de saúde. Por isso, a perspectiva da tecnologia educacional valorizada no PPP favorece um processo que conduz à transformação do homem e de sua realidade. O papel do educador é promover a reflexão pelo educando, ampliando seu conhecimento e colaborando para o desenvolvimento de uma consciência crítica.

A pesquisa também é afirmada e destacada como princípio educativo do currículo. Uma das ênfases do PPP se dá sobre a pesquisa a respeito dos processos de trabalho existentes nos serviços de saúde. A análise de processo de trabalho é empreendida simultaneamente por docentes e discentes e é constituinte dos modos de ensinar e do processo de aprendizagem. O PPP afirma que a aprendizagem não pode ser desconectada do entendimento das práticas dos serviços, da pesquisa e da produção em saúde. A EPSJV compreende que o aluno deve ser instigado a pensar conceitualmente nos espaços de trabalho, apreendendo o modo científico de produzir conhecimentos sobre o mundo. A formação não deve ser restrita ao exercício de religar o trabalho ao processo de produção de conhecimento. Sempre que possível, também deve promover a produção de conhecimentos sobre o trabalho.

A proposta da Fiocruz é importante porque aponta caminhos promissores para uma prática do currículo integrado, na perspectiva da educação politécnica ou tecnológica.

FORMAS ALTERNATIVAS DE ORGANIZAÇÃO CURRICULAR

Os princípios pedagógicos explícitos no PPP da Fiocruz/EPSJV para o ensino médio integrado são considerados comuns a todas as áreas de conhecimento e expressam-se nos seguintes conceitos:

» INTERDISCIPLINARIDADE, entendida como processo de interação e articulação entre as disciplinas, as quais contribuem com seu corpo de conhecimento autônomo para a busca do exercício de pensamento e de ação;
» CONTEXTUALIZAÇÃO, considerada fundamental para tornar viável a interdisciplinaridade;
» HISTORICIDADE, considerada fundante, na medida em que as sociedades resultam de ações e produções humanas referidas a cada momento histórico;
» CARÁTER SOCIAL das produções humanas, que evidencia a possibilidade e a necessidade de compartilhamento dos saberes, para favorecer o comprometimento, a autonomia e a solidariedade de todos os envolvidos no processo de aprendizagem;
» ABORDAGEM PEDAGÓGICA, que permita que os aspectos evidenciados perpassem diferentes construções sociais, valores e culturas;
» VALORAÇÃO DA INICIAÇÃO CIENTÍFICA, que possibilita ao aluno acessar o universo da ciência a partir da própria prática e experimentação.

No PPP da EPSJV, de modo similar à maioria das experiências, não existe uma congruência precisa entre as proposições teóricas e o desenho curricular. No ensino médio, o currículo da parte comum é organizado em torno das mesmas áreas e disciplinas sugeridas nas antigas *Diretrizes curriculares nacionais para o ensino médio* e nas *Diretrizes curriculares do ensino técnico de nível médio*. Até novembro de 2015, o PPP publicado ainda não estava reelaborado em função das novas diretrizes.

As áreas são integradas por competências, e as disciplinas, detalhadas em objetivos e conteúdos. O currículo do ensino médio é separado do currículo da educação profissional, inclusive em matrizes curriculares distintas e diferentes formatos de texto, acompanhando as diferenças existentes nas respectivas diretrizes curriculares (ensino médio e educação profissional).

No entanto, na proposta de ensino médio integrado o PPP afirma que compartilha a visão de que não basta efetivar uma integração entre partes fragmentadas do conhecimento para garantir ao trabalhador a compreensão da totalidade de seu trabalho. A interdisciplinaridade na construção do conhecimento nada mais é do que a inter-relação entre conteúdos fragmentados, que não supera os limites da divisão e da organização formal dos conteúdos, simétrica à divisão social e técnica do trabalho. A compreensão da totalidade das relações exigidas para a inserção responsável do aluno na vida social e para a promoção do conceito ampliado de saúde se dará por meio de uma rearticulação do conhecimento, capaz de configurar uma compreensão nova e superior da totalidade, ausente no ponto de partida.

Mais do que no interior do currículo de educação geral, mais resistente à transformação, essa consciência vai exigir mecanismos específicos de integração entre o ensino médio e a educação profissional.

INTEGRAÇÃO DO ENSINO MÉDIO COM EDUCAÇÃO PROFISSIONAL

O PPP da EPSJV inclui quatro mecanismos muito interessantes de integração curricular: o Projeto Trabalho, Ciência e Cultura (PTCC), a Iniciação à Educação Politécnica (IEP), a integração ensino-serviço e a integração com o território.

Sobre o PTCC, consta que se trata de um projeto de iniciação científica desenvolvido com alunos dos cursos técnicos da EPSJV a partir de uma concepção de educação pela pesquisa. O PTCC confere ao jovem profissional de nível médio o *status* de produtor de conhecimento, defendendo, portanto, que o pensar e o fazer são partes inerentes do trabalho humano.

A carga horária do PTCC é regular ao longo dos três anos dos cursos técnicos da EPSJV, com um programa de conteúdos, um corpo de professores e avaliação sistemática. O projeto é encerrado com apresentação de uma monografia de conclusão de curso. Para elaborar essa monografia, há apoio de cursos, seminários e orientação de um professor. Essa monografia deve evidenciar a reflexão sobre os temas investigados, articulando conhecimentos e práticas da educação básica e da educação profissional.

O PTCC foi criado em 2001, como componente da parte diversificada do currículo do ensino médio. Hoje está estendido a todos os alunos dos cursos técnicos de nível médio da EPSJV. Seu objetivo é possibilitar aos estudantes a compreensão e a vivência das práticas científicas pelo convívio com educadores/orientadores durante as três séries do curso. É um convite à reflexão, à sistematização e ao resgate do prazer do saber, da curiosidade, da descoberta e da reinvenção permanente nas relações com o conhecimento.

É importante observar que o PTCC deve articular todo o currículo do ensino médio integrado à educação profissional. A EPSJV publica, anualmente, uma coletânea de artigos de alunos gerados a partir das monografias desenvolvidas no PTCC. É a série *Iniciação científica na educação profissional em saúde: articulando trabalho, ciência e cultura*. Desta forma, como em todo projeto, existe um produto final.

A IEP é outro componente curricular com função integradora. Ela trabalha com os eixos de política, ciência, saúde e trabalho, como pode ser visto no *site* da ESPJV. A IEP é um componente curricular presente em todos os cursos técnicos da EPSJV. Esse componente ocorre ao longo de três anos e é articulado com o PTCC. Esse momento da formação busca garantir que todo técnico em saúde compreenda as determinações sócio-históricas do processo saúde-doença e do trabalho em saúde, incluindo as bases históricas e conceituais da organização das políticas de saúde no Brasil. Desta forma, há como expectativa que os técnicos em saúde constituam-se como sujeitos políticos na construção do SUS.

Embora seja baseada no desenvolvimento de conteúdos organizados nos eixos de saúde, política, trabalho e ciência, o que poderia fazer retroagir a uma metodologia simplesmente expositiva e informativa, a IEP prevê um dispositivo de ensino-aprendizagem denominado Trabalho de Integração (TI). Esse dispositivo consiste na formulação de uma prática investigativa, apoiada por um trabalho de campo, sob orientação docente. Envolve temas como saúde da mulher, saúde mental, regionalização, gestão hospitalar, território e vigilância em saúde, Programa de Saúde da Família (PSF), transplante e doação de órgãos, laboratórios de saúde pública, entre outros. Além disso, promove oficinas de leitura, nas quais os alunos discutem textos literários e científicos, e produzem resumos, resenhas e relatórios, com objetivo de fortalecer as capacidades de leitura e produção de textos.

Essas duas primeiras modalidades de integração estão muito centradas em processos de investigação e crítica da realidade. As outras duas modalidades de integração são mais diretamente voltadas para ações potencialmente transformadoras das condições reais. A primeira delas é a INTEGRAÇÃO ENSINO-SERVIÇO, entendida como trabalho coletivo de estudantes e professores com trabalhadores e gestores das equipes dos serviços de saúde, com objetivos comuns e complementares (Albuquerque *et al.*, 2008).

A integração ensino-serviço é mais própria do curso técnico de Agente Comunitário de Saúde, que forma os trabalhadores do SUS. Acredita-se que, com a mudança no foco da formação dos profissionais de saúde e com a inserção dos processos de ensino-aprendizagem no interior dos serviços de saúde, seja possível realizar duas mudanças essenciais para o SUS: alterar positivamente os processos de trabalho e alterar, também positivamente, o paradigma predominante da educação profissional em saúde (Pereira & Fracolli, 2011).

A INTEGRAÇÃO COM O TERRITÓRIO é outra forma de integração trabalhada em diversos cursos da escola, com destaque para o Programa de Formação de Agentes Locais de Vigilância em Saúde (Proformar), que já formou mais de 35 mil trabalhadores da área de vigilância em saúde em todo o país. A integração com o território utiliza o **TRABALHO DE CAMPO** como estratégia fundamental.

O trabalho de campo consiste em atividade prática realizada ao final de cada módulo do curso. É o momento em que as aprendizagens conceituais são cotejadas com a realidade da organização dos serviços de saúde e com a situação de saúde da população. Os alunos elaboram um diagnóstico das condições de vida e da situação de saúde da população do seu território de atuação e organizam propostas de intervenção sobre os problemas encontrados. Para isso se apoiam na observação em campo e no uso pedagógico de entrevistas, imagens fotográficas e mapas. Essas propostas são construídas ao final do curso pelos alunos, que juntam, analisam e sintetizam as informações que reuniram para determinar situações-problema de saúde.

O trabalho de campo tem três etapas, apresentadas a seguir.

1. Levantamento de informações para conhecimento ou reconhecimento das condições de vida e da situação de saúde do território.
2. Análise das condições de vida e da situação de saúde, como subsídios para planejar práticas de vigilância em saúde destinadas à resolução dos problemas identificados.
3. Estruturação das práticas comunicativas e educativas de promoção e proteção nas áreas de atuação da vigilância em saúde: vigilância ambiental, sanitária e epidemiológica.

Essas duas últimas formas de integração, especialmente o trabalho de campo, podem ser adaptadas para gerar mecanismos de integração curricular para além do campo profissional da saúde.

METODOLOGIA DE ENSINO-APRENDIZAGEM

O papel da metodologia de ensino-aprendizagem na integração curricular é pouco explorado nos documentos disponíveis, embora muitas das atividades descritas em itens anteriores já tenham aspectos metodológicos importantes envolvidos. As referências metodológicas diretas, quando aparecem, misturam-se às concepções de ensino e pesquisa que redundam nos mecanismos de integração curricular já analisados.

Alguns mecanismos clássicos de integração curricular também ganham uma abordagem que enfatiza a metodologia de ensino na sua concretização. Por exemplo, ao explanar nos detalhes as formas em que a INTERDISCIPLINARIDADE pode ser tratada como um princípio pedagógico importante, o PPP afirma: "as relações entre as disciplinas serão estabelecidas mediante os métodos e procedimentos que forem empregados, pelo objeto que pretendam conhecer e pesquisar, ou ainda, pelo tipo de habilidades que desenvolvam" (Fiocruz/EPSJV, 2005, p. 151).

AVALIAÇÃO COMO MECANISMO DE INTEGRAÇÃO CURRICULAR

Além dos quatros mecanismos básicos de interação entre o ensino médio e a educação profissional que foram explorados em item anterior, o tratamento dado à avaliação dos resultados do processo de ensino-aprendizagem é uma forma destacável de integração curricular na Fiocruz. O PORTFÓLIO constitui uma forma de avaliação que pode favorecer a integração curricular. Em síntese, o portfólio é definido como uma coleção sistemática e organizada de evidências, a partir de resultados de trabalhos usados para monitorar o desenvolvimento dos conhecimentos, competências e atitudes dos estudantes. É uma ferramenta pedagógica que registra os trabalhos desenvolvidos pelos alunos e dá visibilidade a tais trabalhos. Assim, permite acompanhar o desenvolvimento do processo de ensino-aprendizagem, como um instrumento reflexivo que enriquece o processo educativo. Por isso, é fundamental que haja acompanhamento, análise e reflexão sobre sua produção.

É importante saber, para efeitos de integração curricular, que o portfólio é uma forma de avaliação comum a todos os professores, sejam eles de educação geral ou de educação profissional. O mesmo instrumento de avaliação, ao ser usado por todos os professores, exige um olhar comum sobre os processos de aprendizagem e sobre seus efeitos, superando a fragmentação. A experiência da Fiocruz mostra o potencial da avaliação interna como mecanismo de integração curricular.

INFRAESTRUTURA E PESSOAL DOCENTE E TÉCNICO-ADMINISTRATIVO

A estrutura administrativa da EPSJV não foi projetada visando à integração curricular. Sua estrutura é compatível com uma divisão determinada do trabalho de nível técnico da área da saúde. No entanto, pudemos perceber uma unidade administrativa que deriva diretamente da integração curricular: o Laboratório de Iniciação Científica na Educação Básica. Esse laboratório é a base concreta da pesquisa como princípio educativo. Seu objeto é a educação em ciências, por meio de práticas interdisciplinares de pesquisa em iniciação científica no ensino médio (Fiocruz/EPSJV, 2005).

O laboratório fornece uma estrutura administrativa ao PTCC, principal mecanismo de integração entre ensino médio e educação profissional.

A capacitação de docentes para a escola e para a rede de formação técnica de nível médio do SUS constitui uma das preocupações básicas da EPSJV. A iniciativa que merece mais destaque é a especialização em educação profissional. Essa pós-graduação se destina a professores que atuam na educação profissional em saúde e a demais portadores de diploma de graduação interessados em aprofundar conhecimentos nesse campo (Fiocruz/EPSJV, 2005, p. 13).

Outra iniciativa importante é o Programa de Aperfeiçoamento do Ensino Técnico (Paetec). Trata-se de um modelo de fomento ao desenvolvimento da pesquisa científica entre docentes da educação profissional em saúde. O programa

> destina-se à fixação de profissionais que possuam mestrado e experiência no desenvolvimento de programas de formação de

trabalhadores em saúde, na produção de materiais didático-pedagógicos, sob a forma textual ou multimídia, e na pesquisa científica nos campos temáticos da educação, do trabalho e da saúde. (Fiocruz/EPSJV, 2005, p. 15)

Além dessas iniciativas diretas de capacitação docente, a Fiocruz edita um conjunto de publicações destinadas ao apoio ao trabalho docente. Uma das mais importantes é a série *Trabalho e formação em saúde*, organizada pela EPSJV com apoio da Organização Panamericana da Saúde. Esse é um projeto que publica livros orientados para uma formação crítica e qualificada dos profissionais de nível médio que trabalham na área da saúde pública. Esses textos buscam desenvolver a capacidade de pensar a própria prática, indo além da mera execução mecânica de tarefas. Os autores desses livros "compartilham o mesmo projeto, utópico, que busca instituir o novo e que se traduz em vontade política e competência técnica" (Fiocruz/EPSJV, 2005, p. 18).

Outro exemplo é a produção de material didático do Proformar. O conteúdo do curso está organizado em sete volumes, que se articulam com outros materiais: guia do aluno, um caderno de atividades do trabalho de campo, um guia do tutor e quatro vídeos. São materiais que "estimulam alunos e tutores a construir e reconstruir os conhecimentos necessários ao agente de vigilância em saúde no que diz respeito a sua competência técnica e sua identidade como agente das práticas locais do Sistema Único de Saúde" (Fiocruz/EPSJV, 2005, p. 18).

Esses materiais são utilizados em diferentes momentos de aprendizagem e podem viabilizar um diálogo crítico com as diversas propostas para o campo da vigilância em saúde.

SÃO PAULO – CENTRO PAULA SOUZA

O Centro Estadual de Educação Tecnológica "Paula Souza" é uma autarquia de regime especial do governo do Estado de São Paulo. É mais conhecido pelo nome reduzido de Centro Paula Souza e oferece cursos de ensino médio e ensino superior tecnológico, incluindo pós-graduação.

O Centro Paula Souza foi criado em 1969, e seu atual regimento foi aprovado pelo Decreto Estadual nº 58.385, de 13 de setembro de 2012. Mantém 218 Escolas Técnicas Estaduais (Etecs) distribuídas por 161 municípios paulistas. As Etecs atendem mais de 212 mil estudantes, distribuídos entre o ensino técnico concomitante ou subsequente, técnico integrado ao ensino médio e ensino médio. São oferecidos 135 cursos técnicos para os setores industrial, agropecuário e de serviços. Esse número inclui 5 cursos técnicos na modalidade semipresencial, 27 cursos técnicos integrados ao ensino médio e 4 cursos técnicos integrados ao ensino médio na modalidade de educação de jovens e adultos (EJA). A oferta de cursos e turmas ainda está em expansão no Centro Paula Souza.

Há 99 títulos de cursos técnicos oferecidos nas três modalidades possíveis previstas nas normas: concomitante, subsequente ou integrado ao ensino médio. Os 26 títulos considerados como integrados ao ensino médio pelo Centro Paula Souza são assim definidos por terem matrícula única.

Na prática, ainda é muito mais perceptível, nesses 26 cursos com matrícula única, a existência de dois currículos justapostos e complementares, embora haja graus diversos de interdisciplinaridade e alguns outros mecanismos que proporcionam oportunidades efetivas de integração entre o ensino médio e a educação profissional pela perspectiva dos estudantes.

Neste livro, analisamos como caso específico o curso técnico em Automação Industrial integrado ao ensino médio oferecido na Etec Armando Pannunzio. É a terceira Etec no município de Sorocaba. Foi instalada em 2011, a partir de convênio entre o Centro Paula Souza e a prefeitura. A criação da escola foi oficializada em 2012, mas o curso técnico de Automação Industrial já funcionava desde o segundo semestre de 2011, como extensão de outra escola técnica do mesmo município. A Etec oferece os seguintes cursos técnicos subsequentes ou concomitantes, além do curso técnico em Automação Industrial integrado ao ensino médio: Administração, Automação Industrial, Instrumentação e Recursos Humanos. Há 372 estudantes matriculados no conjunto dos cinco cursos oferecidos. Já houve 75 concluintes da Etec de Sorocaba diplomados, oriundos das turmas em que foram matriculados em concomitância ou subsequência ao ensino médio.

Na época da realização de nossa pesquisa, havia uma turma do curso técnico em Automação Industrial integrado ao ensino médio iniciada em 2014, com 40 estudantes matriculados e aulas no período diurno, das 7 horas às 15h30. Os estudantes do curso técnico integrado ao ensino médio recebem refeições no ambiente da escola. Esses estudantes deveriam concluir o curso em 2016.

OBJETIVOS DO ENSINO MÉDIO

Na situação analisada, os objetivos do ensino médio estão estruturados a partir de competências a desenvolver e têm como suporte conceitual os princípios contemplados na legislação e nas normas recentes para o ensino médio e para a educação profissional integrada ao ensino médio.

Assim, esses objetivos podem facilitar e até reforçar a integração curricular, pois apontam para resultados que demandam esforços abrangentes para a aprendizagem dos estudantes, com indicadores que tratam de desempenhos esperados, de processos construídos em ações coletivas e da valorização do envolvimento de todos na busca de engajamento em projetos de vida e de trabalho.

O curso técnico em Automação Industrial integrado ao ensino médio apresenta em seu plano de curso uma estrutura curricular que separa o bloco de competências da educação geral (ensino médio) do bloco correspondente ao curso técnico. Os conjuntos de competências são agrupados e orientados para uma visão mais sistêmica no processo de ensino-aprendizagem, mas a matriz curricular ainda deixa claro que as áreas de conhecimento estão organizadas a partir das disciplinas clássicas do ensino médio:

» área de linguagens, códigos e suas tecnologias: língua portuguesa e literatura, artes, educação física e língua estrangeira moderna – inglês + espanhol;
» área de ciências humanas e suas tecnologias: história, geografia, filosofia e sociologia;
» área de ciências da natureza, matemática e suas tecnologias: matemática, física, química e biologia.

A duração total da parte de educação geral do ensino médio totaliza 2.509 horas, distribuídas em três anos.

Na parte de educação profissional, as disciplinas já correspondem mais diretamente a campos específicos que aglutinam objetivos e ementas que poderiam também corresponder a competências específicas do técnico em Automação Industrial: eletricidade básica; instalações elétricas; aplicativos informatizados; eletrônica analógica I e II; comandos elétricos I e II; desenhos aplicados à automação; metrologia; ética e cidadania organizacional; planejamento e desenvolvimento do trabalho de conclusão de curso (TCC) em automação industrial; segurança ambiental e do trabalho; sistemas automatizados; microcontroladores; técnicas de manutenção e qualidade de produção; programação aplicada; robótica. Essas disciplinas de educação profissional também estão distribuídas ao longo dos três anos do curso e totalizam mais 1.802 horas. Assim, a carga horária total é de 4.311 horas.

Essa carga horária bem superior à soma dos mínimos de carga horária do ensino médio e da educação profissional, que seria de 3.600 horas no caso desse curso, permite que vários objetivos mais abrangentes e integradores sejam também perseguidos durante o curso. Os objetivos que caracterizam o perfil profissional de conclusão da habilitação técnica são os que têm maior potencial de integração, especialmente no caso do componente curricular denominado "Planejamento e desenvolvimento do trabalho de conclusão de curso em automação industrial".

TRABALHO E PESQUISA COMO PRINCÍPIOS

O plano do curso técnico em Automação Industrial integrado ao ensino médio apresenta um tópico denominado "Metodologia da integração" (Centro Paula Souza, 2011, pp. 91-95), no qual há a seguinte listagem de dez princípios pedagógicos:

a) leitura crítica da realidade e inclusão construtiva na sociedade da informação e do conhecimento;

b) aprendizagem como processo de construção coletiva em situações e ambientes cooperativos;

c) compartilhamento da responsabilidade do ensino-aprendizagem por professores e alunos;

d) respeito a diversidade, valorização da subjetividade e promoção da inclusão;

e) ética de identidade, estética da sensibilidade e política da igualdade;

f) autonomia, protagonismo e aprender a aprender;

g) contextualização do ensino-aprendizagem;

h) interdisciplinaridade, transdisciplinaridade e formação de profissionais polivalentes;

i) problematização do conhecimento;

j) trabalho por projeto no desenvolvimento e na avaliação do ensino-aprendizagem.

Essa listagem e seu detalhamento indicam que há possibilidade prática de adoção do trabalho e da pesquisa como princípios educativos, embora sejam muito gerais as indicações para que isso seja efetivo.

O perfil de conclusão do curso é focado em atividades de trabalho. Entretanto, a referência é prioritariamente sobre a execução profissional da atividade profissional do técnico em Automação Industrial, sem que haja menção mais clara ao enfoque ontológico do trabalho como princípio educativo.

Há, também, uma listagem de atividades didáticas recomendadas que inclui a pesquisa como recomendação metodológica valorizada no plano de curso.

A proposta do TCC é mais explícita sobre a pesquisa: "O Trabalho de Conclusão de Curso deverá envolver necessariamente uma pesquisa empírica, que somada à pesquisa bibliográfica dará o embasamento prático e teórico necessário para o desenvolvimento do trabalho" (Centro Paula Souza, 2011, p. 96).

A prática das atividades docentes e das atividades realizadas pelos estudantes mostra que o trabalho concreto é referência constante e prioritária nas ações, o que contribui efetivamente para a integração curricular.

A pesquisa também é um princípio pedagógico bastante valorizado nas atividades de aprendizagem, em especial na elaboração dos trabalhos referentes aos projetos interdisciplinares e no TCC.

FORMAS ALTERNATIVAS DE ORGANIZAÇÃO CURRICULAR

O currículo do curso técnico em Automação Industrial integrado ao ensino médio oferecido na Etec de Sorocaba apresenta uma organização curricular congruente com o padrão vigente nos 26 cursos técnicos do Centro Paula Souza que são denominados como integrados ao ensino médio. O curso está previsto formalmente na modalidade de curso técnico integrado ao ensino médio com matrícula única, nos termos da legislação vigente. Do ponto de vista formal, a matrícula única para duas possibilidades curriculares complementares é o principal aspecto que define o conceito de integração curricular.

A organização curricular prevista nesse curso, assim como em todos os demais, é padronizada para toda a rede de Etecs do Centro Paula Souza. Entretanto, há razoável liberdade para formas alternativas de organizar a execução efetiva do currículo, pelo planejamento integrado das atividades docentes e das opções em projetos especiais interdisciplinares.

Um aspecto essencial e que possibilita aspectos integradores do currículo nos processos de aprendizagem nesse curso aqui analisado é a articulação com estágios e visitas técnicas a empresas com vistas à elaboração de projeto de trabalho coletivo de conclusão de curso por todos os estudantes de cada turma.

A interdisciplinaridade e a contextualização são as principais práticas integradoras e podem ser mais efetivas em alguns locais, especialmente em função de maior envolvimento entre os docentes da educação geral e da educação profissional no planejamento conjunto ou na busca por soluções para demandas dos estudantes para viabilizar suas pesquisas ou projetos, com maior potencial para projetos de trabalho de conclusão de curso que tenham maior aplicabilidade concreta. Isso será um pouco melhor analisado no tópico sobre a metodologia.

O caso analisado é um desses em que as condições de implantação do curso favoreceram mais as práticas integradoras e as resistências às mudanças foram menos relevantes do que em Etecs com histórico mais forte de experiências baseadas nas indicações da antiga Lei Federal nº 5.692/71.

INTEGRAÇÃO DO ENSINO MÉDIO COM EDUCAÇÃO PROFISSIONAL

A experiência do Centro Paula Souza com cursos técnicos foi por muito tempo baseada na justaposição de duas estruturas curriculares com objetivos complementares, porém distintos:

» educação geral com currículo tradicional e forte configuração conteudista, que sempre garantiu excelentes resultados dos egressos nos vestibulares mais concorridos;

» cursos técnicos com boas estruturas curriculares, que aliavam práticas profissionais em bons laboratórios e parcerias com empresas, além de bons docentes, originalmente qualificados como engenheiros, tecnólogos e similares licenciados para a educação profissional em áreas técnicas, principalmente as derivadas das disciplinas de ciências naturais e suas tecnologias.

O plano do curso analisado também apresenta essa configuração curricular em sua estrutura. Entretanto, o curso técnico em Automação Industrial integrado ao ensino médio foi implantado com a nova Etec Armando Pannunzio, de Sorocaba, e isso facilitou em alguns aspectos a organização da equipe para conseguir melhores resultados de integração curricular efetiva, mesmo a partir de um plano de curso cuja estrutura geral ainda tem um desenho mais parecido com o de currículos justapostos.

Esse curso da Etec de Sorocaba tem obtido melhores resultados em projetos interdisciplinares e, em especial, nos projetos anuais que ao final do curso devem culminar com um projeto prático complexo que permita aplicar e verificar o conjunto integrado das competências que definem o perfil profissional de conclusão. A mobilização de estudantes e professores para esses projetos é muito relevante. No caso dos estudantes, isso é facilitado pelo fato de que eles ficam quase o dia todo na escola e os intervalos entre os períodos da manhã e da tarde costumam ser também utilizados para a busca de soluções aos problemas em processo. No caso dos professores, embora o engajamento dos que são contratados para as disciplinas de educação profissional seja mais forte, nota-se também o crescente envolvimento dos professores das disciplinas tradicionais das áreas de conhecimento da parte de educação geral. O grande avanço dessa situação em relação às práticas de integração historicamente existentes nos cursos realizados na vigência da Lei Federal nº 5.692/71 é que aqui a integração curricular já é uma preocupação institucional, enquanto anteriormente apenas alguns raros projetos caracterizados como extracurriculares propiciavam atividades educacionais integradoras do ensino médio com educação profissional.

METODOLOGIA DE ENSINO-APRENDIZAGEM

No exemplo aqui analisado, a metodologia é um aspecto importante para viabilizar alguma integração curricular.

O plano do curso técnico em Automação Industrial integrado ao ensino médio apresenta um item especial denominado "Metodologia da integração" (item 4.7, pp. 91-95), que enfatiza a necessidade de diversas providências e cuidados para garantir a melhor integração possível entre o ensino médio e a educação profissional. Após uma listagem de dez tópicos designados como princípios pedagógicos que orientam essa integração, já apresentados anteriormente, há ainda uma lista de procedimentos didáticos com atividades sugeridas, algumas delas com efetivo potencial para facilitar a integração curricular, mesmo a partir de uma matriz fragmentada em diversas disciplinas e em dois quadros curriculares que se justapõem e podem ser complementares. Essas atividades mais promissoras são:

- » elaboração de projetos técnicos interdisciplinares;
- » pesquisas de campo e seminários de apresentação de resultados;
- » dramatizações;
- » exposições de fotos, objetos, textos, trabalhos referentes a temas, atividades, acontecimentos, pesquisas realizadas etc.;
- » estudos de caso;
- » elaboração de manuais técnicos, cartilhas educativas, jornais murais, jornais impressos, cartazes, vídeos, histórias em quadrinhos; jogos, gincanas, campeonatos, festivais.

As práticas relatadas pelos gestores e professores da Etec de Sorocaba indicam que há efetivamente uma busca constante para garantir a integração curricular e que diversas dessas indicações favorecem tal integração.

AVALIAÇÃO COMO MECANISMO DE INTEGRAÇÃO CURRICULAR

O curso analisado para este livro indica que a avaliação pode ter papel importante nos bons resultados gerais e também na maior integração curricular, especialmente se esta for considerada pela perspectiva dos estudantes, o que é mais indicado em processos educacionais.

O plano do curso técnico em Automação Industrial integrado ao ensino médio apresenta tanto as indicações para avaliação dos processos educacionais para seu aperfeiçoamento constante como também indica procedimentos e instrumentos de avaliação para todos os módulos em que organiza os grupos de competências definidas para o perfil profissional de conclusão, que busca integrar o que se espera do ensino médio em geral com o que se espera desse curso técnico específico. Como muitas das competências necessariamente demandam saberes e fazeres que transitam entre várias disciplinas, essas práticas avaliativas tendem a favorecer os bons resultados de outros esforços para a integração curricular, mesmo com uma matriz curricular ainda focada em um conjunto de disciplinas tradicionais.

Entretanto, é sempre necessário um esforço consciente e constante para superar a tradição avaliativa tradicional focada em assimilação de conteúdos clássicos e apresentada no formato de questões de natureza teórica, como as provas de papel e lápis, cujos procedimentos reforçam a organização disciplinar estanque em itens e tópicos de conteúdo supostamente isolados de contextos reais.

No conjunto das ações institucionais do Centro Paula Souza, há um Observatório Escolar, que é um instrumento de autoavaliação das escolas técnicas. Seu propósito é contribuir para a consolidação de uma rede de escolas técnicas competentes em educação profissional. Esse instrumento poderá, também, contribuir para o aperfeiçoamento contínuo da efetiva integração almejada entre ensino médio e educação profissional nos diferentes cursos da rede de Etecs oferecidos nessa modalidade.

INFRAESTRUTURA E PESSOAL DOCENTE E TÉCNICO-ADMINISTRATIVO

Como na maioria dos cursos em oferta pelo Centro Paula Souza, a infraestrutura é bem adequada no caso analisado. Há boas salas de aula, laboratórios bem equipados e docentes contratados mediante concurso público. Entretanto, essa infraestrutura não está originalmente orientada para a integração curricular. Ao contrário, foi montada com base na organização curricular disciplinar, que é o padrão do ensino médio brasileiro.

Assim, o planejamento da integração curricular precisou ser cuidadoso. Nesse caso do curso técnico em Automação Industrial integrado ao ensino médio, houve reuniões preliminares para planejar a sequência das aulas de modo a garantir congruência e complementaridade, e foram definidos alguns projetos interdisciplinares, estratégias de avaliação, bem como outros procedimentos indicados, para que a integração do processo de ensino-aprendizagem tivesse maior garantia de sucesso.

Os contratos dos docentes são por disciplinas, como em todas as situações, mas o bom aproveitamento das oportunidades de reuniões e o envolvimento de diferentes docentes nos projetos interdisciplinares ajudam a contornar parcialmente essa limitação. Outro fator que favorece as possibilidades de integração e de bons resultados é a constante preocupação e ações correspondentes para o constante desenvolvimento das equipes docentes e técnico-administrativas. À medida que esses esforços também sejam orientados para ampliar o potencial de integração curricular e de resultados de aprendizagem mais eficazes, esse aspecto da infraestrutura poderá favorecer ainda mais a evolução da integração curricular em todos os seus aspectos mais relevantes.

PROEJA TÉCNICO — INSTITUTO FEDERAL DE EDUCAÇÃO, CIÊNCIA E TECNOLOGIA DE SANTA CATARINA (IFSC)

O Programa Nacional de Integração da Educação Profissional com a Educação Básica na Modalidade de Educação de Jovens e Adultos (Proeja) foi ampliado em seus objetivos e fundamentos pelo Decreto Federal nº 5.840, de 13 de julho de 2006. O Proeja técnico integra o ensino médio com um curso técnico de nível médio.

O Proeja é oferecido no Brasil em diversos Institutos Federais de Educação, Ciência e Tecnologia (IFs), instituídos pela Lei Federal nº 11.892, de 29 de dezembro de 2008.

Este texto analisa o que foi proposto no texto de referência e uma das experiências concretas de implantação do Proeja técnico, considerada dentre as mais adequadas em relação à proposta do MEC: o Instituto Federal de Educação, Ciência e Tecnologia de Santa Catarina (IFSC).

O IFSC foi criado em Florianópolis em 1909 e implantado em 1910, como Escola de Aprendizes Artífices de Santa Catarina. Em 2008, o IFSC passou a ser um dos 38 IFs no Brasil. Atualmente conta com 21 *campi* distribuídos em Santa Catarina: Florianópolis; São José; Jaraguá do Sul; Florianópolis-Continente; Araranguá; Joinville; Chapecó; São Miguel do Oeste; Canoinhas; Criciúma; Gaspar; Lages; Itajaí; Palhoça Bilíngue; Xanxerê; Caçador; Urupema; Geraldo Werninghaus; Garopaba; Tubarão e São Carlos.

O Plano de Desenvolvimento Institucional do IFSC para o período 2009-2013 apresenta como o "Objetivo I" da instituição: "ministrar educação profissional técnica de nível médio, prioritariamente na forma de cursos integrados, para os concluintes do ensino fundamental e para o público de educação de jovens e adultos" (IFSC, 2011b, p. 12).

O IFSC já ofereceu 28 turmas do Proeja técnico, com início entre o segundo semestre de 2008 e o segundo semestre de 2014, em quatro *campi* de Santa Catarina: Florianópolis, Florianópolis-Continente, Chapecó e Jaraguá do Sul. Esse total indica que foram superadas as metas do PDI 2009-2013 (que somavam uma previsão de quinze turmas).

No final de 2013, havia 312 estudantes matriculados em cursos do Proeja técnico no IFSC.

Para abordar aspectos das práticas com foco nos sete itens analíticos que estruturam este livro, escolhemos o curso técnico em Panificação e Confeitaria integrado ao ensino médio na modalidade EJA, oferecido no Campus Florianópolis-Continente do IFSC.

OBJETIVOS DO ENSINO MÉDIO

O documento base que foi elaborado após a promulgação do Decreto Federal nº 5.840/06 apresenta um conceito genérico de integração curricular para o Proeja. Esse conceito trata da integração de trabalho, ciência, técnica, humanismo e cultura geral com foco no exercício efetivo da cidadania. O trecho a seguir pode ser uma boa síntese de definição para o conceito.

> O que se pretende é **uma integração epistemológica, de conteúdos, de metodologias e de práticas educativas**. Refere-se a **uma integração teoria-prática, entre o saber e o saber-fazer**. Em relação ao currículo, pode ser traduzido em termos de integração entre uma formação humana mais geral, uma formação para o ensino médio e para a formação profissional. (MEC/Setec, 2006, p. 30)

Esse conceito genérico permite concluir que a integração curricular deverá ser baseada nas finalidades conjuntas e complementares do ensino médio e da educação profissional, aliadas a objetivos apresentados em termos de competências para a cidadania e competências profissionais.

Há uma promessa auspiciosa na lista de seis princípios apresentada no *Documento base* (MEC/Setec, 2006, pp. 27-28):

1. Papel e compromisso das entidades públicas com a inclusão da população em suas ofertas educacionais.
2. Inserção orgânica da modalidade EJA integrada à educação profissional nos sistemas educacionais públicos.
3. Ampliação do direito à educação básica, pela universalização do ensino médio.
4. O trabalho como princípio educativo.
5. A pesquisa como fundamento da formação do sujeito.
6. As condições geracionais, de gênero, de relações étnico-raciais como fundantes da formação humana e dos modos como se produzem as identidades sociais.

No plano do curso do IFSC que analisamos, os objetivos do ensino médio formam base para o planejamento detalhado das ações educativas pelos docentes. O roteiro do documento base foi utilizado e adaptado às peculiaridades locais, do perfil de conclusão do curso e dos estudantes matriculados. O ponto de partida estrutural é o perfil profissional esperado do egresso do curso técnico em Panificação e Confeitaria, acrescido das capacidades esperadas para o egresso do ensino médio.

A partir das competências que caracterizam os objetivos gerais do ensino médio integrado à educação profissional e os objetivos específicos das áreas de conhecimento e do curso técnico em Panificação e Confeitaria, o plano de curso do IFSC apresenta detalhamento de seus objetivos em termos de conhecimentos, habilidades e atitudes. Nesse plano de curso os conhecimentos estão descritos em forma de ementário de conteúdos, enquanto as habilidades e as atitudes são expressas como comportamentos finais esperados dos estudantes, em rol ainda mais específico dos objetivos de aprendizagem.

Cada tópico de área de conhecimento é finalizado no plano de curso com listagem de referências (livros, normas, artigos, vídeos e outras) que devem embasar o planejamento didático das atividades de ensino-aprendizagem.

TRABALHO E PESQUISA COMO PRINCÍPIOS

O trabalho é o eixo integrador mais enfatizado no documento base do Proeja, embora as metodologias propostas indiquem a conveniência de articular outros mecanismos que possam viabilizar essa integração (MEC/Setec, 2006).

Numa lista de seis princípios já apresentada no item anterior, o documento base do Proeja inclui explicitamente: "[...] 4) O trabalho como princípio educativo; 5) A pesquisa como fundamento da formação do sujeito; [...]" (MEC/Setec, 2006, p. 28). Esses dois destaques enfatizam que o Proeja deve ter o trabalho como princípio educativo integrador e que a pesquisa, como elemento de inserção científica e tecnológica, também deve ser um dos fatores centrais da atuação pedagógica para que ocorra essa integração desejada.

Na prática do IFSC, no caso concreto do plano do curso Proeja técnico em Panificação e Confeitaria não há menção explícita ao trabalho como princípio educativo, embora o foco no perfil profissional do egresso tenha o trabalho na profissão como referência essencial para todo o processo educacional.

Quanto à pesquisa, há uma menção explícita num dos objetivos específicos do curso: "Promover, por meio da pesquisa, a autonomia intelectual e a construção de conhecimentos para avançar na compreensão da realidade" (IFSC, 2011a, p. 9). Entretanto, os detalhamentos apresentados no plano de curso não chegam a confirmar que a pesquisa possa ser um princípio educativo dos mais relevantes, pois a palavra aparece apenas mais três vezes na parte estrutural, em referências secundárias.

O PDI 2009-2013 do IFSC também trata da pesquisa em seu texto: "O currículo, então, deverá ser dinâmico, atualizado, contextualizado e significativo, voltado para a realidade. Deverá favorecer a formação de um sujeito que pesquisa e participa ativamente da construção do seu conhecimento" (IFSC, 2011b, p. 27).

Mais adiante, afirma: "Na educação profissional pretende-se que o conhecimento e o potencial investigativo e transformador sirvam para realizar o trabalho educativo, na perspectiva que supere a fragmentaridade, explicitando os nexos entre ciência, tecnologia e sociedade" (IFSC, 2011b, p. 31).

FORMAS ALTERNATIVAS DE ORGANIZAÇÃO CURRICULAR

O Proeja apresenta em seu documento base as indicações essenciais para os projetos pedagógicos das unidades que ofertam o curso integrado.

O curso de ensino médio integrado à educação profissional no Proeja técnico, destinado a jovens e adultos acima da faixa etária normal do ensino médio e com duração concentrada, já constitui, em si, uma forma alternativa e especial de organização curricular. O aproveitamento das experiências de vida e de trabalho dos estudantes é condição necessária e essencial para garantir que a aprendizagem seja eficaz e não apenas uma forma de acelerar certificações sem contrapartida satisfatória de resultados em competências para a cidadania efetiva e para o trabalho em profissões técnicas de nível médio.

Os fundamentos político-pedagógicos que norteiam a organização curricular no Proeja são, entre outros:

» integração curricular visando à qualificação social e profissional articulada à elevação da escolaridade, por meio de processo democrático e participativo de discussão coletiva;
» escola formadora de sujeitos e articulada a um projeto coletivo de emancipação humana;
» valorização dos diferentes saberes no processo educativo;
» escola vinculada à realidade dos sujeitos;

» compreensão e consideração dos tempos e espaços de formação dos sujeitos da aprendizagem;
» o trabalho como princípio educativo, já destacado no item anterior.

O curso técnico em Panificação e Confeitaria integrado ao ensino médio na modalidade EJA oferecido no IFSC apresenta uma alternativa de organização curricular que inova especialmente num aspecto: estrutura curricular do conjunto em quatro áreas do conhecimento e oficinas de integração planejadas para garantir interdisciplinaridade ou transdisciplinaridade (IFSC, 2011a, p. 14):

» ciências humanas e suas tecnologias, com total de 360 horas, das quais 120 horas devem ser trabalhadas nas oficinas de integração;
» ciências da natureza, matemática e suas tecnologias, com total de 440 horas, das quais 120 horas devem ser trabalhadas nas oficinas de integração;
» linguagens, códigos e suas tecnologias, com total de 400 horas, das quais 120 horas devem ser trabalhadas nas oficinas de integração;
» mundo do trabalho e suas tecnologias, com total de 1.200 horas, das quais 120 horas devem ser trabalhadas nas oficinas de integração.

Nota-se nessa organização curricular que a quarta área do conhecimento corresponde à educação profissional a ser integrada ao ensino médio. No caso específico, o "mundo do trabalho e suas tecnologias" é focado pela perspectiva profissional do técnico em Panificação e Confeitaria.

As oficinas de integração totalizam 480 horas das 2.400 horas totais do Proeja técnico, o que corresponde a 20% da carga horária total. Conforme definido no plano de curso, oficina de integração é uma "unidade curricular organizada por representantes de todas as áreas de conhecimento, mas com coordenação definida de, no mínimo, um professor de educação básica e um professor de educação profissional" (IFSC, 2011a, p. 11).

O PDI 2009-2013 do IFSC apresenta duas formas adicionais de organização curricular ricas em potencialidades para a integração:

» **PROJETOS INTEGRADORES**, caracterizados como exercício de pesquisa para professores e alunos, espaços de interação efetiva entre alunos e destes com o professor. Devem ser espaços vivos do currículo que permitem a experiência direta e o exercício necessário para interpretar, questionar e elaborar ou reelaborar os conceitos, frente à complexidade do contexto real;

» **TEMAS GERADORES**, os quais consistem em atividades pedagógicas organizadas a partir de temas que promovam o contato do aluno com situações reais. O princípio da indissociabilidade ensino-pesquisa-extensão deve orientar as atividades didáticas (IFSC, 2011b, pp. 35-36).

INTEGRAÇÃO DO ENSINO MÉDIO COM EDUCAÇÃO PROFISSIONAL

As indicações do documento base do Proeja sobre mecanismos específicos para a integração do ensino médio com educação profissional incluem:

» concepção de homem como ser histórico-social que age sobre a natureza para satisfazer suas necessidades;
» a perspectiva de totalidade para superar a segmentação e a desarticulação dos conteúdos;
» incorporação de saberes sociais e dos fenômenos educativos extraescolares;
» trabalhar os conteúdos estabelecendo conexões com a realidade do educando, tornando-o mais participativo;
» resgate da formação, da participação, da autonomia, da criatividade e de práticas pedagógicas emergentes dos docentes;
» interdisciplinaridade, transdisciplinaridade e interculturalidade;
» construção dinâmica e com participação;
» a prática de pesquisa.

Essas indicações têm como pressuposto que o currículo é, também, "um processo de seleção e de produção de saberes, de visões de mundo, de habilidades, de valores, de símbolos e significados, enfim, de culturas" (MEC/Setec, 2006, p. 36).

O plano de curso do Proeja técnico em Panificação e Confeitaria do IFSC também apresenta mecanismos para viabilizar a integração curricular do ensino médio com a educação profissional e começa pela assertiva: "Os planos de ensino de cada semestre serão elaborados coletivamente entre professores da formação técnica e da formação geral, tendo em vista o perfil dos egressos do curso e especificamente as necessidades dos educandos" (IFSC, 2011a, p. 42).

METODOLOGIA DE ENSINO-APRENDIZAGEM

A maior parte dos mecanismos específicos propostos pelo documento base do Proeja para a integração curricular trata de indicações metodológicas que organizarão a interdisciplinaridade e as propostas de projetos ou problemas. Algumas possibilidades lembradas são (MEC/Setec, 2006):

» TEMAS INTEGRADORES, TRANSVERSAIS E PERMANENTES, que: abranjam os conteúdos mínimos a serem estudados; possam ser abordados sob enfoque de cada área do conhecimento; possibilitem compreender o contexto em que os alunos vivem; atendam as condições intelectuais e sociopedagógicas dos alunos; produzam nexos e sentidos; permitam o exercício de uma pedagogia problematizadora; garantam um aprofundamento progressivo ao longo do curso; privilegiem o aprofundamento e a ampliação do conhecimento do aluno;

» ABORDAGEM POR MEIO DE ESQUEMAS CONCEITUAIS: foco em conceitos amplos; conceitos escolhidos que mantêm conexão com várias ciências; cada conceito é desenvolvido em diversos contextos; cada conceito é enriquecido pelas diversas contextualizações;

» **ABORDAGEM CENTRADA EM RESOLUÇÕES DE PROBLEMAS:** proposição de problemas para que sejam encontradas as soluções; a partir de sua disciplina, cada professor, junto com seus alunos, fornece dados e fatos para interpretação visando à solução dos problemas propostos;

» **ABORDAGEM MEDIADA POR DILEMAS REAIS VIVIDOS PELA SOCIEDADE:** perguntas são feitas sobre a conveniência de determinadas decisões políticas ou programáticas; a partir de sua disciplina, cada professor, junto com seus alunos, fornece dados e fatos para interpretação visando à discussão dos dilemas propostos;

» **ABORDAGEM POR ÁREAS DO CONHECIMENTO:** natureza/trabalho; sociedade/trabalho; multiculturalismo/trabalho; linguagens/trabalho; ciência e tecnologia/trabalho; saúde/trabalho; memória/trabalho; gênero/trabalho; etnicidade/trabalho; éticas religiosas/trabalho.

O documento base do Proeja (MEC/Setec, 2006) apresenta um alerta importante para a necessidade de realizar encontros pedagógicos periódicos, nos quais devem ser debatidas as experiências em andamento e o diagnóstico das demandas locais. Todos os sujeitos envolvidos no Proeja devem participar desses encontros – professores, estudantes, gestores, funcionários e representantes da comunidade.

O curso do IFSC aqui analisado apresenta no tópico "Metodologia" de seu plano algumas das opções listadas no documento base do Proeja. Esse plano destaca a existência de professores mediadores para cada turma do curso. Eles são designados em cada semestre da estrutura curricular, sendo um deles representante da área de educação básica e outro, da área de educação profissional. Esses professores mediadores "deverão participar uma vez por semana das reuniões de planejamento, bem como articular e possibilitar aos demais a prática da integração curricular" (IFSC, 2011a, p. 43).

As oficinas de integração, já mencionadas em item anterior, representam a principal forma de viabilizar metodologicamente as oportunidades mais efetivas de integração curricular. Elas são planejadas e realizadas conjuntamente pelos representantes da educação geral e da educação profissional.

Um aspecto mencionado no tópico "Metodologia" do plano de curso, embora seja também cabível e talvez até mais pertinente em tópico sobre "Infraestrutura e condições mínimas de oferta", trata do limite máximo de 30 e do mínimo de 20 educandos por turma, com alerta para a possibilidade de destinação de dois professores para algumas aulas práticas de educação profissional.

AVALIAÇÃO COMO MECANISMO DE INTEGRAÇÃO CURRICULAR

A avaliação não é diretamente tratada como um mecanismo que possa facilitar a integração curricular.

O documento base do Proeja apresenta um tópico sobre o tema, que inicia sua argumentação com afirmações genéricas sobre o processo de aprendizagem e sobre o potencial da autoavaliação para que os estudantes se orientem melhor em seu desenvolvimento (MEC/Setec, 2006, p. 40). Isso pode ser um possível aproveitamento da avaliação como mecanismo integrador, mas é necessário que haja maior congruência com as práticas avaliativas com vistas à promoção (ou retenção) de alunos, além de outros procedimentos de avaliação orientados para o processo de ensino-aprendizagem e seus resultados gerais.

O plano de curso do Proeja técnico em Panificação e Confeitaria oferecido pelo IFSC é congruente com o documento base do Proeja neste tópico. Ressalta o que é apresentado no documento base e no *Regulamento didático-pedagógico (RDP-IFSC)* (IFSC, 2014a). Indica que "a avaliação é caracterizada como diagnóstica, processual, formativa, somativa, continuada e diversificada" (IFSC, 2011a, p. 44). Essa caracterização bem abrangente das possibilidades e das indicações para a avaliação pode facilitar a integração curricular à medida que as práticas concretas sejam também correspondentes à pregação formal.

Quanto às possibilidades da avaliação como mecanismo planejado de integração curricular, o plano de curso afirma:

> Serão realizadas avaliações que terão o caráter de avaliação integral do processo didático-pedagógico em desenvolvimento na Unidade Curricular. [...] A validação de saberes da educação básica acontecerá desde que os conhecimentos estejam diretamente relacionados ao eixo do curso. De forma geral, a validação de saberes da EP e EB somente será possível se não comprometer o princípio de integração curricular proposto. (IFSC, 2011a, p. 45)

O art. 50 do RDP-2014 do IFSC também reforça o papel dos estudantes na avaliação do curso: "Cada aluno deverá avaliar cada componente curricular, bem como aspectos gerais de seu curso naquela etapa, ao final do período letivo, cujo resultado deverá orientar o planejamento do período seguinte". O § 2º desse artigo indica que "cabe ao Núcleo Pedagógico, analisando a avaliação do ensino, propor estratégias de solução de problemas" (IFSC, 2014a, pp. 19-20).

INFRAESTRUTURA E PESSOAL DOCENTE E TÉCNICO-ADMINISTRATIVO

O Proeja ultrapassa a atuação da rede federal. Assim, os mecanismos facilitadores de sua implantação referem-se tanto aos Institutos Federais como a outras organizações educacionais proponentes (estaduais, municipais, do Sistema S ou de organizações não governamentais). A menção apresentada no documento base refere-se exclusivamente a financiamento (MEC/Setec, 2006, pp. 47-48).

No caso específico do IFSC, já destacamos alguns aspectos positivos quanto aos cuidados com a infraestrutura e com as condições mínimas para a boa qualidade da oferta educacional. Há garantia de ambientes adequados para a aprendizagem, relação adequada de mínimo e máximo de estudantes por turma e disponibilidade de docentes da educação geral e da educação profissional especialmente designados para cuidar das oficinas de integração e planejar outros mecanismos que possam viabilizar a melhor integração curricular possível.

Como os docentes têm papel fundamental na implantação adequada do Proeja conforme proposto, sua seleção e sua capacitação são essenciais. O documento base apresenta essa preocupação e sugere alguns caminhos. Aliás, a percepção mais forte é de que essa deve ser a principal carência para melhor equacionamento da oferta real dos cursos do Proeja no conjunto da rede federal de ensino (MEC/Setec, 2006, p. 45).

No IFSC há oportunidades efetivas para planejamento conjunto e algum investimento na preparação dos docentes para a integração curricular, embora os documentos disponíveis indiquem que é necessário aperfeiçoar ainda mais as competências docentes para trabalhar com atividades curriculares integradoras.

O Proeja é um programa de âmbito federal com elevado potencial de inclusão social, que merece ser institucionalizado como política pública permanente ou, pelo menos, para o período de tempo em que haja no Brasil contingentes relevantes de jovens e adultos que não conseguiram completar a educação básica nem obter adequada inserção no mundo do trabalho. Sua proposta conceitual é integradora em diversos aspectos, embora sua característica de ensino supletivo ainda o situe mais no subgrupo de políticas educacionais compensatórias do que numa proposta de escola unitária. Nem por isso tem menor relevância social. Talvez seja pragmaticamente bem mais relevante do que um currículo formalmente construído com atenção a todos os cânones de uma escola ideal, mas cujo acesso seja garantido apenas aos estudantes que consigam ultrapassar a barreira de processos seletivos rigorosos, com elevada relação candidato/vaga.

Embora muitas práticas concretas de implantação do Proeja técnico tenham sofrido diversos percalços no conjunto dos Institutos Federais, as indicações apresentadas merecem ser consideradas e perseguidas com perseverança.

É necessário acompanhar criticamente as experiências de implantação, seus impasses, dificuldades e soluções encontradas no cotidiano escolar. Isso já está explícito nos documentos legais e precisa ser efetivamente perseguido.

O bom exemplo do Instituto Federal de Santa Catarina merece ser melhor disseminado, estudado e aperfeiçoado.

COREIA DO SUL E FINLÂNDIA: DESTAQUES NO PISA E NA MÍDIA BRASILEIRA

As experiências da Coreia do Sul e da Finlândia não são muito diferentes do que ocorre em muitos países quanto à integração curricular no interior do ensino médio ou entre ensino médio e educação profissional.

Entretanto, há dois fatores que motivam nossa análise da educação básica e secundária (ensino médio) nesses países: o desempenho de seus jovens estudantes no Pisa – o Programa Internacional de Avaliação de Estudantes, coordenado pela OCDE – e, em decorrência disso e de outros fatores correlatos, o interesse que a mídia brasileira tem demonstrado pela valorização da educação pública básica lá oferecida. O desempenho no Pisa é um indicador relevante na medida em que exige proficiência na solução de problemas e capacidade de comunicação. Embora Finlândia e Coreia do Sul tenham diferenças relevantes em sua cultura, no porte, nas ações e nos processos, optamos por analisar seus casos em texto conjunto, para facilitar a abordagem de contrapontos e similaridades.

A República da Coreia – nome oficial da Coreia do Sul – é um país da Ásia oriental com mais de 50 milhões de habitantes, localizado na parte sul da península da Coreia. A única fronteira terrestre é com a Coreia do Norte. Até 1945, a Coreia era um só país. A economia sul-coreana cresce significativamente desde a década de 1950 e, atualmente, é a décima terceira do mundo pelo critério Produto Interno Bruto – Paridade de Poder de Compra (PIB-PPC). A educação constitui uma das principais bases desse desenvolvimento econômico acelerado e sustentável. O ensino secundário é pago, inclusive nas instituições públicas. O esforço das famílias para investir na educação dos filhos é bastante elevado. Em contrapartida, os jovens investem muito tempo e esforço nos estudos, com elevado grau de competição pelos melhores resultados e das escolas pelos estudantes de melhor desempenho, para os quais podem ser oferecidas bolsas de estudos e outras vantagens.

A jornalista e escritora Amanda Ripley (2014, p. 22) chega a afirmar: "O sistema sul-coreano é movido a rigor e pressão constantes, e os adolescentes do país chegam a passar mais tempo estudando do que os norte-americanos passam acordados".

A República da Finlândia é um país situado no norte da Europa. Atualmente integra a União Europeia e a zona do euro. Suas fronteiras são: Suécia a oeste, Rússia a leste, Noruega ao norte e Estônia ao sul, depois do golfo da Finlândia. A população total é de 5,4 milhões de habitantes. O total de crianças e adolescentes de zero a 14 anos é menor que 17% da população, quase o mesmo total de idosos (acima de 65 anos). A educação básica é obrigatória dos 7 aos 16 anos de idade, e 97% dos estudantes finlandeses estudam em escolas públicas municipais. Os 3% de estudantes em estabelecimentos privados – a maioria confessional ou destinada a quem tem necessidades especiais – também recebem ensino gratuito, porque há financiamento dessas escolas com recursos públicos (Britto, 2013).

O destaque da educação básica da Finlândia foi decorrente de seu desempenho sempre altíssimo nas avaliações do Pisa, com várias ocorrências de primeiro lugar no ranqueamento de pontuações e um destaque constante como o país com a menor diferenciação entre os resultados das escolas, fato que sugere alto nível de homogeneidade e equidade no sistema educacional.

OBJETIVOS DO ENSINO MÉDIO

Embora na Coreia do Sul e na Finlândia a integração curricular no processo de oferta da educação secundária não seja um ponto importante a destacar nos documentos encontrados, nos dois casos há forte valorização em dois focos principais: consolidação da educação básica para continuidade de estudos e alguma preparação para o trabalho. Nos dois países existe autonomia para que os estudantes optem por alguns módulos curriculares a fim de construir um caminho mais individualizado, a partir de escolhas de objetivos de desenvolvimento pessoal e profissional.

Um dos princípios implícitos e também comum aos dois países é o alto grau de envolvimento das famílias com o esforço educacional dos jovens, o que certamente favorece a integração de objetivos de aprendizagem pela perspectiva dos estudantes.

A existência de referências nacionais consistentes como indicadores de aprendizagens esperadas (objetivos ou competências a desenvolver) constitui também um fator de agregação e possível integração curricular, pela mesma perspectiva dos estudantes, que são, acertadamente, considerados pelos sistemas como os agentes prioritários da construção curricular (itinerários pessoais e grupais).

No caso da Coreia do Sul, o desafio de desenvolvimento após a separação da Coreia do Norte levou a um grande esforço na educação básica. Trabalho duro é, desde a origem da nova nação, um princípio essencial comum à maioria dos sul-coreanos e fator de integração nacional, mais do que da mera integração curricular de uma etapa educacional. O foco principal do currículo coreano está no desenvolvimento da personalidade individual dos estudantes, incluindo a capacidade de agir com criatividade e de explorar caminhos de ampliação de seus horizontes e potenciais.

A educação básica finlandesa foi reformulada a partir da década de 1960. O marco inicial consistiu na implantação da educação básica pública, universal e compulsória, com nove anos de duração, dos 7 aos 16 anos, sem processos seletivos e outras barreiras. A maior parte das mudanças ocorreu até os anos 1980, quando houve a reformulação do ensino secundário (equivalente ao ensino médio brasileiro). A estrutura acadêmica tradicional foi substituída por uma organização mais flexível, com mais opções de construção personalizada de itinerários curriculares. Embora a base da oferta de estudos seja ainda disciplinar, são os interesses dos estudantes e as referências de seus objetivos de aprendizagem que possibilitam um plano de estudos que permitirá uma trajetória curricular personalizada. Assim, os objetivos do ensino médio pela perspectiva dos estudantes pode ser um fator importante de integração curricular, embora paradoxalmente isso possa parecer, para um olhar externo, uma oferta educacional desconexa. O papel da orientação de estudos passa a ser essencial para garantir sucesso nesse tipo de integração curricular.

Após completar os estudos formalmente exigidos no ensino médio, todos os alunos devem passar por uma prova de avaliação externa, cujas questões são majoritariamente discursivas. Os resultados dessa prova são utilizados para admissão nas instituições finlandesas de ensino superior, ao lado de outros requisitos. Assim, especialmente para os que almejam continuidade de estudos, os objetivos educacionais associados à configuração dessa prova também são fatores que encaminham a integração dos caminhos curriculares individuais e de grupos de estudantes, pela perspectiva deles próprios.

TRABALHO E PESQUISA COMO PRINCÍPIOS

O trabalho é componente educativo essencial comum à Coreia do Sul e à Finlândia. Isso é muito mais implícito no conjunto dos indicadores educacionais nacionais do que explícito em forma de afirmações em textos normativos encontrados nos *sites* oficiais.

Na Coreia do Sul, os estudantes limpam a escola, esfregam o chão, passam pano úmido na lousa. Até mesmo o trabalho que pode ser considerado desagradável integra o centro da cultura escolar sul-coreana, e ninguém está livre dele (Ripley, 2014).

Nos dois países, a participação das empresas e organizações com oportunidades de aprendizagem no ambiente profissional por meio de estágios e de emprego em tempo parcial concomitante e complementar aos estudos é outro fator que viabiliza a integração curricular por meio do trabalho. Não é possível afirmar enfaticamente que o trabalho seja um princípio educativo valorizado em sua condição ontológica, mas certamente é um componente muito importante para referendar a aprendizagem dos estudantes, como fator de produção e de desenvolvimento econômico e social.

Análise similar pode ser aplicável à pesquisa como princípio educativo ou pedagógico, em função da alta valorização do desenvolvimento científico e tecnológico, essencial para esses países que atualmente têm a economia do conhecimento como força motriz de seu progresso.

FORMAS ALTERNATIVAS DE ORGANIZAÇÃO CURRICULAR

A organização curricular é outro ponto em que se observam similaridades entre Coreia do Sul e Finlândia. Os dois países não fogem ao padrão internacional de uso da disciplina como base essencial para a organização curricular. Entretanto, nos dois casos há um referencial nacional de mínimos curriculares, com elevada autonomia para que as escolas organizem suas ofertas de currículos.

O elevado envolvimento das famílias com as escolhas e o acompanhamento dos estudos das crianças e dos adolescentes nos dois países facilitam, também, que cada estudante tenha um currículo pessoal planejado a partir de variadas opções de complementaridade curricular pela composição de disciplinas optativas e de cursos ou projetos específicos que atendam a interesses e objetivos diversos. Assim, a integração curricular pode, em ambos os países, ser muito mais uma composição de itinerários curriculares individuais ou de pequenos grupos com algum grau de orientação profissional do que uma oferta institucionalizada que tenha sido planejada pelos respectivos sistemas educacionais centralizados.

Na Finlândia, cada estudante pode traçar seu próprio plano de estudos, numa estrutura modular que supera a concepção de séries anuais. Os estudantes desenham seus itinerários formativos pela escolha de cursos ou módulos entre muitas disponibilidades existentes. É obrigatório que completem a carga horária mínima estabelecida nacionalmente por campos do saber. Há cursos obrigatórios e facultativos para obtenção do diploma de ensino médio após três ou quatro anos de estudos.

Na Coreia do Sul há cursos preparatórios para os exames finais. São escolas particulares e muito concorridas, as chamadas *hagwons*. Nessas escolas, o resultado é o mais importante, e os preços das aulas variam conforme o desempenho dos estudantes. É nelas que a concorrência e a competitividade são mais fortes e mostram sua face perversa para a saúde dos jovens e do próprio sistema educacional (Ripley, 2014).

INTEGRAÇÃO DO ENSINO MÉDIO COM EDUCAÇÃO PROFISSIONAL

É especialmente no caso da integração do ensino médio com a educação profissional técnica que o conceito de currículo integrado existente na Coreia do Sul e na Finlândia é um tanto diferente do apresentado no Brasil.

Aproximadamente 25% dos estudantes sul-coreanos e 40% dos finlandeses estão matriculados em cursos que lá são considerados como integrados de ensino médio e educação profissional. Essa integração pode ocorrer numa mesma escola ou por intercomplementaridade em instituições diferentes. Na prática, isso parece juntar numa mesma definição o que no Brasil é considerado como curso concomitante e o que denominamos curso integrado (matrícula única). Assim, mais uma vez a integração curricular é muito mais no aspecto do currículo pessoal para cada estudante ou de grupos com interesses e objetivos comuns do que numa oferta, pelas escolas ou sistemas educacionais, de "pacotes" curriculares integrados em matrícula única.

METODOLOGIA DE ENSINO-APRENDIZAGEM

Não foram encontradas referências muito claras sobre a metodologia como elemento para a integração curricular na Coreia do

Sul ou na Finlândia. Entretanto, nos dois casos há foco claro no conceito de ensino centrado na aprendizagem dos estudantes, com forte investimento em infraestrutura e na qualificação dos docentes, fatores que normalmente contribuem para ampliar a utilização de metodologias integradoras do currículo, especialmente pelo enfoque dos estudantes, que é o que mais interessa na integração curricular eficaz.

A metodologia não é regulada pelos sistemas educacionais desses países. Os professores e as equipes das escolas têm autonomia elevada para definir os aspectos metodológicos em função dos objetivos educacionais e da análise das características dos estudantes e dos recursos disponíveis. O foco central é nos resultados de aprendizagem. A metodologia, em decorrência, deve ser centrada no estudante e em suas atividades de aprendizagem. Isso pode encaminhar as práticas metodológicas para caminhos facilitadores da integração curricular pelo foco na congruência entre objetivos educacionais, metodologia e avaliação da aprendizagem e do ensino.

Na Finlândia, a concepção de ensino-aprendizagem mais valorizada oficialmente tem como premissa que a aprendizagem é resultado das atividades dos estudantes focadas em ações orientadas para processar e interpretar informações em interações com outros estudantes, com professores e com o ambiente, a partir das estruturas cognitivas individuais já existentes. As técnicas didáticas devem ser diversificadas, em função das diferenças individuais nas formas mais eficazes de aprendizagem. Os estudantes devem ser orientados para pesquisar e produzir conhecimento (Finnish National Board of Education, 2004).

AVALIAÇÃO COMO MECANISMO DE INTEGRAÇÃO CURRICULAR

Não foram encontradas indicações documentadas sobre a utilização da avaliação educacional interna como mecanismo planejado de integração curricular na Coreia do Sul ou na Finlândia.

A avaliação da aprendizagem e alguns instrumentos de avaliação das escolas por seus pares e pelas instituições governamentais são mecanismos que garantem o sucesso dos resultados tanto na Coreia do Sul como na Finlândia, embora haja uma diferença relevante quanto a alguns dos enfoques metodológicos dessa avaliação.

Na Coreia do Sul, o fato de haver opção clara pela educação privada, com seu maior grau de competitividade interna no sistema, naturalmente encaminha os mecanismos de avaliação para um enfoque comparativo e emulatório. Isso deve estimular coesão e integração de esforços, como sempre tende a ocorrer em disputas entre times, no esporte e também em outras formas de competição.

Na Finlândia, avaliações nacionais periódicas não são prioritárias, embora a excelência da qualificação dos docentes e uma clareza dos desafios e prioridades de aprendizagem em âmbito nacional tenham possibilitado que as avaliações internas constantes e participativas garantam resultados de excelência e sustentáveis em avaliações internacionais nos últimos anos. Ou seja, uma avaliação que é mais cooperativa do que competitiva também possibilitou à Finlândia obter resultados ainda melhores em *rankings* internacionais como o Pisa. Embora isso não conste como meta oficial explícita, a despreocupação com avaliações controladoras e competitivas permitiu à Finlândia resultados mais competitivos no Pisa, um paradoxo aparente. O valor da avaliação está na própria aula, quando o professor usa ferramentas para apoiar a aprendizagem. Não há *ranking* nacional de escolas porque há entendimento de que toda escola deve ser excelente. Não há reprovação, porque se entende que se o aluno tem dificuldades é necessário acompanhamento direto com o professor, que não vai deixá-lo para trás (Torres, 2014). Certamente o fato de ser um país com menos de 50% da população total do município de São Paulo contribui para excelência de resultados com maior equidade e homogeneidade no sistema educacional, além dos fatores culturais e da priorização da educação pública em políticas de Estado sustentadas e congruentes durante algumas décadas.

É interessante notar que enfoques quase opostos em alguns aspectos da gestão central da avaliação das escolas e dos estudantes possibilitaram resultados similares em testes comparativos internacionais. O que há em comum é a congruência entre a cultura nacional de cada país e suas escolhas no campo educacional. Esse é um aspecto essencial a ser considerado no planejamento curricular para escolas brasileiras. O próprio Pisa deve ser para os brasileiros apenas mais uma referência, pois ele é um teste que tem como referência culturas e valores selecionados entre os países membros da OCDE, parcialmente divergentes dos valores brasileiros, fato que de alguma forma deve prejudicar as comparações de resultados dos estudantes brasileiros com os dos demais países para os quais foi originalmente pensado.

INFRAESTRUTURA E PESSOAL DOCENTE E TÉCNICO-ADMINISTRATIVO

A infraestrutura sólida, moderna e eficaz muito valorizada é um dos pontos a destacar para o sucesso da educação básica em geral e do ensino médio em especial nos casos da Coreia do Norte e da Finlândia. Ambos os países investem em infraestrutura com foco adequado e com a certeza de que esse é um investimento essencial para garantir a sustentabilidade do desenvolvimento nacional. A educação é valorizada pelos diferentes atores como o "insumo" mais importante para o desenvolvimento social e econômico dessas nações, e houve congruência e continuidade nas políticas públicas educacionais das últimas décadas.

A valorização social e salarial dos docentes e das equipes de apoio é o ponto mais alto que garante o sucesso nos dois casos. A profissão de professor é muito valorizada socialmente nos dois países. Isso explica como o maior grau de autonomia na definição local das ofertas curriculares possibilita mais arranjos eficazes e evita que haja muitas discrepâncias nos resultados de aprendizagem entre os estudantes das diferentes escolas.

Na Coreia do Sul, há maior congruência entre a valorização social e a remuneração dos docentes, que é também bem mais elevada do que na maioria dos demais países com bom desempenho em avaliações internacionais.

Na Finlândia, a remuneração dos docentes está mais próxima da média dos demais países de bom desempenho relativo, mas o esforço de qualificação dos docentes é mais forte, e sua valorização social e cultural ainda está em ascensão. Os aspirantes aos cursos de licenciatura passam por rigorosos exames de admissão que incluem provas dissertativas, entrevistas e atividades práticas pelas quais são avaliadas as motivações e as habilidades de comunicação interpessoal dos candidatos (Britto, 2013). Todos os professores que entraram nos cursos de licenciatura estavam entre os 30% de melhor desempenho na educação básica (Ripley, 2014).

Os programas finlandeses de qualificação docente têm quatro características importantes e distintivas:

a) são fortemente baseados em pesquisa;

b) enfatizam a abordagem didático-pedagógica dos conteúdos disciplinares;

c) treinam para diagnóstico e acompanhamento dos alunos com dificuldades de aprendizagem;

d) possuem forte componente prático.

A função docente na educação básica é profissão de tempo integral na Finlândia, geralmente desenvolvida numa só escola.

Em resumo, as estratégias de recrutamento, a formação profissional nas licenciaturas e o prestígio social são fundamentais para a valorização dos docentes finlandeses, mais até do que os salários. Isso explica por que os especialistas consideram a excelência dos professores um fator determinante para os bons resultados de aprendizagem dos estudantes finlandeses (Britto, 2013).

Certamente os fatores aqui mencionados sobre os dois países contribuem para que haja resultados educacionais de excelência na Coreia do Sul e na Finlândia. Na medida em que a integração curricular possa ser fator contributivo para isso, tais fatores também podem favorecê-la. Isso é especialmente verdadeiro se o conceito de integração curricular for analisado pela perspectiva da congruência e da contextualização adequada na incorporação das aprendizagens significativas pelos estudantes.

PARTE III

PROTÓTIPOS CURRICULARES DA UNESCO E OUTRAS FORMAS INOVADORAS DE ORGANIZAÇÃO CURRICULAR

> Se a escola está afastada da sociedade, se suas questões, seus impasses, não fazem parte da formação de jovens e crianças, se nossa escola é fundamentalmente abstrata, passiva e reproduz conteúdos inúteis, como esperar algo diferente de consumismo, violência, drogas e alienação social?
>
> Viviane Mosé, *A escola e os desafios contemporâneos*

Nas experiências brasileiras e internacionais das últimas décadas a integração curricular efetiva é rara. A ausência de integração é especialmente observada no ensino médio (ou educação secundária), cuja fragmentação curricular é inerente às estruturas curriculares baseadas em disciplinas estanques, hegemônicas nas práticas educacionais desse nível de ensino. A situação é agravada no Brasil porque boa parte das tentativas de reforma curricular, especialmente as com origem no poder legislativo, acrescenta sempre uma disciplina para compor uma "grade curricular" já sobrecarregada.

A recente retomada da ideia de integração curricular entre a educação profissional e o ensino médio foi mais uma espécie de reação corporativa e ideológica a uma norma federal (Decreto Federal nº 2.208/97) que priorizou a oferta concomitante ou subsequente dos cursos técnicos de nível médio. Do ponto de vista efetivo, a norma nada mais fazia do que determinar uma separação entre educação geral e educação profissional que já era real. Na prática, o que se oferecia na maioria das instituições de educação profissional eram dois currículos distintos, justapostos pelo mecanismo de matrícula única.

O Decreto Federal nº 5.154/04 voltou a possibilitar a matrícula única e valoriza a oferta de cursos técnicos integrados ao ensino médio. Essa modificação foi posteriormente incorporada à LDBEN. A partir do decreto e da modificação na lei, os órgãos normativos produziram diretrizes orientadas para tentar garantir uma melhor integração curricular. Não seria apropriado propor uma "volta ao passado de cursos integrados", pois na realidade esse passado nunca existiu, salvo raras exceções. A regra sempre foi a do dualismo (educação geral × educação profissional) e a divisão interna em disciplinas nos dois blocos. A transposição didática dos conhecimentos disciplinares aprofunda a fragmentação curricular, especialmente na educação geral.

Daqui por diante este livro abordará soluções possíveis para garantir maior integração curricular no âmbito do ensino médio e entre ensino médio e educação profissional. Teremos como objetivo fundamental a melhor aprendizagem dos estudantes e sua efetiva emancipação como cidadãos conscientes e atuantes no processo de desenvolvimento social e econômico da nação brasileira.

Serão apresentadas possibilidades concretas para essa integração, discutidas essas possibilidades e as oportunidades e condições mínimas necessárias para integração curricular mais efetiva. Serão, também, analisados os limites e dificuldades a superar para que a integração aconteça efetivamente, especialmente nas grandes redes públicas de ensino médio e de educação profissional.

As proposições partirão de síntese analítica dos diagnósticos apresentados nos capítulos anteriores, estruturada no texto sob a perspectiva das sete variáveis que podem favorecer ou dificultar a integração curricular, as quais já foram consideradas como roteiro desde o início deste livro.

1. Objetivos do ensino médio.
2. Trabalho e pesquisa como princípios.
3. Formas alternativas de organização curricular.
4. Integração do ensino médio com educação profissional.
5. Metodologia de ensino-aprendizagem.
6. Avaliação como mecanismo de integração curricular.
7. Infraestrutura e pessoal docente e técnico-administrativo.

Uma das propostas de integração curricular em destaque será uma síntese atualizada dos protótipos curriculares elaborados em projeto que coordenamos para a Representação da Unesco no Brasil, entre 2009 e 2011, cujo documento oficial foi publicado em 2013 em seu *site* institucional, com o título *Currículo integrado para o ensino médio: das normas à prática transformadora* (Regattieri & Castro, 2013). Um resumo executivo do projeto também está disponível no *site* da Unesco (Küller, 2011b).

Nesta terceira parte, em cada um dos sete itens do roteiro analítico que propusemos, começaremos com resumo das experiências, das recomendações teóricas e das indicações ou exigências normativas. Em seguida, faremos uma síntese da solução apresentada pelo nosso grupo de trabalho nos protótipos curriculares publicados pela Unesco e das razões para as opções ali efetuadas. Na continuidade, encaminharemos conclusões com nosso posicionamento atual sobre o que é fundamental no tópico em análise, considerando outras possibilidades de atuação para orientar a integração curricular mais eficaz, incluindo eventualmente outros exemplos práticos além dos que já foram tratados nos capítulos anteriores.

OBJETIVOS DO ENSINO MÉDIO

Há consenso nacional e internacional sobre a necessidade urgente de mudanças curriculares no ensino médio. O consenso acaba quando o foco da discussão passa para a definição do que mudar e para onde mudar. A falta de consenso já começa na definição das finalidades e dos objetivos prioritários do ensino médio. Apesar de toda a crítica, ainda prevalece uma entranhada visão tradicional de que o ensino médio deve ser etapa preparatória para o ensino superior ou, pior que isso, meramente para os exames vestibulares de acesso a esse nível educacional. Nessa visão tradicional, um segundo objetivo do ensino médio é a capacitação para o trabalho, visto como objetivo alternativo e muitas vezes contraposto ao primeiro.

A legislação educacional brasileira lista essas duas opções no rol de finalidades do ensino médio. A elas acrescenta a preparação básica para o trabalho, para a cidadania e para continuar aprendendo, e o "aprimoramento do educando como pessoa humana, incluindo a formação ética e o desenvolvimento da autonomia intelectual e do pensamento crítico" (Lei Federal nº 9.394/96).

No entanto, apenas a visão tradicional dos objetivos do ensino médio conforma a prática cotidiana das escolas. Ainda há hegemonia de pedagogias que valorizam objetivos essencialmente associados à transposição didática de conteúdos disciplinares estanques, sob o argumento falacioso da importância política e até revolucionária do acesso dos filhos dos trabalhadores ao conhecimento científico e da incorporação por eles do saber clássico acumulado pela humanidade.

A tradução dessa valorização na prática docente resulta quase sempre em aulas expositivas de disciplinas desarticuladas entre si, descontextualizadas e desconectadas do interesse dos estudantes e das necessidades sociais mais relevantes. Na educação profissional técnica de nível médio, a prática é a mesma na parte de educação geral do currículo, mas o drama é menos acentuado na parte de formação profissional. A preparação para o trabalho exige um mínimo de adesão ao mundo real e às suas demandas efetivas.

No panorama internacional, como expectativa comum à maioria dos países, é possível assumir que a educação básica deve garantir aos estudantes os conjuntos de aprendizagens sintetizados no Relatório Delors para a Unesco: aprender a conhecer, aprender a fazer, aprender a viver juntos (conviver) e aprender a ser. Como etapa conclusiva da educação básica, espera-se que o ensino médio consolide o alcance desses grandes objetivos de aprendizagem.

Muitas das propostas internacionais de reforma do ensino médio enfatizam esses objetivos traduzidos como competências básicas para o trabalho, para o exercício da cidadania e para a vida.

É o caso do Relatório Scans, que detalhou cinco competências e três habilidades ou qualidades pessoais necessárias para o desempenho adequado no trabalho e que devem ser desenvolvidas pelas escolas. Para esse relatório, todo trabalhador deveria ser capaz de: utilizar recursos materiais e imateriais para o desenvolvimento de suas atividades; relacionar-se bem com todos os outros; buscar, organizar e utilizar informações; acompanhar, projetar ou melhorar sistemas sociais, organizacionais e tecnológicos; identificar, prevenir e resolver problemas com aparatos tecnológicos.

O relatório considera que competências são diferentes do conhecimento técnico de uma pessoa. As competências exigem mais do que conhecimento. Os fundamentos que as sustentam são as habilidades básicas de ler, contar, falar e ouvir; as habilidades de pensamento (criatividade, tomada de decisão, raciocínio abstrato, aprender autonomamente...) e as qualidades pessoais, tais como responsabilidade individual, autoestima, sociabilidade, autogestão e integridade.

A fixação de algumas competências básicas e seu detalhamento em habilidades específicas também foram adotados na matriz de competências e habilidades do Enem. O Novo Enem, como foi chamada a versão atual, substitui as cinco competências originais por cinco "eixos cognitivos". A mudança foi apenas nominal, uma vez que as competências foram mantidas. A conferir:

> I. DOMINAR LINGUAGENS (DL): dominar a norma culta da Língua Portuguesa e fazer uso das linguagens matemática, artística e científica e das línguas espanhola e inglesa.
>
> II. COMPREENDER FENÔMENOS (CF): construir e aplicar conceitos das várias áreas do conhecimento para a compreensão de fenômenos naturais, de processos histórico-geográficos, da produção tecnológica e das manifestações artísticas.
>
> III. ENFRENTAR SITUAÇÕES-PROBLEMA (SP): selecionar, organizar, relacionar, interpretar dados e informações representados de diferentes formas, para tomar decisões e enfrentar situações-problema.
>
> IV. CONSTRUIR ARGUMENTAÇÃO (CA): relacionar informações, representadas em diferentes formas, e conhecimentos disponíveis em situações concretas, para construir argumentação consistente.
>
> V. ELABORAR PROPOSTAS (EP): recorrer aos conhecimentos desenvolvidos na escola para elaboração de propostas de intervenção solidária na realidade, respeitando os valores humanos e considerando a diversidade sociocultural. (MEC/Inep, 2009)

Essas competências são desdobradas em habilidades que se relacionam com as diferentes áreas do conhecimento: linguagens e suas tecnologias, matemática e suas tecnologias, ciências humanas e suas tecnologias, e ciências naturais e suas tecnologias. Uma análise mais crítica da proposta do Novo Enem mostra que o exame tenta uma solução de compromisso entre a definição de resultados de aprendizagem e uma relação de conteúdos disciplinares. A perspectiva de resultados é promissora. Se radicalizada essa perspectiva, temos um conjunto de objetivos gerais comuns a todas as áreas de conhecimento (as competências, no caso) e objetivos específicos por área de conhecimento (as habilidades, no caso) que são decorrentes desses objetivos gerais, promovendo uma integração curricular mediante os objetivos de aprendizagem a serem perseguidos.

A maioria das recomendações de teóricos nacionais e internacionais sobre currículos integrados parte da definição clara de objetivos de aprendizagem que poderão balizar a organização curricular e facilitar a integração dos processos de ensino e de aprendizagem. O foco na ação dos estudantes orientada para aprendizagem é o ponto comum dessas recomendações, que consideramos favorecedoras da integração curricular em todas as suas nuances positivas.

Esses objetivos podem ser expressos em competências a desenvolver ou apresentados como conhecimentos, habilidades ou atitudes esperadas dos estudantes. Consideramos menos relevante a adesão a algum modismo ou dogmatismo sobre palavras mistificadas ou proibidas na definição dos objetivos de aprendizagem. O essencial é que sejam **OBJETIVOS QUE EXPRESSEM O QUE OS ESTUDANTES DEVERÃO SER CAPAZES DE DEMONSTRAR COMO APRENDIZAGEM** e não meramente o rol de conteúdos que os professores deverão cumprir para que suas matérias sejam consideradas como dadas.

As melhores experiências de integração curricular que analisamos têm em comum a clareza de objetivos de aprendizagem esperados. Isso favorece a integração curricular, mesmo quando os objetivos de aprendizagem não se apresentam formalmente com esse propósito. Em alguns casos, como nas experiências da Colômbia e do Uruguai, os objetivos de aprendizagem são expressos como competências a desenvolver e, assim, articulam todo o planejamento curricular. Algo similar ocorre nos casos analisados do Centro Paula Souza e do Proeja técnico desenvolvido no IFSC. Embora outras experiências analisadas (vocacionais, pedagogia da alternância, Coreia do Sul e Finlândia) não explicitem objetivos de aprendizagem baseados em competências, em todos os casos partem dos objetivos de aprendizagem as demais definições que orientaram as escolhas da organização curricular e que facilitaram a integração entre os seus diversos componentes.

A proposta de protótipos curriculares publicada pela Unesco procurou integrar as melhores combinações de formulação de objetivos de aprendizagem para potencializar os bons resultados e ampliar a integração efetiva de todo o processo educacional.

Nessa proposta, o grupo de trabalho que coordenamos partiu das finalidades do ensino médio explícitas na LDBEN, que lá foram consideradas congruentes com os quatro pilares da educação expressos no Relatório Delors para a Unesco: aprender a conhecer; aprender a fazer; aprender a conviver e aprender a ser.

Para ampliar ainda mais as possibilidades da integração do ensino médio em seus componentes curriculares internos e também com os componentes curriculares necessários para a educação profissional técnica de nível médio, a organização curricular proposta nos protótipos desenhados para a Unesco prevê um núcleo de preparação para o trabalho e outras práticas sociais.[18] O núcleo, a ser planejado como unidade curricular integradora, deveria garantir a obtenção desses objetivos mais gerais.

Os objetivos de aprendizagem do núcleo de preparação para o trabalho e outras práticas sociais dos protótipos curriculares da Unesco são transcritos a seguir. Eles podem ser uma referência para debate de objetivos integradores no ensino médio e deste com a educação profissional. Esses objetivos do núcleo foram especificados a partir da matriz de referência do Enem (MEC/Inep, 2009). Depois, foram considerados os saberes básicos necessários para o trabalho e para a prática social relacionados em documentos nacionais e experiências nacionais e internacionais de reforma do ensino médio, parte deles considerada em capítulos anteriores. A relação inicial de objetivos foi ajustada às finalidades e aos objetivos do ensino médio expressos na LDBEN e nas diretrizes curriculares correspondentes. Por fim, a relação de objetivos foi exaustivamente debatida e checada por especialistas, técnicos e docentes do ensino médio e da educação profissional, resultando na redação final apresentada a seguir.

---

18 No capítulo "Formas alternativas de organização curricular", a operacionalização dessa proposta será analisada e aprofundada em seus detalhes mais relevantes.

1. Expressar-se claramente, produzindo textos de diferentes gêneros e utilizando recursos verbais e não verbais, com finalidades práticas, éticas e estéticas;
2. Usar língua estrangeira moderna como instrumento de trabalho e acesso a informações e a outras culturas e grupos sociais;
3. Compreender e usar, em situações de vida e trabalho, os sistemas simbólicos das diferentes linguagens como meios utilizáveis para construir significados, para se expressar, para se comunicar e para transmitir informações;
4. Experimentar, valorizar e promover a diversidade artística e esportiva, bem como as manifestações culturais de vários grupos sociais e étnicos;
5. Interpretar e analisar informações sobre o trabalho, a educação e as demais práticas sociais, obtidas da leitura de textos, gráficos e tabelas, realizando extrapolações, interpolações e previsões de tendência;
6. Fazer estimativas, medidas, cálculos e previsões numéricas de variáveis relacionadas ao trabalho e às demais práticas sociais;
7. Utilizar visão geométrico-espacial para a concepção e a confecção de objetos tridimensionais com objetivos práticos ou estéticos, sendo capaz de interpretar e registrar suas representações planas;
8. Aplicar as tecnologias da comunicação e da informação na escola, no trabalho e em outros contextos relevantes para sua vida;
9. Posicionar-se em julgamentos práticos, estéticos e éticos, assim como em deliberações coletivas, respeitando e dialogando com pontos de vista diversos;
10. Situar-se e engajar-se em ambientes ou projetos sociais e de trabalho, reconhecendo suas potencialidades, considerando e valorizando interesses pessoais e coletivos, com vistas à inclusão social;
11. Valorizar as potencialidades e as diferenças individuais, para garantir a contribuição de todos nas atividades coletivas;
12. Trabalhar produtivamente em equipe, habilitando-se a exercer todos os papéis nela necessários e agindo de maneira

responsável, cooperativa e solidária em suas comunidades de trabalho e convívio;
13. Analisar criticamente diferentes formas de organização do trabalho e ser capaz de propor mudanças, visando ao seu aperfeiçoamento;
14. Discutir, participar de decisões e cumprir normas democráticas para a organização e o funcionamento de grupos de estudo e de trabalho;
15. Propor e realizar ações que visem à promoção da saúde individual, coletiva ou dos ambientes de trabalho e convivência;
16. Propor ações nos ambientes de trabalho e convivência que contribuam com o desenvolvimento socioambiental sustentável da comunidade;
17. Aplicar as tecnologias associadas às Ciências Naturais para diagnosticar problemas e propor soluções nos seus ambientes de trabalho e demais práticas sociais;
18. Defender a diversidade do patrimônio étnico-cultural dos diferentes grupos sociais;
19. Elaborar, executar e avaliar projetos pessoais e coletivos que respondam a problemas diagnosticados, respeitando prioridades definidas e mobilizando características socioafetivas, culturais e intelectuais;
20. Gerenciar tempo e recursos de trabalho, com vistas à obtenção dos resultados pretendidos;
21. Formular projetos de vida, detectar oportunidades de trabalho e adequar a escolha profissional às preferências e possibilidades pessoais;
22. Construir e acionar mecanismos próprios de aprendizagem no trabalho;
23. Compreender, respeitar e defender o cumprimento das legislações previdenciária e trabalhista, conhecendo instrumentos de acesso, de garantia e de aperfeiçoamento dos direitos e deveres correspondentes. (Regattieri & Castro, 2013, pp. 220-221)

Nota-se que todos esses objetivos relacionam-se tanto com as práticas sociais demandadas dos cidadãos em geral quanto com as demandas essenciais para a inserção dos estudantes no mundo do trabalho. Além disso, cada subgrupo de objetivos exige o desenvolvimento de saberes e capacidades ou competências relacionadas com as áreas do conhecimento. Em todas as áreas, a integração dos conteúdos ou das disciplinas ocorre por meio da definição de objetivos de aprendizagem comuns para a área como um todo.

Os objetivos de aprendizagem do núcleo, tanto os relacionados à preparação básica para o trabalho quanto os relacionados às outras práticas sociais, constituem uma das referências para a definição dos objetivos das áreas. Os protótipos curriculares são integrados por meio de seus objetivos de aprendizagem. Outra referência para a definição dos objetivos foram as competências e habilidades das áreas de conhecimento do Novo Enem, assegurando a perspectiva de continuidade de estudos.

Os protótipos propõem em seus exemplos uma definição diferente de objetivos para cada área. Em linguagens e suas tecnologias, os objetivos não estão distribuídos entre as disciplinas, mas é possível reconhecer a origem disciplinar de cada um. Na área de matemática e suas tecnologias, os objetivos são detalhamentos dos objetivos do núcleo. Por sua vez, a área de ciências da natureza e suas tecnologias apresenta objetivos gerais mais integradores e objetivos específicos vinculados a cada uma das disciplinas constituintes – biologia, física e química. Finalmente, a opção para integrar as disciplinas da área de ciências humanas e suas tecnologias apresenta focos temáticos ou temas estruturadores que organizam os grupos de objetivos de aprendizagem. Esses exemplos distintos de organização e formulação de objetivos podem ser adotados ou adaptados no desenho curricular de cada escola (Küller, 2011a).

O próprio documento apresentado pela Unesco já alerta que esses objetivos deverão obrigatoriamente ser rediscutidos e revistos (ampliados, ajustados, simplificados) localmente pelos professores e pela equipe técnico-administrativa das escolas. A rediscussão dos objetivos é o ponto de partida na elaboração de seus projetos pedagógicos, planos de curso e planos de atividades de ensino-aprendizagem. Deve ser feita à luz da realidade local, do perfil dos estudantes, dos limites e das possibilidades concretas de trabalho.

No desenvolvimento dos protótipos, por exemplo, nós mesmos notamos uma incoerência interna entre os objetivos gerais do ensino médio e a matriz de competências e habilidades do Enem. A matriz dá pouca relevância ao objetivo de preparação básica para o trabalho. Isso foi corrigido na definição dos objetivos do núcleo dos protótipos. No entanto, é possível que outras inconsistências persistam ou haja discordância em relação à ênfase dada no núcleo ao objetivo de "preparação básica para o trabalho e a cidadania do educando". Coletivos escolares podem, por exemplo, mudar essa ênfase no detalhamento dos objetivos do núcleo para o objetivo geral de "aprimoramento do educando como pessoa humana, incluindo a formação ética e o desenvolvimento da autonomia intelectual e do pensamento crítico". Isso provavelmente resultaria em impactos importantes na organização curricular que adiante discutiremos.

Há outras possibilidades de organização dos objetivos de aprendizagem do ensino médio. Existem formas de definição de estruturas curriculares que radicalizam a função dos objetivos na integração curricular. O Senac definiu um novo *Modelo pedagógico nacional*, que inclui uma nova organização curricular (Senac, 2014). Os currículos se estruturam a partir das competências do perfil profissional. Cada competência do perfil dá origem a uma unidade curricular. No modelo curricular do Senac, as competências ou objetivos de aprendizagem são o componente principal do currículo, uma vez que os componentes curriculares se originam a partir delas. Assim, o perfil profissional (ou as competências que o definem) é o primeiro mecanismo de integração curricular do Senac. O currículo é integrado pelas competências do perfil profissional, que, juntas, garantem que o profissional é capaz de exercer sua função no mundo do trabalho. Cada unidade curricular é essencial e contribui para a formação do profissional desejado.

É possível imaginar uma perspectiva similar para o ensino médio e para o ensino médio integrado à educação profissional. Por exemplo, podemos definir um conjunto de objetivos fundamentais para o ensino médio partindo dos objetivos da LDBEN. Ou podemos definir um conjunto de objetivos para a habilitação profissional, integrando a parte de educação geral e de educação profissional do currículo. Para cada um desses objetivos poderíamos derivar um componente curricular. Nesse caso, estaríamos sepultando a organização disciplinar do currículo e provavelmente teríamos dificuldade com os órgãos normativos. Mas a integração poderia ser feita a partir dos objetivos.

A especificação e a distribuição dos objetivos também podem ser condicionadas por outras formas não disciplinares de estruturar o currículo. É o caso da pedagogia da alternância, por exemplo. Nela, a especificação e a distribuição dos objetivos de aprendizagem, bem como a organização curricular, são condicionadas pela estrutura curricular fundamental que prevê tempos alternados de escola e trabalho.

Nos protótipos curriculares, optou-se por interferir o mínimo na divisão tradicional por disciplinas, facilitando sua aceitação e sua operacionalização. A mudança fundamental foi definir objetivos de aprendizagem em troca da transposição didática do conhecimento disciplinar, como é usual. Nessa opção, a definição e a integração dos objetivos dos vários componentes curriculares são fundamentais. Isso não significa que as escolas que fazem a opção de se referenciarem nos protótipos estejam dispensadas da reflexão sobre os objetivos a serem atingidos. Essa reflexão deve ser sempre o ponto de partida, usando ou não os protótipos como referência.

O Conselho Estadual de Educação do Rio de Janeiro expediu, em 2014, deliberação que define diretrizes operacionais para a organização curricular do ensino médio na rede pública de ensino do Estado. Nessa deliberação, há proposta alternativa de organização curricular e são sugeridos como referência alguns agrupamentos de saberes que podem auxiliar as escolas na definição de seus objetivos de aprendizagem:

> » AUTONOMIA: saber fazer escolhas e tomar decisões acerca de questões pessoais e coletivas, fundamentadas no autoconhecimento e em seu projeto de vida, de forma responsável e solidária;
>
> » COLABORAÇÃO: atuar em sinergia e responsabilidade compartilhada, respeitando diferenças e decisões comuns;

- » **COMUNICAÇÃO:** compreender e fazer-se compreender em situações diversas, respeitando os valores e atitudes envolvidos nas interações;
- » **LIDERANÇA:** ser capaz de mobilizar e orientar as pessoas em direção a objetivos e metas compartilhados, liderando-as e sendo liderado por elas;
- » **GESTÃO DA INFORMAÇÃO:** ser capaz de acessar, selecionar, processar e compartilhar informações, em contextos e mídias diversas;
- » **GESTÃO DE PROCESSOS:** saber planejar, executar e avaliar os processos de aprendizagem, trabalho e convivência;
- » **CRIATIVIDADE:** ser capaz de fazer novas conexões a partir de conhecimentos prévios e outros já estruturados, trazendo contribuições de valor para si mesmo e para o mundo;
- » **RESOLUÇÃO DE PROBLEMAS:** ser capaz de mobilizar-se diante de um problema, lançando mão de conhecimentos e estratégias diversos para resolvê-lo;
- » **PENSAMENTO CRÍTICO:** saber analisar e sintetizar ideias, fatos e situações, assumindo posicionamentos fundamentados;
- » **CURIOSIDADE INVESTIGATIVA:** ter interesse e persistência para explorar, experimentar, aprender e reaprender sobre si, o outro e o mundo.

Nesta reflexão, ressaltamos que é essencial que sejam garantidas as demandas constitucionais para a educação básica, da qual o ensino médio é etapa conclusiva, além dos objetivos e finalidades legalmente estipulados na LDBEN. Tudo o mais é o espaço de liberdade da escola, como está previsto nas atuais diretrizes curriculares do ensino médio.

TRABALHO E PESQUISA COMO PRINCÍPIOS

O trabalho é praticamente ausente nas referências teóricas internacionais como princípio educativo que possa orientar a integração curricular. No contexto brasileiro, sua menção explícita com tal enfoque é mais recente, tanto em textos acadêmicos como em normas e documentos oficiais. O trabalho é especialmente defendido como princípio educativo essencial por autores que defendem a ideia de uma educação politécnica ou tecnológica. Neste caso, a ênfase é feita sobre a acepção ontológica do trabalho.

Obviamente, na sua acepção econômica o trabalho é uma referência obrigatória na educação profissional, pois um dos focos de seus objetivos de aprendizagem deve orientar-se à preparação para uma ocupação ou um segmento ocupacional no mundo do trabalho.

A pesquisa tampouco tem presença relevante como princípio que possa ser fator de integração curricular nas indicações teóricas internacionais. Nos documentos e normas nacionais, aparece com ênfase também mais recentemente, em alguns casos com a caracterização de princípio pedagógico. Os dois princípios são explicitamente propostos nas *Diretrizes curriculares nacionais para o ensino médio* (MEC/CNE/CEB, 2012).

A Resolução CNE/CEB nº 6/2012, que define diretrizes curriculares nacionais para a educação profissional técnica de nível médio, em seu art. 6º define como princípios norteadores da educação profissional:

III - trabalho assumido como princípio educativo, tendo sua integração com a ciência, a tecnologia e a cultura como base da proposta político-pedagógica e do desenvolvimento curricular;
IV - articulação da Educação Básica com a Educação Profissional e Tecnológica, na perspectiva da integração entre saberes específicos para a produção do conhecimento e a intervenção social, assumindo a pesquisa como princípio pedagógico; (MEC/CNE/CEB, 2012, p. 2)

O "trabalho como princípio educativo é a base para a organização e desenvolvimento curricular em seus objetivos, conteúdos e métodos" (MEC/CNE/CEB, 2012, p. 16). Considerar o trabalho como princípio educativo é equivalente a dizer que o homem produz sua realidade, dela se apropria e é sujeito potencial de sua transformação e, portanto, de sua realidade e de seu futuro. Pelo trabalho, o homem constrói a sua realidade e sua história (acepção ontológica). O trabalho é a primeira mediação entre o homem e seu mundo natural e cultural. "O trabalho também se constitui como prática econômica porque garante a existência, produzindo riquezas e satisfazendo necessidades" (MEC/CNE/CEB, *ibidem*). O parecer contempla, assim, os dois sentidos do trabalho: o ontológico e o econômico.

Esses dois sentidos do trabalho podem ser concretizados no currículo se este for organizado a partir de situações de aprendizagem que exijam *ações* transformadoras. Situações e ações de aprendizagem que permitam vivenciar o sentido do trabalho enquanto constitutivo do ser humano e questionar um determinado modo de produção como base da existência material, da cultura e da organização de uma dada sociedade.

Em relação à pesquisa como princípio pedagógico, o Parecer CNE/CEB nº 11/2012 afirma que, em função da produção acelerada de conhecimentos que caracteriza a sociedade contemporânea, a transmissão de informações pela escola e pelos docentes perde relevância. Em troca, torna-se cada vez mais importante que a pesquisa, como princípio pedagógico, esteja presente em toda a educação dos atuais e futuros trabalhadores. É fundamental que os estudantes e os trabalhadores possam, de modo autônomo, formular problemas para uma investigação individual e coletiva e buscar respostas para esses problemas, como forma de dominarem mecanismos próprios de (re)construção de conhecimentos. O parecer conclui:

> [...] *a prática de pesquisa propicia o desenvolvimento da atitude científica, o que significa contribuir, entre outros aspectos, para o desenvolvimento de condições de, ao longo da vida, interpretar, analisar, criticar, refletir, rejeitar ideias fechadas, aprender, buscar soluções e propor alternativas, potencializadas pela investigação e pela responsabilidade ética assumida diante das questões políticas, sociais, culturais e econômicas. A pesquisa, associada ao desenvolvimento de projetos contextualizados e interdisciplinares/articuladores de saberes, ganha maior significado para os estudantes.* (MEC/CNE/CEB, 2012, p. 17)

Para nossos propósitos é relevante a relação feita no parágrafo citado entre a pesquisa e o desenvolvimento de projetos. Como já analisamos na primeira parte deste livro e veremos novamente a seguir, a articulação entre pesquisa e projeto é uma forma de juntar os princípios do trabalho e da pesquisa em desenhos curriculares integrados.

Nas experiências analisadas na segunda parte deste livro, o trabalho aparece mais claramente como um princípio organizador da integração curricular nos ginásios vocacionais, na pedagogia da alternância, no Uruguai, na Fiocruz e no Proeja técnico. Aparece, também, embora com menor ênfase, nas outras experiências analisadas.

É, também, nas experiências dos ginásios vocacionais, da pedagogia da alternância, do Uruguai, da Fiocruz e do Proeja técnico que a pesquisa aparece mais concretamente como um dos princípios articuladores da integração curricular.

Como já foi detalhado anteriormente, nos ginásios vocacionais a pesquisa e o trabalho se juntaram metodologicamente como princípios articuladores da integração curricular, tendo o estudo do meio (pesquisa) como ponto de partida de investigação sobre a realidade e a intervenção social planejada (trabalho).

Na pedagogia da alternância, no tempo de estudo, os estudantes levantam problemas e questões (pesquisa) que devem ser respondidas no tempo de trabalho. Por sua vez, o trabalho nas propriedades familiares do estudante gera questões e problemas que devem ser investigados e resolvidos no tempo de estudo. Desta forma os problemas levantados e enfrentados no trabalho articulam e integram os conteúdos curriculares que são abordados nos tempos de escola. Pesquisa e trabalho articulam-se na definição, na orientação, na organização e na integração do currículo. Na pedagogia da alternância, o trabalho produtivo articula dialeticamente ensino formal e trabalho produtivo.

Algo similar ocorre nas experiências da Fiocruz, do Proeja técnico no IFSC e do curso analisado no Centro Paula Souza, que enfatizam formas diferentes de organização curricular nas quais o trabalho e a pesquisa são princípios relevantes a considerar.

Conforme citamos anteriormente, na Fiocruz foi criado o componente curricular integrador denominado Iniciação à Educação Politécnica (IEP), que é organizado com base nos eixos de trabalho, ciência e saúde. Esse componente conta com aulas formais e com a realização, pelos estudantes – sob orientação de professores –, de um Trabalho Integrador (TI). Na experiência uruguaia, as oficinas laborais constituem um núcleo articulador do currículo, no qual o trabalho é um princípio educativo essencial. A pesquisa já não aparece tão explicitamente como princípio, embora as atividades de aprendizagem sempre tenham enfoques investigativos em suas descrições.

Os casos da Colômbia, da Coreia do Sul e da Finlândia também são mais claros na valorização do trabalho como princípio educativo envolvido nos fatores que podem facilitar a integração curricular, enquanto a relevância da pesquisa como princípio fica mais implícita nas indicações metodológicas do que declarada formalmente nos documentos analisados.

Nos protótipos curriculares elaborados pelo grupo que coordenamos para a Unesco, o trabalho é assumido como princípio educativo, e a pesquisa, como princípio pedagógico, estando ambos estreitamente relacionados. O trabalho é tomado como princípio educativo originário que articula e integra as diferentes áreas de conhecimento. A pesquisa é vista como um instrumento de articulação entre o saber acumulado pela humanidade e as propostas de trabalho que estarão no centro do currículo.

Na proposta dos protótipos, toda a aprendizagem tem origem ou fundamento em atividades dos estudantes orientadas para uma intervenção na sua realidade. O currículo deve estar centrado no planejamento (concepção) e no desenvolvimento de propostas de trabalho individual e coletivo (execução). Cada estudante as usará para produzir e transformar sua realidade e, ao mesmo tempo, desenvolver-se como ser humano.

Como forma de conhecimento e de crítica da realidade, a pesquisa se apoia nas áreas de conhecimento para auxiliar na definição da metodologia e dos instrumentos de investigação, na identificação das variáveis de estudo e na interpretação dos resultados. A análise dos resultados da pesquisa, também apoiada pelas áreas, aponta as atividades de transformação (trabalho) que são necessárias e possíveis.

À luz desses dois princípios, os protótipos unem a orientação para o trabalho com a educação por meio do trabalho. Propõem uma escola em que os jovens desenvolvam uma cultura para o trabalho e demais práticas sociais por meio do protagonismo em atividades transformadoras.

O diagnóstico é a primeira etapa de um componente curricular integrador, núcleo do currículo, que tem como referência um contexto de atuação ou projeto articulador previsto para cada ano escolar. A realização dos diagnósticos é antecedida pela definição de uma pauta de pesquisa composta por variáveis, temas, problemas ou questões de investigação. São itens que surgirão dos interesses dos estudantes, mas que também devem atender aos objetivos das áreas. No núcleo articulador, os itens definidos são selecionados, sistematizados e organizados conforme as quatro dimensões articuladoras do currículo: trabalho, cultura, ciência e tecnologia.

O documento que detalha os protótipos apresenta alguns exemplos desses itens de interesse, sem que se esgotem as múltiplas possibilidades de investigação, que são apenas indicações para orientar os professores na coordenação do levantamento inicial dos itens e na sistematização de uma pauta de pesquisa que terá origem nas áreas e será concretizada no núcleo articulador. O quadro I (Küller, 2011b, p. 15) é um recorte desses exemplos.

Percebe-se, nos exemplos, que algumas atividades de investigação podem ocorrer nos três anos letivos, ampliando sua abrangência no espaço e no tempo e, dessa forma, contemplando os diferentes contextos de estudo e projetos de intervenção propostos ano a ano.

A formação integral do estudante irá se desenvolver por meio de estratégias que valorizam o fazer, entendido como o principal mecanismo de organização e de construção de conhecimentos. Esse fazer é conjunto, daí porque é apropriada a formação de grupos de trabalho para a realização das atividades práticas. O funcionamento desses grupos – que são organizados a partir das dimensões articuladoras do currículo (trabalho, cultura, ciência e tecnologia) – deve garantir que os princípios educativos (trabalho e pesquisa) se entrelacem com as dimensões articuladoras.

Os grupos têm como propósito desenvolver ações efetivas de transformação, a partir do diagnóstico realizado no contexto do projeto de cada ano. O documento integral dos protótipos também apresenta alguns exemplos de atividades possíveis de intervenção, divididos pelos grupos de trabalho.

Outras experiências baseadas em projetos, como, por exemplo, as que são definidas na chamada metodologia de aprendizagem baseada em problemas (ABP ou PBL, de *Problem-Based Learning*), também podem ser eficazes na utilização do trabalho e da pesquisa como princípios educativos. O projeto guarda similaridade com o que Konder afirma sobre o trabalho:

> O trabalho – com sua estrutura projetiva – está na raiz de toda criatividade humana. Nele o sujeito humano se contrapõe pela primeira vez ao objeto. Nele o sujeito antecipa pioneiramente uma meta que não está ao alcance da sua mão. Nele o homem-arquiteto faz a planta e, quando vai fazer a casa, enfrenta situações imprevistas, precisa improvisar, fazer escolhas, arriscar-se e passar a exercer poderes novos, que são o de duvidar, o de inventar e o de ser livre. (Konder, 2000, p. 112)

TRABALHO E PESQUISA COMO PRINCÍPIOS

QUADRO I

PROJETOS	PRIMEIRO ANO "Escola e moradia como ambientes de aprendizagem"	SEGUNDO ANO "Ação comunitária"	TERCEIRO ANO "Projeto de vida e sociedade"
Dimensões articuladoras	Exemplos de atividade de pesquisa e transformação propostas para o Núcleo		
Trabalho	Levantar a ocupação dos familiares e dos estudantes e caracterizar a divisão e organização do trabalho que vivenciam	Levantar as características e formas de organização, relações e condições de trabalho existentes na comunidade	Fazer a análise comparada de formas de organização, relações e condições de trabalho em diferentes países
Cultura	Desenvolver atividades de manutenção e preservação do patrimônio público (escola) e individual (residências)	Realizar uma feira de artes e de manifestações culturais e esportivas da comunidade	Criar (ou participar de) programas de arte e cultura em comunidades virtuais nacionais e internacionais
Ciência	Desenvolver programa de prevenção do uso de drogas e de DST/AIDS (escola e famílias)	Desenvolver atividades de prevenção ambiental na comunidade	Criar (ou participar de) programas ou comunidades virtuais de iniciação científica
Tecnologia	Promover o aumento da eficiência energética (escola e residências)	Criar um blog e uma comunidade de aprendizagem local	Criar programas juvenis de desenvolvimento tecnológico ou participar deles

315

Para tanto, é preciso conjugar o método de projetos com o propósito de promover uma transformação efetiva na realidade. O projeto educativo precisa objetivar uma intervenção no contexto social em geral e das organizações em particular, para responder a problemas reais em que o estudante assume o papel principal. Tem de se constituir em uma proposta educativa que canaliza a energia dos estudantes para atividades que mudam as organizações, a comunidade ou a sociedade. Essas mudanças devem resultar em aprendizagens significativas para os estudantes e em ganhos culturais, sociais e econômicos para os beneficiados por essas ações.

Já que trabalho resulta em transformação da natureza ou da sociedade pela ação humana, o projeto pode concretizar o trabalho como princípio educativo, porque objetiva resultados similares. Visto que toda mudança só produz benefícios se for precedida por um bom diagnóstico, o projeto também pode ser uma forma para concretizar a pesquisa como princípio pedagógico.

Como princípio pedagógico, a pesquisa é o instrumento de conhecimento da realidade a transformar. Pode fazer a articulação entre o saber acumulado pela humanidade e os projetos de trabalho. Como articulador do currículo, o projeto recorre às demais unidades curriculares para a identificação dos problemas a serem enfrentados. Emergindo dessas unidades curriculares, também obtém suporte para formulação e desenvolvimento das estratégias a serem usadas na transformação.

A pesquisa associada a projetos de transformação torna-se significativa. A pesquisa e os projetos, proporcionando conhecimentos e instrumentos para atuação na comunidade e nas organizações produtivas, terão forte sentido ético-social. "A pesquisa, como princípio pedagógico, pode, assim, propiciar a participação do estudante tanto na prática pedagógica quanto colaborar para o relacionamento entre a escola e a comunidade" (MEC/CNE/CEB, 2011, p. 22).

Para tanto, é fundamental abandonar o atual paradigma curricular e metodológico. É também preciso reverter o que a escola exige hoje dos estudantes: ordem, paciência, obediência, atenção às palavras e demonstrações dos mestres, comportamento de manada. Num projeto, a responsabilidade e a autonomia dos alunos são essenciais. Eles devem ser responsáveis pelas escolhas e pelas ações ao longo do planejamento, do desenvolvimento e da avaliação do projeto. Isso exige modificações no currículo, na metodologia, na avaliação da aprendizagem e na infraestrutura das escolas, bem como na gestão destas.

Desta forma, o ensino médio pode concretizar, inclusive, os três sentidos em que o trabalho pode ser princípio educativo, segundo Saviani (1994). Ele poderá determinar o modo de ser da educação, proporcionar a experiência dos alunos em um trabalho socialmente produtivo e dar um exemplo de trabalho pedagógico efetivamente educativo.

FORMAS ALTERNATIVAS DE ORGANIZAÇÃO CURRICULAR

O século XX aprofundou exageradamente a fragmentação curricular em disciplinas, especialmente na educação secundária e na superior. Embora esse fenômeno de fragmentação seja recente na história da educação, a tradição acadêmica instaurada deixa a impressão de que sempre foi assim. Apenas no quartil final do século XX começaram a ser disseminados alguns enfoques críticos a essa fragmentação, com apresentação de possibilidades alternativas para a organização curricular.

Na perspectiva de recomposição da unidade perdida, houve quatro movimentos centrais no ambiente acadêmico: crítica ferrenha ao reducionismo limitante do conhecimento disciplinar; novas práticas de pesquisa e ensino com enfoque interdisciplinar ou transdisciplinar; inserção de temas transversais nos currículos escolares; reflexões sobre as práticas anteriores para compor um corpo propositivo próprio.

No caso brasileiro, a preocupação dos gestores de políticas públicas e dos órgãos normativos com a alta evasão, com os baixos resultados de aprendizagem e com a desmotivação dos estudantes de ensino levou a muitas discussões, reflexões e proposições sobre novas formas de organização curricular. A falta de significado e de contextualização das aulas disciplinares do ensino médio demanda mais integração entre as diferentes disciplinas ou a busca por desenhos curriculares alternativos. Tornou-se urgente a definição de um currículo que motive os estudantes, traga melhores resultados de aprendizagem e melhore os resultados individuais, sociais e econômicos do ensino médio.

Em geral, a divisão disciplinar do currículo é o ponto de partida para a discussão das formas de integração curricular. A interdisciplinaridade é a forma de integração mais comum na literatura especializada. A interdisciplinaridade aceita a divisão disciplinar como princípio válido e fundante do currículo, o que facilita o processo de aceitação da mudança por afetar menos os interesses constituídos. Em contraposição, dificulta a mudança de algumas práticas didáticas que impedem a efetiva integração curricular.

As disciplinas constituem ponto de partida de muitas das novas propostas curriculares do ensino médio, inclusive porque os docentes atuais foram licenciados para atuar em disciplinas específicas. Tomada a disciplina como unidade curricular básica, as referências teóricas e algumas boas experiências existentes indicam algumas possibilidades de integração curricular: currículos organizados em torno de grandes eixos articuladores; propostas de interdisciplinaridade com base em temas geradores; currículos em rede, que procuram enredar esses temas às áreas de conhecimento; conceitos-chave ou nucleares que permitem trabalhar as áreas de conhecimento e as questões culturais numa perspectiva transversal; projetos de trabalho, com abordagens que enriquecem e complementam os enfoques disciplinares.

Em experiências de integração curricular por interdisciplinaridade ou por transdisciplinaridade, o recurso ao projeto como mecanismo integrador tem sido a solução mais frequente.

Em alguns enfoques teóricos comuns na literatura brasileira e também endossados pelas normas regulamentadoras, há recomendação para que o currículo seja organizado e integrado por meio das dimensões articuladoras do trabalho, da cultura, da ciência e da tecnologia. Uma forma de essas dimensões efetivamente serem mecanismos de integração consiste em transformá-las em centros de interesse dos quais seja possível derivar projetos de pesquisa ou de intervenção na realidade social ou natural vivenciada pelos estudantes.

Na literatura, constata-se outra possibilidade de operar com as dimensões articuladoras: o currículo em rede. Na abordagem em rede, pode-se pensar nos componentes curriculares (áreas ou disciplinas) como as linhas horizontais da rede, e as dimensões articuladoras (trabalho, cultura, ciência e tecnologia) como centros de interesse ou focos de articulação, compondo as linhas ou colunas verticais. Nos espaços criados pela intersecção das linhas horizontais (componentes curriculares) e verticais (dimensões ou centros de interesse) da rede, pode-se pensar no protagonismo dos alunos na proposição de projetos de pesquisa e intervenção. Os projetos e a ação protagônica dos alunos funcionariam como nós rizomáticos da rede curricular.

Outra saída para a organização curricular baseada em disciplinas é a introdução, no currículo, de um componente curricular que exerça a função de mecanismo de integração. Criar um objeto curricular que não pertença a nenhuma disciplina. Propor um campo de ação integrada que tenha como função provocar o diálogo e criar oportunidades e necessidades de ação integrada de todas as disciplinas.

A LDBEN não se compromete com um currículo dividido em disciplinas ou com qualquer outra forma de organização curricular. A lei fala indistintamente de disciplina, estudo, conhecimento, ensino, matéria, conteúdo curricular, componente curricular... As normas regulamentadoras da educação básica garantem a autonomia da escola na definição de sua proposta curricular. Os pareceres do CNE inclusive estimulam formas alternativas de organização curricular. Afirmam que é preciso romper a estruturação tradicional do currículo por disciplinas. Defendem a necessidade de que sejam pensadas possibilidades de composição interdisciplinar, como as áreas de conhecimento, e outras possibilidades não disciplinares de organização do currículo.

As atuais diretrizes curriculares para a educação básica introduzem o conceito de transversalidade, que é entendida como uma forma de organizar o trabalho didático-pedagógico em que temas ou eixos temáticos são integrados às disciplinas. Por seu lado, as atuais diretrizes curriculares para o ensino médio propõem que a integração curricular tenha os seguintes critérios em sua organização:

- » organização e programação de todos os tempos e espaços curriculares, em forma de eixos, módulos ou projetos;
- » interdisciplinaridade e contextualização, que devem ser constantes de todo o currículo;
- » destinação de, pelo menos, 20% do total da carga horária anual ao conjunto de programas e projetos interdisciplinares eletivos criados pela escola, previstos no projeto pedagógico;
- » abordagem interdisciplinar na organização e na gestão do currículo.

Nas experiências internacionais e brasileiras que analisamos na segunda parte deste livro, no Uruguai e na pedagogia da alternância são utilizadas formas alternativas mais avançadas em relação à organização mais tradicional baseada em disciplinas. No Uruguai, o desenho curricular é baseado em módulos e trajetos a partir de oficinas laborais práticas e estruturantes que possibilitam superação eficaz da fragmentação disciplinar. Na pedagogia da alternância, o conhecimento teórico é vinculado e integrado ao conhecimento prático obtido e vivido na propriedade familiar ou coletiva, pelo revezamento de tempos de estudo e de trabalho. Isso possibilita uma organização curricular alternativa peculiar, baseada em centros de interesse, que é inovadora e adequada à adoção do trabalho como princípio educativo e à pesquisa como princípio pedagógico.

Os ginásios vocacionais também apresentaram avanços muito significativos na inovação curricular, especialmente em relação à contextualização e ao uso de eixos temáticos ou centros de interesse. A Colômbia, a Fiocruz, o Centro Paula Souza e o Proeja técnico no IFSC baseiam-se na organização curricular por competências e criam um componente curricular integrador, que usa principalmente a metodologia de projetos para contextualizar os objetivos de aprendizagem e organizar a interdisciplinaridade. No caso da Coreia do Sul e da Finlândia não há muita inovação no que se refere à organização curricular. São outros os fatores mais relevantes para os bons resultados de aprendizagem em testes do Pisa.

Nos protótipos curriculares de ensino médio e ensino médio integrado que nossa equipe de trabalho apresentou para a Unesco

(Regattieri & Castro, 2013), propusemos uma estratégia combinando mecanismos múltiplos de integração que aproveitam muito o que já consideramos nas experiências relatadas e nas propostas teóricas consideradas, conforme apresentado a seguir.

» INTEGRAÇÃO DAS DISCIPLINAS EM QUATRO ÁREAS DE CONHECIMENTO. Linguagens, matemática, ciências da natureza e ciências humanas, com suas respectivas tecnologias, são integradas por meio de um conjunto de objetivos comuns a todas as áreas e relacionados com a educação para o trabalho e demais práticas sociais.

» INTEGRAÇÃO POR MEIO DE UM NÚCLEO DE ATIVIDADES CRIATIVAS TRANSFORMADORAS. O núcleo de educação para o trabalho e outras práticas sociais é um componente curricular que constitui um objeto novo ou um objeto comum a todas as áreas. Esse núcleo é constituído por projetos e atividades de trabalho e de pesquisa que vitalizam os princípios educativos e lhes dão visibilidade.

» INTEGRAÇÃO POR PROJETOS OU CENTROS DE INTERESSE. Um centro de interesse e projetos de pesquisa e trabalho dele derivados atravessam o desenvolvimento do núcleo e das áreas em cada ano letivo. No primeiro ano letivo o centro de interesse inclui a escola e a moradia dos alunos. São formulados projetos de pesquisa e de transformação desses dois ambientes fundamentais de aprendizagem. No segundo ano, o centro de interesse passa a ser a comunidade que cerca a escola. No terceiro ano, os projetos individuais de vida e de sociedade que articulam o currículo passam a ter como centro de interesse a sociedade mais ampla. No caso do ensino médio integrado à educação profissional, no terceiro e no quarto ano o centro de interesse passa a ser um projeto articulador dos componentes de educação profissional do curso técnico de nível médio correspondente.

» INTEGRAÇÃO POR EIXOS TEMÁTICOS (TRABALHO, CULTURA, CIÊNCIA E TECNOLOGIA). O trabalho e a pesquisa continuam como princípios educativos fundamentais para integrar como dimensões articuladoras as atividades de pesquisa e de intervenção desenvolvidas por grupos de estudantes e professores distribuídos com foco prioritário em cada um dos quatro eixos temáticos (trabalho, cultura, ciência e tecnologia) para desenvolver o projeto de cada período ou ano letivo.

O gráfico a seguir ilustra melhor a síntese da organização curricular proposta nos protótipos curriculares de ensino médio da Unesco (Küller, 2011b, p. 11).

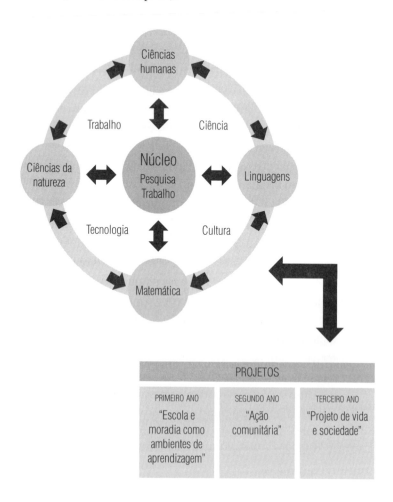

Os protótipos estabelecem novos mecanismos que articulam de modo sinérgico as áreas de conhecimento e os diferentes componentes curriculares. No fundo, é um currículo em rede, com múltiplas entradas. O principal mecanismo de integração é o núcleo de preparação básica para o trabalho e demais práticas sociais. Nos cursos integrados com a formação técnica de nível médio, ele passa a ser denominado núcleo de educação para o trabalho e demais práticas sociais. Neste caso, o núcleo integra os objetivos de preparação básica para o trabalho e demais práticas sociais com os objetivos de formação técnica específica.

Esse núcleo será trabalhado pelo conjunto dos professores de todas as disciplinas ou áreas de conhecimento e por todos os estudantes. O núcleo será concretizado por meio de projetos anuais que envolvem participação efetiva de todos em uma verdadeira comunidade de trabalho. O núcleo é a ferramenta para a realização dos diversos objetivos que se desejam alcançar. Esses objetivos são aqueles que promovem a integração curricular. Ou seja, são objetivos específicos derivados dos objetivos gerais legalmente definidos para o ensino médio e que toda a comunidade, toda a escola, todos os professores, todos os estudantes almejam alcançar.

No caso do ensino médio, a proposta dos protótipos sugere que esse núcleo corresponda a, pelo menos, 25% do tempo previsto para as aulas, um pouco acima do mínimo que já está recomendado nas atuais diretrizes curriculares para o ensino médio. No caso do ensino médio integrado à educação profissional, para garantir a preparação básica para o trabalho mais a preparação para uma habilitação técnica específica, a carga horária do núcleo deve corresponder ao mínimo estabelecido para cada habilitação profissional.

No núcleo se efetivam diretamente a preparação básica e a formação técnica PARA o trabalho e PELO trabalho. No caso do ensino médio não profissionalizante, como é possível verificar na especificação dos objetivos de aprendizagem desse núcleo, tal preparação é entendida como o desenvolvimento dos conhecimentos, atitudes, valores e capacidades necessários a todo tipo de trabalho, com destaque para elaboração de planos e projetos; capacidade de trabalhar em equipe; crítica e escolha de alternativas de divisão e de organização do trabalho; utilização de mecanismos de acesso e aperfeiçoamento da legislação trabalhista e de defesa de direitos.

Além disso, esses objetivos de aprendizagem relacionados no núcleo também são preparatórios para outras práticas sociais, como convivência familiar responsável; participação política; ações de desenvolvimento cultural, social e econômico da comunidade; proteção e recuperação ambientais; realização de eventos esportivos; preservação do patrimônio cultural e artístico; montagem de eventos esportivos e de produções artísticas.

Tanto no caso do ensino médio como no do ensino médio integrado à educação profissional, a partir do trabalho com projetos, o núcleo deve promover pesquisas (princípio pedagógico) e atividades transformadoras (trabalho como princípio educativo) relacionadas às quatro dimensões articuladoras do currículo: trabalho (no sentido econômico), cultura, ciência e tecnologia. O núcleo também deve irradiar demandas que orientarão o planejamento das atividades das áreas de conhecimento.

O núcleo organiza o currículo de maneira a possibilitar uma ampliação gradativa do espaço e da complexidade das alternativas de diagnóstico (pesquisa) e de intervenções transformadoras (trabalho). Para tanto, propõe um contexto de pesquisa e de intervenção para cada ano letivo (centros de interesse). O mesmo acontece no ensino médio integrado à educação profissional. Neste caso, um ano letivo adicional é acrescentado à estrutura curricular.[19] Projetos relacionados à formação técnica específica são previstos para o terceiro e o quarto ano.

Desta forma, os dois primeiros anos são comuns ao ensino médio e ao ensino médio integrado à educação profissional. Isso possibilita aos alunos uma flexibilidade em sua trajetória escolar. Podem concluir o ensino médio com uma preparação básica para o trabalho, podendo engajar-se imediatamente em funções profissionais em que as competências mais gerais são mais importantes que as específicas.

---

19 Observe-se que estamos trabalhando com os mínimos de carga horária e de anos letivos estabelecidos nas normas pertinentes. Considerando uma escola em tempo integral, outras formas de organização curricular são possíveis.

Podem dar continuidade aos seus estudos em nível superior. Podem optar por uma formação técnica específica. Cada opção não exclui necessariamente as outras.

A ênfase em uma das dimensões articuladoras é outra fonte de flexibilidade curricular interna. Cada aluno pode optar por uma formação com ênfase no trabalho, na cultura, na ciência ou na tecnologia.

O centro de interesse sugerido nos protótipos para os projetos do primeiro ano busca engajar o jovem na transformação da sua escola em uma comunidade de aprendizagem cada vez mais efetiva, e da sua moradia, em um ambiente de aprendizagem cada vez mais favorável. A base concreta da preparação básica para o trabalho no primeiro ano é a participação dos estudantes no diagnóstico, na discussão, no aprimoramento e na vivência da organização, das condições e da execução dos processos escolares, movimento que deverá continuar nos demais anos letivos.

O contexto proposto para os projetos do segundo ano é a comunidade que circunda a escola ou um território delimitado a partir dela, onde possa ocorrer a ação transformadora dos jovens. A comunidade deverá ser o espaço de aprendizagem e de protagonismo, de diagnóstico e de intervenção.

O contexto de pesquisa e de intervenção sugerido para o terceiro ano amplia-se no espaço e no tempo. Complementa-se com o autoconhecimento e com o desenvolvimento de projetos de vida e de sociedade. As reflexões e as escolhas individuais podem ser enriquecidas em análises com docentes e companheiros de estudo. Os aspectos mais relevantes dessas escolhas envolvem carreira profissional, encaminhamentos de vida e perspectivas de engajamento em ações de desenvolvimento social.

Essa sugestão de contextualizar o projeto do primeiro ano na escola e na moradia dos estudantes é uma questão de grau, não de natureza. Ela não significa fechar os olhos para a comunidade próxima nem para o mundo. Significa orientar e delimitar o foco da pesquisa e das ações transformadoras do núcleo e das propostas de atividades de aprendizagem das áreas. Nos anos seguintes, a sugestão de ampliar o contexto da ação para a comunidade e para o mundo pode permitir que a complexidade da intervenção seja graduada. Todavia, isso não significa que os conteúdos necessários à compreensão e à intervenção em cada realidade tenham de ficar restritos ao contexto considerado. É possível e desejável que as áreas de conhecimento antecipem conteúdos de anos posteriores ou retornem a conteúdos de anos anteriores, conforme isso seja necessário à pesquisa ou às propostas de transformação do núcleo.

A dedicação dos professores (que originalmente são das áreas ou das disciplinas que as compõem) em 25% do tempo das aulas ao núcleo (ou mais) amplia a possibilidade de maior integração das áreas de conhecimento. Do mesmo modo, a participação dos estudantes nos projetos os levará a ampliar demandas por orientação e conhecimento das áreas, para melhor eficácia de suas atividades de diagnóstico ou de transformação. Esse movimento de mão dupla é o principal fator de integração das atividades de aprendizagem, diminuindo os efeitos negativos da fragmentação do currículo em disciplinas, sem perder a contribuição do conhecimento especializado.

Na definição dos protótipos, as áreas de conhecimento podem ser organizadas por ano escolar e por turmas, como já acontece atualmente, estando ou não divididas em disciplinas. O núcleo deve envolver o trabalho coletivo de todos os professores e todos os estudantes de cada série. Para tanto, é proposta uma organização em grupos de trabalho, divididos pelas dimensões articuladoras (trabalho, cultura, ciência e tecnologia). A quantidade de grupos e sua natureza devem ser previstas no momento de ajuste entre o protótipo e o projeto pedagógico da escola.

Para proporcionar a vivência de estilos e processos democráticos de gestão, é importante definir uma maneira participativa de coordenação dos grupos de trabalho e do conjunto das atividades do núcleo. Os grupos de trabalho podem ser coordenados por uma dupla (ou mais), composta de professor e estudante. Essas duplas de coordenadores, por sua vez, devem compor um grupo de ação colegiada para garantir a articulação entre os grupos e a gestão geral das atividades do núcleo. A imaginação é o limite para a definição de formas de organizar o núcleo e de definir suas relações operacionais com as áreas de conhecimento.

É possível enriquecer as atividades dos grupos de trabalho, definindo-se um professor-coordenador para o núcleo ou aumentando-se as horas letivas dedicadas aos projetos para o conjunto dos docentes. Certamente, a dedicação exclusiva e em tempo integral dos professores a uma única escola permitirá uma maior participação nas atividades previstas e ampliará as possibilidades de trabalho desenvolvido no núcleo.

Cada estudante poderá ampliar a carga horária de estudos no seu grupo escolhido ou participar de outros, montando um currículo individual. Este deverá ser superior à duração curricular mínima estabelecida pela escola e se desenvolver em horários alternativos. Esse currículo variável pode favorecer os estudantes do período noturno, especialmente os que não trabalham ou trabalham em tempo parcial. Essa possibilidade também pode ser utilizada em projetos de escola em tempo integral.

Os protótipos propõem, ainda, atividades de monitoria como estratégia que visa fortalecer o resultado de aprendizagem de todos os estudantes. A ideia é que os próprios estudantes do ensino médio ou estagiários de cursos de licenciatura a exerçam. Quando realizada pelos próprios estudantes, a monitoria pode ser feita no contraturno, podendo ser incluída no currículo variável como atividade e carga horária adicionais. Oferecida aos alunos com dificuldades no processo educativo, a monitoria pode atuar para além da escola e envolver as famílias e a comunidade. Também pode contribuir para a identificação de recursos e oportunidades educativas adicionais disponíveis aos jovens na comunidade circundante, caminhando para uma perspectiva de bairro ou cidade educativa.

O documento publicado no *site* da Unesco detalha sugestões mais específicas e recomendações adicionais para viabilizar a implantação de modo adequado às diferentes realidades concretas das escolas ou rede de escolas que tenham interesse em inovar na oferta curricular para o ensino médio, garantindo maior chance de atendimento efetivo às finalidades e aos objetivos definidos na LDBEN e nas diretrizes curriculares nacionais para esse nível de ensino.

Fundamentadas nas *Diretrizes curriculares nacionais para o ensino médio* e talvez inspiradas nos protótipos, algumas iniciativas de mudança curricular no ensino médio começam a ser propostas pelas redes estaduais de ensino. Dentre elas destacamos a do Rio Grande do Sul e a do Rio de Janeiro.

No Rio Grande do Sul, a mudança curricular no ensino médio foi denominada Ensino Politécnico, com ecos da proposta de politecnia que já discutimos. O currículo proposto para a rede estadual está dividido em dois blocos: um de formação geral e outro de formação diversificada. A parte diversificada se estrutura a partir dos seguintes eixos: acompanhamento pedagógico; meio ambiente; esporte e lazer; direitos humanos; cultura e artes; cultura digital; prevenção e promoção da saúde; comunicação e uso de mídias; investigação no campo das ciências da natureza.

A parte diversificada é

> vinculada a atividades da vida e do mundo do trabalho, que se traduza por uma estreita articulação com as relações do trabalho, com os setores da produção e suas repercussões na construção da cidadania, com vista à transformação social, que se concretiza nos meios de produção voltados a um desenvolvimento econômico, social e ambiental, numa sociedade que garanta qualidade de vida para todos. (Secretaria da Educação do Rio Grande do Sul, 2011, p. 22)

Na parte de formação diversificada foi criado um componente curricular de natureza interdisciplinar denominado seminário integrado. Operados por professores e alunos, os seminários integrados são realizados desde o primeiro ano e em complexidade crescente. Organizam o planejamento, a execução e a avaliação de todo o currículo de forma coletiva, incentivando a cooperação, a solidariedade e o protagonismo do jovem adulto. Fazem parte da carga horária da parte diversificada, proporcionalmente distribuída do primeiro ao terceiro ano.

O seminário integrado é fundamentado na produção coletiva dos participantes de grupos organizados em torno dos eixos temáticos. Neste componente curricular são desenvolvidos projetos interdisciplinares que utilizam a pesquisa como fonte de respostas aos questionamentos formulados pelos alunos em torno desses temas relevantes para suas vidas.

O seminário integrado é um espaço de discussão e de trabalho interdisciplinar que deve oportunizar a contextualização do conhecimento em estudo. Enquanto conteúdo e forma de apropriação da realidade e construção da aprendizagem, é um eixo articulador do currículo. É um espaço de articulação entre conhecimento e realidade social com os conhecimentos formais. É um espaço de produção do conhecimento, por meio de uma ação investigativa (Ribeiro; Ramos; Breda, 2014).

Segundo Azevedo e Reis,

> o SI é um espaço-tempo presente na organização curricular do Ensino Médio Politécnico (EMP). É um espaço destinado à reflexão interdisciplinar sobre temas escolhidos a partir do diálogo docente-discente proposto de acordo com os interesses de pesquisa e estudo a serem desenvolvidos. Nele é privilegiado o diálogo e a investigação de temáticas e conteúdos, proporcionando ao educando a complexificação de seus saberes com vistas à produção de aprendizagens significativas e duradouras no âmbito desse nível de ensino, articulando as categorias: trabalho, ciência, tecnologia e cultura. Isso abre possibilidades para que os discentes elaborem seu projeto de vida em sintonia com os campos de conhecimento pertinentes e os desafios da vida real. (Azevedo & Reis, 2013, p. 36)

O seminário integrado difere do núcleo de preparação básica para o trabalho e demais práticas sociais da Unesco pela sua ênfase na pesquisa e não em projetos e atividades que efetivamente procuram produzir um efeito transformador sobre a realidade em estudo.

No Rio de Janeiro, a organização curricular prevê, como eixos, dois macrocomponentes: as áreas de conhecimento e um núcleo articulador. As áreas de conhecimento desenvolvem e dão sentido à aprendizagem cognitiva, integrando as disciplinas da base nacional comum. O núcleo articulador é destinado ao desenvolvimento da aprendizagem socioemocional dos estudantes, com os objetivos já referidos no capítulo "Objetivos do ensino médio".

O núcleo articulador será organizado mediante "atividades de desenvolvimento do protagonismo e realização de projetos de pesquisa e de intervenção relacionados com os saberes das Áreas de Conhecimento, associando o conhecimento à prática e ao seu projeto de vida" (CEE/RJ, 2014, p. 3).

A mudança curricular no Rio de Janeiro está associada a uma perspectiva de educação integral, "entendida qualitativamente como o desenvolvimento do ser humano em suas múltiplas dimensões" (CEE/RJ, 2014, p. 3), e ao "Modelo em tempo integral pleno", com inovações em toda a estrutura curricular. O "Modelo em tempo curricular pleno" é considerado a matriz geradora de inovação para os demais modelos curriculares propostos na Resolução.

Observe-se que o Conselho Estadual de Educação do Rio de Janeiro propõe um núcleo de atividades integradoras que é muito similar ao núcleo dos protótipos da Unesco, especialmente no que se refere ao seu conteúdo de atividades e projetos de pesquisa e intervenção, que se apoiam nas áreas de conhecimento e promovem a sua integração.

Além da alternativa de organização curricular de ensino médio integrado apresentada nos protótipos da Unesco, há outras possibilidades que podem ser pensadas e realizadas. Um exemplo é a organização baseada em problemas para a definição de objetivos e projetos integradores, a partir dos quais o currículo é desenhado e realizado em módulos e em itinerários formativos facilitadores de melhor contextualização e maior significado para os processos e conteúdos de aprendizagem.

No próximo capítulo serão também abordados alguns aspectos mais específicos que tratam do ensino médio integrado com a educação profissional em cursos técnicos.

INTEGRAÇÃO DO ENSINO MÉDIO COM EDUCAÇÃO PROFISSIONAL

Em 2002 havia na Europa cerca de 50 milhões de estudantes matriculados em cursos ou programas de educação profissional técnica de nível médio. Nove em cada dez estudantes estavam matriculados no ensino médio, concebido para atender jovens de 15 até 20 anos. Em geral, 20% dos estudantes do ensino médio estavam também matriculados em programas técnicos e profissionalizantes. Esses percentuais variam de país para país, oscilando entre 50% e menos de 10% das matrículas totais no ensino médio (Unesco-Unevoc, 2005).

Os mecanismos de integração curricular na educação profissional de nível médio e na educação básica são similares, conforme já analisamos na primeira parte deste livro. A interdisciplinaridade e a contextualização são os mecanismos preferidos e mais comuns. Quanto à integração entre o ensino médio e a educação profissional técnica de nível médio, o dualismo é histórico no Brasil e presente na maioria dos países.

Normalmente, quando há atividades de educação técnica e profissional para estudantes do ensino médio, o mais comum ainda é que os programas sejam concomitantes, posteriores ou, no máximo, desenvolvidos simultaneamente a partir de currículos justapostos, que são unidos apenas por uma única matrícula e um único certificado de conclusão de curso.

A Europa apresenta três modelos principais de ensino médio, não excludentes: o escolar, o dual e o não formal. Eles podem coexistir num mesmo sistema educativo nacional. Raramente a oferta é integrada.

O modelo acadêmico, propedêutico ou escolar ainda é dominante. Sua integração curricular com a educação profissional é exceção rara. O modelo dual é o que mais se aproxima de um conceito de integração curricular no ensino secundário europeu. Esse modelo alterna educação geral e profissional com vivência do trabalho. A estrutura curricular é similar à da pedagogia da alternância. O modelo não formal envolve oferta complementar de programas de educação profissional com duração variada associados ao ensino médio. Não visa a obtenção, pelo aluno, de um certificado de técnico de nível médio, mas uma capacitação para o ingresso imediato no mercado de trabalho.

Nos anos recentes ocorreram dois movimentos internacionais simultâneos em relação à educação profissional de nível médio: desespecialização e busca de maior integração entre educação geral e educação para o trabalho. Essa segunda tendência seguiu, basicamente, dois tipos principais de estratégias: integração estrutural entre escolas de ensino geral e de educação profissional; conjunto de medidas integradoras, mas sem envolver integração entre as instituições de ensino geral e de educação profissional, cujas histórias são muito diferentes. A integração interna numa mesma rede é um movimento menos comum, na configuração internacional. Quando ocorre, o mais frequente é também similar ao que acontece no Brasil: as redes com histórico de maior experiência em educação profissional incluem a oferta de educação geral em seus currículos. Os casos das redes dos Institutos Federais e do Centro Paula Souza são paradigmáticos, no Brasil e no mundo.

Como também já vimos com mais detalhes, cinco medidas integradoras mais importantes destacam-se no cenário. Três medidas têm maior impacto curricular:

» estabelecimento de itinerários formativos, com uma estrutura comum de componentes;

» estrutura modular para todas as disciplinas, de todas as carreiras ou de uma parte delas;

» inclusão de novos conteúdos disciplinares e revisão do número de anos de duração dos cursos de educação profissional.

Outras duas medidas de caráter mais geral também são fundamentais para a integração curricular eficaz:

» novas regras para equivalência legal entre diplomas obtidos pelas diferentes vias e para acesso ao ensino pós-secundário e superior;
» mecanismos de cooperação entre diferentes instituições, flexibilizando carreiras individuais e aumentando as possibilidades de escolha.

Em relação à desespecialização, o neoprofissionalismo e o metaprofissionalismo são dois movimentos de políticas educativas europeias do final do século XX que também podem ser considerados vetores de algumas possibilidades curriculares integradoras.

O neoprofissionalismo apresenta como principais ênfases: evolução das múltiplas especializações técnicas para planos de estudos mais nucleares e polivalentes; troncos formativos comuns obrigatórios em todas as carreiras; novos sistemas de equivalências entre cursos e entre carreiras de educação geral e profissional, com mecanismos de passagem entre eles; ampliação da gama de cursos e modalidades educativas na educação secundária, com mais opções formativas para o grupo etário de 16 a 18-19 anos.

O metaprofissionalismo requer nova institucionalização educacional, buscando superar alguns dos dilemas da dualidade formativa analisada anteriormente neste livro. Em síntese, propõe que a formação geral para a vida cidadã e para o mundo do trabalho facilite qualquer escolha profissional no nível similar ao dos cursos de educação profissional técnica de nível médio. O ambiente de trabalho nas organizações produtivas complementa essa preparação em serviço, em acordo com suas demandas específicas e peculiaridades. Nesse caso, a educação corporativa se encarrega da educação profissional técnica em sentido estrito. Esta proposta elimina a dualidade educação geral × educação profissional, integrando as duas formações em uma escola secundária única, comum a todos os estudantes. Elimina também a oposição entre uma escola de ensino médio destinada à continuidade de estudos e outra destinada à preparação para o trabalho.

Tanto o neoprofissionalismo como o metaprofissionalismo apontam caminhos que podem ser considerados para planejar currículos que superem a dualidade entre educação geral e educação profissional.

No Brasil, do ponto de vista legal, a LDBEN original nada prescrevia em relação ao ensino médio integrado à educação profissional. Essa possibilidade de organização curricular integrada do ensino médio foi acrescentada à LDBEN em 2008, como uma alternativa à forma concomitante, a ser oferecida somente se for simultânea à necessária formação geral do educando. A terceira forma de oferta de educação profissional técnica de nível médio é a subsequente, ofertada a todo estudante com ensino médio completo que tenha interesse em habilitar-se como técnico. A oferta da modalidade subsequente ainda é majoritária no Brasil.

As *Diretrizes curriculares nacionais para a educação profissional técnica de nível médio*, tendo o trabalho como princípio pedagógico, preconiza a relação e a articulação entre a formação desenvolvida no ensino médio e a preparação para o exercício das profissões técnicas (habilitação profissional), visando à formação integral do estudante. Também fixa como princípio a articulação da educação básica com a educação profissional e tecnológica, na perspectiva da integração entre saberes específicos para a produção do conhecimento e a intervenção social, considerando indissociáveis a educação e a prática social.

Como mecanismos integradores, as diretrizes indicam: a interdisciplinaridade, visando à superação da fragmentação de conhecimentos e de segmentação da organização curricular; a contextualização, envolvendo as múltiplas dimensões do eixo tecnológico do curso e das ciências e tecnologias a ele vinculadas; e a articulação com o desenvolvimento socioeconômico e ambiental dos territórios onde os cursos ocorrem. Além disso, os demais mecanismos integradores da educação básica em geral podem ser também ampliadores da integração curricular entre ensino médio e educação profissional.

Na prática, a exigência formal mais facilmente verificável sobre essa última forma que define o ensino médio integrado é a matrícula num mesmo curso que conduz simultaneamente ao certificado de conclusão do ensino médio e a um diploma de curso técnico de nível médio. Obviamente, essa condicionante burocrática não é suficiente para garantir a integração curricular efetiva, embora seja necessária nos termos da norma.

Algumas possibilidades para a integração entre o ensino médio e a educação profissional podem ser adicionalmente consideradas. As possibilidades que podem ter bons resultados sempre unem atividades de diagnóstico e atividades de intervenção ou transformação diretamente relacionadas ao eixo tecnológico ou à habilitação profissional. Sintetizamos a seguir algumas delas.

» **PROTAGONISMO JUVENIL.** O jovem estudante é considerado o principal ator do drama escolar. A ação transformadora desse estudante é o que articula todo o currículo da habilitação profissional integrada ao ensino médio. Há três direções fundamentais que podem ser tratadas. Na primeira, os estudantes de ensino médio propõem e implantam modificações nas relações e na organização do trabalho, humanizando-as. Na segunda, a atuação juvenil cria e aperfeiçoa alternativas individuais e coletivas de geração de trabalho e renda. Por fim, como terceira possibilidade, o jovem assume o empreendedorismo, criando seu próprio negócio ou participando da transformação de um empreendimento já existente.

» **INTEGRAÇÃO POR MEIO DE PROJETOS.** A diferença entre a integração pelo protagonismo juvenil e a feita por meio de projetos é sutil. No protagonismo, a iniciativa é do estudante e a intervenção é sempre real. Na integração feita por projetos, as atividades dos alunos podem ser simuladas ou já estão definidas e programadas. O projeto é uma grande ação coletiva, como um novo componente curricular que entrelaça os demais e dá vida, sentido e concretude aos objetivos e conteúdo específicos de cada área de conhecimento ou disciplina.

» **INTEGRAÇÃO POR MEIO DA FORMAÇÃO TECNOLÓGICA OU POLITÉCNICA.** Há pelo menos duas concepções de formação tecnológica ou politécnica. A primeira refere-se ao domínio das bases científicas e tecnológicas dos processos produtivos. É uma educação que integra o geral e o específico, o político e o técnico ou a formação básica e a técnica. Outra concepção, não necessariamente conflitante, organiza a oferta da educação profissional técnica de nível médio em torno de cada um dos doze eixos tecnológicos do *Catálogo nacional de cursos técnicos*. Neste caso, não teríamos uma formação técnica específica como prevê o CNCT. Teríamos uma ou mais de uma formação técnica polivalente para cada eixo tecnológico. Esta alternativa está vinculada a uma perspectiva de formação polivalente e de organização de itinerários formativos. Pode ser utilizada na integração do ensino médio com a educação profissional. A formação polivalente pode dar origem a (e pode ser o destino de) objetivos ou atividades de aprendizagem previstos pelos demais componentes curriculares.

Observe-se que a educação profissional técnica geralmente é vista de uma forma distinta do trabalho como princípio educativo, mesmo se considerarmos o seu sentido econômico. No entanto, se a parte profissionalizante for desenvolvida como tal (trabalho), a partir do engajamento do estudante em ações de transformação da natureza ou da sociedade (como indicam as diretrizes especificas da educação profissional) ela pode ser o núcleo dinâmico do currículo em torno do qual a pesquisa pode vir a ser o instrumento pedagógico de articulação das áreas de conhecimento.

Nas experiências de integração curricular entre ensino médio e educação profissional que analisamos na segunda parte deste livro, os exemplos da Colômbia, do Uruguai, do Proeja técnico no IFSC e do Centro Paula Souza (na Etec Sorocaba) têm no desenvolvimento de competências uma das bases para obter graus variados de integração curricular.

Na Colômbia, no Uruguai e no Proeja técnico uma estrutura modular é complemento importante para a integração entre ensino médio e educação profissional. Os ginásios vocacionais tratavam de educação profissional num sentido mais amplo, de iniciação ao mundo do trabalho. Nos casos da Coreia do Sul e da Finlândia, a integração se dá mais por intercomplementaridade institucional, com os estudantes montando seus currículos pessoais a partir de escolhas entre ofertas diversas de educação profissional concomitante ou subsequente ao ensino médio. Em todos os casos, os diferentes graus de integração entre o ensino médio e a educação profissional técnica são favorecidos principalmente pelos mecanismos mais amplos de contextualização e interdisciplinaridade já analisados e que serão novamente tratados no tópico sobre a metodologia de ensino-aprendizagem como elemento de integração curricular.

Nessas experiências, outra forma de produzir a integração entre educação geral e educação profissional consiste na criação de um componente curricular (um objeto novo) que tenha função integradora. A Universidade do Trabalho do Uruguai utiliza com muita propriedade a integração entre ensino médio e educação profissional a partir das oficinas nucleadoras do currículo, que trata de problemas amplos, unidades de trabalho e temas geradores ou unificadores. A Fiocruz utiliza o Projeto Trabalho, Ciência e Cultura e a Iniciação à Educação Politécnica, já abordados anteriormente.

Por fim, a alternância entre a escola e o trabalho ou a articulação entre eles é uma promissora e mais radical forma de integração curricular encontrada nas experiências analisadas. A pedagogia da alternância que apresentamos na parte II constitui um modelo para essa alternativa quando existem condições para sua prática. Formas menos radicais de integração trabalho-escola são encontradas na experiência da Fiocruz com a integração ensino-serviço e a integração com o território.

Nos protótipos elaborados para a Unesco, como um exemplo e referência para subsidiar o planejamento de cursos técnicos de educação profissional integrados ao ensino médio, foi escolhido o curso técnico em Agroecologia. Esse protótipo mantém os mesmos objetivos relacionados à formação integral dos estudantes, garantindo o cumprimento do estabelecido pela legislação. No entanto, esses objetivos são ampliados, na medida em que a educação profissional também contribui para o desenvolvimento global do ser humano. De modo similar ao protótipo de ensino médio, o protótipo de ensino médio integrado à educação profissional toma o trabalho e a pesquisa como princípios educativos. Propõe os mesmos mecanismos de integração: o núcleo articulador, as áreas de conhecimento, as dimensões articuladoras, a estruturação e a organização do currículo, a metodologia e a avaliação. Assim como os objetivos de aprendizagem, alguns desses mecanismos de integração são ampliados e ganham variações, especialmente no núcleo de educação para o trabalho e demais práticas sociais (Küller, 2011a).

Para o técnico em Agroecologia foi elaborado um plano de curso cujo currículo é integrado por meio do protagonismo juvenil. Lá se verifica que as várias perspectivas de integração curricular se mesclam e podem se tornar pouco diferenciadas. A ênfase proposta não exclui a possibilidade de outras estratégias de integração curricular. Sua essência, no entanto, sobressai na exigência de que os jovens definam, planejem e executem projetos que possam modificar a realidade, por meio de intervenção protagônica dos jovens.

Embora mantenha os mesmos mecanismos de integração do ensino médio, a diferença fundamental reside no fato de que o componente curricular com função integradora (o núcleo), além da preparação básica para o trabalho, realiza a formação para uma habilitação profissional. Para tanto, a carga horária do curso é ampliada de 2.400 horas para 3.200 horas e há acréscimo de um quarto ano, a fim de que o curso integrado completo se mostre viável também nas situações em que não seja possível tempo integral na oferta do curso. A carga horária do núcleo é aumentada até completar 1.200 horas, que é o maior mínimo exigido para as habilitações técnicas de nível médio.

Nessa hipótese, os projetos articuladores sugeridos para o PRIMEIRO e para o SEGUNDO ANO são mantidos, respectivamente, como "Escola e moradia como ambientes de aprendizagem" e "Ação comunitária". No caso do protótipo em questão, o próprio contexto e o interesse dos estudantes tenderão a contextualizar as atividades de aprendizagem do núcleo e das áreas de conhecimento para focos que também contemplem de alguma forma o perfil profissional de conclusão do técnico em Agroecologia.

No TERCEIRO ANO, o projeto de formação básica para o trabalho, vida e sociedade é articulado para possibilitar formação polivalente para o eixo tecnológico da habilitação profissional visada pelo curso. No caso do protótipo em questão, a sugestão é que o projeto articulador seja "Vida e sociedade/Tornar uma área produtiva de forma sustentável". A proposta é de articulação entre o projeto "Vida e sociedade" comum ao terceiro ano do ensino médio do primeiro protótipo com um projeto para "Tornar uma área produtiva de forma sustentável". Este último projeto é referente ao eixo tecnológico dos recursos naturais, que abrange ações de prospecção, avaliação técnica e econômica, planejamento, extração, cultivo e produção relacionados com esses recursos. Isso significa dar uma orientação mais definida ao projeto "Vida e sociedade", entendendo-se que ele também será formulado e começará a ser concretizado a partir de uma atividade profissional exercida no segmento socioeconômico afetado pelo eixo tecnológico.

No QUARTO ANO, a sugestão é que o projeto articulador combine o projeto "Vida e sociedade" com um projeto de protagonismo juvenil que capte os desafios fundamentais do trabalho na habilitação técnica em desenvolvimento. No protótipo que estamos discutindo, o projeto integrador articula "Vida e sociedade/Ação agroecológica juvenil". Neste último ano, é o projeto "Ação agroecológica juvenil" que deverá articular o currículo, mantendo-se, porém, a abrangência do outro foco temático. Assim, o projeto "Vida e sociedade" se estreita na direção da produção agroecológica e se enlaça com a "Ação agroecológica juvenil", que exerce papel fundamental para inserção no mundo do trabalho e na integração curricular. Para ele confluem os conhecimentos, atitudes, valores e capacidades desenvolvidas nos quatro anos do ensino médio integrado à educação profissional. O projeto exige uma intervenção coletiva dos estudantes na realidade do campo para a mudança de atividades agropecuárias em direção a uma perspectiva agroecológica.

É importante observar que, apesar de o projeto já estar incluído no currículo, sua descrição indica alguns campos possíveis para o diagnóstico de necessidades e oportunidades voltadas ao protagonismo juvenil. Essas ações são relacionadas na descrição do projeto, também como possibilidades alternativas e exemplificativas. É o jovem quem deve escolher o campo para seu diagnóstico e para a ação protagonista que empreenderá, usando o tempo curricular para isso destinado.

Essas sugestões do protótipo estão bem detalhadas no documento publicado pela Unesco (Regattieri & Castro, 2013) e utilizam a maior parte das indicações teóricas e das melhores experiências de integração do ensino médio com educação profissional que discutimos anteriormente. Especialmente, o protótipo exemplifica uma forma de construção do currículo em rede que estreita a integração dos objetivos e atividades das áreas de conhecimento com a formação técnica específica que se busca. O quadro II, construído a partir da proposta da profa. dra. Iole de Freitas Druck, da Universidade de São Paulo, participante do grupo de trabalho da Unesco, exemplifica esta possibilidade (Küller, 2011b, p. 20).

O quadro II mostra o mecanismo de construção do currículo em rede. As atividades de aprendizagem são definidas a partir do cruzamento dos objetivos das áreas de conhecimento com os projetos do núcleo. Nos dois primciros anos, no caso do ensino médio integrado, a formação técnica específica também influi na definição das atividades de aprendizagem das áreas. Nos demais anos, o projeto "Tornar uma área produtiva de forma sustentável" e o projeto "Ação agroecológica juvenil", no cruzamento com os objetivos da área, definem as atividades de aprendizagem que constituem o currículo.

A partir da publicação das *Diretrizes curriculares nacionais para a educação profissional técnica de nível médio*, uma série de tentativas e experiências de integração do currículo de educação profissional estão sendo promovidas em diferentes escolas e redes de ensino médio e de educação profissional. Experiências de implantação dos protótipos da Unesco estão sendo desenvolvidas no Centro Estadual de Educação Tecnológica "Paula Souza", em São Paulo, e na Secretaria de Educação do Ceará. O estágio atual de implementação dos protótipos ainda não permite uma avaliação conclusiva da experiência.

No campo específico da educação profissional, cabe destacar a experiência do *Modelo pedagógico nacional* do Senac, em fase inicial de implantação. Nesse modelo, para todas as habilitações técnicas de nível médio está previsto um projeto integrador. O projeto integrador de cada curso exige o exercício de todas as competências do perfil profissional de conclusão desse curso. Para o desenvolvimento do projeto integrador é necessário um planejamento conjunto de

QUADRO II

PROJETOS

PRIMEIRO ANO	SEGUNDO ANO	TERCEIRO ANO	QUARTO ANO
"Escola e moradia como ambientes de aprendizagem"	"Ação comunitária"	"Vida e sociedade/tornar uma área produtiva de forma sustentável"	"Vida e sociedade/ação agroecológica juvenil"

Exemplos de atividades propostas para a área de matemática

Objetivos da área de matemática e suas tecnologias

Expressar com clareza, oralmente, por escrito e utilizando diferentes registros, questionamentos, ideias, raciocínios, argumentos e conclusões em situações de resolução de problemas, debates ou outras envolvendo temas ou procedimentos matemáticos e estatísticos.

Elaborar um manual simplificado com as orientações para o uso de algum insumo agrícola.	A partir de uma matéria de jornal local sobre agricultura, realizar a interpretação de informações quantitativas e de gráficos estatísticos e comparar com as conclusões que aparecem no texto. Debater sobre a adequação dos gráficos divulgados.	Elaborar um painel comparativo sobre os gastos decorrentes da utilização de energia solar, elétrica ou outras na produção agrícola.	Fazer uma planilha detalhada e com as devidas justificativas a respeito dos custos envolvidos em uma horta, a fim de que os itens plantados possam suprir a demanda de uma dada população.

todos os docentes de um curso, uma vez que ele exige a participação de tempos e de atividades de situações de aprendizagem de todas as demais unidades curriculares do curso. Um projeto integrador com essas características pode ser um forte mecanismo de integração curricular.

Ao fim, é preciso anunciar e valorizar uma possibilidade extrema de integração: a que funde as partes constituintes em um todo no qual elas já não se diferenciam. Um vislumbre dessa possibilidade pode ser percebido na experiência das escolas que atuam com a pedagogia da alternância. Num modelo de escola construído com a perspectiva de integração e alternância entre escola e vida-trabalho, todos os objetivos do ensino médio e mesmo de uma habilitação profissional poderiam ser atingidos. Poderíamos desconsiderar a divisão entre educação profissional e educação geral e a divisão entre as áreas de conhecimento a partir de centros de interesse que unissem as dimensões do estudo e da vida, de forma similar ao que é feito na integração escola-trabalho na pedagogia da alternância.

METODOLOGIA DE ENSINO-APRENDIZAGEM

As referências metodológicas extraídas da análise do panorama internacional do ensino médio indicam que, para ser um mecanismo de integração curricular, a metodologia deve perseguir objetivos de aprendizagem em ambientes reais em vez de insistir que os estudantes aprendam a teoria abstrata para depois aplicá-la. Isso implica que a prática das habilidades básicas e das competências deve ser planejada e realizada de maneira integrada. Quando são praticadas no contexto de desenvolvimento das competências, as habilidades básicas são aprendidas de forma mais rápida e mais fácil. Aprender a conhecer nunca deve ser separado do aprender a fazer. Assim, a aprendizagem contextualizada por uma atividade é a metodologia mais efetiva para ensinar as competências essenciais necessárias aos cidadãos. O **TRABALHO INTERDISCIPLINAR EM EQUIPE** é outra metodologia também enfatizada para o desenvolvimento das habilidades básicas.

Formas metodológicas que exigem contextualização e interdisciplinaridade são as mais frequentemente consideradas nas referências internacionais para transformar a metodologia em coadjuvante na integração curricular e para obtenção de maior motivação e de melhores resultados de aprendizagem dos estudantes do ensino médio.

No Brasil, há um conflito teórico que se arrasta desde a década de 1980, contrapondo a sobrevalorização do conteúdo à sobrevalorização do método nas reflexões pedagógicas. Alguns documentos e normas mais recentes que tratam das diretrizes curriculares para a educação básica buscam superar esse (falso) dilema e criticam principalmente as opções metodológicas centradas na fala e no protagonismo do professor. As normas enfatizam a utilização de metodologias de ensino que ofereçam aos estudantes a oportunidade de participação comprometida no processo de aprender. Esperam-se professores competentes, capazes de estimular os estudantes a colaborarem e interagirem com seus colegas. Parte do princípio de que a aprendizagem depende de uma atividade do aluno e de um diálogo produtivo com o outro, mediado pelo objeto do conhecimento.

Essas orientações metodológicas independem em parte da ruptura na organização disciplinar do currículo, tampouco se contrapõem absolutamente ao enfoque que trate como missão da escola a transmissão do saber escolar oriundo do conhecimento acumulado pelas ciências particulares. Mas, seguramente, estão mais alinhadas a uma concepção pedagógica distinta.

São raras as contribuições teóricas recentes que tratam direta e especificamente do papel da metodologia na integração curricular, com alguma exceção aos textos escritos especificamente para subsidiar a elaboração das normas curriculares. Nas discussões sobre o ensino médio integrado, a metodologia é geralmente tratada como complemento da discussão sobre seus princípios e fundamentos ou sobre a estrutura e a organização curricular. Na discussão teórica, as questões sobre o QUÊ ensinar sobrepõem-se às que versam sobre o COMO ensinar.

Há uma vertente pedagógica que julgamos mais adequada, especialmente para a integração do ensino médio com educação profissional. Essa vertente critica as ideias que reificam o saber e valorizam a educação baseada no discurso do professor e na hipótese falsa que considera a teoria como base e fundamento para qualquer prática. Essa vertente valoriza a metodologia como fator relevante para sucesso em esforços de integração curricular e maior garantia de aprendizagem efetiva para maior parcela de estudantes.

Em geral, os estudantes manifestam-se muito mais motivados com ações comunitárias, atividades práticas e projetos que apresentam alguma utilidade imediata. Querem ter melhor perspectiva de vida, construir seu futuro. Para isso, precisam de um ensino de excelência, com boa estrutura e metodologia que garanta sua participação no processo de ensino-aprendizagem.

Geralmente, as diferentes propostas de integração curricular – interdisciplinaridade, contextualização, transversalidade e outras – estão imbricadas com alternativas metodológicas centradas na aprendizagem e na ação do estudante. As *Diretrizes curriculares nacionais gerais para a educação básica* insistem sobre a necessidade de mudanças metodológicas. O texto critica a escola atual, que se prende às características de metodologias tradicionais, nas quais ensino e aprendizagem são concebidos separadamente. Propõe processos e procedimentos nos quais aprender, ensinar, pesquisar, investigar e avaliar ocorrem de modo indissociável. Discute o problema metodológico, relacionando-o com as formas de integração curricular.

As normas têm em comum uma proposição metodológica que valoriza a atividade do aluno em contraposição à prática metodológica predominante no ensino médio, que é centrada no discurso do professor. São propostas:

- atividades integradoras artístico-culturais, tecnológicas e de iniciação científica, vinculadas ao trabalho, ao meio ambiente e à prática social;
- problematização como instrumento de incentivo à pesquisa, à curiosidade pelo inusitado e ao desenvolvimento do espírito inventivo;
- apropriação significativa dos conhecimentos, superando a aprendizagem limitada à memorização;
- articulação entre teoria e prática, vinculando o trabalho intelectual às atividades práticas ou experimentais;
- produção de mídias nas escolas a partir da promoção de atividades que favoreçam as habilidades de leitura e análise do papel cultural, político e econômico dos meios de comunicação na sociedade;
- participação social e protagonismo dos estudantes, como agentes de transformação de suas unidades de ensino e de suas comunidades.

Os procedimentos didáticos propostos exigem atividade e protagonismo do aluno. Dentre eles, destacam-se os que são centrados na problematização da realidade (pesquisa) e na intervenção do estudante sobre ela (trabalho). Nas normas, esses procedimentos são também colocados como fundamentais na integração do currículo.

Nas experiências já analisadas neste livro, os casos do Uruguai, da pedagogia da alternância, dos ginásios vocacionais, do Proeja no IFSC e do Centro Paula Souza na Etec de Sorocaba valorizam explicitamente o papel da metodologia de ensino-aprendizagem na integração curricular e na eficácia da aprendizagem.

A descrição dos mecanismos específicos da experiência uruguaia indica que a metodologia tem papel muito importante, valorizando a oficina como espaço privilegiado de aprendizagem, como centro da proposta curricular e motor fundamental da integração do currículo. Uma unidade curricular diferenciada e uma proposta metodológica se fundem em concepção coerente de currículo integrado. A escola deve tornar-se um laboratório que permita a exteriorização da imaginação criadora dos seus alunos.

Na pedagogia da alternância há um conjunto bem estabelecido de procedimentos metodológicos próprios, que são instrumentais e coadjuvantes na integração curricular promovida por esta perspectiva pedagógica. Os principais procedimentos didáticos (o plano de estudos, as folhas de observação, o caderno da realidade, as visitas de estudo, a visita dos professores às famílias, a convivência no internato e os serões) são fundamentais na sistematização da alternância entre escola e trabalho.

Nos ginásios vocacionais, uma metodologia – o estudo do meio – funcionava como o principal mecanismo de integração curricular. Em círculos concêntricos, os alunos estudavam a própria comunidade; depois, o país e o mundo, descobrindo gradualmente a realidade. O estudo do meio ligava as disciplinas à realidade exterior. As pesquisas iam se tornando mais complexas à medida que os estudantes adquiriam experiência com a metodologia. Havia atenção especial para a vivência fora da escola, com o contato concreto com a realidade social. Os problemas observados nos estudos do meio eram estudados e discutidos na escola e acabavam por desencadear outras unidades de estudo.

No exemplo do Centro Paula Souza, o plano de curso utilizado na Etec de Sorocaba apresenta diversas indicações metodológicas que podem favorecer a integração curricular. Essas atividades mais promissoras são: projetos técnicos interdisciplinares; pesquisas de campo; dramatizações e simulações de procedimentos; exposições de amostras de trabalho; estudos de caso; elaboração de manuais técnicos, cartilhas educativas, jornais e vídeos.

Os casos da Colômbia, da Fiocruz, da Coreia do Sul e da Finlândia não chegam a explicitar e detalhar o papel da metodologia, mas todos eles têm implícito que a atividade dos estudantes é aspecto essencial na integração curricular.

No caso colombiano, a discussão sobre metodologia de ensino está menos focada em seu papel na integração curricular do que nos efeitos das novas tecnologias de informação e comunicação nas estratégias de ensino e na integração curricular. O plano nacional colombiano enfatiza a importância de estratégias didáticas ativas, que facilitem a aprendizagem autônoma e colaborativa, e o pensamento crítico e criativo mediante o uso das tecnologias da informação. O ensino baseado em competências também depende significativamente de abordagens metodológicas adequadas ao modelo.

Na Fiocruz, o papel da metodologia de ensino-aprendizagem na integração curricular é pouco explorado nos documentos disponíveis, embora muitas das atividades descritas em tópicos anteriores já tenham aspectos metodológicos importantes envolvidos.

Na Coreia do Sul e na Finlândia há foco claro no conceito de ensino centrado na aprendizagem dos estudantes, embora haja poucas referências mais precisas sobre a metodologia. A metodologia não é regulada pelos sistemas educacionais desses países. Os professores e as equipes das escolas têm autonomia elevada para definir os aspectos metodológicos em função dos objetivos educacionais e da análise das características dos estudantes e dos recursos disponíveis.

Nos protótipos curriculares da Unesco, existe uma opção metodológica clara. São valorizadas as formas didáticas voltadas à participação ativa do estudante, no desenvolvimento de suas capacidades e na construção do seu conhecimento. Os projetos, somados às atividades de investigação, de intervenção ou de aprendizagem, destacam-se como formas metodológicas fundamentais para que os objetivos curriculares previstos possam ser atingidos. Essa escolha metodológica parte de uma constatação: a preparação para a atuação no mundo do trabalho e para a prática social exige que o educando se envolva e atue em atividades de pesquisa, intervenção ou aprendizagem que requeiram as capacidades e os conhecimentos necessários para tal atuação.

Nos protótipos, a metodologia adquire *status* de mecanismo de integração curricular, na medida em que as atividades e os projetos são os elos de uma rede. São o ponto de articulação entre os objetivos do NÚCLEO DE EDUCAÇÃO PARA O TRABALHO E DEMAIS PRÁTICAS SOCIAIS (com seus temas geradores e projetos anuais) e os objetivos das áreas de conhecimento e disciplinas de educação geral. Nos protótipos, a metodologia é a forma de concretizar, em sala de aula, todos os demais mecanismos de integração curricular. O quadro III apresenta exemplos de como a metodologia integra os objetivos da área de conhecimento com os projetos previstos no núcleo.

Nos protótipos, considera-se que a sequência metodológica AÇÃO – REFLEXÃO – AÇÃO é fundamental na educação bem como na vida social e profissional. A atividade de aprendizagem deve permitir ensaio, reflexão constante sobre a ação e experimentação repetida. O estudo do meio merece destaque por sua importância para o diagnóstico crítico da realidade, que constitui a primeira etapa dos projetos anuais. O uso das tecnologias da informação tem papel no desenvolvimento dos projetos, seja para acessar as informações disponíveis para o diagnóstico, seja como instrumento de apoio às ações transformadoras.

Outras experiências conhecidas que não foram detalhadas neste livro também utilizam a metodologia de ensino-aprendizagem como componente importante para excelência de resultados de aprendizagem e para integração curricular. O Senac, o Senai, as experiências de aprendizagem baseada em problemas (ABP ou PBL) são exemplos relevantes sobre os quais há relatos públicos em livros e na internet.

METODOLOGIA DE ENSINO-APRENDIZAGEM

QUADRO III. TEMA ESTRUTURADOR: "TRABALHO: TECNOLOGIA E SOCIEDADE"

Objetivos de aprendizagem da área de ciências humanas e suas tecnologias	PRIMEIRO ANO "Escola e moradia como ambientes de aprendizagem"	SEGUNDO ANO "Ação comunitária"	TERCEIRO ANO "Vida e sociedade"
Reconhecer a importância de todas as profissões lícitas existentes na sociedade, identificando suas principais transformações ao longo do tempo.	Fazer o levantamento das profissões desempenhadas pelos familiares dos estudantes, inclusive procurando identificar as razões da escolha e identificar seus graus de influência sobre as próprias inclinações vocacionais dos educandos.	Realizar entrevistas com profissionais que atuam na comunidade para produzir suas *Histórias de vida*, tendo como foco a importância do trabalho ao longo de sua existência.	Elaborar propostas de intercâmbio formativo-profissional para estudantes, sob forma de estágios a serem desenvolvidos nas empresas e entidades com sede na comunidade e região.
Aplicar as tecnologias da comunicação e da informação na escola, no trabalho e em outros contextos relevantes para sua vida.	Escrever para amigos do seu relacionamento e enviar o texto por e-mail, dizendo qual é a maior qualidade e o maior defeito da sua escola, fazendo um comentário sobre cada uma dessas características. Solicitar retorno dos colegas, pedindo que façam o mesmo sobre suas escolas.	Por meio da internet, localizar vinte cidades semelhantes à sua. Perguntar que importância o poder público tem dado para o esporte, o lazer em geral e o embelezamento da cidade. Registre os dados mais interessantes e publique no jornal (ou na rádio) da comunidade.	Pesquisar, pela internet, um país entre os cinco primeiros no Índice de Desenvolvimento Humano (IDH) e outro entre os cinco últimos colocados nesse índice. (Considerar a publicação mais recente do IDH.) Redigir um comentário sobre o resultado da pesquisa.

(cont.)

351

Objetivos de aprendizagem da área de ciências humanas e suas tecnologias	PRIMEIRO ANO "Escola e moradia como ambientes de aprendizagem"	SEGUNDO ANO "Ação comunitária"	TERCEIRO ANO "Vida e sociedade"
Propor e realizar ações de promoção da saúde individual, coletiva ou dos ambientes de trabalho e convivência, que levem em conta conhecimentos científicos, assim como recursos e procedimentos tecnológicos.	Mobilizar colegas para o desenvolvimento de propostas, atitudes e procedimentos que otimizem a aeração e a iluminação de ambientes, e que minimizem a propagação de doenças transmissíveis na escola e em suas casas.	Mobilizar a comunidade para o desenvolvimento de propostas, atitudes e procedimentos que minimizem a propagação de doenças transmissíveis nos espaços comuns, como o transporte coletivo.	Discutir e redigir conclusões na forma de cartazes sobre a recorrente incidência de epidemias de alcance mundial, como a doença da vaca louca, a H1N1, a dengue e outras enfermidades.

O Senac Nacional desenvolveu e lançou, em 2010, um curso de especialização em Docência da Educação Profissional, que desde então teve a participação de professores de todos os estados brasileiros. O curso é desenvolvido a distância, mas o centro de sua dinâmica de aprendizagem é a prática concreta do professor em sala de aula. Para orientar essa prática, o curso sugere uma metodologia de desenvolvimento de competências, que sistematiza uma série de propostas e práticas metodológicas já desenvolvidas nos centros de educação profissional do Senac.

Essa metodologia é centrada no desenvolvimento de competências e habilidades, e a partir dela os cursos preveem situações de aprendizagem. A situação de aprendizagem é definida como um conjunto completo de ações dos estudantes, orientadas pelo educador e destinadas ao domínio de um ou mais objetivos, competências ou habilidades previstas no currículo. As situações de aprendizagem podem ser organizadas em torno dos objetivos dos protótipos curriculares da Unesco ou sobre as competências e habilidades da matriz do Enem, por exemplo. A condição fundamental é que uma situação de aprendizagem sempre deve estar organizada em torno de atividades dos estudantes e exigir o exercício de pelo menos uma ação (referida em objetivo), competência ou habilidade prevista.

Para o desenvolvimento de uma situação de aprendizagem, procurando pela definição de uma estrutura comum aos diferentes métodos ativos, chegou-se a um conjunto de sete passos fundamentais, apresentados a seguir (Küller & Rodrigo, 2013).

1. Contextualização e mobilização.
2. Definição da atividade de aprendizagem.
3. Organização da atividade de aprendizagem.
4. Coordenação e acompanhamento.
5. Análise e avaliação da atividade de aprendizagem.
6. Outras referências.
7. Síntese e aplicação.

No primeiro passo, **CONTEXTUALIZAÇÃO E MOBILIZAÇÃO**, o aluno compreende a essência e a importância da situação de aprendizagem e a situa no conjunto de suas aprendizagens anteriores e no seu itinerário formativo. Na contextualização, referências e articulações com situações concretas de vida e trabalho são realizadas e a importância do objetivo ou da competência ou habilidade a ser desenvolvida é explicitada.

No segundo passo, **DEFINIÇÃO DA ATIVIDADE DE APRENDIZAGEM**, a referência central da situação de aprendizagem é estabelecida. Nele se propõe o envolvimento dos participantes no enfrentamento de um desafio, na resolução de um problema, na realização de uma pesquisa, no desenvolvimento de um projeto, na participação em um jogo ou dramatização ou na execução de outra atividade qualquer. Como já afirmado nos princípios metodológicos, a atividade de aprendizagem proposta deve estar diretamente ligada ao objetivo, à competência ou à habilidade a ser desenvolvida na situação de aprendizagem e deve exigir, para sua realização, o fazer referido no objetivo, ou a competência ou a habilidade em desenvolvimento.

No terceiro passo, **ORGANIZAÇÃO DA ATIVIDADE DE APRENDIZAGEM**, devem ser produzidas e descritas as orientações minimamente necessárias para que os participantes possam enfrentar o desafio, solucionar o problema, desenvolver o jogo ou realizar a pesquisa. Ou seja, prever as condições, as estratégias e os recursos para o desenvolvimento da **ATIVIDADE** de aprendizagem proposta no item anterior.

No quarto passo, **COORDENAÇÃO E ACOMPANHAMENTO**, são previstos os meios e as formas de coordenar e acompanhar o desenvolvimento da atividade de aprendizagem. Esta é, em princípio, uma ação do docente. No entanto, pensando em uma aprendizagem com autonomia, formas coletivas e autogestionárias podem e devem ser propostas e previstas.

No quinto passo, **ANÁLISE E AVALIAÇÃO DA ATIVIDADE DE APRENDIZAGEM**, a própria atividade de aprendizagem e os resultados por ela obtidos serão os objetos da reflexão individual, da discussão em pequenos grupos ou de reuniões presenciais ou virtuais, sempre contrapondo resultados obtidos ao processo de trabalho adotado.

No sexto passo, **OUTRAS REFERÊNCIAS**, a experiência prática e a produção teórica acumuladas pela humanidade e relacionadas aos saberes demandados na situação de aprendizagem são veiculadas. Essa veiculação pode ser feita por meio de apresentações escritas e/ou orais, vídeos, textos, casos, observação de melhores práticas, visitas virtuais ou reais e outras formas de ampliar a experiência, os modelos e as referências dos participantes em relação aos saberes envolvidos na situação de aprendizagem.

Finalmente, no sétimo e último passo, **SÍNTESE E APLICAÇÃO**, as referências já existentes no universo cultural (apresentadas no passo 6) são integradas com a experiência prévia e a vivência concreta dos participantes nos passos 1 a 5. Uma forma útil de produzir a síntese é elaborar propostas de ação para situações iguais ou distintas daquela vivida na atividade de aprendizagem. Assim, síntese e aplicação podem estar integradas no mesmo movimento.

Como primeira observação, a metodologia obedece rigorosamente à sequência **AÇÃO – REFLEXÃO – AÇÃO** também defendida por todos os críticos da abordagem por competências. Em segundo lugar, a metodologia não desconhece e possibilita o acesso ao conhecimento acumulado pela humanidade, como postula a pedagogia crítica dos conteúdos. Diferentemente dos métodos tradicionais, no entanto, só o faz depois que os conhecimentos de cada participante e do grupo de participantes (desenvolvimento proximal) é mobilizado no enfrentamento do problema e do desafio que requerem o objetivo a ser alcançado, bem como a competência ou a habilidade em desenvolvimento. O acesso ao conhecimento acumulado não é feito independentemente de seu provável uso em situações de vida e trabalho. Em terceiro lugar, no último passo, exige a aplicação dos conhecimentos, habilidades e atitudes adquiridos, mobilizando-os em um novo exercício de fazer previsto em objetivo, competência ou habilidade. Isso insinua e possibilita uma espiral de desenvolvimento contínuo, que pode ser aproveitado no planejamento do currículo de diferentes níveis de ensino e no desenvolvimento de objetivos, competências ou habilidades em níveis sempre crescentes de complexidade.

Mais importante do que tudo, a metodologia oferece uma forma objetiva e adaptável a todas as situações de aprendizagem para substituir a tradicional metodologia da educação geral (exposição do conteúdo, exercícios, provas ou exames) e da educação profissional (demonstração do professor, repetição pelo aluno, correção pelo professor) em que o protagonismo é do professor, e o aluno, mero agente passivo da recepção e da reprodução do conhecimento.

Já consideramos que a grande contraposição ou disputa metodológica concreta no momento está tensionada entre os métodos centrados no professor e os centrados nos alunos, entre os passivos e os ativos, entre os que transmitem e os que buscam a construção dos conhecimentos. Nessa disputa, a transmissão de conhecimentos disciplinares pelo professor está no polo conservador. É certo que tal proposta metodológica não favorece a integração curricular. As metodologias ativas, a abordagem por objetivos ou por competências estão no polo da transformação e do avanço quando se trata de integração curricular. Essa disputa metodológica é transversal às classes sociais. Vale para a escola da elite ou para a escola do trabalhador.

Um aspecto importante a ser considerado é que o sucesso das metodologias ativas depende significativamente de adequada qualificação dos docentes para sua aplicação e de algumas condições mínimas de infraestrutura, além de número de estudantes por turma na faixa entre 25 e 35 participantes.

AVALIAÇÃO COMO MECANISMO DE INTEGRAÇÃO CURRICULAR

Os documentos internacionais que tratam da educação secundária em geral e do ensino médio em especial são omissos no que diz respeito às possibilidades da avaliação como mecanismo de integração curricular.

Em relação aos processos de transformação da educação secundária na América do Norte, o Relatório Scans apresenta algumas indicações sobre a possibilidade de que a avaliação do ensino médio seja também um fator de indução da integração curricular.

No Brasil tampouco há referências teóricas consistentes sobre a avaliação enquanto mecanismo de integração curricular. Apenas indiretamente é possível considerar que a avaliação possa ser esse mecanismo: quando o trabalho é um princípio educativo que embasa todo o currículo. A avaliação que toma o trabalho como ponto de partida pode auxiliar na integração curricular.

A avaliação externa às escolas também pode favorecer a integração curricular. Como exames externos, em ordem de implantação, foram implementados no Brasil o Saeb (1990), o Enem (1998) e o Encceja (2002). Nenhum desses sistemas de avaliação tem a intenção explícita de ser um mecanismo de integração curricular. Entretanto, eles podem influenciar a organização curricular e, com isso, contribuir positivamente para a integração ou prejudicá-la. Esses efeitos dependem da organização do exame e da natureza das suas questões. Se tiverem um enfoque transdisciplinar, ajudarão na integração curricular. Se forem direcionadas para disciplinas específicas e estanques, terão o efeito inverso.

A teoria recente sobre avaliação de aprendizagem é unânime quanto à necessidade de superar uma avaliação com objetivos puramente relacionados à promoção de série ou à progressão dos estudantes. Para acompanhar uma proposta pedagógica que prevê uma formação integral do jovem, é necessária uma avaliação que acompanhe o processo de aprendizagem e seja intrínseca a ele. Nas propostas de currículo integrado, essa avaliação que acompanha o processo de aprendizagem precisa ser também integrada e ser feita pelo coletivo de professores e alunos. Deve ser colegiada, como o processo de planejamento e execução do currículo. A avaliação deve integrar um processo educativo, no qual todos aprendem e ensinam, avaliam e são constantemente avaliados pela sua participação no processo e pelos resultados obtidos. Essa avaliação orienta a aprendizagem e apoia a organização dos processos escolares, sem focar mecanismos de recompensa ou punição.

No caso de um currículo integrado por objetivos ou competências, a avaliação de aprendizagem feita em torno desses objetivos ou competências pode ser um mecanismo auxiliar na integração curricular. Isso acontece quando são usados procedimentos e instrumentos comuns e interdisciplinares de avaliação, como os portfólios, por exemplo. O uso de procedimentos e instrumentos de avaliação comuns a todos os professores exige um consenso mínimo nas decisões de atribuições de valor (nota) ou de progressão (passar de ano).

No desenho de currículos integrados, é preciso reforçar os demais mecanismos de integração curricular por meio da avaliação. Para tanto, a avaliação do componente curricular que exerce a função de integração é crítica. Quando esse componente é a principal estratégia de integração do currículo, precisa contar com formas de avaliação que reforcem esse papel integrador. De início, é preciso propor que essa avaliação seja fundamentalmente formativa e feita por todos os envolvidos. É fundamental que dela participem, em colegiado, todos os estudantes e professores envolvidos.

A avaliação deve estar diretamente relacionada aos objetivos do componente curricular integrador. Os critérios de avaliação devem estar diretamente relacionados com os projetos e atividades de investigação e transformação previstas no componente integrador. Como essas atividades são práticas, em geral, os indicadores de avaliação só podem ser verificados em ato. Isso significa que a mesma atividade que serve à aprendizagem também deve ser a referência para a avaliação. Os procedimentos mais eficazes são a observação, o *feedback* e o diálogo sobre o desempenho. Os procedimentos e instrumentos de avaliação devem qualificar essa observação e esse diálogo. É fundamental pensar em procedimentos e instrumentos que incentivem a ação, a produção e a avaliação coletivas.

Em relação aos alunos, a avaliação formativa contribui diretamente para o desenvolvimento ou o redirecionamento de seu processo de aprendizagem e abrange a avaliação do professor, a coavaliação entre pares e a autoavaliação. As duas primeiras são predominantemente externas, e a última é interna ao sujeito. A avaliação formativa externa pode ser realizada pelo professor ou pelos pares. A avaliação formativa interna é realizada pelo próprio aluno (Bruno, 2013). Quando referenciada aos objetivos do componente curricular integrador, reforça a integração.

A avaliação entre pares pode ser formativa na medida em que a linguagem é mais acessível. O diálogo avaliativo entre os próprios alunos pode ser facilitador no desenvolvimento de cada um. O compartilhamento de experiências entre os alunos possibilita maior autonomia na organização do seu trabalho e na construção da integração curricular. Também é mais fácil e menos ameaçador perceber por meio de um companheiro em que ponto, como e por que se errou. O diálogo aluno-aluno também permite aos professores modificarem a forma de ver e perceber os alunos, compreendendo que estes são capazes de trabalhar autonomamente e aprender sozinhos ou com os outros, de uma forma integrada e mais eficaz.

Ao ser atribuído o papel de avaliador aos próprios alunos, é importante fornecer-lhes também os instrumentos para a avaliação, como, por exemplo, as próprias fichas de observação utilizadas pelos professores no decorrer das atividades curriculares integradas. Isso contribui para uma visão mais global dos procedimentos e instrumentos que podem ser utilizados durante o processo de avaliação.

A heteroavaliação entre pares pode trazer benefícios para todos os participantes no processo de ensino e aprendizagem. Nessas práticas avaliativas, os alunos aprendem a avaliar o seu trabalho e o trabalho dos outros; começam a desenvolver hábitos e capacidades de colaboração; tornam-se participantes e não vítimas do processo de avaliação (Monteiro & Fragoso, 2005).

A autoavaliação é um processo importante no que diz respeito à avaliação formativa das atividades integradas. Apenas a correção de um professor ou de todos os envolvidos no componente integrador não garante a aprendizagem, já que os erros só podem ser transpostos por aqueles que os cometem. A lógica de quem aponta o erro é diferente da lógica de quem os pratica. É muito difícil o avanço na aprendizagem com sentido e com autonomia sem que o aluno reflita sobre sua ação, sobre o que fez e como fez, e sobre seus resultados. A autoavaliação como prática de avaliação assumida pelo coletivo da escola ajuda os alunos a assumirem o controle da sua aprendizagem e reforça o processo de integração curricular.

A autoavaliação é um processo interno do aluno, que se debruça e reflete sobre a sua aprendizagem, e toma consciência do seu nível de domínio da capacidade em desenvolvimento. Com ela, aprende a olhar criticamente para seu desempenho e aprimorá-lo. É um processo de avaliação formativa ao longo do qual os alunos refletem sobre e avaliam a qualidade do seu trabalho e das suas aprendizagens durante o desenvolvimento do currículo integrado. É um *feedback* interno, do sujeito para o próprio sujeito, sobre seu percurso e sua evolução no currículo integrado.

A autoavaliação consiste num processo de introspecção durante o qual o sujeito procura compreender os efeitos e as causas das suas ações. Está intimamente ligada à metacognição. O conhecimento e a regulação dos processos de aprendizagem só são possíveis quando se utilizam atividades metacognitivas. É por meio da autoavaliação que as capacidades metacognitivas se desenvolvem.

Isso não significa que os professores devam deixar de avaliar os seus alunos e de ajudá-los a superar os obstáculos, mediante o *feedback*. Todavia, deve fazer parte de seus objetivos promover a autonomia dos alunos para que exerçam cada vez mais e melhor o controle sobre os seus processos cognitivos, metacognitivos e motivacionais e, assim, obtenham melhores resultados (Bruno, 2013).

A autoavaliação da aprendizagem deve ser adotada como prática avaliativa emancipadora, combinada com avaliação pelos colegas e pelos docentes. Além de apoiar a integração curricular, essa combinação planejada de autoavaliação com avaliação pelos colegas e pelos docentes amplia o potencial de desenvolvimento da autonomia dos estudantes, um dos objetivos fundamentais do ensino médio.

O texto das diretrizes curriculares relacionadas ao ensino médio trata da avaliação sem mencionar seu papel na integração curricular. Entretanto, podemos deduzir de suas indicações algumas possibilidades para que esse papel integrador seja efetivo, caso a avaliação atenda a alguns requisitos: basear-se na mesma concepção de educação que orienta a aprendizagem; ser abrangente, envolvendo inclusive os mecanismos de integração curricular; ter como referência os objetivos de aprendizagem e estes serem definidos pelo coletivo escolar de modo integrado e articulado com os princípios e objetivos definidos para o ensino médio; acompanhar a aprendizagem nos componentes curriculares integrados.

Em quase todas as experiências que analisamos anteriormente neste livro, a avaliação tem algum papel potencial para ampliar a integração curricular.

Os casos do Uruguai e da Colômbia apresentam indicações concretas nesse sentido, especialmente em decorrência da relação direta entre os objetivos de aprendizagem e a escolha colegiada de instrumentos de avaliação diretamente relacionados com o alcance desses objetivos.

Na Colômbia, o conceito de EVIDÊNCIAS é essencial no processo de avaliação. Na sala de aula, a avaliação é essencialmente formativa, permitindo que os estudantes pratiquem seus conhecimentos, defendam suas ideias, exponham suas razões, saberes, dúvidas, ignorâncias e inseguranças. Assim, a relação entre avaliação e integração curricular fica mais forte.

No Uruguai, como já vimos anteriormente, são tratados dois conceitos complementares: avaliação integral, focada nos processos e saberes apropriados pelos alunos nos espaços integrados; e avaliação em cada componente curricular, que analisa os processos e saberes específicos apropriados pelos alunos. O Plano 2007 orienta que a avaliação integrada seja um processo concomitante ao das unidades didáticas integradas. Ou seja, o planejamento didático integrado inclui um processo integrado de avaliação.

Na pedagogia da alternância, todas as formas de facilitação e registro da aprendizagem são centradas nos temas geradores e constituem, ao mesmo tempo, procedimentos metodológicos e procedimentos ou instrumentos de avaliação. Ambos são coadjuvantes na integração do currículo. Além disso, a avaliação final também é procedimento que reforça a integração curricular.

Nos ginásios vocacionais, já vimos que os relatórios dos estudos do meio eram também fundamentais na avaliação da aprendizagem e reforçavam uma abordagem integrada do currículo.

Na Fiocruz, o **PORTFÓLIO** é uma forma de avaliação que pode favorecer a integração curricular. Os portfólios são coleções de trabalhos de cada um dos estudantes que, realizados individualmente ou em grupo, permitem ajuizar acerca dos seus esforços, das suas dificuldades, dos seus processos de trabalho e, especialmente, dos seus progressos e dos seus sucessos ao procurar atingir os objetivos estabelecidos.

O portfólio é uma compilação organizada de todos os trabalhos produzidos por um aluno, ao longo de determinado período de tempo, a fim de proporcionar uma visão ampla e detalhada do seu desenvolvimento em todos os componentes curriculares (Gonçalves, 2008). No portfólio o aluno convoca as testemunhas do seu nível de proficiência. A tarefa do aluno é fornecer os registros pertinentes. A tarefa dos professores é avaliar o desenvolvimento com base nos registros fornecidos pelo aluno (Ketele, 2006).

O portfólio é um instrumento e um procedimento de avaliação que possibilita ao aluno participar da reunião e da organização das evidências que comprovam sua atuação competente. Permite o registro do percurso do aluno dentro do currículo integrado e a autoavaliação das suas aprendizagens. É um dispositivo de autoconstrução e de autorregulação da aprendizagem e da forma de aprender do aluno. Favorece o desenvolvimento de capacidades metacognitivas e reforça a integração curricular.

O portfólio permite que o mesmo instrumento de avaliação seja usado por todos os professores. Obriga a um olhar comum sobre os processos de aprendizagem e sobre seus efeitos, superando a fragmentação. A experiência da Fiocruz demonstra o potencial da avaliação interna como mecanismo de integração curricular.

Os cursos do Centro Paula Souza e do Proeja técnico do IFSC analisados não apresentam mecanismos especiais pelas quais a avaliação tenha papel integrador. Entretanto, a avaliação focada nos perfis profissionais de conclusão e em projetos integradores pode exercer também um papel complementar para ampliar a integração curricular efetiva.

Na Coreia do Sul e na Finlândia, como já vimos, a avaliação interna e as avaliações nacionais externas têm ênfases quase opostas, sem que tenham a busca da integração curricular como proposta em destaque. Entretanto, a elevada valorização da educação pela maioria da população e pelos estudantes desses países faz com que os estudantes busquem consolidar seus resultados de aprendizagem em função de seus interesses e valores pessoais. Essa autonomia individual na busca de um currículo pessoal valorizado e que facilite o ingresso em boas universidades pode proporcionar uma integração curricular pelo enfoque de cada estudante, a partir de sua autoavaliação do processo de aprendizagem, embora isso não conste como processo institucionalmente planejado para um currículo integrado na oferta educacional.

Nos protótipos curriculares da Unesco, a avaliação destaca-se como fator e instrumento de integração curricular e, também, como meio para orientar a revisão do projeto pedagógico, a cada início ou final de ano. É fundamental, principalmente, para auxiliar na identificação e na superação das dificuldades de aprendizagem dos estudantes, ao longo do processo de ensino-aprendizagem. A avaliação educacional proposta combina processos internos articulados ao projeto pedagógico de cada escola com processos externos mais amplos.

Nos protótipos, a avaliação deve integrar o processo educativo, no qual todos aprendem e ensinam, avaliam e são constantemente avaliados, tanto por sua participação quanto pelos resultados obtidos. Consideram que a melhor forma de avaliar se os objetivos foram alcançados é a observação centrada no desempenho do estudante ao enfrentar os problemas e desafios apresentados. Assim, a avaliação da aprendizagem torna-se contínua e inerente ao processo educacional. Juntos, avaliação e integração curricular constituem-se em processos integrados.

Os estudantes devem ser atores importantes de todo o processo, na elaboração de um projeto comum de avaliação, desde o início das atividades escolares. Como nas demais propostas apresentadas nos protótipos da Unesco, as sugestões iniciais podem fundamentar a criação de procedimentos e instrumentos de avaliação, em que um esforço educacional coletivo seja também avaliado coletivamente. Ao acompanhar as atividades do núcleo e influir decisivamente nas áreas e disciplinas que as compõem, tal processo de avaliação pode ser importante para estimular e fixar estratégias de integração curricular, além de viabilizar o aperfeiçoamento constante do projeto pedagógico da escola e da qualidade educacional do ensino realizado.

Como conclusão, podemos considerar que a avaliação, em propostas de currículo integrado, não pode ser realizada da forma como atualmente é feita: por disciplina isolada e de responsabilidade exclusiva de cada professor. A avaliação pode reforçar os demais mecanismos de integração curricular ou pode ela mesma constituir-se em mais um mecanismo de integração.

Para reforçar os demais mecanismos, o sistema de avaliação deve privilegiar os procedimentos, instrumentos e resultados do componente curricular que exerce o papel integrador ou deve ser compatível com os demais mecanismos de integração adotados. Como mecanismo de integração curricular, o sistema de avaliação deve derivar de um consenso do coletivo escolar e deve fazer uso de procedimentos e instrumentos de avaliação que, tais como o portfólio, permitam o seu uso por todos os professores e alunos. Os mesmos procedimentos e instrumentos de avaliação, construídos a partir de todas as experiências vivenciadas pelos alunos no desdobramento do currículo integrado, devem ser utilizados por todos os professores para suas atribuições de valor e para a tomada de decisão sobre a promoção dos alunos.

INFRAESTRUTURA E PESSOAL DOCENTE E TÉCNICO-ADMINISTRATIVO

Não há indicações teóricas ou práticas que associem mais diretamente a infraestrutura das escolas de ensino secundário com a integração curricular. Nos documentos internacionais há análises que associam os bons resultados em indicadores de desempenho das escolas e da aprendizagem dos estudantes com os investimentos na qualificação docente e, especialmente, com a valorização social dos professores na sociedade. Há, também, alguma correlação positiva dos bons resultados com os valores de remuneração dos docentes e de outros profissionais das escolas. As referências sobre infraestrutura e pessoal docente das escolas da América Latina são mais frequentemente associadas a carências em aspectos essenciais. Essas carências em infraestrutura e, principalmente, em pessoal docente certamente são fatores que dificultam a integração curricular. Na verdade, dificultam a aplicação plena de qualquer proposta curricular, mesmo as mais frequentes, fragmentadas e mal alinhavadas.

As demandas de infraestrutura necessárias para implantar um currículo integrado em todas as modalidades de ensino médio, articuladas ou não com a educação profissional, podem ser resumidas nos seguintes itens, já analisados anteriormente neste livro: ampliação adequada do financiamento da educação pública; implementação de ações concretas para valorização dos profissionais da educação; promoção da gestão democrática.

Uma questão fundamental é a formação inicial para os professores de educação profissional e tecnológica. É necessário pensar, também, na formação continuada de todos os professores para viabilizar implantação adequada de um currículo de ensino médio integrado à educação profissional. No caso da educação profissional, a formação pedagógica não é a única necessidade. Para professores de educação profissional, especialmente os dedicados integralmente à docência, é preciso também resolver o problema da ausência ou do distanciamento progressivo do exercício de sua profissão técnica.

Ao tratar da infraestrutura, há bom consenso entre estudantes, professores e gestores locais. Alguns estudantes associam o espaço e a infraestrutura às oportunidades que a escola oferece. Os professores também valorizam uma escola espaçosa, que permita maior variedade de atividades e sensação prazerosa na permanência. Diretores e supervisores ressaltam a importância de escolas com bom espaço físico, por seus possíveis sentidos pedagógicos, mas consideram que o espaço é bom quando o projeto da escola é bem feito, quando o espaço está bem dividido, bem selecionado.

A manutenção da infraestrutura é outro aspecto essencial que não pode ser esquecido. Tanto alunos quanto professores de escolas públicas afirmam que as estruturas malcuidadas podem trazer até riscos para a integridade física dos usuários.

A LDBEN e as normas complementares enfatizam que as condições de oferta da educação básica devem garantir padrões mínimos de qualidade quanto à infraestrutura e à valorização dos profissionais da educação. Ressaltam que essas condições são essenciais para garantir a aprendizagem do estudante, foco central da educação.

O Plano Nacional da Educação (Lei Federal nº 13.005/14) ressalta algumas metas específicas em relação à qualificação dos docentes e das equipes gestoras da educação básica, como já destacamos na primeira parte deste livro. Essas metas não explicitam a integração curricular como foco, mas se forem efetivamente alcançadas certamente serão também condições favoráveis para projetos pedagógicos que tenham essa integração como um dos seus objetivos.

Nas experiências de integração curricular que analisamos na segunda parte deste livro, nota-se que há como ponto comum alguma ênfase nos cuidados relacionados à infraestrutura, à boa configuração das equipes docentes e gestoras, e ao desenvolvimento dessas equipes em modo congruente com os respectivos projetos pedagógicos.

Na Colômbia, por exemplo, há elevada congruência entre a educação planejada por competências e a avaliação do desempenho de escolas, docentes e gestores.

No Uruguai, ressalta-se o espaço docente integrado (EDI) como forma de capacitação em serviço e pela prática no processo, solução que pode ser muito adequada para projetos inovadores na organização curricular, a fim de que possam ser implantados sem ter como pré-requisito fundamental uma alteração prévia nas formas de preparação dos professores nos cursos de licenciatura.

Na pedagogia da alternância, é fundamental que haja composição de equipes docentes capacitadas para operar com sua proposta pedagógica e com seus instrumentos, além de integrar a infraestrutura escolar com a dos ambientes produtivos das famílias e comunidades. Uma formação específica de professores para atuarem com a pedagogia da alternância tem sido desenvolvida por várias universidades brasileiras. Nesta formação, os princípios da alternância são aplicados, garantindo a coerência entre a formação e o que é exigido dos professores em sua prática profissional cotidiana.

Nos ginásios vocacionais, vimos que havia dois mecanismos essenciais para garantir a integração curricular: o Serviço de Ensino Vocacional e o Conselho Pedagógico, pelos quais a capacitação dos docentes e seu regime de trabalho foram fatores essenciais para o sucesso da experiência. Os documentos sobre essa experiência educacional também ressaltam a construção de unidades escolares arquitetonicamente adequadas à proposta educacional e o fornecimento de equipamentos e recursos apropriados ao funcionamento diferenciado da escola.

Na Fiocruz, os cuidados com a infraestrutura são notórios, assim como a capacitação dos docentes. A mesma ênfase com a infraestrutura, com a composição e com a qualificação das equipes docentes e gestoras é notória no Centro Paula Souza e no IFSC. Embora o foco dessas atenções não seja propriamente na integração curricular, os projetos pedagógicos que visam tal integração também se beneficiam de seus resultados.

Na Coreia do Sul e na Finlândia, a infraestrutura sólida, moderna e eficaz muito valorizada é um dos pontos fortes a destacar para o sucesso da educação básica em geral e do ensino médio em especial. Ambos os países investem em infraestrutura com foco adequado e com a certeza de que esse é um investimento essencial para garantir a sustentabilidade do desenvolvimento nacional. A valorização social e salarial dos docentes e das equipes de apoio é o ponto mais alto que garante o sucesso nos dois casos. A profissão de professor é muito valorizada socialmente nos dois países.

Na proposta dos protótipos da Unesco, as condições mínimas de infraestrutura são as que já constam como exigências definidas nas normas e diretrizes da educação básica, do ensino médio e da educação profissional.

Os protótipos partiram do atual modelo de licenciaturas e contratação dos professores para propor que os mediadores dos projetos desenvolvidos no núcleo possam ser os mesmos docentes das disciplinas, recrutados conforme a atribuição de aulas definidas pela instituição escolar ou pela rede em que trabalham. Para que isso seja viável sem prejuízo da proposta, é essencial que os 25% do tempo de docência no núcleo sejam também configurados como oportunidades de capacitação, além do planejamento integrado e do envolvimento compromissado das equipes docentes e técnico-administrativas em todas as etapas de realização das atividades de ensino-aprendizagem. Isso tem como objetivo facilitar a mediação de aprendizagem dos estudantes, mas também permite que os professores possam aprender novos conhecimentos e desenvolver capacidades que ultrapassem os saberes disciplinares específicos ou até mesmo os referentes às áreas que representam.

Entre os fatores que podem contribuir para a aceleração das mudanças, os protótipos indicam a dedicação exclusiva a uma escola, além de estabelecimento e remuneração de horas adicionais de trabalho, destinadas a uma dedicação mais intensiva ao núcleo e à revisão permanente no planejamento das atividades de aprendizagem das áreas de conhecimento. Melhorar as condições de trabalho dos professores é uma forma de investimento importante para o sucesso de qualquer alternativa curricular. Nas redes educacionais em que já há uma jornada ampliada ou um tempo adicional remunerado nos contratos de trabalho, o planejamento coletivo do uso desse tempo poderá facilitar a gestão da implantação do currículo decorrente do protótipo.

Como em qualquer proposta nova, os protótipos também pressupõem a formação dos docentes e demais educadores para o desenvolvimento do currículo. Tal formação deve ocorrer antes e ao longo de sua implantação. Nesse processo, a coordenação participativa e a atuação coletiva no núcleo são fundamentais. Os principais instrumentos pedagógicos sugeridos para essa formação contínua em serviço são: o exercício contínuo de planejamento participativo dos projetos e das atividades de aprendizagem; a superação dos desafios propostos pelas atividades de pesquisa e transformação realizadas nos projetos; a constante avaliação coletiva dos resultados; a necessária busca de referências e a reflexão que dará sustentação a essas práticas. O núcleo, portanto, é um espaço educativo para estudantes e para professores.

Os protótipos formalizam essa proposta de formação em serviço em uma estratégia desdobrada em seis iniciativas essenciais, descritas a seguir.

1. Estudo, discussão e formulação de linhas e propostas gerais de adaptação do protótipo à concepção pedagógica e à situação concreta da escola, da rede ou do sistema de ensino. É um momento de confronto entre o protótipo e o projeto pedagógico da escola e de avaliação das condições concretas de sua aplicação. Daí surge a decisão pelo uso do protótipo ou por outras opções curriculares.

2. Adaptação do protótipo ou revisão do projeto pedagógico da escola. Ao decidir-se pelo uso da referência curricular, são feitos os ajustes necessários.

3. Estudo e domínio das estratégias metodológicas fundamentais para colocar em prática o currículo proposto: estudo do meio, metodologia de projetos, atividades de aprendizagem e gestão participativa. Esse é um momento para a formação sistemática da equipe escolar, uma capacitação mais formal que deve ser prevista antes e durante a implementação do currículo.

4. Diagnóstico e planejamento da implantação do projeto do núcleo do primeiro ano de ensino médio e planejamento dos projetos para os demais anos. Os projetos são instrumentos para a definição das atividades tanto do núcleo quanto das áreas, sempre contando com a participação de todos os professores. O estudo e o trabalho coletivo necessários ao desenvolvimento desses projetos são educativos. A pesquisa e o trabalho também são princípios a serem considerados na formação continuada dos educadores.

5. Implantação do currículo, tomando-se a prática, as avaliações e as reformulações periódicas como instrumentos para a formação continuada em serviço. É bastante recomendável que as escolas que passem a utilizar este protótipo identifiquem e viabilizem meios de apoio externo para dar suporte, debater os avanços obtidos e sugerir ajustes que permitam enriquecer a aprendizagem coletiva e o desenvolvimento constante dos professores.

6. Avaliação contínua em processo, com síntese anual para orientar o planejamento do ano letivo seguinte. Além disso, são recomendados estudos mais aprofundados sobre os modos de gestão escolar e a condução do projeto pedagógico, sempre que necessários.

Até o momento, algumas características do modelo atual de gestão administrativa têm atuado como entraves às propostas de transformação e de melhoria no ensino médio, com destaque para o modelo de contratação dos professores, a organização curricular por disciplinas isoladas, os horários letivos compostos por diferentes aulas de curta duração. Esses fatores explicam, em grande parte, o imobilismo da atual organização administrativa escolar, que é praticamente hegemônica e contra a qual os movimentos de mudança precisam ser cuidadosamente articulados.

Como afirma Arroyo:

> O recorte dos tempos, horários, das turmas pesa limitando as tentativas da organização real por áreas. O limite mais de fundo vem da nossa tradição de formar os docentes por disciplinas nos cursos

> de licenciatura, o que ainda é reforçado nos concursos de acesso ao magistério por disciplinas. É lamentável que as universidades que avançaram na pesquisa e na docência para superar os recortes disciplinares no Ensino Superior continuem reproduzindo licenciados por disciplina para o ensino-aprendizagem de adolescentes e jovens na Educação Básica. Sem uma política pública que supere esses processos de formação de licenciados por disciplinas, será difícil superar a organização do conhecimento e do trabalho por disciplinas. (Arroyo, 2014, p. 199)

As sugestões propostas nos protótipos da Unesco não dependem da mudança e nem procuram, de imediato, alterar essas práticas administrativas enraizadas na educação brasileira, especialmente a formação e a contratação dos professores por disciplina. Não prevê, por exemplo, a formação e contratação de professores por área de conhecimento, o que facilitaria a integração no interior das áreas e a operação do modelo.

Para sua implantação, os protótipos da Unesco exigem mudanças fundamentais em relação à prática atual: a criação e a viabilização do funcionamento do núcleo, e a adoção de uma gestão participativa na escola. O núcleo requer a coordenação dos projetos e a definição dos ambientes físicos apropriados para suas atividades, além de destinação de tempo curricular para seu funcionamento. A gestão participativa envolve maior distribuição das responsabilidades e da autoridade correspondente.

Como afirma Arroyo, será preciso também superar o recorte dos tempos, dos horários e das turmas, mudar o quadro de horários semanal e o calendário escolar. A atual organização dos horários, com aulas de cinquenta minutos, não é a mais apropriada para o desenvolvimento de projetos mais demorados e complexos. Por isso, os protótipos propõem formas alternativas de organizar o calendário escolar e os horários diário e semanal. Destinar um dia da semana para o núcleo, por exemplo, é mais produtivo para o desenvolvimento dos projetos. Concentrar as atividades de uma área em um único dia certamente ajudará no desenvolvimento das atividades previstas.

A implantação dos protótipos também requer uma transformação das formas de gestão. É preciso disposição do coletivo escolar para a adoção de uma gestão participativa, com o envolvimento dos estudantes. Essa é uma condição essencial para transformar a escola em uma comunidade de trabalho e aprendizagem.

Além das questões de gestão, um dos desafios encontrados pelas propostas de integração curricular e de melhoria da qualidade do ensino médio é o aumento dos investimentos e dos custos operacionais. Em princípio, os currículos integrados dependem apenas de que sejam garantidos os investimentos e as condições de funcionamento essenciais para atender às normas definidas pelos sistemas de ensino, como: salas de aula, laboratórios, móveis e equipamentos suficientes para o número de estudantes; professores contratados para todas as aulas e atividades previstas; computadores conectados à internet em banda larga; equipe de gestão e apoio administrativo e pedagógico compatível com a quantidade de estudantes matriculados.

Como conclusão, os protótipos da Unesco ou propostas alternativas de currículo de ensino médio integrado não exigirão, para sua concepção e implantação, condições de infraestrutura que superem o que já está disposto no art. 10 das *Diretrizes curriculares nacionais gerais para a educação básica*:

» insumos mínimos de acordo com indicadores de qualidade aceitáveis para o curso e a modalidade de ensino;

» docentes qualificados, adequadamente remunerados e com dedicação de quarenta horas semanais numa mesma escola;

» relação adequada entre o total de alunos por turma e por docente;

» pessoal de apoio suficiente para atender ao que estiver definido no projeto político pedagógico da escola.

Como condições mínimas de infraestrutura para implantação de currículos integrados de ensino médio, basta cumprir o que está disposto na norma.

CONCLUSÃO

> Que a vida de cada qual seja um projeto de casa.
> Seco, o projeto agride o olho da gente no papel,
> Porém quando a casa se agarra no lombo da terra,
> Ela se amiga num átimo com tudo o que enxerga em volta,
> Se adoça, perde a solidão que tinha no projeto,
> Se relaciona com a existência, um homem vive nela,
> E ela brilha da força do indivíduo e o glorifica.
>
> Mário de Andrade, "Louvação matinal"

Aqui faremos breve conclusão do que discutimos sobre a integração curricular no ensino médio. Como nos capítulos precedentes, vamos nos apoiar nos sete temas ou questões curriculares fundamentais: objetivos do ensino médio; trabalho e pesquisa como princípios; formas alternativas de organização curricular; integração do ensino médio com educação profissional; metodologia de ensino-aprendizagem; avaliação como mecanismo de integração curricular; e, por fim, infraestrutura e pessoal docente e técnico-administrativo.

Do conjunto do trabalho, podemos concluir que os objetivos do ensino médio podem ser os mesmos que os previstos em lei. O problema não é a definição dos objetivos, mas sua efetiva tradução nos currículos realmente praticados nas escolas. Os currículos reais geralmente omitem os objetivos de preparação básica para o trabalho e a cidadania do educando e de seu aprimoramento como pessoa humana, incluindo a formação ética e o desenvolvimento da autonomia intelectual e do pensamento crítico. Os objetivos previstos em lei permitem a construção de uma escola de ensino médio unitária e ao mesmo tempo adaptada às juventudes que a frequentam.

Todo o trabalho, à inspiração dos protótipos curriculares da Unesco, inclina-se a privilegiar um ensino médio que tenha a preparação básica para o trabalho e a cidadania como objetivo central e que seja o principal fator de integração curricular. Tal objetivo e os demais previstos em lei podem dar origem a uma relação de objetivos de aprendizagem mais específicos ou de competências a desenvolver. Esses objetivos específicos ou competências podem ser distribuídos pelos componentes curriculares, integrados ou não em áreas de conhecimentos ou de aplicação. Desta forma, os objetivos do ensino médio previstos em lei são um primeiro mecanismo de integração curricular.

Os objetivos relacionados a uma educação profissional polivalente ou a uma formação profissional específica podem ser adicionados aos objetivos do ensino médio unitário, sempre que o entorno econômico favoreça ou demande uma preparação para o trabalho mais específica. Neste caso, os objetivos da formação específica se unem aos da preparação básica para o trabalho e para a cidadania, centralizando o currículo e constituindo o núcleo dessa integração curricular emanada dos objetivos gerais do ensino médio.

Essa integração curricular por objetivos ou competências é compatível com o trabalho como princípio educativo e com a pesquisa como princípio pedagógico. A preparação para o trabalho já estaria no centro do currículo. Mas um desenho curricular feito sobre esses princípios precisa ir além. É necessário que o trabalho e a pesquisa impregnem toda a tessitura curricular e sejam os fundamentos de todo o processo de aprendizagem.

Para tanto, o trabalho, visto como transformação da realidade concreta, e a pesquisa, vista como diagnóstico dessa realidade a transformar, sejam o fundamento do desenho de todas as situações de aprendizagem. Os protótipos curriculares da Unesco constituem uma das possibilidades de tornar o trabalho e a pesquisa como motores principais da dinâmica de aprendizagem. A experiência uruguaia com a oficina centralizando o currículo é outra possibilidade. A alternância entre trabalho e escola, tendo a pesquisa como eixo organizador, é mais uma alternativa. Talvez essas possibilidades tenham de ser radicalizadas, desenhando-se o currículo como um conjunto articulado de levantamentos e de desenvolvimento de projetos de mudança da realidade. Como nos protótipos, um desenho curricular padrão, construído nesses moldes, pode ser a base para a construção de currículos que atendam as especificidades de cada escola ou sistema de ensino.

Nosso trabalho mostrou a viabilidade de múltiplas formas não disciplinares de organização do currículo ou com a inclusão de componentes curriculares distintos das disciplinas tradicionais. Todas essas possibilidades tinham como objetivo a superação da divisão (escola dual) entre educação geral e educação profissional. Tinham, também, a pretensão de superar a fragmentação curricular hoje existente no ensino médio em geral, constatada já no início de nosso trabalho.

Algumas das alternativas propostas ao longo do trabalho consistem na criação de um componente curricular novo ou um componente curricular comum como centro integrador do currículo. É uma solução homeopática que usa o mesmo veneno para superar os seus efeitos nocivos. Esse é o caso dos protótipos curriculares da Unesco, com o núcleo de educação para o trabalho e outras práticas sociais. Também é o caso da experiência uruguaia, com as oficinas. Experiência mais radical é a da pedagogia da alternância. Dois grandes componentes curriculares inter-relacionados integram todo o processo educativo: tempo de estudo e tempo de trabalho.

A pedagogia da alternância aponta para outra possibilidade de integração curricular ainda não experimentada. O currículo poderia ser organizado por meio de uma alternância entre tempos na escola e tempos de trabalho na comunidade circundante. Essa alternância poderia se dar em torno das dimensões articuladoras: trabalho, cultura, ciência e tecnologia, proposta nas atuais *Diretrizes curriculares nacionais para o ensino médio*. A organização curricular poderia prever tempos de escola e tempos de trabalho divididos entre essas dimensões. Assim, teríamos a possibilidade de generalizar a pedagogia da alternância sem a existência da propriedade agrícola e do internato, que dificultam a universalização da alternância em sua forma original.

A integração entre o ensino médio e a formação técnica de nível médio poderia ser feita a partir das propostas que integrem o ensino médio à habilitação profissional a partir de uma base constituída pelo currículo do ensino médio unitário. Os protótipos curriculares da Unesco são um exemplo dessa alternativa de integração curricular. O núcleo de educação para o trabalho se expande para dar origem a um componente curricular integrador que abrande a preparação básica para o trabalho e uma formação técnica específica.

Uma forma mais radical dessa integração é, novamente, dada pela pedagogia da alternância na formação técnica para as atividades agropecuárias. Como no caso do ensino médio não profissionalizante, essa alternativa poderia ser generalizada para outros eixos tecnológicos que não o de recursos naturais. Nessa direção, é importante considerar alternativas de profissionalização vinculadas às perspectivas de uma formação polivalente ou politécnica. A experiência tem mostrado que uma educação profissional mais polivalente facilita a integração entre educação profissional e educação geral e é mais efetiva para inserção do estudante no mundo do trabalho.

Por fim, é possível pensar em formas de integração que desconheçam ou considerem improcedente a divisão entre educação geral e educação profissional. Pode-se pensar em alternativas de organização curricular que considerem que toda educação geral é também educação profissional e toda educação profissional também conduz à formação integral do aluno. A pedagogia da alternância é um exemplo dessa possibilidade. O mesmo currículo organizado em tempos de escola e em tempos de trabalho na comunidade poderia ser uma forma de pensar formas de organizar currículos que superem essa dualidade.

Nosso trabalho também mostrou a importância e o papel da metodologia de ensino-aprendizagem nos processos de integração curricular e nas formas de atribuição de sentido aos conteúdos curriculares. Vimos que as alternativas metodológicas que reforçam os demais mecanismos de integração curricular são aquelas que privilegiam a atividade e o protagonismo do estudante em relação ao seu processo de aprendizagem. Esse é tipicamente o caso dos protótipos curriculares da Unesco, com uma proposta metodológica centrada em atividades de aprendizagem e projetos que, inclusive, constituem o cerne dos componentes curriculares integradores.

Mostramos também a importância das metodologias ativas em outras experiências de integração curricular, como no caso dos ginásios vocacionais. Vimos a importância das formas metodológicas na ligação e na articulação entre os tempos de escola e os tempos de trabalho na pedagogia da alternância. Como conclusão, é preciso enfatizar que alternativas metodológicas centradas no protagonismo do professor não conseguem resultar em integração curricular. Só a atividade transformadora do aluno é uma forma metodológica coadjuvante na integração curricular.

Também exploramos o papel da avaliação, especialmente a interna, como meio de integração curricular. Consideramos também o papel que pode ser exercido pelas avaliações externas, tal como a do Enem, como facilitadoras e indutoras de propostas de integração curricular. Discutimos o papel da avaliação em diversas experiências de integração curricular. Concluímos que a avaliação exerce um papel integrador quando ela assume uma função predominantemente diagnóstica e formativa. Ao final, assumimos que a adoção de um procedimento e de um instrumento de avaliação comuns a todos os professores e alunos, a exemplo do portfólio, pode ser coadjuvante na proposição e na implantação de propostas de integração curricular.

Como último tema em cada capítulo, discutimos qual a infraestrutura e que pessoal docente e técnico-administrativo são necessários para o desenvolvimento de uma proposta curricular integrada. Nessa questão, incluímos a discussão sobre a capacitação dos atores envolvidos em processos de mudança e integração curricular. Concluímos que a infraestrutura necessária ao desenvolvimento de currículos integrados não é muito mais onerosa que para a efetivação com qualidade de outras propostas curriculares. Essas condições infraestruturais já estão inclusive previstas nas normas mais recentes, especialmente as referentes ao ensino médio.

Vimos que a pedagogia da alternância já inclui e pratica uma formação inicial de docentes adequada às suas características. Nas demais experiências ou propostas são previstas diferentes alternativas de formação em serviço. Dentre essas últimas, vale destacar a perspectiva dos protótipos curriculares da Unesco. Os protótipos assumem uma formação em serviço que tem o trabalho como princípio educativo e a pesquisa como princípio pedagógico. Assume para a formação em serviço a mesma perspectiva pedagógica que anima a proposta de integração curricular.

Uma estrutura física e recursos adequados à proposta de integração curricular seriam o desejável. No entanto, mais importante que isso é uma formação dos docentes e do pessoal técnico-administrativo coerente com a proposta a ser implementada. Em todos os casos, mudanças na gestão da escola, no calendário escolar e no horário escolar são inevitáveis. O horário escolar dividido em aulas de cinquenta minutos só é compatível com a atual fragmentação curricular e com a gestão burocrática e taylorista dos sistemas escolares.

REFERÊNCIAS

ABRAMOVAY, Miriam & CASTRO, Mary Garcia (orgs.). *Ensino médio: múltiplas vozes*. Brasília: Unesco/MEC, 2003. Disponível em http://unesdoc.unesco.org/images/0013/001302/130235por.pdf. Acesso em 19-11-2015.

ALBERGARIA, Sandra Júlia Gonçalves. *A concepção de natureza nos estudos do meio realizados nos ginásios estaduais vocacionais do Estado de São Paulo, de 1961 a 1968*. Campinas: Unicamp, 2004.

ALBUQUERQUE, Verônica Santos *et al.* "A integração ensino-serviço no contexto dos processos de mudança na formação superior dos profissionais de saúde". Em *Revista Brasileira de Educação Médica*, 32 (3), 2008. Disponível em http://www.academia.edu/304419/A_Integracao_Ensino-Servico_no_Contexto_dos_Processos_de_Mudanca_na_Formacao_Superior_dos_Profissionais_de_Saude. Acesso em 19-11-2015.

ALVES, Rubem. *A escola com que sempre sonhei sem imaginar que pudesse existir*. Campinas: Papirus, 2001.

ANDRADE, Mário de. *Poesias completas*. São Paulo: Livraria Martins Editora, 1974.

ARROYO, Miguel G. "As relações sociais da escola e a formação do trabalhador". Em FERRETTI, Celso João; SILVA JR., João dos Reis; OLIVEIRA, Maria Rita N. S. *Trabalho, formação e currículo: para onde vai a escola?* São Paulo: Xamã, 1999.

_____. "Os jovens, seu direito a se saber e o currículo". Em DAYRELL, Juarez; CARRANO, Paulo; MAIA, Carla Linhares (orgs.). *Juventude e ensino médio: sujeitos e currículos em diálogo*. Belo Horizonte: UFMG, 2014. Disponível em http://educacaointegral.org.br/wp-content/uploads/2015/01/livro-completo_juventude-e-ensino-medio_2014.pdf. Acesso em 19-11-2015.

AUR, Bahij Amin. "Integração entre o ensino médio e a educação profissional". Em REGATTIERI, Marilza & CASTRO, Jane Margareth (orgs.). *Ensino médio e educação profissional: desafios da integração*. Brasília: Unesco, 2009.

AZEVEDO, Antulio José de. "Sobre a pedagogia da alternância". Em *Revista Científica Eletrônica de Pedagogia*, ano III, nº 6, julho de 2005. Disponível em http://faef.revista.inf.br/imagens_arquivos/arquivos_destaque/48eN3R 9wYhTxifO_2013-6-28-12-36-11.pdf. Acesso em 19-11-2015.

AZEVEDO, Joaquim. "Continuidades e rupturas no ensino secundário na Europa". Em BRASLAVSKY, Cecilia (org.). *A educação secundária: mudança ou imutabilidade?* Brasília: Unesco, 2002.

AZEVEDO, Jose Clovis de & REIS, Jonas Tarcísio (orgs.). "Democratização do ensino médio: a reestruturação curricular no RS". Em *Reestruturação do ensino médio: pressupostos teóricos e desafios da prática.* São Paulo: Fundação Santillana, 2013. Disponível em http://www.educacao.rs.gov.br/dados/ens_ med_reestruturacao_ensino_medio.pdf. Acesso em 19-11-2015.

BALZAN, Newton Cesar. "Estudo do meio". Em CASTRO, Amélia Domingues de et al. *Didática da escola média: teoria e prática.* São Paulo: Edibell, 1970.

BARATO, Jarbas Novelino. *Educação profissional: saberes do ócio ou saberes do trabalho?* São Paulo: Editora Senac São Paulo, 2004.

_____. *Escritos sobre tecnologia educacional & educação profissional.* São Paulo: Editora Senac São Paulo, 2002.

BARTHES, Roland. *O rumor da língua.* São Paulo: Brasiliense, 1988.

BASSAN, Valdi José. *Como interessar a criança na escola: a noção dos centros de interesse em Decroly.* Coimbra: Livraria Almedina, 1978.

BEGNAMI, João Batista. *Formação pedagógica de monitores das escolas famílias agrícolas e alternâncias: um estudo intensivo dos processos formativos de cinco monitores.* Dissertação de mestrado internacional. Universidade Nova de Lisboa/Université François Rabelais. Belo Horizonte, 2003. Disponível em http://run.unl.pt/bitstream/10362/391/1/begnami_2003.pdf. Acesso em 19-11-2015.

BIANCARELLI, Aureliano. "O velho vocacional ensina de novo a aprender". Em *Folha de S.Paulo*, São Paulo, 23-7-2002. Disponível em http://www1. folha.uol.com.br/folha/sinapse/ult1063u20.shtml. Acesso em 19-11-2015.

BRASLAVSKY, Cecilia (org.). *A educação secundária: mudança ou imutabilidade?* Brasília: Unesco, 2002. Disponível em http://unesdoc.unesco.org/ images/0012/001271/127146por.pdf. Acesso em 19-11-2015.

BRITTO, Tatiana Feitosa de. *O que é que a Finlândia tem? Notas sobre um sistema educacional de alto desempenho.* Brasília: Senado Federal, 2013. Disponível em http://www12.senado.gov.br/publicacoes/ estudos-legislativos/tipos-de-estudos/textos-para-discussao/

td-129-2018o-que-e-que-a-finlandia-tem-2019-notas-sobre-um--sistema-educacional-de-alto-desempenho. Acesso em 19-11-2015.

BRUNO, Inês Duarte. *Os critérios de avaliação para o desenvolvimento da autorregulação das aprendizagens: um estudo com alunos do ensino secundário no âmbito da disciplina de física e química*. Tese de doutorado. Lisboa: Universidade de Lisboa, 2013. Disponível em http://repositorio.ul.pt/handle/10451/9765. Acesso em 19-11-2015.

CAILLODS, Françoise & HUTCHINSON, Francis. "Aumentar a participação na educação secundária na América Latina? Diversificação e equidade". Em BRASLAVSKY, Cecilia (org.). *A educação secundária: mudança ou imutabilidade?* Brasília: Unesco, 2002.

CASTRO, Amélia Domingues de et al. *Didática da escola média: teoria e prática*. São Paulo: Edibell, 1970.

CATALANO, Ana María; COLS, Susana Avolio de; SLADOGNA, Mónica G. *Diseño curricular basado en normas de competencia laboral: conceptos y orientaciones metodológicas*. Buenos Aires: Banco Interamericano de Desarrollo, 2004. Disponível em http://www.oitcinterfor.org/sites/default/files/file_publicacion/dis_curr.pdf. Acesso em 19-11-2015.

CENTRO Internacional da Unesco para Educação Profissional e Treinamento. "Vocational Education: the come-back?". Em *Education Today*, nº 13, abr.-jun. de 2005. Bonn: Unesco-Unevoc, 2005. Disponível em http://www.unevoc.unesco.org/fileadmin/user_upload/pubs/VocEdSpecial_en.pdf. Acesso em 19-11-2015.

CENTRO PAULA SOUZA. *Cursos técnicos*. São Paulo: CPS, s/d. Disponível em http://www.centropaulasouza.sp.gov.br/cursos/etec/. Acesso em 19-11-2015.

_____. *Observatório escolar*. Disponível em http://www.centropaulasouza.sp.gov.br/publicacoes/observatorio-escolar/. Acesso em 19-11-2015.

_____. *Plano de curso da habilitação profissional técnica de nível médio de técnico em agropecuária integrado ao ensino médio na modalidade alternância*. Mimeo. São Paulo: Centro Paula Souza, 2011.

_____/ETEC ARMANDO PANNUNZIO. *Quem somos*. Disponível em http://www.etecarmandopannunzio.com.br/quem-somos/. Acesso em 19-11-2015.

CHIOZZINI, Daniel Ferraz. *Os ginásios vocacionais: a (des)construção de uma experiência educacional transformadora (1961-1969)*. Dissertação de mestrado. Campinas: Unicamp, 2003. Disponível em http://www.bibliotecadigital.unicamp.br/document/?code=vtls000296004&fd=y. Acesso em 19-11-2015.

COLATTO, Larisa. "Pedagogia da alternância: Escola Família Agrícola". Em *Castelo Branco Científica*, ano II, nº 3, jan.-jun. de 2013. Disponível em http://castelobrancocientifica.com.br/img.content/artigos/artigo74.pdf. Acesso em 19-11-2015.

CONSELHO ESTADUAL DE EDUCAÇÃO DO RIO DE JANEIRO. *Deliberação CEE nº 344, de 22 de julho de 2014. Define diretrizes operacionais para a organização curricular do ensino médio na rede pública de ensino do Estado do Rio de Janeiro.* Rio de Janeiro: CEE/RJ, 2014. Disponível em http://www.cee.rj.gov.br/coletanea/d344.pdf. Acesso em 19-11-2015.

CORDEIRO, Georgina Negrão Kalife. *A relação teoria-prática do curso de formação de professores do campo na UFPA.* Tese de doutorado. Natal: Universidade Federal do Rio Grande do Norte, 2009. Citada em COSTA, Eliane Miranda & MONTEIRO, Albêne Lis. "A pedagogia da alternância na licenciatura em educação do campo em Portel (PA)". Em *Comunicações*, ano 21, nº 2, jul.- dez. de 2014.

_____; REIS, Neila da Silva; HAGE, Salomão Mufarrej. "Pedagogia da alternância e seus desafios para assegurar a formação humana dos sujeitos e a sustentabilidade do campo". Em *Em Aberto*, 24 (85), Brasília, abril de 2011. Disponível em http://emaberto.inep.gov.br/index.php/emaberto/article/viewFile/2571/1755. Acesso em 19-11-2015.

CORTESÃO, Luísa. "Projeto, interface de expectativa e intervenção". Em LEITE, Elvira; MALPIQUE, Manuela; SANTOS, Milice Ribeiro. *Trabalho de projeto*. Porto: Afrontamento, 1993.

CORTI, Ana Paula & SOUZA, Raquel. *Que ensino médio queremos? Pesquisa quantitativa e grupos de diálogo sobre ensino médio – Relatório final.* São Paulo: Ação Educativa, 2009. Disponível em http://www.acaoeducativa.org.br/index.php/component/content/article/1419. Acesso em 19-11-2015.

COSTA, Cynthia. "Coreia do Sul, campeã em educação". Em *Educar para crescer*. São Paulo, 4-12-2013. Disponível em http://educarparacrescer.abril.com.br/indicadores/coreia-do-sul-pisa-762270.shtml. Acesso em 19-11-2015.

COSTA, Eliane Miranda & MONTEIRO, Albêne Lis. "A pedagogia da alternância na licenciatura em educação do campo em Portel (PA)". Em *Comunicações*, ano 21, nº 2, jul.-dez. de 2014. Disponível em https://www.metodista.br/revistas/revistas-unimep/index.php/comunicacao/article/viewFile/2040/1325. Acesso em 19-11-2015.

DAYRELL, Juarez; CARRANO, Paulo; MAIA, Carla Linhares (orgs.). *Juventude e ensino médio: sujeitos e currículos em diálogo*. Belo Horizonte: UFMG, 2014. Disponível em http://educacaointegral.org.br/wp-content/uploads/2015/01/livro-completo_juventude-e-ensino-medio_2014.pdf. Acesso em 19-11-2015.

REFERÊNCIAS

DECRETO ESTADUAL nº 58.385, de 13 de setembro de 2012. *Aprova o regimento do Centro Estadual de Educação Tecnológica "Paula Souza" – CEETEPS*. São Paulo, 2012. Disponível em http://www.centropaulasouza.sp.gov. br/quem-somos/departamentos/cgd/legislacao/58-385-2012-decreto-estadual-aprova-o-regimento-do-ceeteps-atualizado-em-14-09-2012.pdf. Acesso em 19-11-2015.

DECRETO FEDERAL nº 2.208, de 17 de abril de 1997. *Regulamenta o § 2º do art. 36 e os arts. 39 a 42 da Lei nº 9.394, de 20 de dezembro de 1996, que estabelece as diretrizes e bases da educação nacional.* Brasília, 1997. Disponível em http://www.planalto.gov.br/ccivil_03/decreto/D2208.htm. Acesso em 19-11-2015.

DECRETO FEDERAL nº 5.154, de 23 de julho de 2004. *Regulamenta o § 2º do art. 36 e os arts. 39 a 41 da Lei nº 9.394, de 20 de dezembro de 1996, que estabelece as diretrizes e bases da educação nacional, e dá outras providências.* Brasília, 2004. Disponível em http://www.planalto.gov.br/ccivil_03/_ato2004-2006/2004/decreto/d5154.htm. Acesso em 19-11-2015.

DECRETO FEDERAL nº 5.840, de 13 de julho de 2006. *Institui, no âmbito federal, o Programa Nacional de Integração da Educação Profissional com a Educação Básica na Modalidade de Educação de Jovens e Adultos – Proeja, e dá outras providências.* Brasília, 2006. Disponível em http://www.planalto.gov.br/ccivil_03/_ato2004-2006/2006/Decreto/D5840.htm. Acesso em 19-11-2015.

DECRETO FEDERAL nº 6.629, de 4 de novembro de 2008. *Regulamenta o Programa Nacional de Inclusão de Jovens – Projovem, instituído pela Lei nº 11.129, de 30 de junho de 2005, e regido pela Lei nº 11.692, de 10 de junho de 2008, e dá outras providências.* Brasília, 2008. Disponível em http://www.planalto.gov.br/ccivil_03/_Ato2007-2010/2008/Decreto/D6629.htm. Acesso em 19-11-2015.

DELORS, Jacques et al. *Educação: um tesouro a descobrir. Relatório para a Unesco da Comissão Internacional sobre Educação para o Século XXI – Destaques.* Tradução do material original publicado em 1996. Brasília: Unesco/Faber-Castell, 2010. Disponível em http://unesdoc.unesco.org/images/0010/001095/109590por.pdf. Acesso em 19-11-2015.

DEPRESBITERIS, Léa & TAVARES, Marialva Rossi. *Diversificar é preciso... Instrumentos e técnicas de avaliação de aprendizagem.* São Paulo: Editora Senac São Paulo, 2009.

EQUIPE DE EDUCADORES DOS GINÁSIOS VOCACIONAIS DO ESTADO DE SÃO PAULO/SERVIÇO DE ENSINO VOCACIONAL. *Planos pedagógicos e administrativos dos ginásios vocacionais do estado de São Paulo.* Mimeo. São Paulo: SEV, 1968.

ESCOLA DA PONTE. *Fazer a ponte: projeto educativo*. São Tomé de Negrelos (Portugal), 2003. Disponível em http://tandis.odihr.pl/documents/hre-compendium/en/CD%20SEC%202%20ENV/Make%20the%20bridge/Make%20the%20Bridge%20Portugal%20Attach%201%20PORT.pdf. Acesso em 12-2-2016.

ESTEVES, Luiz Carlos Gil; NUNES, Maria Fernanda Rezende; FARAH NETO, Miguel. *Estar no papel: cartas dos jovens do ensino médio*. Brasília: Unesco/MEC, 2005. Disponível em http://unesdoc.unesco.org/images/0013/001398/139885por.pdf. Acesso em 19-11-2015.

FERRETTI, Celso João. "Problemas institucionais e pedagógicos na implantação da reforma curricular da educação profissional técnica de nível médio no IFSP". Em *Educação & Sociedade*, 32 (116), jul.-set. de 2011. Disponível em http://www.scielo.br/scielo.php?pid=S0101-73302011000300010&script=sci_arttext. Acesso em 19-11-2015.

_____. et al. (orgs.). *Novas tecnologias, trabalho e educação: um debate multidisciplinar*. Petrópolis: Vozes, 1994.

FIGARI, Pedro. *Plan general de organización de enseñanza industrial. Educación y Arte*, 1917. Montevidéu: Ministerio de Relaciones Exteriores/CETP, 2007.

FINNISH NATIONAL BOARD OF EDUCATION. *National Core Curriculum for Upper Secondary Schools – 2003*. Vammala: Finnish National Board of Education, 2004. Disponível em http://www.oph.fi/download/47678_core_curricula_upper_secondary_education.pdf. Acesso em 19-11-2015.

FOUCAULT, Michel. *A ordem do discurso*. São Paulo: Loyola, 2005.

FRANCELIN, Marivalde Moacir. "A epistemologia da complexidade e a ciência da informação". Em *Ci. Inf.*, 32 (2), Brasília, mai.-ago. de 2003. Disponível em http://www.scielo.br/pdf/ci/v32n2/17034.pdf. Acesso em 19-11-2015.

FREIRE, Paulo. *Pedagogia do oprimido*. 59ª ed. rev. atual. Rio de Janeiro: Paz e Terra, 2015.

FRIGOTTO, Gaudêncio. "Projeto societário, ensino médio integrado e educação profissional: o paradoxo da falta e sobra de jovens qualificados". Em SECRETARIA DE ESTADO DA EDUCAÇÃO/SUPERINTENDÊNCIA DA EDUCAÇÃO/DEPARTAMENTO DE EDUCAÇÃO PROFISSIONAL. *O ensino médio integrado à educação profissional: concepções e construções a partir da implantação na rede pública estadual do Paraná*. Curitiba: SEED, 2008.

_____. "Trabalho". Em *Dicionário da educação profissional em saúde*. Rio de Janeiro: Fiocruz/EPSJV, s/d. Disponível em http://www.epsjv.fiocruz.br/dicionario/verbetes/tra.html. Acesso em 19-11-2015.

REFERÊNCIAS

_____. "Trabalho como princípio educativo: por uma superação das ambiguidades". Em *Boletim Técnico do Senac*, 11 (3), set.-dez. de 1985.

_____; CIAVATTA, Maria; RAMOS, Marise (orgs.). *Ensino médio integrado: concepção e contradições*. São Paulo: Cortez, 2005.

FUNDAÇÃO OSWALDO CRUZ/ESCOLA POLITÉCNICA DE SAÚDE JOAQUIM VENÂNCIO. *Apresentação*. Rio de Janeiro: Fiocruz/EPSJV, s/d. Disponível em http://www.epsjv.fiocruz.br/index.php?Area=Apresentacao. Acesso em 19-11-2015.

_____. *IEP – Portfolio*. Rio de Janeiro: Fiocruz/EPSJV, s/d. Disponível em http://www.epsjv.fiocruz.br/index.php?Area=PaginaAvulsa&Num=26. Acesso em 19-11-2015.

_____. *Iniciação à educação politécnica em saúde – IEP*. Rio de Janeiro: Fiocruz/EPSJV, s/d. Disponível em http://www.epsjv.fiocruz.br/index.php?Area=IEP&Num=84. Acesso em 19-11-2015.

_____. *Programa de Formação de Agentes Locais de Vigilância em Saúde – Proformar*. Rio de Janeiro: Fiocruz/EPSJV, s/d. Disponível em http://www.epsjv.fiocruz.br/proformar/trab_campo.htm. Acesso em 19-11-2015.

_____. *Projeto político pedagógico*. Rio de Janeiro: Fiocruz/EPSJV, 2005. Disponível em http://www.epsjv.fiocruz.br/upload/PesqProjetoDoc/projeto_politico_pedagogico.pdf. Acesso em 19-11-2015.

_____. *Projeto Trabalho, Ciência e Cultura*. Rio de Janeiro: Fiocruz/EPSJV, s/d. Disponível em http://www.epsjv.fiocruz.br/index.php?Area=PTCC&Num=51. Acesso em 19-11-2015.

_____. *Regulamento da educação profissional técnica de nível médio*. Rio de Janeiro: Fiocruz/EPSJV, s/d. Disponível em http://www.epsjv.fiocruz.br/index.php?Area=RegEduProf&Destaques=1. Acesso em 19-11-2015.

GARCIA, Sandra Regina de Oliveira & KUENZER, Acácia Zeneida. "Os fundamentos políticos e pedagógicos que norteiam a implantação da educação profissional integrada ao ensino médio". Em SECRETARIA DE ESTADO DA EDUCAÇÃO/SUPERINTENDÊNCIA DA EDUCAÇÃO/DEPARTAMENTO DE EDUCAÇÃO PROFISSIONAL. *O ensino médio integrado à educação profissional: concepções e construções a partir da implantação na rede pública estadual do Paraná*. Curitiba: SEED, 2008.

GASPARIN, João Luiz. *Uma didática para a pedagogia histórico-crítica*. 5ª ed. Campinas: Autores Associados, 2012.

GATTI, Bernardete Angelina & BARRETO, Elba Siqueira de Sá (orgs.). *Professores do Brasil: impasses e desafios*. Brasília: Unesco, 2009. Disponível em http://unesdoc.unesco.org/images/0018/001846/184682por.pdf. Acesso em 19-11-2015.

GNOATTO, Almir Antonio et al. *Pedagogia da alternância: uma proposta de educação e desenvolvimento no campo*. Em XLIV Congresso da Sociedade Brasileira de Economia e Sociologia Rural, Fortaleza, julho de 2006. Disponível em http://www.sober.org.br/palestra/5/941.pdf. Acesso em 19-11-2015.

GONÇALVES, Maria de Lourdes. *Avaliação das aprendizagens por competências: instrumentos e práticas*. Monografia. Cidade da Praia: Universidade Jean Piaget de Cabo Verde, 2008. Disponível em http://bdigital.unipiaget. cv:8080/jspui/bitstream/10964/106/1/M%c2%aa%20de%20Lurdes%20 Goncalves.pdf. Acesso em 19-11-2015.

GRABOWSKI, Gabriel. "Ensino médio integrado à educação profissional". Em *Salto para o Futuro*, Boletim 7, Brasília, mai.-jun. de 2006. Disponível em http://portal.mec.gov.br/setec/arquivos/pdf2/boletim_ salto07.pdf. Acesso em 19-11-2015.

GRUPO DE TRABALHO MEC/SETEC. *Diretrizes curriculares nacionais para a educação profissional técnica de nível médio em debate*. Brasília: GT-MEC/Setec, 2010. Disponível em http://forumeja.org.br/sites/forumeja. org.br/files/dire_cur_pto_en_tec_debate.PDF. Acesso em 19-11-2015.

ILLICH, Ivan. *Sociedade sem escolas*. Petrópolis: Vozes, 1973.

INSTITUTO BRASILEIRO DE GEOGRAFIA E ESTATÍSTICA. *Pesquisa Nacional por Amostra de Domicílios: síntese de indicadores 2006 – Comentários*. Rio de Janeiro: IBGE, 2007. Disponível em http://www.ibge. gov.br/home/estatistica/populacao/trabalhoerendimento/pnad2006/comentarios2006.pdf. Acesso em 19-11-2015.

_____. *Pesquisa Nacional por Amostra de Domicílios: síntese de indicadores 2012*. Rio de Janeiro: IBGE, 2013. Disponível em http://biblioteca.ibge.gov. br/visualizacao/livros/liv65857.pdf. Acesso em 19-11-2015.

INSTITUTO FEDERAL DE SANTA CATARINA. Campus Florianópolis--Continente. *Plano de curso técnico em panificação e confeitaria integrado ao ensino médio na modalidade EJA*. Florianópolis: IFSC, 2011a.

_____. *Ofertas de ingresso em cursos Proeja no IFSC*. Florianópolis: IFSC, s/d. Disponível em http://www.ifsc.edu.br/ofertas-de-ingresso. Acesso em 19-11-2015.

_____. *Plano de desenvolvimento institucional 2009-2013*. Florianópolis: IFSC, 2011b. Disponível em http://www.ifsc.edu.br/images/institucional_ documentos/plano_desenvolvimento_institucional_ifsc.pdf. Acesso em 19-11-2015.

_____. *Regulamento didático-pedagógico (RDP-IFSC)*. Florianópolis: IFSC, 2014a. Disponível em http://www.ifsc.edu.br/images/ensino/pdf/ RDP_consulta_mar_2014.pdf. Acesso em 19-11-2015.

REFERÊNCIAS

_____. *Relatório de gestão do exercício de 2013*. Florianópolis: IFSC, 2014b. Disponível em https://intranet.ifsc.edu.br/images/file/Publicacoes/2013/RG_2013-IFSC_31_03_14_V2.pdf. Acesso em 19-11-2015.

INSTITUTO NACIONAL DE ESTUDOS E PESQUISAS EDUCACIONAIS ANÍSIO TEIXEIRA. *Censo escolar: sinopse estatística da educação básica – 2013*. Brasília: Inep, 2014. Disponível em http://portal.inep.gov.br/basica--censo-escolar-sinopse-sinopse. Acesso em 19-11-2015.

_____. *Enem – Exame Nacional do Ensino Médio: fundamentação teórico-metodológica*. Brasília: Inep, 2005. Disponível em http://www.publicacoes.inep.gov.br/portal/download/407. Acesso em 19-11-2015.

KETELE, Jean Marie de. "Caminhos para a avaliação de competências". Em *Revista Portuguesa de Pedagogia*, ano 40-3, 2006.

KONDER, Leandro. "A visão do trabalho e do trabalhador na prática da educação". Em FREITAS, Wilma Bulhões A. & KÜLLER, José Antonio (orgs.). *A construção da proposta pedagógica do Senac Rio*. Rio de Janeiro: Editora Senac Rio, 2000.

KOREA INSTITUTE FOR CURRICULUM AND EVALUATION (KICE). *Site institucional*. Disponível em http://www.kice.re.kr/main.do?s=english. Acesso em 19-11-2015.

KOTHER, Maria Beatriz Medeiros *et al. Arquitetura & urbanismo: posturas, tendências e reflexões*. Porto Alegre: EDIPUCRS, 2006.

KUENZER, Acácia Zeneida. *A pedagogia da fábrica: as relações de produção e a educação do trabalhador*. 6ª ed. São Paulo: Cortez, 2002.

KÜLLER, José Antonio. *Cenário nacional e internacional de desenvolvimento e avaliação de competências*. Brasília: CNE, 2013.

_____. "Protótipos curriculares de ensino médio e de ensino médio integrado". Em *Boletim Técnico do Senac*, 37 (3), Rio de Janeiro, set.-dez. de 2011(a). Disponível em http://www.senac.br/BTS/373/artigo5.pdf. Acesso em 19-11-2015.

_____. *Protótipos curriculares de ensino médio e ensino médio integrado: resumo executivo*. Série Debates ED, nº 1. Brasília: Unesco, maio de 2011(b). Disponível em http://unesdoc.unesco.org/images/0019/001922/192271POR.pdf. Acesso em 19-11-2015.

_____. *Ritos de passagem: gerenciando pessoas para a qualidade*. São Paulo: Senac, 1996.

_____ & MORAES, Francisco de. "Experiências nacionais e internacionais de currículo integrado de ensino médio". Em REGATTIERI, Marilza & CASTRO, Jane Margareth (orgs.). *Currículo integrado para o ensino médio: das normas à prática transformadora*. Brasília: Unesco, 2013.

_____ & RODRIGO, Natália de Fátima. *Metodologia de desenvolvimento de competências*. Rio de Janeiro: Senac Nacional, 2013.

LEI ESTADUAL nº 6.052, de 3 de fevereiro de 1961. *Dispõe sobre o sistema estadual de ensino industrial e de ensino de economia doméstica e de artes aplicadas, e dá outras providências*. São Paulo, 1961. Disponível em http://www.jusbrasil.com.br/legislacao/224514/lei-6052-61-sao-paulo-sp. Acesso em 19-11-2015.

LEI FEDERAL nº 5.692, de 11 de agosto de 1971. *Fixa diretrizes e bases para o ensino de 1º e 2º graus, e dá outras providências*. Brasília, 1971. Disponível em http://www.planalto.gov.br/CCIVIL_03/leis/L5692.htm. Acesso em 19-11-2015.

LEI FEDERAL nº 9.394, de 20 de dezembro de 1996 (LDBEN). *Estabelece as diretrizes e bases da educação nacional*. Disponível em http://www.planalto.gov.br/ccivil_03/Leis/L9394.htm. Acesso em 19-11-2015.

LEI FEDERAL nº 11.738, de 16 de julho de 2008. *Regulamenta a alínea "e" do inciso III do caput do art. 60 do Ato das Disposições Constitucionais Transitórias, para instituir o piso salarial profissional nacional para os profissionais do magistério público da educação básica*. Brasília, 2008. Disponível em http://www.planalto.gov.br/ccivil_03/_ato2007-2010/2008/lei/l11738.htm. Acesso em 19-11-2015.

LEI FEDERAL nº 11.741, de 16 de julho de 2008. *Altera dispositivos da Lei nº 9.394, de 20 de dezembro de 1996, que estabelece as diretrizes e bases da educação nacional, para redimensionar, institucionalizar e integrar as ações da educação profissional técnica de nível médio, da educação de jovens e adultos e da educação profissional e tecnológica*. Brasília, 2008. Disponível em http://www.planalto.gov.br/ccivil_03/_Ato2007-2010/2008/Lei/L11741.htm. Acesso em 19-11-2015.

LEI FEDERAL nº 11.892, de 29 de dezembro de 2008. *Institui a Rede Federal de Educação Profissional, Científica e Tecnológica, cria os Institutos Federais de Educação, Ciência e Tecnologia, e dá outras providências*. Disponível em http://www.planalto.gov.br/ccivil_03/_ato2007-2010/2008/lei/l11892.htm. Acesso em 19-11-2015.

LEI FEDERAL nº 13.005, de 25 de junho de 2014. *Aprova o Plano Nacional de Educação – PNE e dá outras providências*. Disponível em http://www.planalto.gov.br/CCIVIL_03/_Ato2011-2014/2014/Lei/L13005.htm. Acesso em 19-11-2015.

LOPES, Dirceu Fernando. *Jornal-laboratório: do exercício escolar ao compromisso com o público leitor*. São Paulo: Summus, 1989.

MACEDO, Lino de. "Competências e habilidades: elementos para uma reflexão pedagógica". Em INSTITUTO NACIONAL DE ESTUDOS E

REFERÊNCIAS

PESQUISAS EDUCACIONAIS ANÍSIO TEIXEIRA. *Enem – Exame Nacional do Ensino Médio: fundamentação teórico-metodológica*. Brasília: Inep, 2005.

MACHADO, Lucília Regina de Souza. "Organização da educação profissional e tecnológica por eixos tecnológicos". Em *Linhas Críticas*, 16 (30), Brasília, jan.-jun. de 2010. Disponível em http://periodicos.unb.br/index.php/linhascriticas/article/viewFile/1458/1090. Acesso em 19-11-2015.

MACHADO, Nilson José. *Educação: projeto e valores*. São Paulo: Escrituras, 2004.

_____. "Interdisciplinaridade e contextuação". Em INSTITUTO NACIONAL DE ESTUDOS E PESQUISAS EDUCACIONAIS ANÍSIO TEIXEIRA. *Enem – Exame Nacional do Ensino Médio: fundamentação teórico-metodológica*. Brasília: Inep, 2005.

MANACORDA, Mario Alighiero. *Marx e a pedagogia moderna*. 2ª ed. Campinas: Alínea, 2010.

MARQUES, Sandra Machado Lunardi. *Contribuição ao estudo dos Ginásios Vocacionais do Estado de São Paulo: o Ginásio Vocacional "Chanceler Raul Fernandes" de Rio Claro*. Dissertação de mestrado. São Paulo: Pontifícia Universidade Católica, 1985.

_____. "Os ginásios vocacionais do Estado de São Paulo e sua relação com o conhecimento". Em *Formação de professores e escola na contemporaneidade*. São Paulo: Editora Senac São Paulo, 2009.

MARX, Karl. *O capital*. São Paulo: Nova Cultural, 1988.

MASCELLANI, Maria Nilde. *Uma pedagogia para o trabalhador: o ensino vocacional como base para uma proposta pedagógica de capacitação profissional de trabalhadores desempregados (Programa Integrar CNM/CUT)*. Tese de doutorado. São Paulo: Universidade de São Paulo, 1999.

MINISTÉRIO DA EDUCAÇÃO. *Documento básico do Enem – 2002*. Brasília: MEC, 2002. Disponível em http://www.publicacoes.inep.gov.br/portal/download/265. Acesso em 19-11-2015.

MINISTÉRIO DA EDUCAÇÃO/CONSELHO NACIONAL DE EDUCAÇÃO/CÂMARA DE EDUCAÇÃO BÁSICA. *Atualização das diretrizes curriculares nacionais para a educação profissional técnica de nível médio – Versão preliminar para debates*. Brasília: MEC/CNE/CEB, 2010. Disponível em http://forumeja.org.br/sites/forumeja.org.br/files/versaopreliminaraudipublinaciona.pdf. Acesso em 19-11-2015.

_____. *Parecer CNE/CEB nº 1/2006. Dias letivos para a aplicação da pedagogia de alternância nos Centros Familiares de Formação por Alternância (CEFFA)*. Brasília: MEC/CNE/CEB, 2006. Disponível em http://portal.mec.gov.br/cne/arquivos/pdf/pceb001_06.pdf. Acesso em 19-11-2015.

_____. *Parecer CNE/CEB nº 11/2008. Proposta de instituição do Catálogo Nacional de Cursos Técnicos de Nível Médio*. Brasília: MEC/CNE/CEB, 2008. Disponível em http://portal.mec.gov.br/setec/arquivos/pdf/pceb011_08.pdf. Acesso em 19-11-2015.

_____. *Parecer CNE/CEB nº 11/2012. Diretrizes curriculares nacionais para a educação profissional técnica de nível médio*. Brasília: MEC/CNE/CEB, 2012. Disponível em http://portal.mec.gov.br/index.php?option=com_docman&task=doc_download&gid=10804&Itemid=. Acesso em 19-11-2015.

_____. *Parecer CNE/CEB nº 15/1998. Diretrizes curriculares nacionais para o ensino médio*. Brasília: MEC/CNE/CEB, 1998. Disponível em http://portal.mec.gov.br/seb/arquivos/pdf/Par1598.pdf. Acesso em 19-11-2015.

_____. *Parecer CNE/CEB nº 5/2011. Diretrizes curriculares nacionais para o ensino médio*. Brasília: MEC/CNE/CEB, 2011. Disponível em http://portal.mec.gov.br/index.php?option=com_docman&task=doc_download&gid=8016&Itemid. Acesso em 19-11-2015.

_____. *Parecer CNE/CEB nº 7/2010. Diretrizes curriculares nacionais gerais para a educação básica*. Brasília: MEC/CNE/CEB, 2010. Disponível em http://portal.mec.gov.br/index.php?option=com_docman&view=download&alias=5367-pceb007-10&category_slug=maio-2010-pdf&Itemid=30192. Acesso em 19-11-2015.

_____. *Parecer CNE/CEB nº 9/2009. Revisão da Resolução CNE/CEB nº 3/97, que fixa diretrizes para os novos planos de carreira e de remuneração para o magistério dos Estados, do Distrito Federal e dos Municípios*. Brasília: MEC/CNE/CEB, 2009. Disponível em http://portal.mec.gov.br/dmdocuments/pceb009_09.pdf. Acesso em 19-11-2015.

_____. *Resolução CNE/CEB nº 1, de 3 de fevereiro de 2005. Atualiza as diretrizes curriculares nacionais definidas pelo Conselho Nacional de Educação para o ensino médio e para a educação profissional técnica de nível médio às disposições do Decreto nº 5.154/2004*. Brasília: MEC/CNE/CEB, 2005. Disponível em http://portal.mec.gov.br/setec/arquivos/pdf_legislacao/rede/legisla_rede_resol1.pdf. Acesso em 19-11-2015.

_____. *Resolução CNE/CEB nº 2, de 28 de maio de 2009. Fixa as diretrizes nacionais para os planos de carreira e remuneração dos profissionais do magistério da educação básica pública*. Brasília: MEC/CNE/CEB, 2009. Disponível em http://portal.mec.gov.br/dmdocuments/resolucao_cne_ceb002_2009.pdf. Acesso em 19-11-2015.

_____. *Resolução CNE/CEB nº 2, de 30 de janeiro de 2012. Define diretrizes curriculares nacionais para o ensino médio*. Brasília: MEC/CNE/CEB, 2012. Disponível em http://portal.mec.gov.br/index.php?option=com_docman&task=doc_download&gid=9864&Itemid. Acesso em 19-11-2015.

REFERÊNCIAS

_____. *Resolução CNE/CEB nº 3, de 26 de junho de 1998*. Institui as diretrizes curriculares nacionais para o ensino médio. Brasília: MEC/CNE/CEB, 1998. Disponível em http://portal.mec.gov.br/cne/arquivos/pdf/rceb03_98.pdf. Acesso em 19-11-2015.

_____. *Resolução CNE/CEB nº 4, de 13 de julho de 2010*. Define diretrizes curriculares nacionais gerais para a educação básica. Brasília: MEC/CNE/CEB, 2010. Disponível em http://portal.mec.gov.br/dmdocuments/rceb004_10.pdf. Acesso 19-11-2015.

_____. *Resolução CNE/CEB nº 4, de 8 de dezembro de 1999*. Institui as diretrizes curriculares nacionais para a educação profissional de nível técnico. Brasília: MEC/CNE/CEB, 1999. Disponível em http://portal.mec.gov.br/setec/arquivos/pdf_legislacao/rede/legisla_rede_resol0499.pdf. Acesso em 19-11-2015.

_____. *Resolução CNE/CEB nº 6, de 20 de setembro de 2012*. Define diretrizes curriculares nacionais para a educação profissional técnica de nível médio. Brasília: MEC/CNE/CEB, 2012. Disponível em http://portal.mec.gov.br/index.php?option=com_docman&task=doc_download&gid=11663&Itemid=. Acesso em 19-11-2015.

_____. *Resolução CNE/CEB nº 7, de 14 de dezembro de 2010*. Fixa as diretrizes curriculares nacionais gerais para o ensino fundamental de 9 (nove) anos. Brasília: MEC/CNE/CEB, 2010. Disponível em http://portal.mec.gov.br/dmdocuments/rceb007_10.pdf. Acesso em 19-11-2015.

MINISTÉRIO DA EDUCAÇÃO/CONSELHO NACIONAL DE EDUCAÇÃO/CONSELHO PLENO. *Parecer CNE/CP nº 11/2009, de 30 de junho de 2009*. Proposta de experiência curricular inovadora do Ensino Médio. Brasília: MEC/CNE/CP, 2009. Disponível em http://pactoensinomedio.mec.gov.br/images/pdf/parecer_11_30062009.pdf. Acesso em 19-11-2015.

_____. *Parecer CNE/CP nº 9/2001, de 8 de maio de 2001*. Diretrizes curriculares nacionais para a formação de professores da educação básica, em nível superior, curso de licenciatura, de graduação plena. Brasília: MEC/CNE/CP, 2001. Disponível em http://portal.mec.gov.br/cne/arquivos/pdf/009.pdf. Acesso em 19-11-2015.

_____. *Resolução CNE/CP nº 3, de 18 de dezembro de 2002*. Institui as diretrizes curriculares nacionais gerais para a organização e o funcionamento dos cursos superiores de tecnologia. Brasília: MEC/CNE/CP, 2002. Disponível em http://portal.mec.gov.br/cne/arquivos/pdf/CP032002.pdf. Acesso em 19-11-2015.

MINISTÉRIO DA EDUCAÇÃO/INSTITUTO NACIONAL DE ESTUDOS E PESQUISAS EDUCACIONAIS ANÍSIO TEIXEIRA. *Matriz de referência para o Enem 2009*. Brasília: MEC/Inep, 2009. Disponível em http://portal.mec.gov.br/index.php?option=com_docman&task=doc_download&gid=841&Itemid=. Acesso em 19-11-2015.

MINISTÉRIO DA EDUCAÇÃO/SECRETARIA DE ARTICULAÇÃO COM OS SISTEMAS DE ENSINO. *Planejando a próxima década: conhecendo as 20 metas do Plano Nacional de Educação.* Brasília: MEC/Sase, 2014. Disponível em http://pne.mec.gov.br/images/pdf/pne_conhecendo_20_metas.pdf. Acesso em 19-11-2015.

MINISTÉRIO DA EDUCAÇÃO/SECRETARIA DE ASSUNTOS ESTRATÉGICOS DA PRESIDÊNCIA DA REPÚBLICA. *Reestruturação e expansão do ensino médio no Brasil.* Brasília: MEC/SAE, 2008. Disponível em http://portal.mec.gov.br/seb/arquivos/pdf/2008/interministerialresumo2.pdf. Acesso em 19-11-2015.

MINISTÉRIO DA EDUCAÇÃO/SECRETARIA DE EDUCAÇÃO BÁSICA. *Indagações sobre currículo: currículo, conhecimento e cultura.* Brasília: MEC, 2007. Disponível em http://portal.mec.gov.br/seb/arquivos/pdf/Ensfund/indag3.pdf. Acesso em 19-11-2015.

_____. *Subsídios para diretrizes curriculares nacionais específicas da educação básica.* Brasília: MEC/SEB, 2009. Disponível em http://portal.mec.gov.br/dmdocuments/subsidios_dcn.pdf. Acesso em 19-11-2015.

MINISTÉRIO DA EDUCAÇÃO/SECRETARIA DE EDUCAÇÃO BÁSICA/INSTITUTO NACIONAL DE ESTUDOS E PESQUISAS EDUCACIONAIS ANÍSIO TEIXEIRA. *PDE: Plano de Desenvolvimento da Educação – 2009.* Brasília: MEC/SEB/Inep, 2008. Disponível em http://portal.mec.gov.br/index.php?option=com_docman&view=download&alias=7618-saeb-matriz-pdf&Itemid=30192. Acesso em 19-11-2015.

MINISTÉRIO DA EDUCAÇÃO/SECRETARIA DE EDUCAÇÃO PROFISSIONAL E TECNOLÓGICA. *Educação profissional técnica de nível médio integrada ao ensino médio – Documento base.* Brasília: MEC/Setec, 2007. Disponível em http://portal.mec.gov.br/setec/arquivos/pdf/documento_base.pdf. Acesso em 19-11-2015.

_____. *Políticas públicas para a educação profissional e tecnológica.* Brasília: MEC/Setec, 2004. Disponível em http://portal.mec.gov.br/setec/arquivos/pdf/p_publicas.pdf. Acesso em 19-11-2015.

_____. *Programa de integração da educação profissional técnica de nível médio ao ensino médio na modalidade de educação de jovens e adultos – Proeja. Documento base.* Brasília: MEC/Setec, 2006. Disponível em http://portal.mec.gov.br/arquivos/pdf/acs_proeja.pdf. Acesso em 19-11-2015.

MINISTERIO DE EDUCACIÓN NACIONAL. *Estadísticas del setor educativo.* Bogotá, 2010. Disponível em http://menweb.mineducacion.gov.co/seguimiento/estadisticas/. Acesso em 19-11-2015.

REFERÊNCIAS

_____. *Evaluación de competencias. Calendario 2014.* Bogotá, 2014. Disponível em http://www.mineducacion.gov.co/proyectos/1737/w3-article-309815.html. Acesso em 19-11-2015.

_____. *Fundamentaciones y orientaciones para la implementación del Decreto 1290 del 16 de abril de 2009 – Evaluación del aprendizaje y promoción de los estudiantes en los niveles de educación básica y media (Documento nº 11).* Bogotá, 2009. Disponível em http://www.mineducacion.gov.co/1621/articles-213769_archivo_pdf_evaluacion.pdf. Acesso em 19-11-2015.

_____. *Plan Decenal de Educación 2006-2016.* Bogotá, 2009. Disponível em http://www.plandecenal.edu.co/html/1726/articles-166057_cartilla.pdf. Acesso em 19-11-2015.

MONTEIRO, Vera & FRAGOSO, Rodrigo. *Avaliação entre pares.* Em VIII Congresso Galaico-Português de Psicopedagogia. Braga, 2005. Disponível em http://www.educacion.udc.es/grupos/gipdae/documentos/congreso/viiicongreso/pdfs/100.pdf. Acesso em 19-11-2015.

MORAES, Francisco de. *Empresas-escola: educação para o trabalho versus educação pelo trabalho.* 2ª ed. São Paulo/Rio de Janeiro: Editora Senac São Paulo/Editora Senac Nacional, 2012.

MOREIRA, Antonio Flavio Barbosa & CANDAU, Vera Maria. "Currículo, conhecimento e cultura". Em MINISTÉRIO DA EDUCAÇÃO/SECRETARIA DE EDUCAÇÃO BÁSICA. *Indagações sobre currículo: currículo, conhecimento e cultura.* Brasília: MEC, 2007.

MOSÉ, Viviane. *A escola e os desafios contemporâneos.* Rio de Janeiro: Civilização Brasileira, 2013.

MOVIMENTO DE EDUCAÇÃO PROMOCIONAL DO ESPÍRITO SANTO. *Regimento comum das escolas família agrícola e escolas família turismo do Mepes,* 2008.

NASCIMENTO, Claudemiro Godoy do. *Escola Família Agrícola: uma resposta alternativa à educação do meio rural.* Disponível em http://www.geocities.ws/claugnas/efa.doc. Acesso em 19-11-2015.

NASCIMENTO, Elimar Pinheiro do; AMAZONAS, Mauricio; VILHENA, Andréa. "Sustentabilidade e interdisciplinaridade: inovações e desafios dos programas de pós-graduação em Ambiente e Sociedade. O caso do Centro de Desenvolvimento Sustentável da Universidade de Brasília". Em *RBPG,* 10 (21), Brasília, outubro de 2013. Disponível em http://ojs.rbpg.capes.gov.br/index.php/rbpg/article/view/417/348. Acesso em 19-11-2015.

ORGANIZAÇÃO DAS NAÇÕES UNIDAS PARA A EDUCAÇÃO, A CIÊNCIA E A CULTURA. *O perfil dos professores brasileiros: o que fazem, o que pensam, o que almejam...* Pesquisa Nacional Unesco. São Paulo:

Unesco/Moderna, 2004. Disponível em http://unesdoc.unesco.org/images/0013/001349/134925por.pdf. Acesso em 19-11-2015.

_____. *Reforma da educação secundária: rumo à convergência entre a aquisição de conhecimento e o desenvolvimento de habilidade*. Brasília: Unesco, 2008. Disponível em http://unesdoc.unesco.org/images/0014/001424/142463por.pdf. Acesso em 19-11-2015.

ORGANIZAÇÃO PARA A COOPERAÇÃO E DESENVOLVIMENTO ECONÔMICO. *Preparándose para trabajar*. Barcelona/Paris: Fundació BCN Formación Profesional/OCDE, 2011. Disponível em http://www.keepeek.com/Digital-Asset-Management/oecd/education/preparandose-para-trabajar_9789264118478-es#page6. Acesso em 12-2-2016.

_____. *Programme for International Student Assessment (PISA)*. Disponível em http://www.oecd.org/pisa/. Acesso em 19-11-2015.

ORTEGA, Elena Martín. "Os processos de mudança na educação secundária espanhola: balanço provisório". Em BRASLAVSKY, Cecilia (org.). *A educação secundária: mudança ou imutabilidade?* Brasília: Unesco, 2002.

PACHECO, Eliezer (org.). *Perspectivas da educação profissional técnica de nível médio: proposta de diretrizes curriculares nacionais*. São Paulo: Moderna, 2012.

PEREIRA, Juliana Guisardi & FRACOLLI, Lislaine Aparecida. "Articulação ensino-serviço e vigilância da saúde: a percepção de trabalhadores de saúde de um distrito escola". Em *Trabalho, Educação e Saúde*, 9 (1), Rio de Janeiro, mar.-jun. de 2011. Disponível em http://www.revista.epsjv.fiocruz.br/upload/revistas/r332.pdf. Acesso em 19-11-2015.

PISTRAK, Moisey Mikhaylovich. *Fundamentos da escola do trabalho*. São Paulo: Brasiliense, 1981.

PLANO NACIONAL DE EDUCAÇÃO – PNE. Brasília, 2014. Disponível em http://pne.mec.gov.br/. Acesso em 19-11-2015.

POLIDORO, Lurdes de Fátima & STIGAR, Robson. "A transposição didática: a passagem do saber científico para o saber escolar". Em *Ciberteologia – Revista de Teologia & Cultura*, ano VI, nº 27, São Paulo, 2009. Disponível em http://ciberteologia.paulinas.org.br/ciberteologia/wp-content/uploads/2009/12/02A-transposicao-didatica.pdf. Acesso em 19-11-2015.

PRADO, Adélia. *A duração do dia*. Rio de Janeiro: Record, 2010.

PRADO JÚNIOR, Caio. *Dialética do conhecimento*. São Paulo: Brasiliense, 1969.

PRESIDENT'S COMMISSION ON HIGHER EDUCATION. *Higher Education for American Democracy: a Report of the President's Commission on Higher Education*. U.S. Government Printing Office, 1947. Disponível

REFERÊNCIAS

em http://babel.hathitrust.org/cgi/pt?id=mdp.39015082042337;view=1up; seq=3. Acesso em 19-11-2015.

RAMOS, Marise. "Concepção do ensino médio integrado à educação profissional". Em SECRETARIA DE ESTADO DA EDUCAÇÃO/ SUPERINTENDÊNCIA DA EDUCAÇÃO/DEPARTAMENTO DE EDUCAÇÃO PROFISSIONAL. *O ensino médio integrado à educação profissional: concepções e construções a partir da implantação na rede pública estadual do Paraná*. Curitiba: SEED, 2008

REGATTIERI, Marilza & CASTRO, Jane Margareth (orgs.). *Currículo integrado para o ensino médio: das normas à prática transformadora*. Brasília: Unesco, 2013. Disponível em http://unesdoc.unesco.org/images/0022/002226/222630por.pdf. Acesso em 19-11-2015.

_____. *Ensino médio e educação profissional: desafios da integração*. Brasília: Unesco, 2009. Disponível em http://unesdoc.unesco.org/images/0019/001923/192356por.pdf. Acesso em 19-11-2015.

RIBAS JR., Fabio Barbosa. *Educação e protagonismo juvenil*. São Paulo: Prattein, 2004. Disponível em http://prattein.com.br/home/images/stories/230813/Juventude/Educao_Protagonismo.rtf.pdf. Acesso em 19-11-2015.

RIBEIRO, Marlene. "Pedagogia da alternância na educação rural/do campo: projetos em disputa". Em *Educação e Pesquisa*, 34 (1), São Paulo, jan.-abr. de 2008. Disponível em http://www.revistas.usp.br/ep/article/view/28073. Acesso em 19-11-2015.

RIBEIRO, Marcus Eduardo Maciel; RAMOS, Maurivan Güntzel; BREDA, Adriana. "O educar pela pesquisa como princípio pedagógico no Seminário Integrado do Ensino Politécnico". Em *Anais do IV Seminário Institucional do PIBID. Univates, II Simpósio Nacional sobre Docência na Educação Básica e I Congresso Internacional de Ensino e Aprendizagens: Cognição e Aprendizagem – Múltiplos Olhares*. Porto Alegre: Evangraf, 2014. Disponível em https://www.univates.br/editora-univates/media/publicacoes/77/pdf_77.pdf. Acesso em 19-11-2015.

RIPLEY, Amanda. *As crianças mais inteligentes do mundo e como elas chegaram lá*. São Paulo: Três Estrelas, 2014.

RODRIGUES, Cinthia & PAIVA, Thais. "Em busca de um novo modelo". Em *Revista Carta na Escola*, ed. 92, novembro de 2014. Disponível em http://www.cartaeducacao.com.br/reportagens/em-busca-de-um-novo-modelo/. Acesso em 12-2-2016.

RODRIGUES, José. "Educação politécnica". Em *Dicionário da educação profissional em saúde*. Rio de Janeiro: Fiocruz/EPSJV, s/d. Disponível em http://www.epsjv.fiocruz.br/dicionario/verbetes/edupol.html. Acesso em 19-11-2015.

ROSE, Mike. *O saber no trabalho: valorização da inteligência do trabalhador.* São Paulo: Editora Senac São Paulo, 2007.

ROVAI, Esméria (org.). *Ensino vocacional: uma pedagogia atual.* São Paulo: Cortez, 2005.

SALDANHA, Gustavo Silva. "A complexidade e o conhecimento nos séculos XIII e XX: uma reflexão epistemológica". Em BORGES, Maria Manuel & CASADO, Elias Sanz (orgs.). *Ciência da informação criadora de conhecimento.* Vol. 1. Coimbra: Imprensa da Universidade de Coimbra, 2009. Disponível em https://www.academia.edu/210288/A_Ci%C3%AAncia_da_Informa%C3%A7%C3%A3o_criadora_de_conhecimento. Acesso em 19-11-2015.

SANTOMÉ, Jurjo Torres. *Globalização e interdisciplinaridade: o currículo integrado.* Porto Alegre: Artes Médicas, 1998.

SAVIANI, Dermeval. *Escola e democracia.* 32ª ed. Coleção Polêmicas do Nosso Tempo. Vol. 5. Campinas: Autores Associados, 1999.

_____. "O trabalho como princípio educativo frente às novas tecnologias". Em FERRETTI, Celso João *et al.* (orgs.). *Novas tecnologias, trabalho e educação: um debate multidisciplinar.* Petrópolis: Vozes, 1994.

_____. *Pedagogia histórico-crítica: primeiras aproximações.* 11ª ed. rev. Campinas: Autores Associados, 2013.

_____. *Sobre a concepção de politecnia.* Rio de Janeiro: Fiocruz/Politécnico da Saúde Joaquim Venâncio, 1989. Disponível em http://boletimef.org/biblioteca/2972/livro/Sobre-a-concepcao-de-politecnia.pdf. Acesso em 19-11-2015.

_____. "Sobre a natureza e especificidade da educação". Em *Em Aberto*, 3 (22), Brasília, jul.-ago. de 1984. Disponível em http://ead.bauru.sp.gov.br/efront/www/content/lessons/22/Sobre-a-natureza-e-especificidade-da-educacao.pdf. Acesso em 19-11-2015.

SECRETARIA DA EDUCAÇÃO DO RIO GRANDE DO SUL. *Proposta pedagógica para o ensino médio politécnico e educação profissional integrada ao ensino médio – 2011-2014.* Porto Alegre, 2011. Disponível em http://www.educacao.rs.gov.br/dados/ens_med_proposta.pdf. Acesso em 19-11-2015.

SECRETARIA DE ESTADO DA EDUCAÇÃO/SUPERINTENDÊNCIA DA EDUCAÇÃO/DEPARTAMENTO DE EDUCAÇÃO PROFISSIONAL. *O ensino médio integrado à educação profissional: concepções e construções a partir da implantação na rede pública estadual do Paraná.* Curitiba: SEED, 2008.

REFERÊNCIAS

SECRETARY'S COMMISSION ON ACHIEVING NECESSARY SKILLS (SCANS). *Final Report Available*. Disponível em http://www.academic-innovations.com/report.html. Acesso em 19-11-2015.

SERVIÇO NACIONAL DE APRENDIZAGEM COMERCIAL. *Modelo pedagógico nacional*. Rio de Janeiro: Senac Nacional, 2014.

SILVA, Élcio Oliveira da. "Restrição e extensão do conhecimento nas disciplinas científicas do ensino médio: nuances de uma 'epistemologia de fronteiras'". Em *Investigações em Ensino de Ciências*, 4 (1), 1999. Disponível em http://www.if.ufrgs.br/ienci/artigos/Artigo_ID47/v4_n1_a1999.pdf. Acesso em 19-11-2015.

SILVA, Rafael Celestino da & FERREIRA, Márcia de Assunção. "Um deslocamento do olhar sobre o conhecimento especializado em enfermagem: debate epistemológico". Em *Revista Latino-americana de Enfermagem*, nov.--dez. de 2008. Disponível em http://www.scielo.br/pdf/rlae/v16n6/pt_17.pdf. Acesso em 19-11-2015.

SILVA, Sidinei Pithan da & GREZZANA, José Francisco. *Metodologia do ensino na educação superior: pesquisa como princípio educativo*. Curitiba: Ibpex, 2009.

SILVA, Tomaz Tadeu da. *Documentos de identidade: uma introdução às teorias do currículo*. 2ª ed. Belo Horizonte: Autêntica, 2007.

STREHL, Afonso & FANTIN, Nelson Danilo. *Ensino médio: identidade em crise*. Porto Alegre: EDIPUCRS, 1994.

TAMBERLINI, Angela Rabello Maciel de Barros. *Os Ginásios Vocacionais: a dimensão política de um projeto pedagógico transformador*. São Paulo: Annablume/Fapesp, 2001.

TEIXEIRA, Edival Sebastião; BERNARTT, Maria de Lourdes; TRINDADE, Glademir Alves. "Estudos sobre pedagogia da alternância no Brasil: revisão de literatura e perspectivas para a pesquisa". Em *Educação e Pesquisa*, 34 (2), São Paulo, mai.-ago. de 2008. Disponível em http://www.scielo.br/pdf/ep/v34n2/02.pdf. Acesso em 19-11-2015.

TORRES, Rosa María. *Entrevista ao Portal Aprendiz*, 18-9-2014. Disponível em http://portal.aprendiz.uol.com.br/2014/09/18/rosa-maria-torres-ha--uma-descompasso-entre-as-diretrizes-curriculares-nacionais-e-o-pne/. Acesso em 19-11-2015.

TOZONI-REIS, Marília Freitas de Campos. *A pesquisa-ação-participativa em educação ambiental: reflexões teóricas*. São Paulo/Botucatu: Annablume/Fapesp/Fundibio, 2007.

UNIVERSIDAD DEL TRABAJO DEL URUGUAY. *Formación profesional básica: plan 2007. Tomo 1*. Montevidéu: CETP-UTU, 2009.

_____. *Formación profesional básica: plan 2007.* Tomo 2. Montevidéu: CETP-UTU, 2009.

VÁRIOS AUTORES. *Uma convocação aos futuros governantes e parlamentares do Brasil*, 2010. Disponível em https://germinai.wordpress.com/textos-classicos-sobre-educacao/pela-garantia-do-direito-a-educacao-de--qualidade/. Acesso em 19-11-2015.

VEIGA-NETO, Alfredo. "De geometrias, currículo e diferenças". Em *Educação & Sociedade*, ano XXIII, nº 79, agosto de 2002.

VENTURI, Toni (direção). Documentário *Vocacional – uma aventura humana*. DVD. São Paulo: Olhar Imaginário e Mamute Filmes, 2011.

WAISELFISZ, Julio Jacobo. *Mapa da violência IV: os jovens do Brasil.* Brasília: Unesco/Instituto Ayrton Senna/Secretaria Especial dos Direitos Humanos, 2004. Disponível em http://unesdoc.unesco.org/images/0013/001351/135104porb.pdf. Acesso em 19-11-2015.

WOLF, Alison. *Review of Vocational Education: The Wolf Report.* Londres: Department for Education, 2011. Disponível em https://www.education.gov.uk/publications/eOrderingDownload/The%20Wolf%20Report.pdf. Acesso em 19-11-2015.

*Este livro foi composto com as fontes Minion e Helvetica,
impresso em papel offset 90g/m² no miolo e
cartão supremo 250g/m² na capa, nas oficinas da
Intergraf Indústria Gráfica, em março de 2016.*